Regionalwirtschaftliche Langzeitreihen
– Untersuchungen auf der Grundlage der Steuerstatistiken –

VERÖFFENTLICHUNGEN
DER AKADEMIE FÜR RAUMFORSCHUNG UND LANDESPLANUNG

Forschungs- und Sitzungsberichte
Band 99

# Regionalwirtschaftliche Langzeitreihen
## - Untersuchungen auf der Grundlage der Steuerstatistiken -

HERMANN SCHROEDEL VERLAG KG · HANNOVER · 1975

## Zu den Autoren dieses Bandes

*Heinrich Hunke,* Prof. Dr., 72, Ministerialdirektor a. D., Ordentliches Mitglied der Akademie für Raumforschung und Landesplanung.

*Josef Sieber,* Dr., Dipl.-Volkswirt, 61, Regierungsdirektor, Abteilungsleiter im Bayerischen Statistischen Landesamt, Korrespondierendes Mitglied der Akademie für Raumforschung und Landesplanung.

*Gerhard Isenberg,* Prof. Dr., 73, Ministerialrat a. D., Ordentliches Mitglied der Akademie für Raumforschung und Landesplanung.

*Josef Wirnshofer,* Dr., Dipl.-Volkswirt, 67, Abteilungsleiter im Bayerischen Statistischen Landesamt a. D., Korrespondierendes Mitglied der Akademie für Raumforschung und Landesplanung.

Best.-Nr. 91511
ISBN 3-507-91511-1
Alle Rechte vorbehalten · Hermann Schroedel Verlag KG Hannover · 1975
Gesamtherstellung: Josef Grütter, Hannover-Empelde
Auslieferung durch den Verlag

# INHALTSVERZEICHNIS

| | | Seite |
|---|---|---|
| *Heinrich Hunke,*<br>Hannover | Landesentwicklung im raumwirtschaftlichen System — Zur Bestimmung von Produktivität und Einkommen auf der Grundlage der Steuerstatistiken — | 1 |
| *Heinrich Hunke,*<br>Hannover | Die langfristige wirtschaftliche Landesentwicklung in Norddeutschland | 9 |
| *Josef Sieber,*<br>München | Die langfristige wirtschaftliche Entwicklung Bayerns nach Unterlagen der Steuerstatistiken | 33 |
| *Gerhard Isenberg,*<br>Bonn | Zur Auswertbarkeit von längerfristigen Zeitreihen der Steuerstatistik im Land Baden-Württemberg (BW) | 51 |
| *Josef Wirnshofer,*<br>Gräfelfing | Aussagewert der Steuerstatistiken über die regionale Wirtschaftskraft und den Bevölkerungsstand im Vergleich zu den Ergebnissen der Inlandsproduktsberechnungen | 59 |

## Mitglieder des ehem. Arbeitskreises
## „Räumliche Wirkungen öffentlicher Ausgaben"

Prof. Dr. Heinrich Hunke, Hannover, Leiter
Dr. Dr. Friedrich Schneppe, Hannover, Geschäftsführer
Dr. Volker Arnold, Göttingen
Prof. Dr. Otto Barbarino, München
Dr. Christoph Becker, Berlin
Dr. Egon Dheus, München
Dr. Dietrich Fürst, Köln
Doz. Dr. Klaus-Dirk Henke, Marburg
Prof. Dr. Gerhard Isenberg, Bonn
Dr. Karl-Heinz Schmidt, Göttingen
Dr. Arno Schröder, Hannover
Dr. Josef Sieber, München-Grünwald
Dr. Eberhard Thiel, Hamburg
Prof. Dr. Rainer Thoss, Münster
Dipl.-Volkswirt Reinhard Timmer, Münster
Dr. Klaus Töpfer, Saarbrücken
Dr. Josef Wirnshofer, München-Gräfelfing
Prof. Dr. Horst Zimmermann, Marburg

Der Arbeitskreis stellt sich als Ganzes seine Aufgaben und Themen und diskutiert die einzelnen Beiträge mit den Autoren. Die wissenschaftliche Verantwortung für jeden Beitrag trägt der Autor allein.

# Landesentwicklung im raumwirtschaftlichen System
## – Zur Bestimmung von Produktivität und Einkommen auf der Grundlage der Steuerstatistiken –

*von*

*Heinrich Hunke, Hannover*

## Inhalt

I. Regionalwirtschaftliche Kennziffern

   1. Bisherige Versuche zur Bestimmung regionalwirtschaftlicher Kennziffern

   2. Zum Ausgangspunkt der Untersuchungen auf der Grundlage der Steuerstatistiken

II. Die Untersuchungen des Arbeitskreises

   1. Der zeitliche Ablauf

   2. Die Arbeitsorganisation

   3. Zur Analyse

III. Das Ergebnis

# I. Regionalwirtschaftliche Kennziffern

## 1. Bisherige Versuche zur Bestimmung regionalwirtschaftlicher Kennziffern

Es wird immer ein vordringliches Anliegen jeder Staatsführung und Forschung sein müssen, ein ökonomisches Tableau zu besitzen, mit dem — ausgehend von den erforderlichen regionalen Meßwerten — die Landesentwicklung nach Ablauf, Mitteleinsatz und Effizienz gemessen und logisch kontrolliert werden kann.

(1) 1908 hat das Deutsche Reich eine Wohlstandsermittlung auf der Grundlage von Vermögen und Einkommen versucht[1]. Es ging dabei wie KARL HELFFERICH in seiner Untersuchung „Deutscher Volkswohlstand 1888—1913" von Vermögen und Einkommen aus[2].

HELFFERICH benutzte u. a. die Ergebnisse der Einkommensteuerveranlagung in Preußen und stellte dabei fest, daß die Schwierigkeiten für die Berechnung des Volksvermögens noch „erheblich größer" waren als beim Volkseinkommen, weil das Veranlagungsverfahren für die Vermögenssteuer „an Genauigkeit wesentlich hinter dem Verfahren bei der Einkommensteuer zurück (bleibt)" (S. 103). Diese Schwierigkeiten konnten bis heute nicht überwunden werden. So hat J. SIEBER in seiner Arbeit „Zur ökonomischen Aussagekraft steuerstatistischer Ergebnisse"[3] neuerdings bestätigt, daß „eine Erfassung sämtlicher Vermögensgüter ... auf große Schwierigkeiten (stößt); aus steuerlichen Unterlagen bieten sich hierfür keine Anhaltspunkte an" (S. 37), weil „Statistiken über das Vermögen des Bundesbürgers ... nur in Teilbereichen vorhanden (sind)" (S. 37).

Der vom Reich und von HELFFERICH eingeschlagene Weg zur Bestimmung des Volkswohlstandes auf der Grundlage von Einkommen und Vermögen ließe sich also nur mit Schwierigkeiten fortsetzen. Diese Tatsache sollte allerdings nicht überbewertet werden, weil das Vermögen auf Grund der ganzen Entwicklung heute geringer eingeschätzt wird als in früheren Generationen. Schon AMONN hat bemerkt, daß man, wenn von Volkswohlstand gesprochen wird, „in der Regel mehr an das Einkommen als an das Vermögen des Volkes (denkt)"[4], und HANS FREYER hat die Überzeugung formuliert, daß „das Einkommen aus der Berufsarbeit für die überwiegende Mehrzahl der Haushalte in die Funktion eingetreten (ist), die in der altbürgerlichen Gesellschaft das private Eigentum erfüllte: es stabilisiert das Dasein, garantiert den Lebensstandard und ermöglicht in gewissen Grenzen seine Anhebung"[5].

(2) Als „ökonomischer Gesamtausdruck für die wirtschaftliche Leistungskraft eines Gebietes"[6] wird heute allgemein das von der Statistik berechnete Inlandsprodukt angesehen. Es ist inzwischen ein selbstverständliches Maß wie Mark und Pfennig geworden, ohne daß die meisten über Herkunft und Bedeutung nachdenken. In diesem Zusammenhang ist darauf hinzuweisen, daß das Statistische Bundesamt und die Statistischen Lan-

---

[1] Reichstagsdrucksache 250. Bd. Vergl. Denkschrift zur Begründung des Entwurfes eines Gesetzes betr. Änderungen im Finanzwesen, Berlin 1908, Bd. III: „Materialien zur Beurteilung des Volkswohlstandes in Deutschland im letzten Menschenalter".

[2] Berlin 1913.

[3] In: Steuerstatistiken als Grundlage raumwirtschaftlicher Untersuchungen. Forschungs- und Sitzungsberichte der Akademie für Raumforschung und Landesplanung, Bd. 67, Hannover 1971.

[4] A. AMONN: Volkswirtschaftliche Grundbegriffe und Grundprobleme. Jena 1938, S. 25.

[5] H. FREYER: Schwelle der Zeiten. Stuttgart 1965, S. 264.

[6] P. JOSTOCK, in: Statistik von Baden-Württemberg, Bd. 48. Stuttgart 1958 (Vorwort).

desämter nach 1945 von der Wertschöpfung der Wirtschaftsbereiche ausgehen; sie berechnen — wie gesagt — das Inlandsprodukt, während die Vorkriegsberechnungen das Volkseinkommen auswiesen[7]). HÜFNER begründet diese Abweichung von dem früheren Verfahren damit, daß „die bei Wiederaufnahme der Berechnungen vorliegenden Steuerstatistiken nicht (ausreichten), um die vom Statistischen Reichsamt früher verwendete Berechnungsmethode zu benutzen" (s. 181)[8]). In der entscheidenden Frage der Regionalforschung, welcher Region das Einkommen zugerechnet werden soll, der Region, in der es entstanden ist, oder der Region, wo der Berechtigte seinen Wohnsitz hat, folgt also die Berechnungsmethode der Länder dem Entstehungsprinzip der wirtschaftlichen Leistung. Es läßt sich andererseits nicht leugnen, daß für viele andere Zwecke das Volkseinkommen — „beim Volkseinkommen handelt es sich um die Summe aller Einkommen der in einem Kreis wohnenden Bevölkerung ohne Rücksicht darauf, ob sie aus dem gleichen Kreis oder aus anderen Gebieten bezogen werden"[9]) — von gleicher oder größerer Bedeutung ist, insbesondere dann, wenn für kleinere Gebiete, die mit wirtschaftsstarken Kreisen verbunden sind, das Bruttoinlandsprodukt wenig aussagt. Infolgedessen haben auch die Versuche nicht aufgehört, besondere Wohlstandsziffern für kleinere Einheiten zu bilden. Als erster benutzte JOSEF WIRNSHOFER dabei Wertschöpfung und Berechnung des Volkseinkommens auf der Grundlage der Einkommensteuerstatistiken nebeneinander[10]).

Alle diese Überlegungen haben es geraten sein lassen, die Eignung der Steuerstatistiken für regionalwirtschaftliche Aussagen grundsätzlich zu überprüfen. Die methodische Eignung wurde inzwischen durch den Forschungs- und Sitzungsbericht „Steuerstatistiken als Grundlage raumwirtschaftlicher Untersuchungen" unter Beweis gestellt[11]).

(3) Schließlich ist zu erwähnen, daß der Akademie für Raumforschung und Landesplanung 1970 eine theoretische und empirische Analyse von bekannten Kennziffern „zur Bestimmung von wirtschaftlicher Notstands- und wirtschaftlicher Entwicklungs-

---

[7]) Vgl. W. HÜFNER: Einheitliche Sozialproduktsberechnungen für die Länder der Bundesrepublik Deutschland. In: Allgem. Statist. Archiv, 42. Bd., H. 3, 1958, S. 181, wo in Anm. 1 eine Übersicht über die Berechnungen vor dem Zweiten Weltkrieg gegeben wird.

[8]) Das Statistische Bundesamt nennt zwei Gründe: „Da infolge der Geldverhältnisse das Rückgrat der früheren Volkseinkommensberechnungen, die Einkommensteuerstatistiken, zunächst nicht vorhanden waren, wurde die Schätzung des Sozialprodukts von der Entstehungsseite, also mit Hilfe der Produktionsstatistiken in Angriff genommen. Dazu war es erforderlich, den Anteil der neu geschaffenen Bundesrepublik an den Ergebnissen für das frühere Reichsgebiet zu ermitteln. Eine der wichtigsten Quellen hierfür war der Industriezensus 1936" (S. 78). Auf S. 55 heißt es: „Es kam diesen Plänen der Statistiker zu Hilfe, daß die zunehmende Beteiligung der Bundesrepublik in zahlreichen internationalen Organisationen solche Sozialproduktsberechnungen erzwang. Es begann mit der Marshallplan-Hilfe, dem sog. European Recovery Program (ERP), aus dem die OEEC in Paris hervorging, und die Berechnung eines Maßstabes der volkswirtschaftlichen Leistungsfähigkeit verlangte. Hierfür galt im Ausland überall das 'Gross National Product', das wir mit Bruttosozialprodukt bezeichnen. Dieser Maßstab spielte z. B. für die Beiträge zu den internationalen Einrichtungen eine Rolle und hätte höchste Bedeutung erlangt, wenn die Europäische Verteidigungsgemeinschaft in der ursprünglich geplanten Form zustande gekommen wäre. Die Bundesrepublik hätte dann einen bestimmten Prozentsatz ihres Sozialprodukts in Geld an die geminsame Kasse einzahlen müssen". (Stat. Bundesamt, Bevölkerung und Wirtschaft 1872—1972. Stuttgart u. Mainz 1972.)

[9]) A. ANDER u. G. WUCHTER: Das Sozialprodukt in Baden-Württemberg 1950—1955. In: Statistik von Baden-Württemberg, Bd. 48, 1958, S. 24.

[10]) J. WIRNSHOFER: Berechnung wirtschaftlicher Leistungswerte für kreisfreie Städte und Landkreise. In: Zeitschrift d. Bayer. Statistischen Landesamtes, 90. Jg., 1958, H. 1/2, S. 1 ff.

[11]) Forschungs- und Sitzungsberichte der Akademie für Raumforschung und Landesplanung, Bd. 67, Hannover 1971.

fähigkeit von Regionen"[12]) vorgelegt wurde, die „Begriffsbestimmungen sowie Interpretationen ausgewählter Kennziffern" und eine „Konstruktion von Indices zur Bestimmung des wirtschaftlichen Entwicklungsstandes mit Hilfe von Faktoren- und Diskriminanzanalyse, dargestellt am Beispiel der Kreise Baden-Württembergs" enthält. Das Ergebnis dieser Untersuchung wird uns im Verlauf der folgenden Darstellung wiederholt beschäftigen.

### 2. *Zum Ausgangspunkt der Untersuchungen auf der Grundlage der Steuerstatistiken*

Die hier vorgelegten Untersuchungen finden — wie ich früher ausgeführt habe — ihre Begründung in vier Sachverhalten:

(1) Die Steuerstatistiken erschließen neue Quellen für Regionaluntersuchungen, die wegen ihrer originären Berechnung, der regionalen Vielseitigkeit und des von ihnen überdeckten Zeitraumes von grundsätzlicher Bedeutung sind. Sie unterliegen zwar auch der Einschränkung, daß ihre Basis im Verlauf der Jahre verbreitert oder verengt worden ist, aber es ist unbestritten, daß für viele Untersuchungen das Quellenmaterial auf regionaler Grundlage nur den Steuerstatistiken entnommen werden kann.

(2) Die Steuerstatistiken enthalten ein ganzes Spektrum an Zahlenwerten, so daß die Auswahl der Zahlenwerte den Arbeitskreis stark beschäftigt hat.

Die Steuermeßbeträge (nach Zerlegung) wurden aus einem zweifachen Grunde analysiert: Zunächst besteht die Tatsache, daß eine Langzeitreihe über die wirtschaftliche Entwicklung (Investitionen) in den Kreisen, die für die Raumforschung interessant und unerläßlich ist, wie die Dinge liegen, nur über die Steuermeßbeträge gewonnen werden kann. Die Analyse der Steuermeßbeträge hat jedoch noch einen weitergehenden Grund. Es kann kaum einem Zweifel unterliegen, daß der Kapitalfonds in seiner regionalen und sektoralen Verteilung eine der entscheidenden Ursachen für die unterschiedliche regionale Produktivität ist. Um so erstaunlicher ist daher die Tatsache zu werten, daß es in der Bundesrepublik Deutschland bis heute keine regionale Statistik über den Kapitalfonds gibt. Aus diesem Grunde hat der Arbeitskreis versucht, die regionale Verteilung des Kapitalfonds mit Hilfe der Steuerstatistiken anzugehen. Die Versuche konnten jedoch während der Bearbeitungszeit nicht mit einem brauchbaren Ergebnis abgeschlossen werden.

Die Berechnung des Volkseinkommens nach Kreisen ist ein selbständiges Hauptanliegen der Untersuchung. Sie trägt ihren Wert in sich, weil es bis heute keinen geeigneten Indikator für die kreisweisen Einkommen gibt.

Noch am 20. September 1972 hat die Bundesregierung erklärt, daß „die Schätzung der Einkommen und des Verbrauchs der Bevölkerung in kleinräumlicher Gliederung ... große Schwierigkeiten (bereitet)" und daß „eine geschlossene Darstellung der Einkommen und des Verbrauchs in kleinräumlicher Gliederung nicht möglich sein wird" und daß daher „angestrebt (wird), Indikatoren für wichtige Tatbestände bereitzustellen" (Bundestagsdrucksache VI/3808 vom 20. 9. 1972).

Die unterschiedliche Zuordnung der Steuermeßbeträge zum Arbeitsstättensystem (nach Lage der Betriebe) und der Einkommen zum Wohnsitz entspricht dem raumwirtschaftlichen System und verspricht daher den besten Einblick in Produktivität und Einkommen.

---

[12]) S. GEISENBERGER, W. MÄLICH, J. H. MÜLLER, G. STRASSERT, Abhandlungen der Akademie für Raumforschung und Landesplanung, Bd. 59, Hannover 1970.

(3) Mit Hilfe der Steuerstatistiken können die Langzeitreihen bis in die 30er Jahre zurück konstruiert werden. Das ist um so wichtiger, als damit unterschiedliche Perioden (Vorkriegszeit, das allmähliche Anlaufen der Wirtschaft nach dem Krieg und das Stadium der Überbeschäftigung) in die Darstellung einbezogen werden.

(4) Die Unterlagen spiegeln die privaten wirtschaftlichen Entscheidungen im Rahmen der jeweils geltenden Steuergesetze. Wir können somit keine absoluten Werte erwarten, die gewonnenen Größen sind andererseits repräsentative Determinanten für das Verhalten von Wirtschaft und Bevölkerung über Jahrzehnte hinweg. Neuerdings hat ROLF WAGENFÜHR nochmals erhebliche Einwände gegen die Steuerstatistiken erhoben[13]). Seine Einwände beziehen sich jedoch einmal nicht auf die Steuermeßbeträge, gerade diese aber bieten die einzige realistische Möglichkeit, das Produktivitätsniveau der Vorkriegszeit kreisweise zu rekonstruieren und so eine langfristige Entwicklungsanalyse vorzulegen, und auch die Einwände gegen Steuerstatistiken über Löhne und veranlagte Einkommensteuer sind insoweit für unser Vorhaben bedeutungslos, als verspätete Erstellung der Statistiken das Ergebnis überhaupt nicht und Lücken im Rückfluß der Lohnsteuerkarten den Statusvergleich nur in dem Maße beeinflussen könnten, wie der Rückfluß kreisweise erheblich differieren würde. Der gewichtige Einwand, daß erhebliche Teile des Volkseinkommens nicht in den Steuerstatistiken ausgewiesen werden, ist richtig, eine Ermittlung des absoluten Einkommens in den Kreisen ist also nicht möglich. Aber die Entwicklungsanalyse für das kreisweise Einkommen wäre doch nur dann von dieser Erscheinung betroffen, wenn die nicht erfaßten Einkommensteile sich so ungleichmäßig über die Gebietseinheiten verteilen würden, daß sie verzerrt erscheinen. Das ist nicht auszuschließen, wenn auch unwahrscheinlich. Aber auch dann läßt sich nicht bestreiten, daß schon das Aufzeigen von Niveauunterschieden auf Grund der vorhandenen Angaben über die Besteuerungsgrundlagen im Rahmen der steuergesetzlichen Regelung und ihre Quantifizierung für Regionaluntersuchungen von großer Bedeutung ist. Es erscheint übrigens nicht ausgeschlossen, daß nach Ermittlung der einzelnen Niveaus durch globale und differenzierte Bewertungszuschläge auch eine ausreichende Feststellung der absoluten Einkommen erreicht werden könnte[14]).

## II. Die Untersuchungen

### 1. Der zeitliche Ablauf

Der Verfasser dieses Beitrages hat sich schon früh mit den Steuerstatistiken beschäftigt. Ende 1969 gelang der Versuch, einen sachverständigen Arbeitskreis aus Ökonomen, Finanzwissenschaftlern und Statistikern zu bilden, dem seit jener Zeit die Herren CHRISTOPH BECKER, KLAUS BECKER, HEINRICH HUNKE, GERHARD ISENBERG, FRIEDRICH SCHNEPPE, ARNO SCHRÖDER, JOSEF SIEBER, EBERHARD THIEL, RAINER THOSS und JOSEF WIRNSHOFER angehören[15]).

Am 13./14. 5. 1971 konnte der Forschungsausschuß Raum und Finanzen die methodischen Überprüfungen von SIEBER und SCHRÖDER verabschieden, die anschließend veröf-

---

[13]) R. WAGENFÜHR: Wirtschafts- und Sozialstatistik. Freiburg 1973, Bd. 2, S. 95 ff.

[14]) J. WIRNSHOFER: Aussagewert der Steuerstatistiken über die regionale Wirtschaftskraft und den Bevölkerungswohlstand im Vergleich zu den Ergebnissen der Inlandsproduktsberechnungen. In diesem Band.

[15]) Der Arbeitskreis trat zu Sitzungen am 26. 11. 1971, 18. 1. 1972, 25. 2. 1972 und 28. 4. 1972 in Hannover, am 28. 11. 1972, 19. 3. 1973, 17. 5. 1973, 1. 7. 1973, 12. 12. 1973 und 22. 2. 1974 in Münster zusammen.

fentlicht wurden. Der Forschungsausschuß kam gleichzeitig zu der begründeten Auffassung, daß „die Daten der Steuerstatistiken es zum ersten Male (erlauben), sowohl das regionale Produktivitätsniveau nach dem Sitz der Betriebe durch Einheitswerte und Steuermeßbeträge ... zu kennzeichnen, als auch das regionale Wohlstandsniveau durch die kreisweisen Darstellungen der personellen Einkommen (Lohneinkommen und Einkünfte) nach dem Wohnort der Bezieher sichtbar zu machen, und insoweit in der raumwirtschaftlichen Analyse die Verteilung des Sachkapitals von der der Einkommensbezieher zu isolieren, was für die regionalwirtschaftliche Erkenntnis von methodischer Bedeutung ist"[16]). Mit anderen Worten: Wir kennen zwar die Kapitalausrüstung der Kreise selbst nicht, wohl aber ihre steuerliche Bedeutung. Nur von dieser aus können wir auf die Kapitalausrüstung schließen. Die Einkommen dagegen sind über einen langen Zeitraum hinweg in den Steuerstatistiken selbst enthalten.

Der Forschungsausschuß beschloß daher am 26. 11. 1971 die Durchführung der diesbezüglichen Untersuchungen und ihre Ausdehnung möglichst auf das Bundesgebiet.

## 2. Die Arbeitsorganisation

Mit der Ermittlung der Daten aus den Steuerstatistiken wurden Länderbearbeiter betraut, die sich um die Untersuchung besondere Verdienste erworben haben.

Die Aufgabe haben übernommen:

| | |
|---|---|
| für Norddeutschland | ARNO SCHRÖDER, Hannover, |
| für Nordrhein-Westfalen | HEDWIG NONHOFF, Düsseldorf, |
| für Bayern | JOSEF SIEBER, München, |
| für Hessen | WOLFGANG ENDERES, Wiesbaden, |
| für Baden-Württemberg | ROLF BAUMANN, Stuttgart, |
| für Rheinland-Pfalz | ARNO SCHRÖDER, Hannover. |

Die Länderbearbeiter haben die zahlreichen Veröffentlichungen und unveröffentlichte statistische Untersuchungen auf ihre Eignung für diese Untersuchung geprüft. Es wurden mehr als 200 Quellenbände auf diese Weise in den Kreis der Betrachtungen einbezogen.

Die Schwierigkeiten betrafen neben den Erhebungsunterschieden in den Ländern insbesondere die Abgrenzung der regionalen Einheiten. Das Problem der Darstellungsbegriffe in den Steuerstatistiken und seine Lösung kann hier nicht nachvollzogen werden. Der Arbeitskreis meint, daß die statistischen Schwierigkeiten behoben werden konnten.

Größere Probleme ergaben sich bei der Abgrenzung der regionalen Einheiten. In den Statistiken wurden sämtliche Daten nach dem Gebietsstand von vor 1970 geordnet. Damit konnte mit wenigen Ausnahmen die Welle der kommunalen Neuordnung, die für eine kürzere oder längere Zeit jede regionalstatistische Arbeit zerschlägt, ausgeschaltet werden. Aber schon die Untersuchungen über die Bedeutung der einzelnen Gebietsveränderungen für die Zeit nach 1933 in Norddeutschland, Nordrhein-Westfalen, Hessen, Bayern und Baden-Württemberg und die Umrechnung der Daten auf einen einheitlichen Gebietsstand machten schwierige Einzeluntersuchungen und Vergleichsbetrachtungen erforderlich. Es konnten aber schließlich — von wenigen Ausnahmen abgesehen — immer Langzeitreihen ermittelt werden, die nach dem Gebietsstand als vergleichbar gelten können.

---

[16]) Jahresbericht der Akademie für Raumforschung und Landesplanung 1971, S. 38.

### 3. Die Analyse

Die Tabellenköpfe wurden von Arno Schröder und Josef Sieber entworfen, wiederholt vom Arbeitskreis beraten und gemeinsam verabschiedet.

Die Analyse konnte nach der Materiallage auf die Feststellung von drei Meßgrößen zielen. Es wurden ermittelt:

| *Umsatzniveau* | *Produktionsniveau* | *Wohlstandsniveau* |
|---|---|---|
| durch Berechnung der Umsätze je Steuerpflichtigen je Einwohner | durch Berechnung der Einheitswerte je Steuerpflichtigen je Einwohner<br><br>durch Berechnung der Steuermeßbeträge nach Zerlegung je Einwohner | durch Berechnung von Löhnen und Gehältern je Steuerpflichtigen je Einwohner<br><br>durch die Ermittlung der Einkünfte je Steuerpflichtigen je Einwohner<br><br>durch die Summe der Lohneinkommen und Einkünfte je Steuerpflichtigen je Einwohner |

Aus diesen Berechnungen wurden anschließend folgende Relationen gebildet:

1. die Kreissummen der Umsätze, Steuermeßbeträge, Lohneinkommen, Einkünfte bzw. Gesamteinkommen in ⁰/₀₀ der Landes- bzw. der Raumsumme,
2. desgleichen die entsprechenden Kreissummen in bezug auf den Landesdurchschnitt (Landesdurchschnitt = 100),
3. sämtliche Werte zu 1. und 2. geordnet nach Rangordnungsnummern.

Die Durchführung der Ablochung der Daten und die Durchführung der Berechnungen lag in den Händen von Dipl.-Volkswirt Schalk.

## III. Das Ergebnis

Das Ergebnis liegt nunmehr vor. Es umfaßt 300 Tabellenseiten. Daneben wurde eine genaue Übersicht über sämtliche Gebietsveränderungen nach 1933 angelegt.

Der Forschungsausschuß „Raum und Finanzen" hat in Anbetracht der zu erwartenden beträchtlichen Druckkosten für die Gesamtuntersuchung beschlossen, den vorliegenden Tabellenteil nicht drucken zu lassen. Die Datensammlung steht jedoch für die staatlichen und wissenschaftlichen Stellen in einer größeren Zahl von Fotokopien zur Verfügung.

In dem nachfolgenden Forschungs- und Sitzungsbericht werden die ersten Auswertungen veröffentlicht. Er umfaßt folgende Analysen:

Heinrich Hunke: Die langfristige wirtschaftliche Landesentwicklung in Norddeutschland;

Josef Sieber: Die langfristige wirtschaftliche Entwicklung in Bayern;

Gerhard Isenberg: Zur Auswertbarkeit von längerfristigen Zeitreihen der Steuerstatistiken im Lande Baden-Württemberg (nach einem abgekürzten Verfahren);

JOSEF WIRNSHOFER: Aussagewert der Steuerstatistiken über die regionale Wirtschaftskraft und den Bevölkerungswohlstand im Vergleich zu den Ergebnissen der Inlandsproduktsberechnungen.

Ich glaube sagen zu können, daß die Einsichten, die die Tabellen und die Analysen insgesamt und für einzelne Räume vermitteln, von großer Bedeutung sind. Denn zum ersten Male werden die Markträume auf Grund regionaler Meßwerte über eine geschichtliche Zeitspanne hinweg in ihren wirtschaftlichen Konturen sichtbar. Wir erkennen auch den Verlauf der Einkommen, und beide zusammen bilden die Faktoren, die über die wirtschaftliche Tragfähigkeit der Regionen entscheiden.

# Die langfristige wirtschaftliche Landesentwicklung in Norddeutschland

von

*Heinrich Hunke, Hannover*

Inhalt

I. *Kennziffern auf der Grundlage der Steuerstatistiken*
 1. Das Produktivitätsniveau
 2. Ein Vergleich zwischen Steuermeßbeträgen und BIP-Werten
 3. Das Einkommensniveau

II. *Das Untersuchungsgebiet*

III. *Die regionale Analyse*
 1. Steuermeßbetragsdichte, Umsatzdichte, Einkommensdichte
 2. Die Entwicklungsdynamik
    a) Die Entwicklung der Steuermeßbeträge je E
    b) Die Entwicklung des Umsatzniveaus je E
    c) Die regionale Verteilung der Gesamteinkünfte je E
 3. Die Lagerung der Kreise im Raumdurchschnitt von Norddeutschland
 4. Die Daten in der Variations- und Korrelationsanalyse
 5. Zur Korrespondenz der Indikatoren mit der landeskundlichen Aussage
    a) Die volkswirtschaftliche Kreisbilanz
    b) Die landeskundliche Aussage der steuerstatistischen Indikatorenreihen

IV. *Gesamtergebnis*

V. *Anhang:* Die langfristige wirtschaftliche Landesentwicklung in Schleswig-Holstein

Tabellen 1—11 und Abb. 1—3 im Beilagenteil

## I. Kennziffern auf der Grundlage der Steuerstatistiken

Grundsätzlich bieten die vorliegenden Steuerstatistiken die Möglichkeit, einen jeden Kreis (Stadt- und Landkreis) hinsichtlich des Produktivitätsniveaus und des Einkommensniveaus im langfristigen Ablauf zu bestimmen. Dafür stehen drei Methoden zur Verfügung: die Berechnung der Relationen des Kreises zum Gesamtraum, seine Einstufung nach Rangordnungsnummern und die Bezugnahme auf den Bundes- oder Landesdurchschnitt.

Die Berechnung der Relationen zum Gesamtraum und die Feststellung ihrer Lagerung im Bundes- oder Landesdurchschnitt ergibt für jede Gebietseinheit eine eindeutige Beurteilung. Die Bestimmung der Rangordnungsnummern liefert dagegen nur Ordinalskalen, d. h. sie ordnet die Aufeinanderfolge von Erscheinungen, ohne ihre Rangdifferenzen zu messen. Trotzdem hat die Methode eine spezifische Bedeutung, weil sie mit größter Empfindlichkeit Entwicklungen analysiert, so daß das eigentliche Problem bei ihrer Anwendung nicht im Messen, sondern im Beurteilen der Ergebnisse liegt. Um die empfindliche Waage der Rangordnungsnummern zu eichen, habe ich in dieser Untersuchung zusätzlich zu den Aufeinanderfolgen der Kreise Klasseneinteilungen in Prozenten (unter 10 %, 10—20 % usw.) zwischen den Endgliedern einer Reihe eingefügt. Außerdem sind in den Tabellen die absoluten Steuermeßbeträge, Umsätze und Gesamteinkommen je E vermerkt, so daß auch auf diesem Wege eine quantitative (kardinale) Messung für jeden Kreis möglich ist.

### 1. Das Produktivitätsniveau

Für die Kennzeichnung der wirtschaftlichen Gesamtleistung eines Kreises besitzen wir nach Auswertung der Steuerstatistiken drei Kennziffern:

das Bruttoinlandsprodukt als output und Maß der Leistung,
den wirtschaftlichen Umsatz und
die Steuermeßbeträge nach Zerlegung.

Es kann natürlich bestritten werden, daß BIP und Umsatz im Sinne des Begriffs Produktivitätsmaßstäbe sind; denn Produktivität setzt definitionsgemäß eine Bezugnahme auf einen Produktionsfaktor voraus. Wenn aber schon die Ertragsleistung je ha — und das ist üblich — als Produktivität verstanden wird, dann kann man vielleicht auch die Leistung eines Kreises als Produktivität bezeichnen[1].

Das Produktivitätsniveau wurde bisher durch das Bruttoinlandsprodukt gekennzeichnet, d. h. durch den im Kreise erwirtschafteten Beitrag zum Bruttoinlandsprodukt, worunter die Differenz zwischen dem Bruttoproduktionswert (das ist wirtschaftlicher Umsatz ± Bestandsveränderung an Erzeugnissen aus eigener Produktion und selbsterstellten Anlagen) und den zur Erwirtschaftung dieser Leistungen erforderlichen Vorleistungen (das sind Hilfs- und Betriebsstoffe, Handelswaren, Betriebsinstandhaltungskosten, Verkehrs- und Dienstleistungen und Leistungen anderer Unternehmen) zu verstehen ist. Der Bruttoproduktionswert enthält somit Gewinne, Bruttolöhne und Gehälter, Nettomieten und -pachten, Nettozinsen, indirekte Steuern und Abschreibungen.

Die Steuerstatistiken stellen zusätzlich Umsätze und Gewerbesteuermeßbeträge für die Ermittlung des Produktionsniveaus zur Verfügung.

---

[1] Produktivität wird üblicherweise definiert als Verhältnis von Produktionsergebnis zum Faktoransatz. (E. REUSS: Produktivitätsanalyse. Basel/Tübingen, 1960, S. 5.)

Der kreisweise ausgewiesene Umsatz ist die Summe der Umsätze der Unternehmen im Kreisgebiet. Der Standort der beteiligten Arbeitsstätten bleibt dabei unberücksichtigt, so daß weder eine Verteilung der Umsätze auf die Kreise der Arbeitsstätten noch eine weitere Unterteilung der Unternehmenswerte auf die örtlichen Einheiten möglich ist. Immerhin ist die regionale Verteilung und Entwicklung der Umsätze eine interessante Kennziffer. GEISENBERGER, MÄLICH, MÜLLER und STRASSERT haben in ihrer früher erwähnten Untersuchung festgestellt, „daß die Kennziffern Gesamtumsatz je E — einzeln verwendet — den höchsten Informationsgehalt des Gesamtindex aufweisen" (Seite 93). MÜLLER hat 1973 diese Feststellung wiederholt, wonach in einer Analyse der 72 Stadt- und Landkreise in Baden-Württemberg unter den 21 verwendeten Merkmalen „die Kennziffer Gesamtumsatz je E in DM im Durchschnitt den höchsten Repräsentationsgrad für den Entwicklungsstand (eines Kreises) aufwies. Das BIP je Kopf der Wohnbevölkerung, das in der Literatur im allgemeinen als bester Ersatzindikator zur Beschreibung des Entwicklungsstandes von Regionen bezeichnet wird, folgt in der hier erwähnten Untersuchung erst an zweiter Stelle"[2]). In einer späteren Arbeit nennt GEISENBERGER als „Kennziffern mit dem höchsten Informationsgehalt" für 1966:

1. Industrie- und Handwerksumsatz je E in DM,
2. Realsteuerkraft je E in DM,
3. BIP je Person in DM,
4. Industriebeschäftigte auf 1000 E und erst an
5. Stelle „Gesamtumsatz je E in DM".

GEISENBERGER erläutert das dahin, daß „im Vergleich zu den Untersuchungen 1957, 1961 und 1964 ... einige Verschiebungen in der Bedeutung der einzelnen Kennziffern festzustellen" waren und „daß die Variable Gesamtumsatz je E in DM, die bei den vorangegangenen Untersuchungen den höchsten Informationsgehalt aufweist, 1966 nur noch unter die ersten 5 Größen einzureihen ist"[3]).

Die Gewerbesteuermeßbeträge nach Zerlegung spiegeln Gewerbekapital und Gewerbeertrag nach den örtlichen Einheiten. Grundsätzlich haben alle drei die Leistungsseite kennzeichnenden Größen (Bruttoinlandsprodukt, wirtschaftlicher Umsatz und Steuermeßbeträge) ihre autonome Aussagekraft. Es bestehen jedoch zwischen den drei Größen enge Beziehungen.

*Bruttoinlandsprodukt und Umsatzsteuerstatistik* stimmen darin überein, daß die Summe der steuerlichen Umsätze auch die Basis für die Berechnung des Bruttoinlandsprodukts abgibt, die mit Hilfe der Umsätze „unter Benutzung der durch die Kostenstrukturerhebung gewonnenen Durchschnitte" den Bruttoproduktionswert der Wirtschaftsbereiche berechnet und den Aufwand schätzt.

Zwischen *Bruttoinlandsprodukt und Steuermeßbeträgen* gibt es eine Reihe von Übereinstimmungen und Abweichungen:

— Beide Größen enthalten den Betriebsgewinn. GÖRGENS hat dazu festgestellt, daß „der Gewerbeertrag als die Hauptbemessungsgrundlage der Gewerbesteuer ... nicht sehr stark von dem nach dem Einkommensteuergesetz zu ermittelnden Gewinn ab(weicht).

---

[2]) J. H. MÜLLER: Regionale Strukturpolitik in der Bundesrepublik. In: Schriften der Kommission für wirtschaftlichen und sozialen Wandel, Göttingen 1973, H. 3, S. 33.

[3]) S. GEISENBERGER: Faktorenanalytische Untersuchungen der Stadt- und Landkreise Baden-Württembergs. In: Raumforschung und Raumordnung 1973, H. 6, S. 256. In der Veröffentlichung heißt es, daß die Variable Gesamtumsatz je E in DM ... 1966 nicht mehr unter die ersten 5 Größen einzureihen ist. Richtig ist jedoch, wie der Autor mitgeteilt hat, der korrigierte Text.

Alle Faktoren, die zu einkommensteuergesetzlichbedingten Gewinnmodifizierungen führen (Sonderabschreibungen, Investitionsrückstellungen, Pauschalierungen u. a.) schmälern auch das Gewerbesteueraufkommen"[4]).

— Bruttolöhne und -gehälter sind allerdings nur im Bruttoinlandsprodukt enthalten und nicht in den Gewerbesteuermeßbeträgen, so daß GEISENBERGER, MÄLICH, MÜLLER und STRASSERT Steuerkraftzahlen wie Gewerbekapital und Gewerbeertrag mit der Begründung ablehnen, „daß von einer engen Beziehung zur Wertschöpfung nicht gesprochen werden kann" und daß „man sich nur schwer vorstellen kann, daß eine Kennziffer der Realsteuerkraft annähernd zutreffende Aussagen über das regionale BIP zuläßt"[5]). In einer späteren Untersuchung aus dem Jahre 1973 nennt GEISENBERGER allerdings die Realsteuerkraft je E in DM an zweiter Stelle unter den Kennziffern mit dem höchsten Informationsgehalt[6]). GÖRGENS hatte bereits 1965 festgestellt, daß „offensichtlich" eine hohe Korrelation zwischen Bruttoinlandsprodukt und Gewerbeertrag vorhanden ist. Meine eigenen Untersuchungen haben ebenfalls zu dem Schluß geführt, daß ein gleichsinniger Verlauf zwischen Produktivitätsindex und den Realsteuerkraftgrundlagen unverkennbar ist. Auch R. THOSS hat beobachtet, daß anscheinend „Lohn- und Gehaltseinkommen mit der Grenzproduktivität des Kapitals hoch korreliert ist" und daß „Grenzproduktivität des Kapitals und Einkommensrückstand ... bis auf geringe Ausnahmen regional den gleichen Verlauf zeigen"[7]).

— Ein entscheidender Unterschied zwischen Bruttoinlandsprodukt und den Steuermeßbeträgen besteht darin, daß die aus öffentlichen Kassen gezahlten Einkommen nicht in den Steuermeßbeträgen erscheinen. Nach GÖRGENS weisen daher Städte mit einer „starken Konzentration der staatlichen Verwaltung — wie Bonn, Detmold, Münster, Aachen, Arnsberg ... — strukturell eine relativ niedrige Gewerbesteuerkraft auf", d. h., der BIP-Wert liegt in diesen Fällen deutlich über denen der Steuermeßbeträge.

Es ist somit zu prüfen, inwieweit Gewerbesteuermeßbeträge und Bruttoinlandsprodukt zu einer übereinstimmenden oder abweichenden Kennzeichnung des jeweiligen Kreises führen.

## 2. Ein Vergleich zwischen Steuermeßbeträgen und BIP-Werten

Zum Zweck der Überprüfung wurde das Bruttoinlandsprodukt in DM der Wohnbevölkerung für das Jahr 1966 kurvenmäßig den Steuermeßbeträgen nach Zerlegung in DM je E — ebenfalls für das Jahr 1966 — gegenübergestellt, wobei die Rangordnungsnummern der Steuermeßbeträge je E die Rangfolge auf der Abszisse bestimmen. Das Ergebnis ist in Abbildung 1 (alle Abbildungen und numerierten Tabellen im Beilagenteil) enthalten. Daraus ist folgendes zu entnehmen:

1. Die Kurve der Steuermeßbeträge liegt unter der Kurve des BIP je E, was u. a. damit zu erklären ist, daß die Steuermeßbeträge eine Freigrenze lassen.

---

[4]) H. GÖRGENS: Die Steuerkraftunterschiede zwischen den Kreisen des Landes Nordrhein-Westfalen. In: Mitt. d. Rhein.-Westf. Instituts f. Wirtschaftsforschung, Essen 1965, H. 3, S. 65.

[5]) H. GEISENBERGER, W. MÄLICH, J. H. MÜLLER, G. STRASSERT: Zur Bestimmung wirtschaftlicher Notstands- und wirtschaftlicher Entwicklungsfähigkeit von Regionen, a. a. O., S. 45.

[6]) S. GEISENBERGER: Faktorenanalytische Untersuchungen der Stadt- und Landkreise Baden-Württembergs, a. a. O., S. 256.

[7]) R. THOSS, M. BIRGEL: Zwischenbericht einer Untersuchung über die Eignung des regionalen Einkommensniveaus als Zielgröße der regionalen Wirtschaftspolitik. Unveröffentl. Manuskript, Münster, Mai 1973, S. 41 u. 43.

2. Die Zacken Hamburg, Braunschweig, Cuxhaven, Celle, Göttingen, Friesland, Wesermarsch, Diepholz, Salzgitter, Meppen haben kein Äquivalent in den Steuermeßbeträgen je E. Vielleicht könnten sie in Celle und Göttingen mit Leistungen des Staates, die in den Steuermeßbeträgen nicht enthalten sind, erklärt werden.

Ich habe weiter in einer Gegenüberstellung der Steuermeßbeträge je E und des BIP je E — beide Reihen für das Jahr 1966 — die Rangordnungsnummern der beiden Reihen festgehalten und die Verschiebung durch die Steuermeßbeträge angegeben (Tab. 1). Danach würden 25 Kreise nach den Steuermeßbeträgen beträchtlich verschieden von ihrer Rangordnung im System des BIP liegen. 50 % dieser Fälle ließen sich vielleicht mit Einflüssen der Umsätze, die abweichend von den Steuermeßbeträgen regionalisiert wurden und mit Zahlungen des Staates, die in das BIP, aber nicht in die Steuermeßbeträge eingehen, erklären. Der Rest der Fälle müßte hingenommen werden.

Wenn man dagegen das BIP je Beschäftigten in Form der regionalen Strukturgleichungen nach WÄLDCHEN schreibt — WÄLDCHEN definiert das Produktivitätsniveau einer Region (oder eines Kreises) als die Summe der sektoralen Produktivitäten gemessen an der nationalen gesamtwirtschaftlichen Produktivität, jeweils multipliziert mit dem sektoralen Beschäftigtenanteil[8] —, dann liefern überraschenderweise die Steuermeßbeträge von 1966 je E im Raumdurchschnitt (Bremen, Niedersachsen und Hamburg = 100) in der Gegenüberstellung zu den Produktivitätsindices von 1961 und 1970 (Bundesdurchschnitt = 100) in weiten Teilen ein dem BIP vergleichbares Abbild, das sich zwischen 0,5—0,7 der entsprechenden BIP-Werte bewegt (vgl. Abb. 2). Vier erkennbare Unterschiede müssen dabei erwähnt werden:

1. Die Steuermeßbeträge in den Städten liegen zumeist über dem einfachen, in Wolfsburg sogar über dem zweifachen der BIP-Werte.
2. In einigen Kreisen (Holzminden, Wilhelmshaven, Göttingen und Lüneburg) liegen die Produktivitätsindices leicht unter 1.
3. Die Produktivitätsindices im Umland der Städte, die fast regelmäßig über der der Kernstädte liegen, werden von den Steuermeßbeträgen nicht bestätigt.
4. In Oldenburg L, Braunschweig L und Goslar L betragen die Steuermeßbeträge nur das 0,4fache der Produktivitätsindices.

Es kann hier natürlich nicht entschieden werden, ob die BIP-Werte für die Kreise, die ja nicht originär berechnet, sondern durch Aufschlüsselung der Landeswerte ermittelt werden, in allen Fällen richtig sind. Der Vergleich von 1961 und 1970 könnte in einzelnen Fällen Zweifel aufkommen lassen. Immerhin dürfte eine grundsätzliche Übereinstimmung zwischen dem BIP in der modifizierten WÄLDCHENschen Form und den Steuermeßbeträgen vorliegen[9].

---

[8]) P. WÄLDCHEN: Regionale Strukturgleichungen für die Bundesrepublik Deutschland. In: Informationen 24/67 (1967). Vgl. H. HUNKE: Raumordnungspolitik. Vorstellungen und Wirklichkeit. Abhandlungen der Akademie für Raumforschung und Landesplanung, Bd. 70, Hannover 1974, S. 135 ff.

[9]) Es scheint so zu sein, daß abgesehen von statistischen Engpässen, die eine Nichtübereinstimmung hervorrufen, die Abweichungen zwischen den BIP-Werten und den Steuermeßbeträgen unterschiedliche Ursachen haben: Im allgemeinen die Annahme, daß „realistischer Weise nicht davon ausgegangen werden (kann), daß die von allen übrigen Produktionsfaktoren erbrachten Beiträge zum BIP die ermittelte Arbeitsproduktivität in allen Regionen im gleichen Ausmaß modifizieren" (S. GEISENBERGER, W. MÄLICH, J. H. MÜLLER, G. STRASSERT: Zur Bestimmung wirtschaftlichen Notstandes und wirtschaftlicher Entwicklungsfähigkeit von Regionen, a. a. O., S. 30 f.), daß infolgedessen der sog. Ein-Faktoren-Produktivität versagt ist, was die modifizierte Form zum Ausdruck bringen kann und die weitere Tatsache, daß der Ertragscharakter der Steuermeßbeträge den unterschiedlichen Ausgangspunkt beider Reihen „geballt" zum Ausdruck bringt.

### 3. Das Einkommensniveau

Für die Verwendungsseite kann aus den Steuerstatistiken das kreisweise Gesamteinkommen getrennt nach Bruttolöhnen und -gehältern, Einkünften nach Einkommensarten bzw. insgesamt ermittelt werden.

Zu diesen Messungen ist folgendes anzumerken:

— Das Bruttoinlandsprodukt läßt bisher über das Einkommen wenig erkennen und es wird wahrscheinlich für die BIP-Berechnung auch immer schwierig bleiben, das Einkommen kreisweise zu bestimmen, weil ein unterschiedlich hoher Anteil der Abschreibungen das Ergebnis stark modifizieren kann und die Höhe der Bruttolohn- und Gehaltssumme, die an die nicht kreisangehörenden Pendler ausgezahlt wird, beträchtlich schwanken kann. Das lassen die Steuerstatistiken erkennen, GÖRGENS hat es ausdrücklich festgestellt[10]).

Auch die Gemeinschaftsveröffentlichung der statistischen Landesämter weist darauf hin, daß „es falsch wäre, wollte man die Leistungswerte zur Beurteilung des Wohlstandsniveaus der einzelnen kreisfreien Städte und Landkreise heranziehen, weil die Entstehungsrechnung des Inlandsproduktes nicht darüber aussagt, wem die in diesen Gebieten erwirtschafteten Einkommen zufließen und in welchen kreisfreien Städten und Landkreisen der letzten Verwendung zugeführt werden"[11]).

— Bezüglich der Brauchbarkeit der Steuerstatistiken für die Ermittlung des Einkommensniveaus hat bereits FR. MERTSCH in seiner Dissertation bei PREISER und KROMPHARDT 1941 festgestellt, daß der Gesetzgeber innerhalb der 7 Einkommensarten auch „sieben verschiedene Einkommensbegriffe" gebildet hat[12]). Das liegt daran, daß das Steuerrecht den Einkommensbegriff nicht wissenschaftlich definiert, sondern nach den praktischen Bedürfnissen formuliert hat. So wird bei den Einkünften aus Land- und Forstwirtschaft, Gewerbebetrieb und selbständiger Arbeit der Gewinn als Unterschiedsbetrag zwischen den Betriebsvermögen innerhalb zweier Abschlüsse ermittelt, während das Einkommen aus nichtselbständiger Arbeit, aus Kapitalvermögen, Vermietung, Verpachtung und sonstigen Einkünften als Überschuß der Einnahmen über die Werbungskosten berechnet wird.

— Darüber hinaus muß festgestellt werden, daß der steuerliche Einkommensbegriff enger gefaßt ist als der volkswirtschaftliche. Deshalb wurde aus den Einkommensteuerstatistiken auch nicht das zu versteuernde Einkommen entnommen, sondern es wurden die Daten über die Besteuerungsgrundlagen, d. h. die Einkünfte vor Absetzung der Sonderausgaben ausgewählt. In den Bruttolöhnen sind ebenso die Beiträge der Arbeitnehmer zur Sozialversicherung, die Werbungskosten, Sonderausgaben und außergewöhnlichen Belastungen enthalten. Unter Gesamteinkünften ist demnach der steuerlich erfaßte Teil des Nettosozialprodukts zu Faktorkosten vor aller Umverteilung durch den Staatshaushalt zu verstehen, d. h. vor Abzug der direkten Steuern, der Sozialversicherungsbeiträge und vor Empfang von Renten und Unterstützungszahlungen.

— Es fehlen schließlich, wie oben angedeutet wurde, in den Einkommen der Steuerstatistiken die Einkommen aus Einkommensübertragungen (die Renten, Krankenver-

---

[10]) H. GÖRGENS: Die Steuerkraftunterschiede, a. a. O., H. 6, S. 138.

[11]) Das BIP der kreisfreien Städte und Landkreise der Bundesrepublik Deutschland 1957 und 1961, H. 2, S. XX.

[12]) FR. MERTSCH: Begriffliche und statistische Untersuchungen zum Wohlstand. Diss. Rostock 1941, S. 79.

sicherungsleistungen) — das wäre zu verschmerzen, solange sie proportional dem Arbeitseinkommen sind — und die Abschreibungen. Dieser zweite Mangel hat offenbar regionale Auswirkungen. So hat GÖRGENS in diesem Zusammenhang auf das relative Abfallen der Einkommen in den Ruhrgebietsstädten mit kapitalintensiver Unternehmensstruktur hingewiesen. Nach seiner Untersuchung „erscheinen (insofern) viele private Unternehmenshaushalte in den Städten außerhalb des Ruhrgebiets gegenüber den Anteilseignern von Körperschaften reicher, als sie ihrer Konsummöglichkeit nach sind"[13]). Damit hängt überdies zusammen, daß „im Gegensatz zu den Gewinnen der selbständigen Unternehmer ... die Gewinneinkommen der Anteilseigner von Körperschaften nur zu einem kleinen Bruchteil in der Stadt des Unternehmenssitzes (verbleiben)"[14].

Diese Tatsachen werden in einzelnen Fällen das regionale Einkommen modifizieren. Der Größenordnung nach ist das Einkommensniveau in jedem Fall niedriger als der BIP-Wert. Nach GÖRGENS betrug das BIP je E in Nordrhein-Westfalen im Jahre 1961 6260 DM, während sich das Einkommen je E nur auf 3700 DM belief.

## II. Das Untersuchungsgebiet

Es ist die Absicht der Untersuchung, die Kennziffern aus den Steuerstatistiken am Beispiel des norddeutschen Raumes, d. h. für Schleswig-Holstein, Hamburg, Niedersachsen und Bremen, zu bestimmen und auf ihre regionalwirtschaftliche Bedeutung hin zu analysieren.

Norddeutschland besitzt seit etwa 30 Jahren rd. 20 % der westdeutschen Bevölkerung, 15—16 % der Industriebeschäftigten und erzeugt 21—22 % des westdeutschen Bruttoinlandsprodukts. Dieser Anteil des BIP entspricht dem Bevölkerungsanteil in der Bundesrepublik Deutschland, in Hamburg rückt dieser an das Zweifache des Bevölkerungsanteils heran (Tab. 2).

Ich habe in einer früheren Untersuchung nachgewiesen, daß in Niedersachsen und Bremen das Bevölkerungssystem und auch das Arbeitsstättensystem bis in die Kreise hinein über 3 Jahrzehnte hinweg ein außerordentlich stabiles Raumgefüge aufweisen und daß die Zunahme der Bevölkerung von 8,4 Mio. E im Jahre 1939 auf 11,5 Mio. E im Jahre 1950, 11,9 Mio. E 1965 und 12,1 Mio. E 1970 in fast allen Fällen die alten Standortentscheidungen honoriert hat. Hamburg hat allerdings seinen alten Rang nicht halten können; denn selbst wenn man Hamburg und Schleswig-Holstein zusammenfaßt, um die Hamburger Auswanderung nach Schleswig-Holstein mit zu erfassen, ist die Bevölkerungsentwicklung in diesem Raum von 8,20 % (1939) über 8,63 % (1950), 7,68 % (1961) auf 7,32 % (1970) abgesunken und liegt damit um 0,88 % unter der „kritischen Zahl" von 1939. Sinngemäß gelten diese Feststellungen auch für Bremen. Es ist von besonderem Reiz, diese anatomischen Feststellungen nunmehr mit den wirtschaftlichen Kennziffern der Steuerstatistiken, d. h. mit den Daten unmittelbar wirtschaftlicher Entscheidung zu füllen und zu vergleichen [14a]).

## III. Die regionale Analyse

### 1. Steuermeßbetragdichte, Umsatzdichte, Einkommendichte

Es liegt nahe, zunächst die regionale Verteilung der Steuermeßbeträge, der Umsätze und der Einkommen auf die Stadt- und Landkreise (durch Berechnung der absoluten

---

[13]) H. GÖRGENS: Die Steuerkraftunterschiede, a. a. O., H. 6, S. 138.
[14]) H. GÖRGENS: Die Steuerkraftunterschiede, a. a. O., H. 6, S. 143.
[14a]) Die regionale Analyse von Schleswig-Holstein mußte leider in den Anhang verwiesen werden (S. 32 ff), so daß sich die Daten und Berechnungen ab Seite 18 auf den Raum Hamburg, Bremen und Niedersachsen beziehen (wie in dem Tabellenband).

Kreiswerte in Relation zum Gesamtraum — Gesamtraum = 1000) zu bestimmen. Wir erhalten auf diese Weise die *Steuermeßbetragdichte, Umsatzdichte* und *Einkommendichte in Promille je Kreis* und darüber hinaus bei dem gegebenen gleichen Gebietsstand 3 Kreisindices für Steuermeßbeträge, Umsätze und Gesamteinkommen, die die Kreisentwicklung über mehr als 3 Jahrzehnte in Relation zum Gesamtraum eindeutig festlegen. Für sämtliche Kreise sind die entsprechenden Werte in Tabelle 3 zusammengestellt worden.

Tab. 3 gibt folgendes Bild von der räumlichen Entwicklung:

1. Die produktionsstarken Kerngebiete haben ihren alten Rang nicht halten können. Es nahmen ab

|  | Steuermeßbetrag-dichte | | Umsatzdichte | | Einkommendichte | |
|---|---|---|---|---|---|---|
|  | 1937 | 1966 | 1935 | 1970 | 1936 | 1968 |
|  | ‰ | | ‰ | | ‰ | |
| Hamburg-Unterelbe | 424 | 331 | 466 | 429 | 398 | 300 |
| Bremen-Unterweser | 181 | 136 | 153 | 121 | 153 | 141 |

Natürlich ist das Land Hamburg mit rd. ⅓ aller Steuermeßbeträge, 40 % aller Umsätze und ¼ aller Einkommen nach wie vor der führende Platz Norddeutschlands.

2. Der Raum Hannover hat sich als völlig stabil erwiesen. Die Promilleziffern lauten:

$$125 \quad 141 \quad 100 \quad 111 \quad 118 \quad 122$$

3. Der Raum Braunschweig hat sich durch Wolfsburg und Salzgitter stark entwickelt. Seine Indices lauten:

$$66 \quad 112 \quad 62 \quad 114 \quad 68 \quad 101$$

4. Sämtliche Entwicklungsregionen des Landes Niedersachsen, ergänzt um Hamburg und Bremen, haben gemessen am Gesamtraum folgende Entwicklung durchlaufen:

|  | Steuermeßbeträge | | | Umsätze | | | Gesamteinkommen | | |
|---|---|---|---|---|---|---|---|---|---|
|  | 1937 | 1958 | 1966 | 1935 | 1954 | 1970 | 1936 | 1954/55 | 1968 |
| Hamburg-Unterelbe | 424 | 358 | 331 | 466 | 421 | 429 | 398 | 315 | 300 |
| Bremen-Unterweser | 181 | 134 | 136 | 153 | 144 | 121 | 153 | 137 | 141 |
| Oldenburg | 28 | 32 | 46 | 32 | 36 | 45 | 47 | 48 | 55 |
| Ostfriesland | 20 | 22 | 26 | 21 | 16 | 20 | 24 | 24 | 30 |
| Emsland | 12 | 23 | 22 | 13 | 18 | 18 | 14 | 22 | 24 |
| Osnabrück | 28 | 38 | 44 | 34 | 39 | 38 | 35 | 45 | 46 |
| Mittelweser | 15 | 25 | 21 | 18 | 23 | 22 | 23 | 36 | 36 |
| Hannover | 125 | 133 | 141 | 100 | 115 | 111 | 118 | 121 | 122 |
| Braunschweig | 66 | 130 | 112 | 62 | 82 | 114 | 68 | 90 | 101 |
| Hildesheim | 23 | 24 | 23 | 23 | 21 | 16 | 24 | 29 | 28 |
| Harz | 16 | 19 | 20 | 18 | 20 | 15 | 25 | 28 | 46 |
| Göttingen | 21 | 27 | 33 | 21 | 26 | 23 | 30 | 42 | 41 |
| Zentralheide | 26 | 22 | 20 | 12 | 15 | 15 | 18 | 25 | 25 |
| Lüneburg | 10 | 14 | 16 | 14 | 16 | 14 | 16 | 25 | 24 |

Prozentberechnungen auf Grund von Tab. 3 lassen erkennen, daß die autonomen Veränderungen im einzelnen nicht ohne Bedeutung sind. Um die Bedeutung dieses Vorganges klarer erkennen zu können, wurden die Kreise zusammengestellt, die in mindestens einem Wert des autonomen Wachstums 50 % Steigerung des Ausgangswertes erreicht oder überschritten haben. Die in Frage kommenden 37 Kreise sind anschließend hinsichtlich ihres autonomen Wachstums, in ihren Veränderungen in Prozent des Gesamtraums und hinsichtlich der Verschiebungen in den Rangordnungsnummern untersucht worden. Das Ergebnis zeigt, daß das beträchtliche autonome Wachstum in seiner Bedeutung im Rahmen des räumlichen Gefüges völlig belanglos ist. Veränderungen von $1/2$ % des Gesamtraumes haben nur Harburg (im Einkommen), Lingen (in den Steuermeßbeträgen), Nienburg (in den Steuermeßbeträgen), Hannover (in den Steuermeßbeträgen, Umsätzen und Einkommen), Neustadt (im Einkommen), Burgdorf (im Einkommen) und Gifhorn (in den Steuermeßbeträgen und im Einkommen) erzielt. Einen Spitzenplatz haben sich Wolfsburg und Salzgitter erobern können. Wolfsburg hat in der Rangordnung ausgehend vom Platz 79 in den Steuermeßbeträgen den Platz 4, in den Umsätzen Platz 4 und in den Einkommen Platz 16 der jeweiligen Rangordnung erreicht, Salzgitter die Plätze 6, 23 und 18. Veränderungen von Bedeutung weisen insbesondere die Landkreise um Hannover auf, Veränderungen, die mit der Pseudomorphose der Stadt ursächlich zusammenhängen. Eine Abnahme über $1/2$ % des Gesamtraumes ist festzustellen bei Hamburg (in Steuermeßbeträgen, Umsätzen und Einkommen), Bremen St (in Steuermeßbeträgen, Umsätzen und Gesamteinkommen), Bremerhaven (in Steuermeßbeträgen und Umsätzen), Wilhelmshaven (Einkommen), Hannover St (Einkommen) und Braunschweig St (in Umsätzen und Einkommen).

## 2. Die Entwicklungsdynamik

Zur Kennzeichnung der Entwicklungsdynamik erscheinen die 3 Größen Steuermeßbeträge je E, Umsätze je E und Einkommen je E geeignet.

*a) Die Entwicklung der Steuermeßbeträge je E*

Während die Ermittlung der Umsätze und Einkommen je E der Wohnbevölkerung keinerlei Schwierigkeiten bereitet, hat die *Berechnung der Steuermeßbeträge je E* ihre besonderen Probleme:

— Die in den Tabellen aufgeführten Steuermeßbeträge beziehen sich bekanntlich auf die Wohnbevölkerung und liefern somit in den Fällen, wo ein Teil der Bevölkerung in einem anderen Kreis beschäftigt ist, keine einwandfreie Aussage über die wirtschaftliche Grundlage der Kreisbevölkerung. Das trifft insbesondere für die Umlandkreise der Kernstädte in den Verdichtungsgebieten zu.

Die regionale Zuordnung des kreisweise erzeugten BIP hat die Bezugnahme Bruttoinlandsprodukt auf die Wohnbevölkerung dadurch korrigiert, daß das Konzept der Wirtschaftsbevölkerung geschaffen wurde, d. h. die Wohnbevölkerung wird in einem solchen Fall um die seinem Pendlersaldo zugeordnete Wohnbevölkerung erhöht oder vermindert.

— Wenn ich die Steuermeßbeträge auf die Wirtschaftsbevölkerung beziehe, darf ich jedoch nicht übersehen, daß der Leistungskreis und der Einkommenkreis zwar denselben Namen tragen, aber praktisch nicht mehr identisch sind.

Es sind somit zu prüfen, ob die Steuermeßbeträge je E der Wohnbevölkerung aus Gründen der Vergleichbarkeit zwischen Leistungs- und Verwendungsseite nicht doch die beste Lösung des Problems darstellen. Sie kennzeichnen dann die im Kreisgebiet vorhandene Kapitalausstattung mit ihrem wirtschaftlichen Ertrag je Kopf der Wohnbevölkerung. In diesem Sinne hat bereits GÖRGENS Steuerkraft und Wirtschaftskraft „als das auf die Wohnbevölkerung bezogene Steueraufkommen bzw. Bruttoinlandsprodukt" definiert[15]). Ich werde im Nachfolgenden ebenfalls die Steuermeßbeträge auf die Wohnbevölkerung beziehen.

Ich lege in bezug auf die Steuermeßbeträge eine *Übersicht nach Rangordnungsnummern über die Landesentwicklung auf der Grundlage der Steuermeßbeträge* je E 1937 und 1966 vor, wobei die Kreise für das Jahr 1966 nach ihrem neuen Status (alter Rang, Aufsteiger und Absteiger) unterschieden werden (Tab. 4). In mehrfachen Aufstellungen ist untersucht worden, wo die richtige Grenze zwischen den drei Gruppen zu finden ist. Schließlich habe ich mich dahin entschieden, Veränderungen in den Rangordnungsnummern ± 10 noch als Verbleib im alten Rang zu werten.

Zum Ergebnis darf ich folgendes anführen:

— 1937 verhielten sich der größte und der kleinste Wert wie 1:21, im Jahre 1966 betrug die Spannung 15:102, also nur das Sechseinhalbfache im Rahmen des alten Verbundes mit Hannover als Spitzenwert. Wenn man jedoch Wolfsburg als den Spitzenwert in der Rangordnungsskala als Bezugspunkt wählt — was richtig ist, denn Wolfsburg besitzt die Rangordnungsnummer 1 —, verhalten sich der geringste und der höchste Wert wie 15:227, das ist wiederum 1:16.

— Die Lagerung der Raumordnungsnummern im Gefüge hat sich durch den Wechsel des Rangordnungsführers verschoben. Bezogen auf den jeweiligen Spitzenwert ergibt sich folgendes Bild:

Von den 79 Kreisen lagen gemessen vom Spitzenwert

|          |              | 1937 |         | 1966 |         |
|----------|--------------|------|---------|------|---------|
| zwischen | 0— 10 %      | 2    | Kreise  | 1    | Kreis(e)|
|          | 10— 20 %     | 1    |         | —    |         |
|          | 20— 30 %     | —    | } 9     | —    | } 1     |
|          | 30— 40 %     | 2    |         | —    |         |
|          | 40— 50 %     | 4    |         | —    |         |
|          | 50— 60 %     | 8    |         | 2    |         |
|          | 60— 70 %     | 6    |         | 3    |         |
|          | 70— 80 %     | 14   | } 70    | 13   | } 78    |
|          | 80— 90 %     | 28   |         | 49   |         |
|          | 90—100 %     | 14   |         | 11   |         |

Es entfallen somit auf den Abschnitt 50—100 % im Jahre 1970 70 Kreise und im Jahre 1966 78 Kreise, d. h. bei gleichmäßiger Verteilung kommt auf die Breite von 0,7 % ungefähr ein Kreis. Zwischen 80 und 90 % des Spektrums wurden 1937 28 Kreise und im Jahre 1966 49 Kreise gezählt, so daß bei der Annahme einer gleichmäßigen Verteilung die einzelnen Kreise noch nicht einmal 0,2 % auseinanderliegen können. Das bedeutet, daß die Rangordnungsnummernmethode die Differenzen zwischen den Kreisen überzeichnet.

— Außerdem ist nicht zu übersehen, daß eine mehr oder minder große Anzahl von Kreisen auch schon deswegen praktisch gleichrangig sind, weil die absoluten Steuermeßbeträge je Kopf sogar gleich sind. Auch das bedeutet, daß sich die Rangordnung

---

[15]) H. GÖRGENS: Die Steuerkraftunterschiede, a. a. O., 1965, H. 3, S. 54.

entsprechend verkürzt. Der Aufstieg von Einbeck von Platz 45 auf Platz 12 wird damit in die Differenz beispielsweise von 33 auf 14 verkleinert, Holzminden auf + 9, Melle + 16, Lingen + 20, Nienburg + 10, Gifhorn + 16.

Um die *praktische Bedeutung der Verschiebung der Rangordnungsnummern für die frühere und jetzige Lagerung der Kreise* im Spektrum aufzuzeigen, lege ich in bezug auf die Entwicklung der Steuermeßbeträge außerdem eine Zusammenstellung nach Landesentwicklungsregionen einschließlich Hamburg und Bremen vor (Tab. 7), die den interessanten Versuch enthält, die tatsächlichen Steuermeßbeträge des Jahres 1966 mit den fiktiven Steuermeßbeträgen desselben Kreises zu vergleichen, die der Kreis aufweisen würde, wenn er die Rangordnungsnummer des Jahres 1937 und damit die alte Ranghöhe beibehalten hätte. Für Bremen läßt sich diese Rechnung nicht durchführen, weil Bremen 1937 die Rangordnungsnummer 1 besaß und mit Wolfsburg als dem Platzhalter Nr. 1 im Jahre 1966 schlechterdings nicht verglichen werden kann. Für die Stadtkreise Wolfsburg und Salzgitter wurden die Landkreise Gifhorn und Wolfenbüttel als Ausgangskreise gewählt, aus denen sie entstanden sind. Die auf diese Weise errechnete Differenz der Steuermeßbeträge zwischen altem und neuem Rang, beide für das Jahr 1966, ist außerordentlich aufschlußreich.

Nach diesen methodischen Vorbemerkungen ist in bezug auf die Verschiebungen im Spektrum der Steuermeßbeträge folgendes festzustellen:

Folgende Kreise haben ihre Rangordnung in bezug auf die wirtschaftliche Grundlage bemerkenswert verändert:

|  | Rangordnungsdifferenz | Autonomes Wachstum*) | Absolute Steuermeßbeträge nach | | Relative Verschiebung 1966 zu 1937 |
|---|---|---|---|---|---|
|  |  |  | Rang 1966 | Rang 1937 |  |
| Wolfsburg | + 79 |  | 227 |  |  |
| Einbeck | + 33 | 14,0fache | 56 | 34 | + 64 % |
| Holzminden | + 17 | 10,0fache | 50 | 39 | + 30 % |
| Melle | + 33 | 11,7fache | 47 | 31 | + 51 % |
| Lingen | + 50 | 23,5fache | 47 | 23 | + 100 % |
| Nienburg | + 36 | 14,6fache | 44 | 30 | + 46 % |
| Gifhorn | + 41 | 20,0fache | 40 | 24 | + 66 % |
| Friesland | + 22 | 10,0fache | 40 | 31 | + 27 % |
| Diepholz | + 30 | 12,6fache | 38 | 27 | + 40 % |
| Vechta | + 30 | 18,0fache | 36 | 25 | + 44 % |
| Salzgitter | + 39 |  | 36 |  |  |
| Schaumburg | + 19 | 11,6fache | 35 | 29 | + 20 % |
| Meppen | + 11 | 10,3fache | 31 | 29 | + 6 % |
| Bersenbrück | + 13 | 10,3fache | 31 | 28 | + 10 % |
| Osterode | − 15 | 5,8fache | 35 | 40 | − 14 % |
| Land Hadeln | − 36 | 5,2fache | 21 | 36 | − 41 % |
| Wittmund | − 34 | 3,2fache | 16 | 38 | − 42 % |
| Peine | − 22 | 3,3fache | 40 | 77 | − 48 % |
| Bremerhaven | − 23 | 3,1fache | 38 | 65 | − 58 % |

*) Das x-fache des Steuermeßbetrages von 1937.

— Die Absteiger Hannover L (— 12), Burgdorf (— 17), Hildesheim-Marienburg (— 29), Münden (— 32), Northeim (— 22), Neustadt (— 28), Braunschweig L (— 34), Goslar L (— 30) lassen sich mit Sicherheit dadurch erklären, daß sich die Zahl der Einwohner, die vom Auspendeln lebt, entsprechend vergrößert hat. Die Symbiose mit den entsprechenden Kernstädten hat sich verstärkt.

Die wirtschaftlichen Auswirkungen der festgestellten Veränderungen werden Gegenstand einer späteren Analyse sein.

### b) Die Entwicklung des Umsatzniveaus je E

Die Übersicht über die regionale Umsatzentwicklung (Tab. 5) läßt erkennen, daß 1935 ein Verhältnis von 665 RM zu 5593 RM, also eine Spannung vom 8,4fachen bestand. 1970 betrug das Verhältnis 6285 DM zu 119 722 DM, d. h. die Spanne stieg auf das 19fache und damit auf mehr als das Doppelte.

Die Spitzengruppe der ersten 26 Rangordnungsnummern zeigt nur das Eindringen von Wolfsburg, Salzgitter, Vechta und Einbeck.

Von den 18 Absteigern sind 8 Umlandkreise, die starke Bevölkerungszunahme mit einer Belassung des Umsatzes in den Kernstädten verbinden. Von den 17 Aufsteigern sind 13 Kreise mit einem erhöhten Produktionspotential bereits in dem Abschnitt über die Entwicklung der Steuermeßbeträge verzeichnet. Auch die dort nicht genannten Kreise Ammerland, Cloppenburg, Soltau, Aschendorf und Wittlage werden im Verlauf dieser Untersuchung später analysiert werden.

### c) Die regionale Verteilung der Gesamteinkünfte je E

In Tab. 6 wird eine Rangordnung der Stadt- und Landkreise für das Jahr 1936 und für das Jahr 1968 gegeben, für das Jahr 1968 wiederum unterschieden nach Ranggleichheit, Aufstieg und Abstieg. Die methodischen Bemerkungen zum Spektrum der Steuermeßbeträge gelten sinngemäß für diesen Abschnitt.

Die Analyse ergibt folgendes Bild:

— Die Rangnummer 1 zeigt eine Steigerung auf das 5,6fache, während die Rangnummer 77 — d. h. die letzte von 1936 — auf das 14,1fache gestiegen ist. Der Abstand zwischen der höchsten Rangstufe betrug 1936 das 6fache, 1968 nur noch das 2,7fache. Das Gefälle der Einkommen hat sich also im Raumdurchschnitt von Hamburg, Bremen und Niedersachsen um mehr als die Hälfte vermindert und steht damit im diametralen Gegensatz zur räumlichen Entwicklung der Steuermeßbeträge und Umsätze.

Im einzelnen ist folgendes zu bemerken:

— Das Gefüge der Einkommen zeigt 1936 und 1968 folgende Aufschlüsselung:
Es lagen

|  | | 1936 | | 1968 | | |
|---|---|---|---|---|---|---|
| zwischen | 0—10 % | 1 Kreis(e) | ⎫ | 3 Kreis(e) | ⎫ | |
|  | 10—20 % | 3 " | ⎬ 7 | 6 " | ⎬ | 18 |
|  | 20—30 % | 3 " | ⎭ | 9 " | ⎭ | |
|  | 30—40 % | 11 " | ⎫ | 22 " | ⎫ | |
|  | 40—50 % | 3 " | ⎬ 33 | 20 " | ⎬ | 57 |
|  | 50—60 % | 19 " | ⎭ | 15 " | ⎭ | |
|  | 60—70 % | 16 " | ⎫ | 1 " | ⎫ | |
|  | 70—80 % | 18 " | ⎬ 39 | — " | ⎬ | 1 |
|  | 80—90 % | 5 " | ⎭ | — " | ⎭ | |

1936 lagen demnach in der Bandbreite zwischen 60 und 90 % 39 Kreise, im Jahr 1968 war nur noch ein Kreis (Aschendorf) in diesem Abschnitt verblieben. In dem Band zwischen 30 und 60 % waren 1936 33 Kreise verzeichnet, 1966 57, also fast das Doppelte.

— Wenn man das Gesamteinkommen in 3 Gruppen einteilt, sind folgende Änderungen zu vermerken:

In der Gruppe I mit über 4500 DM Einkommen je E sind anzutreffen

*Aufsteiger*                                *Verlierer*
Wolfsburg      (+ 36 %)      Bremerhaven    (— 14 %)
Hameln         (+ 15 %)      Wilhelmshaven  (— 17 %)

In der Gruppe II mit 4000 bis unter 4500 DM je E liegen

Burgdorf       (+ 8 %)       Münden         (— 9 %)
Harburg        (+ 20 %)
Salzgitter
Wolfenbüttel   (+ 8 %)
Springe        (+ 7 %)
Melle          (+ 14 %)
Einbeck        (+ 8 %)

In der Gruppe III mit 3500 bis unter 4000 DM je E festzustellen

Gifhorn        (+ 17 %)      Braunschweig L  (— 5 %)
                             Bentheim        (— 13 %)
                             Celle L         (— 18 %)
                             Wesermarsch     (— 11 %)
                             Zellerfeld      (— 16 %)

In der Gruppe IV mit Einkommen unter 3500 DM je E sind zu finden

                             Friesland       (— 18 %)
                             Leer            (— 10 %)
                             Norden          (— 14 %)
                             Land Hadeln     (— 16 %)

In dem Vergleich zwischen der Leistungsseite und der Einkommens(Verwendungs-)seite (Tab. 7) findet sich darüber hinaus für das Jahr 1968 eine Berechnung über die absolute Erhöhung bzw. Verminderung der Gesamteinkünfte für alle Kreise, die ebenfalls auf dem Vergleich zwischen dem tatsächlichen Einkommen im Jahr 1968 und dem fiktiven Einkommen beruht, das in dem jeweiligen Kreis anfallen müßte, wenn keine Verschiebung in der Rangordnung eingetreten wäre. Sie soll einen zahlenmäßigen Überblick von den Verschiebungen in der Landesentwicklung vermitteln. Die großen Veränderer über ± 10 % zwischen 1936 und 1968 füge ich anschließend an. Es sind:

|  | Tatsächliche Gesamteinkünfte in DM je E 1968 | nach der Rangordn.-Nr. von 1936 DM | Gesamteinkünfte über bzw. unter dem Rang von 1936 absolut | |
|---|---|---|---|---|
|  |  |  | DM | in % |
| Aschendorf   | 2 372 | 2 952 | — 580   | — 24 |
| Wittmund     | 2 590 | 3 182 | — 592   | — 22 |
| Celle L      | 3 649 | 4 303 | — 654   | — 18 |
| Friesland    | 3 477 | 4 115 | — 638   | — 18 |
| Wilhelmshaven| 4 582 | 5 341 | — 759   | — 17 |
| Zellerfeld   | 3 509 | 4 142 | — 673   | — 16 |
| Land Hadeln  | 3 024 | 3 509 | — 405   | — 16 |
| Norden       | 3 182 | 3 649 | — 467   | — 14 |
| Bremerhaven  | 4 827 | 5 473 | — 646   | — 14 |
| Bentheim     | 3 658 | 4 137 | — 479   | — 13 |
| Wesermarsch  | 3 569 | 3 985 | — 416   | — 11 |
| Bremen       | 5 473 | 6 112 | — 639   | — 11 |
| Melle        | 4 137 | 3 531 | + 606   | + 14 |
| Hameln       | 5 548 | 4 742 | + 806   | + 15 |
| Gifhorn      | 3 889 | 3 267 | + 622   | + 17 |
| Harburg      | 4 396 | 3 531 | + 882   | + 20 |
| Wolfsburg    | 6 112 | 3 889 | + 2 223 | + 36 |

### 3. Die Lagerung der Kreise im Raumdurchschnitt von Norddeutschland

Nach der Berechnung der Kreisanteile zum Gesamtraum und nach der Einstufung der Kreise entsprechend ihrer Raumordnungsnummern ist die Lagerung der Kreise im Raumdurchschnitt abzuhandeln. Das Ergebnis ist in Abb. 3 enthalten.

Zur Erzielung eines unabhängigen Vergleichs sind Steuermeßbeträge und Gesamteinkünfte je E in ihren ziffernmäßigen Werten und nicht in ihren Rangordnungsnummern zugrunde gelegt worden. Die Lagerung der Kreise im Raumdurchschnitt wird durch die Niveauunterschiede der Wirtschaftskraft (Produktivitätsniveaus) und die Gesamteinkünfte (Einkommensniveau) gekennzeichnet. In der Graphik ist jedoch der Raumdurchschnitt nicht gleich 1, sondern gleich 100 gesetzt worden, um die einzelnen Niveaus klarer darstellen zu können: Die Graphik ist also gegenüber der Wirklichkeit hundertfach überhöht worden. Aus Gründen der Übersichtlichkeit und um den Einfluß der geographischen Lage zu kennzeichnen, wurden die Kreise nach den Landesentwicklungsregionen von Niedersachsen unter Hinzunahme von Bremen und Hamburg geordnet. Die obere Zusammenstellung enthält die Entwicklung der Kreise nach Steuermeßbeträgen, die für die Jahre 1937, 1958 und 1966 zur Verfügung stehen; sie registriert also die Wirtschaftskraft im raumwirtschaftlichen System je E. In der unteren Übersicht ist die Entwicklung der Kreise nach Gesamteinkünften, wie sie für die Jahre 1936, 1954/55, 1961, 1965 und 1968 zur Verfügung stehen, eingetragen worden.

Die Diskussion der Kurven erfolgt unter Außerachtlassung der Rangverschiebung, die auf Grund der Rangordnungsnummernmethode als gelöst betrachtet werden kann. Die zentrale Frage dieses Abschnitts zielt auf die übergeordneten Entwicklungstendenzen, die in der gekennzeichneten Methode sichtbar geworden sind.

Von vornherein ist festzustellen, daß die beiden Kurven, die die Lagerung der Gebietseinheiten bestimmen, einen völlig unterschiedlichen Charakter besitzen. Während die Linien der Steuermeßbeträge die Tendenz zeigen, von den unterschiedlichen Produktivitätsniveaus aus, von denen sie angetreten sind, den Raumdurchschnitt zu erreichen oder zu überschreiten, im übrigen aber einen unterschiedlichen Verlauf haben, nähern sich alle Kurventeile der Gesamteinkünfte dem Raumdurchschnitt, ob sie nun ursprünglich über oder unter der 100-Linie lagen. Sie gleichen gewissermaßen Kranichschwärmen, die auf ein gemeinsames Ziel losfliegen.

Über die unterschiedliche Entwicklung der Kreise auf der Grundlage der Steuermeßbeträge ist im einzelnen folgendes zu berichten: Die Teilkurven zeigen einen Rückgang der Wirtschaftskraft von Hamburg, Bremen und Cuxhaven, die in der Rangordnungsnummernmethode nicht oder nur undeutlich sichtbar geworden ist, einschließlich des schon bekannten Rückgangs von Delmenhorst und Bremerhaven. Emden hat seine Wirtschaftskraft nach 1958 noch vor der Errichtung des VW-Werkes außerordentlich verstärken können. Im übrigen hat nur Hannover St bis 1966 die Verstärkung seiner Wirtschaftsgrundlagen oberhalb der 100-Linie konsequent von 1,42 auf 1,83 erreichen können. Die Städte Osnabrück, Hameln, Hildesheim und Salzgitter, der Landkreis Helmstedt, die Landkreise der Regionen Ostfriesland und Emsland (mit Ausnahme von Aschendorf) konnten ihre Aufwärtsentwicklung nach 1958 nicht fortsetzen, wobei allerdings zu erwähnen ist, daß Osnabrück von 0,99 (1937) auf 1,37 (1966), Hameln von 0,98 (1937) auf 1,19 (1966) gestiegen sind. Diesen Verlauf zeigt auch die Wolfsburg-Kurve, wo das Produktivitätsniveau vom 7,98fachen (1958) auf das 4,06fache (1966) zurückgegangen ist. Der Landkreis Celle fiel vom 1,92fachen des Raumdurchschnitts (1937) auf das 0,7fache (1966), was aber auch schon in der Analyse nach Raumordnungsnummern sichtbar geworden ist. Goslar St ist vom 0,82fachen (1937) auf das

1,16fache (1966) geklettert. Der Rückgang des Landkreises Hannover ist im Zusammenhang mit dem Aufstieg der Stadt Hannover zu sehen und verdeutlicht die Tatsache, daß ein wachsender Bevölkerungsanteil von Hannover L in der Kernstadt beschäftigt ist.

Die Gesamteinkünfte je E im Raumdurchschnitt zeigen außer der Tendenz der asymthotischen Annäherung an den Raumdurchschnitt ein Vierfaches:

— Zunächst ist eindeutig, daß die Einkommen der 24 Gebietseinheiten, die 1936 unter der 50-%-Linie angesiedelt waren, restlos in den Raum zwischen 50 und 100 % aufgestiegen sind. Aschendorf als Schlußlicht liegt auf der 50-%-Linie. Es liegt aber außer Hamburg auch keine Gebietseinheit mehr über der 130-%-Linie.

— Dann fällt auf, daß die Region Emsland durch das Fehlen eines zentralen Ortes mit überdurchschnittlichen Einkommen benachteiligt ist.

— Drittens ist erkennbar, daß die Gesamteinkünfte je E in Göttingen, Celle und Lüneburg über dem Raumdurchschnitt liegen, obwohl die wirtschaftlichen Grundlagen dazu nicht ausreichen. Es handelt sich offensichtlich um Transferleistungen aus öffentlichen Kassen, die in den Steuermeßbeträgen nicht zum Ausdruck kommen.

— Schließlich ist nicht zu verkennen, daß sich der Trend zum Raumdurchschnitt seit 1965 stark abgeflacht hat. Es ist m. E. unverkennbar, daß die starke und wirksame Nivellierung der Einkommen im Raum bereits ihren Höchststand überschritten hat.

### 4. Die Daten in der Variations- und Korrelationsanalyse
(siehe dazu Übersicht auf der folgenden Seite)

Die Variationsrechnung sagt aus, daß die räumliche Verteilung der Steuermeßbeträge je E 1966 etwas gleichmäßiger geworden ist als 1937. Von 1937 auf 1958 zeigt die Einbeziehung von Salzgitter und Wolfsburg eine beträchtliche Überhöhung, die Aussonderung naturgemäß einen zu niedrigen Wert. Bis 1965 hat sich dann die Entwicklung normalisiert.

Die räumliche Verteilung der Gesamteinkommen ist im Laufe der Entwicklung beträchtlich gleichmäßiger geworden. Die Einbeziehung bzw. Aussonderung von Wolfsburg und Salzgitter in den Jahren 1936 und 1954 ändert dieses Bild nicht.

Die Korrelation ist in allen Reihen sehr hoch.

Insgesamt wird das mit Hilfe der einzelnen Analysemethoden gewonnene Bild bestätigt.

### 5. Zur Korrespondenz der Indikatorenreihen mit der landeskundlichen Aussage

Es bleibt die Aufgabe zu erfüllen, die drei Indikatorenreihen — Steuermeßbeträge, Umsätze und Einkünfte je E — in ihrer Korrespondenz und ihrer Korrelation zu bekannten Tatbeständen (Entwicklung der Beschäftigten, Entwicklung der Industriebeschäftigten, Wanderungen der Bevölkerung usw.) zu untersuchen.

*a) Die volkswirtschaftliche Kreisbilanz*

Nach ökonomischer Erkenntnis sind die Investitionen das auslösende Element einer wirtschaftlichen Entwicklung. Das gilt erst recht von den erfolgreichen Investitionen, die sich in den Steuermeßbeträgen wiederspiegeln. Auch die Umsätze repräsentieren die wirtschaftliche Entwicklung.

Die Einkommen können als eine Variable der Steuermeßbeträge betrachtet werden, wobei allerdings offen bleibt, wo diese Steuermeßbeträge domizilieren, d. h. welcher Teil

*Die Daten in der Variations- und Korrelationsanalyse*

|  |  | 1936 | 1954 | 1961 |  | 1965 |  | 1968 |
|---|---|---|---|---|---|---|---|---|
| Einkünfte je E in 1000 DM/RM | VaKo<br>VaKo<br>KorrKo<br>KorrKo | (0,4420)<br>0,4761<br>(0,87)<br>0,87 | (0,2348)<br>0,2390<br>0,91 | 0,2910 | 0,98 | 0,2595 | 0,96 | 0,2511 |
| Einkünfte — Einkünfte aus nichtselbst. Arbeit + Brutolöhne in 1000 DM/RM | VaKo<br>VaKo<br>KorrKo<br>KorrKo | (3,3636)<br>3,4103<br>(0,998)<br>0,998 | (2,5957)<br>2,5874<br>0,996 | 2,5982 | 0,996 | 2,3868 | 0,999 | 2,3984 |
| Einkünfte — Einkünfte aus nichtselbst. Arbeit + Brutolöhne *je E in* 1000 DM/RM | VaKo<br>VaKo<br>KorrKo<br>KorrKo | (0,4346)<br>0,4691<br>(0,92)<br>0,75 | (0,2870)<br>0,2916<br>0,97 | 0,2499 | 0,99 | 0,2205 | 0,99 | 0,2114 |
|  |  | 1935 | 1954 | 1960 |  | 1966 |  | 1968 |
| Umsätze *je E in* 1000 DM/RM | VaKo<br>VaKo<br>KorrKo<br>KorrKo | (0,5166)<br>0,5477<br>(0,914)<br>0,450 | (0,5710)<br>0,7516<br>0,961 | 0,9453 | 0,993 | 0,8794 | 0,995 | 0,9090 |
|  |  | 1937 | 1958 | 1966 |  |  |  |  |
| Steuermeßbeträge je E in 1000 DM/RM | VaKo<br>VaKo<br>KorrKo<br>KorrKo | (0,7176)<br>0,7446<br>(0,821)<br>0,147 | (0,5373)<br>1,2210<br>0,925 | 0,6623 |  |  |  |  |

*Anmerkung:* Die Zahlen in den Klammern beziehen sich auf die Werte von Hamburg, Bremen und Niedersachsen ohne Wolfsburg und Salzgitter.

der Bevölkerung seine Wirtschaftsgrundlagen in einem anderen als dem eigenen Kreise hat.

Wenn ich nun die Leistungsseite eines Kreises und die Verwendungsseite nach Rangordnungsnummern in einer Kreisbilanz gegenüberstelle, sind drei Fälle möglich: die Leistungsseite ist entweder größer, gleich oder kleiner als die Verwendungsseite. Ihre drei Möglichkeiten können in der Zusammenstellung in der Tab. 7 abgelesen werden, ebenso der Verlauf im Wandel der zurückliegenden Jahre ab 1935.

Diese volkswirtschaftliche Kreisbilanz scheint mir diagnostisch aufschlußreich zu sein, aufschlußreicher als die alleinige Entwicklung der BIP-Werte. Sie läßt erkennen, ob die eigenen Wirtschaftsgrundlagen verstärkt werden konnten oder ob sie schwächer geworden sind. Das kann natürlich auch die Folge von Bevölkerungsveränderungen sein, so daß die Bevölkerungsentwicklung bei der Diagnose stets berücksichtigt werden muß.

In Tab. 7 fallen zwei Erscheinungen ins Auge: Einige Kreise haben im Laufe der letzten 30 Jahre nach Rangordnungsnummern einen Wechsel von Passiv- zum Aktivraum vollzogen. Dazu gehören Stade, Verden, Wesermarsch, Friesland, Ammerland, Oldenburg St, Norden, Lingen, Gifhorn, Braunschweig St, Goslar St und Blankenburg. Zum Passivraum sind geworden Rotenburg, Burgdorf, Hildesheim-Marienburg, Alfeld und Uelzen.

Außerdem hebt sich eine Gruppe von Kreisen mit einer starken Verbesserung der Rangordnungsnummern im System der Gewerbesteuermeßbeträge heraus, ohne daß erkennbar eine vergleichbare Verbesserung der Rangordnungsnummern im System der Gesamteinkommen vorliegt. Es ist wohl ein — wenn auch unterschiedliches — Wachstum der Einkommen je E erfolgt, aber die Rangordnungsnummern im System der Einkommen sind gegenüber der Entwicklung bei den Investitionen stark zurückgeblieben. Die Kreise sind in der nachfolgenden Aufstellung zusammengefaßt worden (Seite 26). Ich werde später zeigen, daß diese Kreise zu denen gehören, die ihre eigene wirtschaftliche Grundlage verbessern konnten, daß aber gleichzeitig das Gesamteinkommen je E nur gering angestiegen ist (Gruppe I) oder sogar zurückgeblieben ist (Gruppe III).

Die Kreisbilanz hat zwar keine unmittelbaren wirtschaftlichen Konsequenzen wie die aktive oder passive Bilanz einer Volkswirtschaft, aber sie erzwingt im Laufe der Zeit gewisse Veränderungen, und zwar in den Relationen der Beschäftigten, insbesondere der Industriebeschäftigten eines Kreises und durch Schrumpfen, Wachsen oder Stagnieren der Einwohnerzahl eines Kreises. Die Relation der Beschäftigten bzw. Industriebeschäftigten ist direkt abhängig von den Investitionen, die Relation der Bevölkerung vom Einkommen. Für das interregionale Gleichgewicht werden dabei zwei Randbedingungen wirksam:

1. Die Investitionen müssen in erreichbarer Entfernung liegen,
2. das Realeinkommen der Bevölkerung muß sich so weit angleichen, daß Wanderungen (in Relation zum Ganzen) nicht mehr ausgelöst werden können.

Ich habe in Ausführung dieser Überlegungen für die in den früheren Tabellen als Aufsteiger oder Absteiger ermittelten Kreise die Steuermeßbeträge (und zwar in ‰ des Gesamtraumes und repräsentiert durch die Differenz in den Rangordnungsnummern zwischen Anfang und Ende der angegebenen Periode), die Differenz der Rangordnungsnummern in den Umsätzen je E, den Anteil der Einwohner je Kreis (und zwar für die Jahre 1939, 1950, 1961 und 1970) und den Anteil der Industriebeschäftigten (für die Jahre 1951, 1961 und 1970) zusammengestellt, d. h. also die 3 Indikatorenreihen aus

*Kreise mit unterschiedlicher Entwicklung im System der Gewerbesteuermeßbeträge und im System der Gesamteinkommen*

| Kreis | Steuermeßbeträge | | | | | Gesamteinkünfte | | | |
|---|---|---|---|---|---|---|---|---|---|
| | nach Rangordnungsnummern | | | in RM/DM | | nach Rangordnungsnummern | | | Steigerung d. Eink. je E auf das x-fache |
| | 1937 | 1958 | 1966 | 1937 | 1966 | Steigerung a. d. x-fache | 1936 | 1954/1955 | 1968 | |
| Melle | 50 | 32 | 17 | 4 | 47 | 11,7 | 54 | 46 | 29 | 11,3 |
| Bersenbrück | 62 | 59 | 49 | 3 | 31 | 10,3 | 68 | 66 | 65 | 11,2 |
| Diepholz | 63 | 37 | 33 | 3 | 38 | 12,6 | 69 | 67 | 71 | 11,3 |
| Nienburg | 57 | 31 | 21 | 3 | 44 | 14,6 | 60 | 58 | 52 | 11,3 |
| Lingen | 68 | 16 | 18 | 2 | 47 | 23,5 | 66 | 64 | 60 | 11,6 |
| Friesland | 49 | 33 | 27 | 4 | 40 | 10,0 | 31 | 59 | 57 | 6,8 |
| Vechta | 66 | 50 | 36 | 2 | 36 | 18,0 | 75 | 76 | 74 | 13,9 |
| Meppen | 59 | 26 | 48 | 3 | 31 | 10,3 | 73 | 72 | 76 | 12,0 |
| Wesermarsch | 41 | 34 | 31 | 4 | 39 | 9,7 | 37 | 48 | 53 | 7,3 |
| Holzminden | 30 | 27 | 13 | 5 | 50 | 10,0 | 41 | 31 | 34 | 8,7 |
| Einbeck | 45 | 23 | 12 | 4 | 56 | 14,0 | 49 | 39 | 30 | 10,3 |
| Gifhorn | 67 | 61 | 26 | 2 | 40 | 20,0 | 64 | 49 | 44 | 12,5 |

den Steuerstatistiken und 2 anatomische Indikatoren, die aus anderen Statistiken bekannt sind, verglichen[16]).

*b) Die landeskundliche Aussage der steuerstatistischen Indikatorenreihen*

Die Diagnose verzeichnet 4 unterschiedliche Komplexe in den Steuerstatistiken (Tab. 8):

Gruppe   I: Alle 3 Reihen sind positiv.
Gruppe  II: Die Einkommenreihe ist positiv, Steuermeßbeträge und Umsätze je E sind negativ.
Gruppe III: Die Einkommenreihe ist negativ, Steuermeßbeträge und Umsätze je E sind positiv.
Gruppe IV: Alle 3 Indikatorenreihen sind negativ.

*Gruppe I*

Alle 3 Indikatorenreihen sind positiv. Die Zusammenstellung ergibt folgende Tatbestände:

1. Alle 3 aus den Steuerstatistiken gewonnenen Indikatorenreihen zeigen eine Rangverschiebung gegen 1. Das gilt nicht für Gifhorn im Spektrum der Umsätze je E (in Gifhorn liegen offenbar Betriebe, die in einem größeren Unternehmensverband stehen und ihre Umsatzsteuer außerhalb von Gifhorn zahlen) und Soltau (bei dem die Verschiebung der Rangordnungsnummern im System der Steuermeßbeträge negativ ist, übrigens bei Verdoppelung des Anteils der Steuermeßbeträge am Gesamtraum).
2. Die Erhöhung der Steuermeßbeträge korrespondiert mit einer entsprechenden Zunahme der Industriebeschäftigten (mit 2 Ausnahmen: Hameln und Holzminden).
3. Die Erhöhung der Gesamteinkommen je Kopf korrespondiert mit einer Bevölkerungszunahme (mit Ausnahme von Melle, Holzminden und Bersenbrück). Die Bevölkerungssteigerung ist allerdings nur in Wolfsburg, Salzgitter und Gifhorn von wesentlicher Bedeutung. Bei Lingen muß offen bleiben, ob der Kreis nicht besser zur Gruppe III zu rechnen wäre.

Da den Ausnahmen im Rahmen einer solchen Betrachtung natürlich ein besonderer Aussagewert zukommt, sind einige Erläuterungen erforderlich. Es scheint so zu sein, daß die starke Investitionstätigkeit in Melle und Bersenbrück, die durch die überdurchschnittliche Zunahme der Industriebeschäftigten belegt wird, andererseits nicht ausgereicht hat, die Arbeitsplatzwünsche der vorhandenen Bevölkerung insgesamt zu erfüllen. Die Einwohner wandern infolgedessen, wenn auch unbeträchtlich, ab (in Melle 0,015 %, in Bersenbrück 0,112 %). In Holzminden scheinen darüber hinaus die neuen Investitionen zu einem beträchtlichen Teil als Rationalisierungsinvestitionen betrachtet werden zu müssen, denn die Zahl der Industriebeschäftigten hat von 1951—1970 bei einer unterdurchschnittlichen absoluten Zunahme von 9993 auf 13 048 relativ zum Gesamtraum um 25 % abgenommen. Die Bevölkerung ist ebenfalls zurückgegangen (— 0,05 %).

---

[16]) Es ist darauf hinzuweisen, daß sich die beiden anatomischen Indikatorenreihen (Anteile der Bevölkerung und der Industriebeschäftigten am Gesamtraum) auf den Raum Niedersachsen und Bremen beziehen, die steuerstatistischen Daten jedoch auf Niedersachsen, Bremen und Hamburg. Es wurde jedoch nicht für notwendig erachtet, die Anteile der Bevölkerung und der Industriebeschäftigten auf den größeren Raum umzurechnen, weil der Trend unverändert richtig ist. Es ist jedoch zu beachten, daß die zitierten Prozent- und Promilleangaben für Bevölkerung und Industriebeschäftigte in den Korrespondenzreihen in Wirklichkeit ein wenig niedriger als angegeben liegen.

*Gruppe II*

Die Einkommenreihe ist positiv, Steuermeßbeträge und Umsätze je E sind abgesunken. Es handelt sich in allen Fällen um Auspendlerkreise. Das beherrschende Element ist die Veränderung der Rangordnungsnummern in der Einkommenreihe gegen 1, mit der eine — z. T. beträchtliche — Zunahme der Bevölkerung korrespondiert. Dieser Zunahme entspricht andererseits ein Absteigen der Steuermeßbeträge und Umsätze je E. Das Absinken der Steuermeßbeträge ist in der Regel verbunden mit einem Rückgang des relativen Anteils der Industriebeschäftigten. Die absolute Zahl wird in einzelnen Fällen (Harburg, Hannover L, Neustadt) sogar beträchtlich verbessert.

Der Kreis Wolfenbüttel, in dem die Steuermeßbeträge gestiegen sind, während der Bevölkerungsanteil abgesunken ist, befindet sich offenbar in der Umstellung zu einem Auspendlerkreis, ohne daß die eigenen und auswärtigen Arbeitsmöglichkeiten für die vorhandene Bevölkerung bisher ausreichen. Der Bevölkerungsanteil ist infolgedessen abgesunken.

Der Kreis Helmstedt, der neuerdings ebenfalls als Auspendlerkreis gewertet werden muß, hat seine eigene industrielle Grundlage sogar von 2,35 % (1951) auf 1,04 % (1970) mehr als halbiert; die absolute Zahl der Industriebeschäftigten ist gleichzeitig von 12 787 (1951) auf 9484 (1970) zurückgegangen.

*Gruppe III*

Die Einkommenreihe ist negativ, während die beiden anderen Indikatorenreihen aus den Steuerstatistiken eine positive Entwicklung genommen haben. Es handelt sich um Kreise, deren eigene wirtschaftliche Grundlage breiter geworden ist, das belegen die Anteile an den Steuermeßbeträgen des Gesamtraumes und die Rangordnungsnummern im System der Steuermeßbeträge und Umsätze je E, die entsprechend kleiner geworden sind. In Übereinstimmung mit dieser wirtschaftlichen Entwicklung ist die Zahl der Industriebeschäftigten absolut und relativ beträchtlich gestiegen. Im Widerspruch zu dieser Entwicklung sind jedoch die Einkommen je Kopf abgesunken, allerdings ohne daß die Bevölkerung diesem Trend gefolgt wäre. In 3 Kreisen (Wilhelmshaven, Wesermarsch und Diepholz) ist auch der Bevölkerungsanteil kleiner geworden, was folgendermaßen zu erklären ist:

1. Die Stadt Wilhelmshaven, die nach 1945 eine völlig neue wirtschaftliche Grundlage erhalten mußte, hat ihren alten Anteil an den Steuermeßbeträgen — wenn auch unwesentlich — von 7 % (1937) auf 8 % (1966) erhöhen können. Die Rangordnungsnummer im Spektrum der Steuermeßbeträge ist um 4 gestiegen, allerdings nach großen Tiefen — sie betrug 1937 29, 1958 49 und erst 1966 wieder 25 —, so daß jetzt die privatwirtschaftliche Basis das alte Niveau erreicht haben dürfte. Der Anteil der Stadt an den Gesamteinkünften des Raumes ist dagegen von 17 ‰ (1937) auf 10 ‰ (1968), also um 40 % gefallen. In diesen Zahlen kommt zum Ausdruck, daß die Stadt Wilhelmshaven in der Vorkriegszeit zu einem erheblichen Teil nicht von ihrer privaten Wirtschaft, sondern von den staatlichen Dienstleistungen gelebt hat. Die Einstellung dieser Zahlungen erzwang somit eine Veränderung des Bevölkerungsanteils von 2,22 % auf 1,31 % im Verhältnis zum Gesamtraum. Absolut zählte Wilhelmshaven 1939 113 686 und 1970 98 033 E. Bei Wahrung ihres alten Ranges hätte sie 1970 179 000 E zählen müssen. Die Zahl der Industriebeschäftigten ist von 8546 (1951) auf 7771 (1970) abgesunken.

2. Analog liegt der Fall des Kreises Wesermarsch mit dem Unterschied, daß der Staat in Wilhelmshaven das zusätzliche Einkommen in eigenen Betrieben — neben der

starken Garnison — produzierte, während die Wirtschaft in Wesermarsch stark auf staatliche Aufträge angewiesen war bzw. ist. Die Entwicklung in Wesermarsch zeigt daher ein differenziertes Bild: Zunahme der Industriebeschäftigten von 4999 (1951) auf 12182 (1970), gleichzeitig fast unveränderte Steuermeßbeträge von 5 ‰ (1937) und 7 ‰ (1970) und Gesamteinkünfte von 7 ‰ (1936) und 8 ‰ (1968), was eine Senkung der Gesamteinkünfte um 11 % und eine Abwanderung der Bevölkerung um 0,176 % bewirkt hat.

3. Für die wirtschaftliche Entwicklung des Kreises Diepholz gilt, daß die Investitionen trotz aller Verstärkung (Steigerung der Steuermeßbeträge absolut von 2 auf 5 ‰, Verbesserung der Rangordnungsnummern um + 30, Anwachsen der Industriebeschäftigtenzahl von 1851 (1951) auf 5745 (1970) bzw. von 0,34 % (1951) auf 0,63 % (1970) für die lokale Bindung der Bevölkerung nicht ausreichen. Es ist vielmehr eine Abwanderung von 0,036 % eingetreten.

Anscheinend lehrt die Gruppe III, daß von der Bevölkerung eine gewisse Minderung an Einkommen hingenommen wird, wenn die Industrie im allgemeinen expandiert und Hoffnungen auf ausreichende Beschäftigung auslöst.

*Gruppe IV*

Alle 3 Indikatorenreihen sind negativ. In dieser Gruppe finden sich u. a. die echten Krisenfälle. Wie die Zusammenstellung zeigt, ist überall ein Rückgang der Steuermeßbeträge und Umsätze je E (mit Ausnahme von Wittlage, Celle und Osterode bei den Umsätzen) festzustellen. Auch die Einkommen haben abgenommen. Mit diesen Daten korrespondiert der Rückgang der Industriebeschäftigten (mit Ausnahme von Leer, Wittlage und Oldenburg L).

In bezug auf das Verhalten der Bevölkerung sind 2 Gruppen (IV a und IV b) zu unterscheiden. In Gruppe IV a ist die Bevölkerung in Unruhe versetzt, und die Abnahme der Bevölkerung ist dementsprechend beträchtlich. In Gruppe IV b handelt es sich dagegen um Auspendlerkreise, die dieselben Erscheinungen wie die Gruppe II zeigen, aber darüber hinaus ein Absteigen der Einkommen je E hinnehmen mußten. Diese Erscheinung läßt sich nur so erklären, daß die wirtschaftliche Grundlage der Kernstädte bisher nicht ausreicht, um einen ausreichenden Anteil an Einkommen für das Umland abzuzweigen.

Einige Kreise bedürfen einer besonderen Erläuterung:

1. Es ist wahrscheinlich, daß Rotenburg und Peine sich verstärkt zu Auspendlerkreisen entwickeln. In Peine ist jedenfalls der Steuermeßbetrag von 11 auf 7 ‰ in 30 Jahren zurückgegangen, und die Rangordnungsnummer im Spektrum der Steuermeßbeträge ist um 22 abgesunken. Das läßt erkennen, daß der Kreis Peine seine eigene wirtschaftliche Grundlage nicht halten konnte. Im Zeitraum nach 1961 hat daher auch die Abwanderung (— 0,51 ‰) eingesetzt.

2. Goslar L hat anscheinend eine so schwache Wirtschaftslage zurückbehalten, daß nicht nur das Einkommen je E abgesunken ist, sondern auch die Bevölkerung abwanderte (— 0,16 %).

3. Celle L hat in den zurückliegenden 30 Jahren nicht nur einen relativen, sondern auch einen absoluten Rückgang der Steuermeßbeträge durchgemacht, sie sind von 15 ‰ auf 7 ‰ abgesunken. Celle L hatte immerhin 1937 in Norddeutschland die Raumordnungsnummer 2 (!) und ist dann bis 1966 auf die Nummer 30 abgesunken. In Übereinstimmung damit ist der Industriebeschäftigtenanteil in der Nachkriegszeit von 1,29 auf 1,01 % gefallen, absolut unbedeutend von 7007 auf 8815 gestiegen. Der

Bevölkerungsanteil wuchs von 1,07 % (1939) auf 1,34 % (1970). Es kann abschließend darauf hingewiesen werden, daß der Landkreis Celle auch heute noch nach seinem Abstieg an Gewerbesteuerkraft der Stadt Celle entspricht.

## IV. Gesamtergebnis

Ich meine sagen zu können, daß die Auswertung der Steuerstatistiken eine stark vertiefte Analyse für eine ganze Periode ermöglicht hat. Die entscheidenden Fortschritte sehe ich in folgenden Punkten:

1. Die durchgeführte Analyse hat eine einheitliche ökonomische Erklärung für die Landesentwicklung über mehr als 3 Jahrzehnte aus der Sicht der Erträge, der Umsatzentwicklung und der Gesamteinkünfte geliefert, in die auch die öffentlichen Ausgaben mit ihren räumlichen Auswirkungen eingegangen sind.
2. Die Analyse läßt erkennen, daß die Entwicklungsdynamik entscheidend durch wettbewerbliche Vorgänge geprägt ist, mit denen sich Unternehmen und Wirtschaftsbereiche genauso wie Staat, Kommunen und Gemeinden um die Landesentwicklung bemüht haben.
3. Zum ersten Male ist es möglich geworden, die räumliche Verteilung der Gesamteinkünfte realistisch zu skizzieren und die Unterschiede zum Produktivitätsniveau zu bestimmen.
4. Die landeskundliche Überprüfung der steuerstatistischen Indikatoren durch eine Analyse der anatomischen Auswirkung der Investitionen und Gesamteinkünfte hat ergeben, daß die Wirkungszusammenhänge viel differenzierter sind als bisher angenommen wurde. Insgesamt hat sich die anatomische Analyse bestätigt, daß die Veränderungen in der räumlichen Gestalt als minimal anzusehen sind. Es gibt Veränderungen — positive und negative —, sie sind quantitativ sichtbar geworden. Im Prinzip hat sich die Rangordnung in bezug auf einzelne Kreise aber nicht grundlegend geändert.
5. Von größter Bedeutung ist die Feststellung, daß sich die Einkommensunterschiede zwischen den Kreisen entscheidend verringert haben. Der Abstand von der höchsten zur letzten Rangstufe ist auf weniger als die Hälfte zurückgegangen. In dieser Tatsache findet die überragende Stabilität in den letzten 30 Jahren wahrscheinlich ihre wirtschaftliche Erklärung.

## V. Anhang:
## Die langfristige wirtschaftliche Landesentwicklung in Schleswig-Holstein

Da die Beschaffung der steuerstatistischen Daten mit Schwierigkeiten verbunden war —, sie konnten einmal nur für je ein Jahr der Vorkriegs- und Nachkriegszeit und dann erst nach Abschluß der übrigen Untersuchung zur Verfügung gestellt werden —, mußte die Einbeziehung des Landes Schleswig-Holstein in den Raumdurchschnitt und in die Rangordnungsnachfolge von Norddeutschland unterbleiben, was sehr zu bedauern ist. Insbesondere bleibt dadurch die Region Hamburg nach wie vor unbestimmt, weil die Daten des schleswig-holsteinischen Umlandes nicht voll in die Rechnung einbezogen werden konnten.

Die Analyse der schleswig-holsteinischen Entwicklung benutzt die Einteilung des Landes in Planungsräume, wie sie die Landesplanung als Arbeitsgrundlage bestimmt hat.

Die regionale Verteilung der Steuermeßbeträge, Umsätze und Gesamteinkommen ist in Tabelle 9 zusammengestellt worden. Es betrugen demnach im Rahmen des Landes (in Prozenten):

| im Planungsraum | Steuermeßbetrag-dichte | | Umsatzdichte | | Einkommensdichte | |
|---|---|---|---|---|---|---|
| | 1937 | 1966 | 1935 | 1968 | 1936 | 1968 |
| I Umland von Hamburg | 16,9 | 28,1 | 21,0 | 26,1 | 17,1 | 30,0 |
| II Lübeck und Umland | 22,8 | 20,2 | 20,9 | 18,9 | 19,2 | 17,6 |
| III Kiel, Neumünster und Landkreis | 37,5 | 27,2 | 31,3 | 27,3 | 38,9 | 28,5 |
| IV Dithmarschen | 10,6 | 9,9 | 10,5 | 10,3 | 8,8 | 9,1 |
| V Südtondern, Husum und Eiderstedt | 4,7 | 4,8 | 4,9 | 4,8 | 4,3 | 5,0 |
| VI Flensburg u. Schleswig | 8,6 | 9,9 | 11,4 | 11,9 | 11,8 | 9,7 |

Die Zahlen registrieren somit eine starke Entwicklung der Steuermeßbeträge im Umland von Hamburg, insbesondere in Pinneberg von 7,7 % (1937) auf 13,3 % (1966) und in Stormarn von 2,5 % (1937) auf 7,8 % (1936), eine Stagnation im Planungsraum Lübeck, in Lübeck selbst einen Rückgang von 18,3 % auf 14,8 %, einen starken Rückgang im Raum Kiel und gleichbleibende Verhältnisse im übrigen Lande. Das Absinken der Stadt Kiel von 24,6 auf 14,2 % im Landesrahmen bedeutet praktisch einen Rückgang auf fast 60 % des Vorkriegsanteils. Dieser Vorgang ist andererseits einleuchtend, wenn man bedenkt, daß die Stadt Kiel 1939 273 973, 1966 269 433 und 1970 271 700 Einwohner zählte, an dem Bevölkerungswachstum von Bund und Land also keinen Anteil hatte, während Schleswig-Holstein 1939 1,59 Mio. E, 1966 2,45 Mio. E und 1970 fast 2,5 Mio. E hatte.

Die Entwicklung der Umsatzdichte korrespondiert mit der Entwicklung der Steuermeßbetragdichte.

Die Einkommensdichte ist im Planungsraum I von 17,1 auf 30,0 % bedeutsam gewachsen, im Planungsraum II leicht abgefallen, im Planungsraum III (Kiel) von 38,9 % auf 28,5 % zurückgegangen. Im Planungsraum V fiel die Stadt Flensburg von 7,4 auf 4,5 % ab.

Die Rangordnungsnummernmethode, deren Ergebnisse in Tabelle 10 zusammengefaßt wurden, läßt ein Zurückbleiben der Produktivität (Steuermeßbeträge je E) in den Landkreisen Segeberg, Herzogtum Lauenburg und Oldenburg und eine Verbesserung in Dithmarschen erkennen. Das Gesamteinkommen ist nur in Segeberg überdurchschnittlich angestiegen. Der Unterschied beträgt jedoch zwischen dem Einkommen nach der neuen Rangordnungsnummer 12 gegenüber der alten Rangordnungsnummer 18 absolut nur 222 DM im Jahre. Die Rangordnungsdifferenz von Plön, die die zweithöchste, allerdings negative Differenz in Schleswig-Holstein darstellt, bedeutet allerdings einen Verlust von 776 DM je E im Jahr. Die Stadt Flensburg besaß im System der Steuermeßbeträge 1936 die Rangordnungsnummer 5 und war 1966 nach 2 aufgestiegen, sie lag damit zwischen Lübeck und Kiel. Im Rangordnungssystem der Gesamteinkommen besaß die Stadt Flensburg 1936 und 1968 die Nummer 1. Der beträchtliche Rückgang in der Einkommensdichte hat sich demnach im System der Rangordnungsnummermethode nicht ausgewirkt. Es wird sich aber anschließend zeigen, daß dieses Zurückbleiben der Einkommen je E real vorhanden ist.

Die Lagerung der Stadt- und Landkreise im Landesdurchschnitt (Tab. 11) zeigt wiederum den Anstieg der Wirtschaftskraft im System der Steuermeßbeträge im Umland von Hamburg, im Landkreis Stormarn und weniger stark in Pinneberg und ebenso eindeutig den starken Rückgang in Lübeck, Kiel und Neumünster. Alle übrigen Kreise (mit Ausnahme von Steinburg) weisen über gestiegene Steuermeßbeträge je E auf eine vergrößerte Produktivität hin. Schlußlicht der Entwicklung unter 50 % des Landesdurchschnitts ist der Landkreis Flensburg. Die Landkreise Eckernförde und Plön liegen leicht über der 50-%-Marke. Die Entwicklung der Gesamteinkommen je E bezogen auf den Landesdurchschnitt bestätigen die früher belegte Erfahrung von der Annäherung an den Landesdurchschnitt, wobei die Städte Lübeck, Kiel und Flensburg stark abgenommen, Eutin, Stormarn und Lauenburg den Landesdurchschnitt überschritten und alle anderen Kreise ihre Einkommensniveaus ebenfalls angehoben haben. Der Einkommensverlust je E beträgt in Flensburg 44, in Lübeck 37 und in Kiel 31 Punkte, d. h. Einkünfte und Bruttolöhne lagen 1968 zusammen wahrscheinlich 20—25 % unter einem Einkommensniveau, das die Städte nach ihrer Rangordnung 1936 haben würden. Dieser Verlust wird jedoch überdeckt durch die völlig geänderte Einkommenverteilung, so daß das Zurückbleiben der Einkommen je E nicht sichtbar wird. Tatsächlich ist diese Entwicklung jedoch eingetreten.

# Die langfristige wirtschaftliche Entwicklung Bayerns nach Unterlagen der Steuerstatistiken

*von*
*Josef Sieber, München*

## Inhalt

Vorbemerkungen

I. Begriffsbestimmungen

II. Zum Untersuchungsgebiet

III. Der regionale Vergleich
   1. Gewerbesteuermeßbetragsquoten, Umsatzquoten, Einkommensquoten
   2. Das Entwicklungsgefüge
      a) Das regionale Gefüge der Gewerbesteuermeßbeträge je Einwohner
      b) Die Umsätze je Einwohner in regionaler Entwicklung
      c) Die regionale Entwicklung der Gesamteinkünfte je Einwohner
      d) Die Variations- und Korrelationsanalyse
   3. Interdependenz der Indikatoren und ihre Aussagekraft für die regionale Wirtschaftsentwicklung
      a) Der regionale Vergleich der Indikatoren
      b) Einige Hauptgruppen der regionalen Indikatorenreihen

IV. Gesamtergebnis

Tabellen 1—7 und Abb. 1 u. 2 im Beilagenteil

## Vorbemerkungen

Diese Ausarbeitung folgt hinsichtlich der Untersuchungsmethode weitgehend dem von Herrn Professor Dr. H. Hunke für Norddeutschland aufgezeigten Weg; damit sollen vor allem auch Unterlagen für gewisse Vergleichsmöglichkeiten im langfristigen Entwicklungsvergleich geschaffen werden. Arbeitserschwerend war hierbei die wesentlich höhere Zahl der Kreise in Bayern (191 oder fast das Dreifache) gegenüber Niedersachsen bei einer nur um etwa ein Drittel größeren Einwohnerzahl; daher können entsprechende Veränderungsgrößen wie Rangfolgenveränderungen und dergleichen für beide Gebiete nur unter Analogieaspekten beurteilt werden. Aus den genannten Gründen erübrigte sich hierbei eine Darstellung der Begriffe nach Abschnitt I.

## I. Begriffsbestimmungen

Vgl. hierzu den Beitrag von Herrn Professor Dr. Hunke „Die langfristige wirtschaftliche Landesentwicklung in Norddeutschland" in diesem Band.

## II. Zum Untersuchungsgebiet

In dieser Untersuchung sollen aus Unterlagen der Steuerstatistiken und ihren Beziehungsgrößen die wirtschaftlichen Entwicklungstendenzen Bayerns der letzten 30 Jahre in der gebietlichen Abgrenzung der Nachkriegszeit[1]) in regionaler Sicht gedeutet werden.

Bayerns Quote an der Bevölkerung des Bundesgebietes hat sich in den letzten 30 Jahren nicht wesentlich verschoben; sie ist nur geringfügig von 16,5 auf 17,3 % angewachsen, wie auch aus Tabelle 1 (alle Abbildungen und numerierten Tabellen im Beilagenteil) ersichtlich wird. Dabei hat Oberbayern seine Spitzenstellung nicht nur beibehalten, sondern weiter ausbauen können (mit rund 68 % stärkster Zuwachs, auch gegenüber dem Bundesgebiet mit nur 41 %). Mittelfranken mußte seinen 2. Rang vor dem Krieg zugunsten von Schwaben nach dem Krieg abtreten. Demgegenüber verblieb Niederbayern stets an vorletzter, Oberpfalz stets an letzter Stelle der Reihenfolge. — Für die Entwicklung der Industriebeschäftigten im etwa gleichen Zeitraum zeigt sich ein ähnlich konstantes Bild: Zwar erhöhte sich die Zahl der Industriebeschäftigten in Bayern um rund 187 % (im Bundesgebiet nur um 93 %), so daß sich deren Anteil von 11 auf 16 % erhöhte. Jedoch lag innerhalb der Bezirke Bayerns Mittelfranken nur vor dem Krieg knapp an der Spitze, während nach dem Krieg eindeutig Oberbayern führte. Die zweite Stelle nach dem Krieg war meist von Mittelfranken besetzt, wogegen die Oberpfalz stets an der vorletzten, Niederbayern stets an der letzten Stelle lag. Ähnliche Feststellungen lassen sich auch für das Bruttoinlandsprodukt treffen.

## III. Der regionale Vergleich

### 1. Gewerbesteuermeßbetragsquoten, Umsatzquoten, Einkommensquoten

Die regionale Verteilung der Gewerbesteuermeßbeträge (nach der Zerlegung), der steuerlichen Umsätze sowie der ermittelten Gesamteinkünfte auf die 191 Stadt- und Landkreise wird durch eine Quotisierung der jeweiligen Gesamtbeträge (Bayern jeweils gleich Tausend gesetzt) erreicht. Gleichzeitig soll — wie für Norddeutschland — das prozentuale Wachstum dieser Beträge in den Kreisen ermittelt werden (vgl. Tabelle 2). Außerdem wurden für die einzelnen Werte Rangordnungs-Nummern (jeweils beginnend

---
[1]) Das heißt also ohne Pfalz.

mit dem höchsten Wert) vergeben, die bei größeren Verschiebungen gewisse Anhaltspunkte geben können (vgl. auch die Tabellen 3—5).

Vergleicht man zunächst die bekannten Gebietseinheiten hinsichtlich ihrer Quoten (‰) an Bayern insgesamt, so ergibt sich doch ein recht aufschlußreiches Bild:

| Gebiet | Steuermeßbeträge | | Umsätze | | Gesamteinkünfte | |
|---|---|---|---|---|---|---|
| | 1937 | 1966 | 1935 | 1970 | 1936 | 1968 |
| Oberbayern | 360 | 391 (+) | 344 | 417 (+) | 360 | 364 (+) |
| Niederbayern | 42 | 56 (+) | 59 | 53 | 55 | 67 (+) |
| Oberpfalz | 51 | 66 (+) | 59 | 52 | 66 | 73 (+) |
| Oberfranken | 102 | 96 | 102 | 89 | 103 | 97 |
| Mittelfranken | 202 | 162 | 201 | 169 | 182 | 159 |
| Unterfranken | 106 | 92 | 99 | 90 | 106 | 100 |
| Schwaben | 137 | 137 | 136 | 130 | 128 | 140 |

Während sowohl bei den Steuermeßbeträgen wie auch bei den Gesamteinkünften die Gebiete Oberbayern, Niederbayern und Oberpfalz im Endjahr gegenüber der Vorkriegszeit einen Quotenzuwachs für sich verbuchen konnten, traf ein solcher bei den Umsätzen nur für Oberbayern zu; für Niederbayern und Oberpfalz war hier der Quotenrückgang allerdings nur unbeachtlich. Die Investitionstätigkeit war neben dem am stärksten industrialisierten Oberbayern in den in der Vorkriegszeit am schwächsten entwickelten Gebieten Niederbayern/Oberpfalz nur leicht überdurchschnittlich; aufgrund des niedrigen Quotenanteils dürfen daher geringfügige Quotenvergrößerungen nicht überbewertet werden.

Etwas deutlicher zeigt sich diese langfristige Entwicklung bei gesonderter Betrachtung der Städte bzw. des Umlandes:

| Gebiet | Jeweilige ‰-Anteile (Bayern = 1000) | | | | | |
|---|---|---|---|---|---|---|
| | Steuermeßbeträge | | Umsätze | | Gesamteinkünfte | |
| | 1937 | 1966 | 1935 | 1970 | 1936 | 1968 |
| *Kreisfreie Städte* | | | | | | |
| Oberbayern | 252 | 262 (+) | 253 | 306 (+) | 240 | 200 |
| Niederbayern | 15 | 18 (+) | 17 | 17 | 18 | 15 |
| Oberpfalz | 26 | 28 (+) | 28 | 25 | 35 | 27 |
| Oberfranken | 53 | 44 | 57 | 42 | 50 | 36 |
| Mittelfranken | 176 | 116 | 169 | 131 | 143 | 100 |
| Unterfranken | 74 | 42 | 63 | 49 | 55 | 33 |
| Schwaben | 75 | 65 | 72 | 67 | 71 | 54 |
| Zusammen | 671 | 575 | 659 | 637 | 612 | 465 |
| *Landkreise* | | | | | | |
| Oberbayern | 108 | 129 (+) | 91 | 111 (+) | 119 | 164 (+) |
| Niederbayern | 27 | 38 (+) | 42 | 36 | 37 | 52 (+) |
| Oberpfalz | 25 | 38 (+) | 31 | 27 | 31 | 46 (+) |
| Oberfranken | 48 | 52 (+) | 45 | 47 (+) | 53 | 60 (+) |
| Mittelfranken | 27 | 47 (+) | 32 | 38 (+) | 39 | 59 (+) |
| Unterfranken | 32 | 49 (+) | 36 | 41 (+) | 52 | 67 (+) |
| Schwaben | 62 | 72 (+) | 64 | 63 | 57 | 87 (+) |
| Zusammen | 329 | 425 (+) | 341 | 363 (+) | 388 | 535 (+) |

Schon aus dieser relativ bescheidenen Untergliederung lassen sich verschiedene Erkenntnisse ableiten: Die Städte konnten ihre Steuermeßbetragsanteile *im Schnitt* nur in Ober- und Niederbayern wie in der Oberpfalz geringfügig erhöhen; in den Städten der übrigen Bezirke ergab sich ein relativ starker Anteilsrückgang. Demgegenüber verzeichneten die Landkreise bei den Gewerbesteuermeßbeträgen im Schnitt aller Regierungsbezirke einen Zuwachs. Dies deutet auch auf eine gewisse Vergewerblichung des flachen Landes hin, die verschiedentlich auch durch Neugründungen von Zweigniederlassungen u. ä. zum Ausdruck kommt.

Bei den Umsätzen ergab sich für die kreisfreien Städte nur in Oberbayern eine bemerkenswerte durchschnittliche Erhöhung ihres Anteils, in den übrigen Bezirken meist ein mehr oder minder kleiner Rückgang dieses Anteils (u. a. auch gewisse Unternehmenskonzentrationen); die Landkreise konnten ihre Umsatzanteile außer in Oberbayern auch noch in Ober-, Mittel- und Unterfranken etwas steigern, wobei allerdings auch Unternehmenssitzverlagerungen eine gewisse Rolle spielen. Ein etwas einseitiges Bild ergibt sich für die Gesamteinkünfte: In den kreisfreien Städten aller Regierungsbezirke waren die jeweiligen Anteile in den letzten 30 Jahren im Schnitt rückläufig, in den Landkreisen dagegen steigend; dies hängt — insbesondere in Ballungsräumen — auch mit der stärkeren Mobilität der Arbeitnehmer gegenüber der Vorkriegszeit zusammen (Wohnsitzverlegung aus Großstädten in benachbarte Landkreise unter Beibehaltung ihres Arbeitsplatzes im Stadtbereich wie auch verstärkte Einpendelung der Arbeitnehmer aus den Landkreisen in städtische Arbeitsplätze).

## 2. Das Entwicklungsgefüge

Das Entwicklungsgefüge wird aufgezeigt für die Gewerbesteuermeßbeträge, die Umsätze und die Gesamteinkünfte; um die unterschiedliche Bevölkerungsentwicklung und deren Einflüsse auf diese Größenordnungen zu eliminieren, wurden diese Werte jeweils je Einwohner dargestellt.

### a) Das regionale Gefüge der Gewerbesteuermeßbeträge je Einwohner

Auf die Problematik der Bezugszahlen Steuermeßbeträge — Einwohner wurde bereits von Herrn Professor Dr. HUNKE für Norddeutschland hingewiesen.

In einer Zusammenstellung werden die Steuermeßbeträge je Einwohner in der Rangfolge der Kreise (jeweils beginnend mit dem höchsten Durchschnittswert) 1937 und 1966 nachgewiesen (vgl. Tabelle 3). Gegenüber der Rangfolge des Jahres 1937 lassen sich die Kreise 1966 in sog. Aufsteiger und Absteiger unterscheiden; soweit sich diese Auf- bzw. Abwärtsentwicklung in gewissem, relativ geringem Rahmen hält, bleibt sie unberücksichtigt, während sie bei Überschreitung gewisser Marchen (bei mehr als 10 bzw. mehr als 30 Punkten) besonders gekennzeichnet sind.

Zunächst werden die Werte für die Städte sowie die Landkreise bezirksweise dargestellt (siehe dazu Übersicht auf der folgenden Seite).

Im allgemeinen waren die Steuermeßbeträge 1937 in den Städten zwei- bis dreifach so hoch wie auf dem flachen Land; in Mittel- bzw. Unterfranken belief sich dieser Unterschied sogar auf das Sechs- bzw. Siebenfache. In der Zeit bis zum Jahre 1966 hat sich dieses Gefälle im allgemeinen verringert; verursacht war diese Nivellierung vor allem durch den relativ starken Zuwachs der Landkreiswerte in der Oberpfalz, in Mittel- und Unterfranken.

Die Spanne zwischen dem höchsten Kreiswert 1937 (25 RM) und dem niedrigsten Wert (weniger als eine RM) betrug mehr als das 25fache; diese Spanne hat sich bis 1966 (zwischen 109 und 11 DM) stark, nämlich auf das 10fache reduziert.

| Gebiet | Gewerbesteuermeßbeträge je Einwohner | | | | | |
|---|---|---|---|---|---|---|
| | Stadtkreise | | | Landkreise | | |
| | 1937 RM | 1966 DM | Multiplikator | 1937 RM | 1966 DM | Multiplikator |
| Oberbayern | 12 | 96 | 8,0 | 5 | 40 | 8,0 |
| Niederbayern | 6 | 67 | 11,2 | 2 | 23 | 11,5 |
| Oberpfalz | 6 | 59 | 9,8 | 2 | 28 | 14,0 |
| Oberfranken | 9 | 71 | 7,9 | 4 | 34 | 8,5 |
| Mittelfranken | 12 | 81 | 6,8 | 2 | 34 | 17,0 |
| Unterfranken | 14 | 81 | 5,8 | 2 | 29 | 14,5 |
| Schwaben | 10 | 76 | 7,6 | 4 | 37 | 9,3 |
| Bayern | 11 | 83 | 7,5 | 3 | 33 | 11,0 |

Im Vergleich zu den Kreiswerten von Niedersachsen ergeben sich für das Jahr 1937 hinsichtlich des Spitzenwertes ähnliche Verhältnisse, die sich jedoch wegen der Sonderstellung von Wolfsburg nicht bis zum Jahre 1966 fortsetzten. Unter dem jeweiligen Spitzenwert der Steuermeßbeträge in Bayern lagen

| zwischen ... % | 1937 Kreise | | 1966 Kreise | |
|---|---|---|---|---|
| 1— 10 | 1 | | 3 | |
| 10— 20 | — | | 6 | |
| 20— 30 | 1 | 8 | 7 | 46 |
| 30— 40 | — | | 15 | |
| 40— 50 | 6 | | 15 | |
| 50— 60 | 6 | | 18 | |
| 60— 70 | 19 | | 43 | |
| 70— 80 | 20 | 183 | 48 | 145 |
| 80— 90 | 56 | | 35 | |
| 90—100 | 82 | | 1 | |

Bei der insgesamt fast dreifachen Zahl an Kreisen in Bayern gegenüber Niedersachsen wird klar, daß die Verteilung der Kreiswerte teilweise noch wesentlich näher beisammen liegt (bis zu nur 0,1 %) als in Niedersachsen. Das Problem der Gleichrangigkeit mehrerer Kreise ist hier demnach noch größer als in Niedersachsen.

Zunächst soll die Verschiebung der Rangordnungsnummern sämtlicher Kreise vom Vorkriegsjahr zum jüngsten Belegjahr wie in Niedersachsen nachgewiesen werden; gleichzeitig werden auch die tatsächlichen Steuermeßbeträge 1966 den fiktiv errechneten Steuermeßbeträgen 1966 gegenübergestellt, fiktiv, d. h. unter der Voraussetzung, daß die jeweiligen Kreise 1966 ihre Rangordnung des Jahres 1937 beibehalten hätten (vgl. auch Tabelle 6).

Nachfolgende Kreise haben ihre tatsächliche Rangordnung bei den Steuermeßbeträgen um mehr als 40 Punkte erhöhen können (Aufsteiger) bzw. eine entsprechende Verminderung hinnehmen müssen (Absteiger):

| Kreis (S = kreisfreie Stadt) | Rangordnungsdifferenz 1966 zu 1937 | Multiplikator | Steuermeßbeträge 1966 in DM nach der Rangordnung 1966 (effektiv) | 1937 (fiktiv) | Unterschied 1966 (effektiv zu fiktiv) in % |
|---|---|---|---|---|---|
| *1. Aufsteiger* | | | | | |
| Ingolstadt, S | + 46 | 16,8 | 101 | 52 | + 94,2 |
| Günzburg, S | + 43 | 15,3 | 92 | 51 | + 80,4 |
| Freising | + 47 | 16,5 | 66 | 41 | + 61,0 |
| Schwandorf, S | + 62 | 22,0 | 66 | 37 | + 78,4 |
| Pfaffenhofen | + 62 | 25,0 | 50 | 32 | + 56,3 |
| Mühldorf | + 49 | 16,0 | 48 | 34 | + 41,2 |
| Neunburg v. W. | + 114 | 47,0 | 47 | 19 | + 147,4 |
| Obernburg | + 56 | 23,0 | 46 | 32 | + 43,8 |
| Scheinfeld | + 89 | 22,5 | 45 | 24 | + 87,5 |
| Coburg | + 42 | 15,0 | 45 | 34 | + 32,4 |
| Höchstadt | + 107 | 41,0 | 41 | 17 | + 141,2 |
| Dinkelsbühl | + 59 | 20,5 | 41 | 27 | + 51,9 |
| Brückenau | + 46 | 20,0 | 40 | 29 | + 37,9 |
| Neustadt/Aisch | + 44 | 17,5 | 35 | 25 | + 40,0 |
| Feuchtwangen | + 71 | 35,0 | 35 | 19 | + 84,2 |
| Griesbach | + 47 | 17,5 | 35 | 24 | + 45,8 |
| Alzenau | + 43 | 17,0 | 34 | 25 | + 36,0 |
| Eggenfelden | + 51 | 31,0 | 31 | 18 | + 72,2 |
| Nabburg | + 50 | 32,0 | 32 | 21 | + 52,4 |
| Stadtsteinach | + 41 | 26,0 | 26 | 17 | + 52,9 |
| Ebermannstadt | + 41 | 25,0 | 25 | 17 | + 47,1 |
| *2. Absteiger* | | | | | |
| Naila | − 59 | 4,9 | 39 | 69 | − 43,5 |
| Wunsiedel | − 43 | 6,2 | 37 | 51 | − 27,5 |
| Lindau | − 46 | 6,8 | 34 | 46 | − 26,1 |
| Berchtesgaden | − 61 | 5,5 | 33 | 54 | − 38,9 |
| Kelheim | − 42 | 8,3 | 33 | 44 | − 25,0 |
| Fürth | − 46 | 6,6 | 33 | 45 | − 26,7 |
| Kempten | − 48 | 6,6 | 33 | 45 | − 26,7 |
| Hof | − 64 | 6,2 | 31 | 48 | − 35,4 |
| Schwabmünchen | − 78 | 6,0 | 24 | 41 | − 41,5 |
| Kulmbach | − 78 | 5,5 | 22 | 39 | − 43,6 |
| Hammelburg | − 43 | 10,0 | 20 | 31 | − 35,5 |
| Gerolzhofen | − 43 | 10,0 | 20 | 31 | − 35,5 |
| Bamberg | − 68 | 6,3 | 19 | 34 | − 44,1 |
| Passau | − 41 | 9,0 | 18 | 27 | − 33,3 |
| Waldmünchen | − 45 | 9,0 | 18 | 27 | − 33,3 |
| Wolfstein | − 45 | 7,5 | 15 | 26 | − 42,3 |
| Schweinfurt | − 58 | 6,0 | 12 | 28 | − 57,1 |
| Altötting | − 45 | 3,9 | 51 | 95 | − 46,3 |

Unter den sog. Aufsteigern mit relativ hohem Multiplikator der Gewerbesteuermeßbeträge gegenüber der Vorkriegszeit wurde (für Neunburg vorm Wald, Höchstadt a. d. Aisch, Feuchtwangen, Stadtsteinach, Pfaffenhofen a. d. Ilm usw.) sowie für bedeutsame Absteiger (Naila, Kulmbach, Berchtesgaden, Schwabmünchen, Hof) auch das Bruttoinlandsprodukt hinsichtlich des Wachstums verglichen; hierfür standen allerdings nur

Unterlagen für den Zeitraum 1957/66 zur Verfügung, wobei die Entwicklung des warenproduzierenden Gewerbes herangezogen wurde. Bei diesen stark aufsteigenden Landkreisen hat sich in dieser relativ kurzen Frist der Beitrag des warenproduzierenden Gewerbes zum Bruttoinlandsprodukt mehr als verdreifacht, teilweise sogar vervierfacht — im Gegensatz zum Durchschnitt aller Landkreise (Steigerung auf das gut 2½fache).

Bei den absteigenden Kreisen konnte dieser Beitrag teilweise noch nicht einmal verdoppelt werden (z. B. Naila, Hof usw.) oder lag nicht wesentlich über dem Doppelten (Kulmbach, Bamberg). Dies bestätigt zum mindesten im Ansatz die etwas stärkere bzw. rückläufige Vergewerblichung dieser Kreise.

b) *Die Umsätze je Einwohner in regionaler Entwicklung*

Für Vergleichszwecke wird auch hier zunächst das Wachstum der Werte in den Bezirken bei den Städten und Landkreisen gesondert dargestellt.

| Gebiet | Umsätze je Einwohner | | | | | |
|---|---|---|---|---|---|---|
| | Stadtkreise | | | Landkreise | | |
| | 1935 RM | 1970 DM | Multiplikator | 1935 RM | 1970 DM | Multiplikator |
| Oberbayern | 3 170 | 40 488 | 12,8 | 1 038 | 12 220 | 11,8 |
| Niederbayern | 2 036 | 24 141 | 11,9 | 666 | 8 039 | 12,1 |
| Oberpfalz | 1 908 | 19 738 | 10,3 | 663 | 7 413 | 11,2 |
| Oberfranken | 2 742 | 25 536 | 9,3 | 865 | 11 570 | 13,4 |
| Mittelfranken | 3 111 | 34 286 | 11,0 | 745 | 10 117 | 13,6 |
| Unterfranken | 3 289 | 36 619 | 11,1 | 648 | 8 741 | 13,5 |
| Schwaben | 2 691 | 29 656 | 11,0 | 1 103 | 11 667 | 10,6 |
| Bayern | 2 942 | 34 245 | 11,6 | 840 | 10 337 | 12,3 |

In den Städten waren — allein schon wegen des dort häufigeren Unternehmenssitzes, insbesondere größerer Unternehmen — die Umsätze meist mehr als dreifach so hoch wie in den Landkreisen. Die Landkreise haben vor allem in Ober-, Mittel- und Unterfranken jedoch etwas aufgeholt.

In der regionalen Gliederung belief sich die Spanne zwischen dem niedrigsten und dem höchsten Wert 1935 (281 zu 7026 RM) auf das 25fache; diese Spanne hat sich bis 1970 beachtlich (4182 zu 67 188 DM) auf das 16fache reduziert.

Die Rangfolge der Umsätze je Einwohner für die Städte und Landkreise ist nach beiden Jahren in Tabelle 4 nachgewiesen. Mit einer Verschiebung von mehr als 30 Punkten konnten in die ersten 50 Rangordnungen nur vordringen die Kreise Lichtenfels, die Stadt Freising, Lauf und Höchstadt a. d. Aisch. Abgestiegen um mehr als 50 Nummern sind dagegen Sulzbach-Rosenberg, Schwabmünchen, Altötting, Mainburg, Landsberg a. Lech, Kitzingen, Gerolzhofen, Dingolfing und Hof; dies hängt teils mit Verlegungen des Unternehmenssitzes, teils auch mit Unternehmensfusionen und ähnlichen Änderungen im Unternehmensgefüge zusammen.

c) *Die regionale Entwicklung der Gesamteinkünfte je Einwohner*

In den Gesamteinkünften sind grundsätzlich — wie schon eingangs angedeutet — die Einkünfte von Arbeitnehmern wie auch aus Unternehmertätigkeit und Vermögen enthalten. Innerhalb der Bezirke ist zwischen dem Wachstum der Gesamteinkünfte nach Städten und Landkreisen ein beachtliches Gefälle festzustellen.

| Gebiet | Gesamteinkünfte je Einwohner | | | | | |
|---|---|---|---|---|---|---|
| | Stadtkreise | | | Landkreise | | |
| | 1936 RM | 1968 DM | Multiplikator | 1936 RM | 1968 DM | Multiplikator |
| Oberbayern | 1 083 | 6 280 | 5,8 | 491 | 4 276 | 8,7 |
| Niederbayern | 745 | 4 879 | 6,5 | 217 | 2 729 | 12,6 |
| Oberpfalz | 842 | 4 983 | 5,9 | 246 | 2 971 | 12,1 |
| Oberfranken | 867 | 5 123 | 5,9 | 372 | 3 476 | 9,3 |
| Mittelfranken | 958 | 6 187 | 6,5 | 330 | 3 655 | 11,1 |
| Unterfranken | 1 022 | 5 587 | 5,5 | 339 | 3 359 | 9,9 |
| Schwaben | 958 | 5 540 | 5,8 | 360 | 3 795 | 10,5 |
| Bayern | 984 | 5 873 | 6,0 | 349 | 3 587 | 10,3 |

In den Städten insgesamt sind die Gesamteinkünfte je Einwohner im Schnitt der Bezirke in dieser Zeit etwa auf das Sechsfache gestiegen, und zwar ziemlich einheitlich zwischen dem 5,5fachen in Unterfranken und dem 6,5fachen in Mittelfranken und Niederbayern. Demgegenüber war die Vervielfachung dieser Einkünfte in den Landkreisen mit dem Zehnfachen wesentlich höher als in den Städten, was zu einer gewissen regionalen Nivellierung der Gesamteinkünfte führen mußte; in den Landkreisen Niederbayerns und der Oberpfalz, wo die Gesamteinkünfte vor dem Krieg besonders niedrig waren, hat sich der Multiplikator gegenüber jenem der Stadtkreise sogar in etwa verdoppelt, ohne daß diese Gebiete jedoch ihre Rangfolge verbessern konnten.

Die Gesamteinkünfte je Einwohner nach der Rangfolge der Kreise sind für 1936 und 1968 in Tabelle 5 nachgewiesen. Hiernach belief sich der Abstand zwischen der höchsten (1386 RM) und der letzten (127 RM) Rangstufe im Jahre 1936 auf knapp das Elffache; dieser Abstand ist bis zum Jahre 1968 (mit 6564 bzw. 1832 DM) auf das 3,6fache oder auf ein Drittel des Abstandes 1936 zusammengeschmolzen. Dies ist wie schon angedeutet vor allem auf eine verstärkte Einkommensbewegung in den Landkreisen zurückzuführen.

Die Verschiebung des Einkommensgefüges insgesamt ergibt sich auch aus dem Verhältnis zum jeweiligen Spitzenwert in %. Unter dem Spitzenwert lagen

| zwischen ... % | 1936 Kreise | | 1968 Kreise | |
|---|---|---|---|---|
| 1— 10 | 1 | | 7 | |
| 10— 20 | 3 | 9 | 17 | 51 |
| 20— 30 | 5 | | 27 | |
| 30— 40 | 16 | | 23 | |
| 40— 50 | 15 | 48 | 39 | 116 |
| 50— 60 | 17 | | 54 | |
| 60— 70 | 19 | | 23 | |
| 70— 80 | 48 | 134 | 1 | 24 |
| 80— 90 | 61 | | | |
| 90—100 | 6 | | | |

Demnach waren zwischen 60—90 % vom Spitzenwert entfernt: 1936 = 128 oder zwei Drittel aller Kreise, 1968 nur mehr 24 oder ein Achtel aller Kreise Bayerns.

Bei einer Größenklassengliederung der Gesamteinkünfte 1968 in 4 Gruppen — ähnlich wie für Niedersachsen — zeigen sich folgende auf- und absteigende Kreise:

| Gesamteinkünfte 1968 (von ... bis unter ... DM) | Aufsteiger*) | | Absteiger*) | |
|---|---|---|---|---|
| unter 3 500 | Günzburg | (+ 18,8 %) | Schweinfurt | (— 16,7 %) |
| | Höchstadt/A. | (+ 24,6 %) | Laufen | (— 13,1 %) |
| | Regensburg | (+ 15,0 %) | Kulmbach | (— 20,1 %) |
| | Wertingen | (+ 12,7 %) | Uffenheim | (— 11,6 %) |
| | Scheinfeld | (+ 13,8 %) | Kitzingen | (— 11,4 %) |
| | | | Pfarrkirchen | (— 12,8 %) |
| | | | Waldmünchen | (— 24,3 %) |
| 3 500 — 4 000 | Neustadt/A. | (+ 17,6 %) | — | |
| 4 000 — 4 500 | Ebersberg | (+ 25,6 %) | — | |
| 4 500 und mehr | Neustadt b. Coburg, S | (+ 21,5 %) | Weiden, S | (— 26,2 %) |
| | Fürstenfeldbruck | (+ 24,8 %) | | |
| | Dachau | (+ 25,6 %) | | |

*) Auf- bzw. Absteiger um mehr als 30 Punkte der Rangordnung gegenüber der Vorkriegszeit.

Alle auf- und absteigenden Kreise sind aus Tabelle 5 ersichtlich unter gleichzeitiger Angabe der jeweiligen Entwicklung seit der Vorkriegszeit. Außerdem sind in Tabelle 6 für alle Kreise die Gesamteinkünfte je Einwohner für das Jahr 1968 (mit dem effektiven Wert) nachgewiesen, ferner für das gleiche Jahr 1968 die Gesamteinkünfte je Einwohner, berechnet unter der Voraussetzung, daß alle Kreise ihre Rangfolge vom Jahre

| Kreis (S = kreisfreie Stadt) | Rangordnungsdifferenz 1968 zu 1936 | Multiplikator | Gesamteinkünfte 1968 in DM nach der Rangordnung | | Unterschied 1968 (effektiv zu fiktiv) in % |
|---|---|---|---|---|---|
| | | | 1968 (effektiv) | 1936 (fiktiv) | |
| | | 1. *Aufsteiger* | | | |
| Neustadt b. Cob., S | + 33 | 10,1 | 5 177 | 4 261 | + 21,5 |
| Dachau | + 39 | 11,7 | 4 665 | 3 713 | + 25,6 |
| Fürstenfeldbruck | + 38 | 11,5 | 5 062 | 4 056 | + 24,8 |
| Ebersberg | + 38 | 12,1 | 4 491 | 3 577 | + 25,6 |
| Neustadt/Aisch | + 43 | 13,9 | 3 507 | 2 981 | + 17,6 |
| Günzburg | + 44 | 13,9 | 3 487 | 2 935 | + 18,8 |
| Höchstadt/Aisch | + 54 | 16,1 | 3 407 | 2 735 | + 24,6 |
| Regensburg | + 36 | 13,9 | 3 317 | 2 885 | + 15,0 |
| Wertingen | + 34 | 13,9 | 3 163 | 2 806 | + 12,7 |
| Scheinfeld | + 37 | 15,0 | 3 077 | 2 703 | + 13,8 |
| | | 2. *Absteiger* | | | |
| Weiden, S | — 42 | 3,5 | 4 845 | 6 564 | — 26,2 |
| Schweinfurt | — 39 | 7,7 | 3 106 | 3 727 | — 16,7 |
| Laufen | — 34 | 8,5 | 3 046 | 3 507 | — 13,1 |
| Kulmbach | — 56 | 7,7 | 2 830 | 3 543 | — 20,1 |
| Uffenheim | — 35 | 9,5 | 2 806 | 3 173 | — 11,6 |
| Kitzingen | — 32 | 9,9 | 2 736 | 3 087 | — 11,4 |
| Pfarrkirchen | — 33 | 10,3 | 2 637 | 3 025 | — 12,8 |
| Waldmünchen | — 56 | 8,5 | 2 326 | 3 072 | — 24,3 |

1936 auch im Jahre 1968 beibehalten hätten (fiktiver Betrag); mit den Differenzwerten läßt sich eine Vorstellung darüber vermitteln, inwieweit sich gewisse Aktivitäten gegenüber einer regionalen völlig gleichmäßigen Entwicklung ausgewirkt haben. In vorstehender Übersicht werden die Gesamteinkünfte je Einwohner 1968 mit beiden genannten Werten von jenen Kreisen gegenübergestellt, bei denen eine tatsächliche Rangverschiebung nach oben oder nach unten von mindestens 31 und mehr Rangnummern stattgefunden hat.

### d) Die Variations- und Korrelationsanalyse

Die Streuung der ökonomischen Werte zeigt sich auch aus den einzelnen Tabellen. Eine Maßzahl hierfür bietet die Varianz

$$\sigma^2 = \frac{1}{N} \cdot \sum_{i=1}^{N} (x_i - \mu)^2,$$

wobei $x_i$ den Kreiswert je Einwohner, $\mu$ das zugehörige arithmetische Mittel und $i = 1, \ldots, N$ den laufenden Index für die einzelnen Kreise darstellt. Zu Vergleichszwecken ist es sinnvoll, wenn die Standardabweichung $\sigma$ — sie ergibt sich aus der Quadratwurzel der Varianz — zum Mittelwert in Beziehung gesetzt wird. Der so entstehende *Variationskoeffizient*

$$CV = \frac{\sigma}{\mu} \cdot 100 \, (\%)$$

gibt Auskunft über die Homogenität der statistischen Masse. — Für die 191 Kreise Bayerns ergaben sich folgende Variationskoeffizienten:

| Werte je Einwohner | 1936 | 1954 | 1961 | 1965 | 1968 |
|---|---|---|---|---|---|
| Veranlagte Einkünfte | 73,2 | 33,8 | 47,6 | 43,4 | 41,2 |
| Gesamteinkünfte | 59,3 | 35,1 | 34,5 | 29,7 | 28,6 |
|  | 1935 | 1954 | 1960 | 1966 | 1968 |
| Umsätze | 74,4 | 71,2 | 68,3 | 65,9 | 69,0 |
|  | 1937 | 1958 | 1966 |  |  |
| Gewerbesteuermeßbeträge | 87,4 | 67,1 | 51,4 |  |  |

In der Vorkriegszeit war die Streuung nach Kreisen verhältnismäßig groß; sie erweist sich jedoch bis gegen Ende der sechziger Jahre meist rückläufig (Nivellierungstendenzen). Gegenüber Niedersachsen ist das Ausmaß der Streuung sowohl im Anfangs- wie im Endjahr im allgemeinen beachtlich höher; dies hängt neben der fast dreifachen Zahl an Kreisen auch mit dem unterschiedlichen Wirtschaftsgefüge zusammen.

Bei diesen langfristigen Entwicklungsreihen nach Kreisen interessiert auch die Feststellung, ob unter den Reihen auch gewisse Wechselbeziehungen bestehen. Die Stärke bzw. Schwäche solcher Wechselbeziehungen zwischen derartigen Reihen kann mit dem sog. Bravais-Pearson'schen *Korrelationskoeffizient*

$$r = \frac{\sum_{i=1}^{N}(x_i - \overline{x}) \cdot (y_i - \overline{y})}{\sqrt{\Sigma(x_i - \overline{x})^2 \, \Sigma(y_i - \overline{y})^2}}$$

ermittelt werden. Hierbei bedeuten $\overline{x}$ bzw. $\overline{y}$ die arithmetischen Mittel der betrachteten Entwicklungsreihen. Die Korrelationskoeffizienten wurden für jeweils zwei Jahre bei den gleichen Merkmalswerten aus dem Material der 191 Kreise berechnet wie die Variationskoeffizienten (in %):

| Merkmal | 1936/54 | 1954/61 | 1961/65 | 1965/68 |
|---|---|---|---|---|
| Veranlagte Einkünfte | 0,79 | 0,90 | 0,97 | 0,96 |
| Gesamteinkünfte | 0,90 | 0,95 | 0,98 | 0,98 |
|  | 1935/54 | 1954/60 | 1960/66 | 1966/68 |
| Umsätze | 0,83 | 0,86 | 0,94 | 0,98 |
|  | 1937/58 | 1958/66 |  |  |
| Gewerbesteuermeßbeträge | 0,87 | 0,87 |  |  |

Wie die Aufstellung zeigt, besteht zwischen den Reihen eine relativ starke Abhängigkeit; der kleinste Korrelationskoeffizient beträgt immerhin noch 0,79. Trotz des großen Einschnittes, den der letzte Krieg mit seinen Konsequenzen mit sich gebracht hat, bestehen doch starke Wechselbeziehungen zwischen den Reihen der Vorkriegszeit und jenen um die Mitte der fünfziger Jahre; die Korrelation hat sich in den darauffolgenden Jahren bei weiterer wirtschaftlicher Normalisierung noch verstärkt. Vom jeweiligen Vorkriegsjahr bis zu den sechziger Jahren errechnen sich bei einem etwa 30-Jahres-Abstand insgesamt noch verhältnismäßig starke Korrelationen; die entsprechenden Korrelationskoeffizienten beliefen sich für die veranlagten Einkünfte auf 0,82, für die Gesamteinkünfte auf 0,92, für die Umsätze auf 0,81 und für die Gewerbesteuermeßbeträge immerhin noch auf 0,79. Damit ist jedoch auch gleichzeitig erwiesen, daß sich im Gesamtgefüge der Kreise in diesen 30 Jahren keine grundlegenden Verschiebungen ergeben haben, was auch H. HUNKE schon früher für andere Räume Deutschlands nachgewiesen hat[2]).

### 3. Interdependenz der Indikatoren und ihre Aussagekraft für die regionale Wirtschaftsentwicklung

Nunmehr muß aus den vielschichtigen Indikatorenreihen (Gewerbesteuermeßbeträge, Umsätze, Gesamteinkünfte je Einwohner) untersucht werden, inwieweit hierbei gewisse interdependente Entwicklungen festzustellen sind; möglicherweise geben auch die Entwicklungsdaten der Industriebeschäftigten gewisse Hinweise.

[2]) Vgl. H. HUNKE: Raumordnungspolitik — Vorstellungen und Wirklichkeit. Abhandlungen der Akademie für Raumforschung und Landesplanung, Bd. 70, Hannover 1974, S. 225.

*a) Der regionale Vergleich der Indikatoren*

Gewerbesteuermeßbeträge sind bekanntlich im wesentlichen auf Unternehmensgewinn (Gewerbeertrag) sowie auf Produktionsmittel u. ä. (Gewerbekapital) aufgebaut, denen auch entsprechende Investitionen vorausgegangen sind. Somit repräsentieren die Gewerbesteuermeßbeträge, zumal jeweils jene nach der örtlichen Zerlegung verwendet wurden, in gewissem Umfang auch die wirtschaftliche Entwicklung. Für die steuerlichen Umsätze gilt grundsätzlich ähnliches mit der Einschränkung, daß dort infolge des Unternehmensprinzips (ohne Zerlegung der Werte nach örtlichen Einheiten) die Werte sich stärker auf die wirtschaftlichen Agglomerationsräume konzentrieren, d. h. also die Regionalisierung nicht so wirklichkeitsnahe zum Ausdruck kommt. In den Gesamteinkünften schließlich sind außer den Unternehmereinkünften u. a. zusätzlich auch noch die Arbeitnehmer-Einkünfte (nach dem Wohnsitz aufgeteilt) enthalten; sie sind insofern eine unbedingt erforderliche Variante der Gewerbesteuermeßbeträge.

Bei einer Gegenüberstellung aller Kreise mit stets höherrangiger Stellung der Gewerbesteuermeßbeträge gegenüber den Gesamteinkünften (58 Kreise) und umgekehrt (54 Kreise) fällt auf, daß sich außerdem bei relativ vielen Kreisen in diesen 30 Jahren ein Wandel vollzog, und zwar von höherrangiger Stellung der Gewerbesteuermeßbeträge zu höherrangiger Stellung der Gesamteinkünfte (37 Kreise) und umgekehrt (42 Kreise). Bei diesem in Tabelle 6 aufgestellten Vergleich sind naturgemäß auch alle geringfügigeren Verschiebungen enthalten, die jedoch nicht überbewertet werden dürfen. Zunächst sollen hier Kreise mit beachtlicher Verschiebung (von mehr als 40 Rangfolgen) von höherrangiger Stellung der Steuermeßbeträge zu jener der Gesamteinkünfte hervorgehoben werden: Erding, Kelheim, Passau, Bamberg, Naila, Erlangen S, Fürth, Schwabach, Gerolzhofen, Ausgsburg, Illertissen, Kempten, Neu-Ulm, Schwabmünchen. In diesen Kreisen haben sich zwar auch die gewerblichen Aktivitäten verstärkt, in der Regel jedoch unterdurchschnittlich, während sich die Zahl der Arbeitnehmer — vielfach auch als Berufsauspendler in benachbarte Städte — beachtlich erhöht hat.

Des weiteren sind unter den 42 Kreisen mit höherrangiger Stellung der Gesamteinkünfte im Anfangsjahr, deren Rangziffern im Endjahr bei den Steuermeßbeträgen höherrangig waren, folgende mit relativ starker Verschiebung (40 und mehr Rangfolgen) zu nennen: Ingolstadt S, Pfaffenhofen, Passau S, Griesbach, Schwandorf S, Amberg, Selb S, Höchstadt/Aisch, Dinkelsbühl, Feuchtwangen, Brückenau, Obernburg, Dillingen S. Teilweise waren in diesen Kreisen die Steuermeßbeträge in der Vorkriegszeit relativ niedrig, während sich mit dem Wiederaufbau der Wirtschaft nach dem Krieg — auch infolge des Bevölkerungszuwachses durch Vertriebene und dergleichen — zunächst in vorgenannten Städten eine verstärkte Industrialisierung durchsetzen konnte (Ausbau bereits früher betriebener Industrien sowie auch Neuansiedlung solcher Industrien wie Ölraffinerien und dergl. m.), während sich das mittelständische Gewerbe vor allem auch in den erwähnten Landkreisen verbreitern konnte.

Ferner ist eine Reihe von Kreisen festzustellen, die im Beobachtungszeitraum eine beachtliche Verbesserung ihrer Rangordnungsnummern bei den Gewerbesteuermeßbeträgen (je Einwohner) erzielen konnte, ohne daß gleichzeitig die Rangfolge auch nur eine annähernde Steigerung der Rangfolgen bei den Gesamteinkünften je Einwohner eingetreten wäre. Nachfolgend sind nur Kreise mit einer Verbesserung der Rangfolge der Steuermeßbeträge um mindestens 40 Rangnummern aufgeführt, während ihre Gesamteinkünfte in den Rangnummern gleichzeitig jeweils weniger als ein Drittel dieser Verschiebungen aufwiesen:

| Kreis (S = Kreisfreie Stadt) | Gewerbesteuermeßbeträge je Einw. | | | | Gesamteinkünfte je Einw. | | | |
|---|---|---|---|---|---|---|---|---|
| | Rangordnungsnummer | | Differenz | Multiplikator | Rangordnungsnummer | | Differenz | Multiplikator |
| | 1937 | 1966 | 1937/66 | | 1936 | 1968 | 1936/68 | |
| Ingolstadt S | 49 | 3 | + 46 | 16,8 | 26 | 23 | + 3 | 6,6 |
| Freising | 77 | 30 | + 47 | 16,5 | 102 | 87 | + 15 | 10,9 |
| Mühldorf | 105 | 56 | + 49 | 16,0 | 109 | 96 | + 13 | 11,3 |
| Pfaffenhofen | 116 | 54 | + 62 | 25,0 | 114 | 95 | + 19 | 11,7 |
| Eggenfelden | 176 | 125 | + 51 | 31,0 | 182 | 167 | + 15 | 16,0 |
| Griesbach | 149 | 102 | + 47 | 17,5 | 144 | 157 | − 13 | 11,0 |
| Schwandorf S | 93 | 31 | + 62 | 22,0 | 45 | 55 | − 10 | 7,3 |
| Neunburg v. W. | 171 | 57 | + 114 | 47,0 | 172 | 169 | + 3 | 13,5 |
| Ebermannstadt | 183 | 142 | + 41 | 25,0 | 187 | 189 | − 2 | 15,6 |
| Dinkelsbühl | 135 | 76 | + 59 | 20,5 | 131 | 139 | − 8 | 11,0 |
| Feuchtwangen | 172 | 101 | + 71 | 35,0 | 163 | 142 | + 21 | 14,3 |
| Brückenau | 128 | 82 | + 46 | 20,0 | 118 | 145 | − 27 | 10,0 |
| Lohr | 110 | 70 | + 40 | 21,5 | 76 | 73 | + 3 | 9,6 |
| Obernburg | 115 | 59 | + 56 | 23,0 | 70 | 82 | − 12 | 8,3 |
| Günzburg S | 50 | 7 | + 43 | 15,3 | 36 | 27 | + 9 | 7,3 |

Der meist beachtliche Aufstieg vorgenannter Kreise hinsichtlich der Steuermeßbeträge resultiert auch aus dem meist relativ hohen Multiplikator im Endjahr gegenüber dem Vorkriegsjahr; im Querschnitt aller Kreise ergab sich nämlich nur ein Multiplikator in Höhe von 8,5. Bemerkenswert gleichlaufend ist auch der nur um einen Punkt niedriger gelegene Multiplikator der Gesamteinkünfte je Einwohner (7,6).

*b) Einige Hauptgruppen der regionalen Indikatorenreihen*

Aus den verschiedensten Möglichkeiten der Darstellung vorliegender Ergebnisse der Steuerstatistiken werden hier nur einige wenige herausgegriffen. Dabei werden im allgemeinen wiederum Durchschnittswerte je Einwohner bevorzugt, weil damit gleichzeitig auch mehr oder weniger große Bevölkerungsverschiebungen in den Kreisen im Laufe der Jahrzehnte (Vertriebene etc.) impliziert sind.

In der letzten Tabelle 7 sind die Differenzen der Rangordnungskennziffern zwischen dem Vorkriegsjahr und dem Endjahr für die Durchschnittswerte je Einwohner dargestellt, ergänzt um die entsprechenden Kennzahlen der Industriebeschäftigten; letztgenannte Daten vermögen ebenfalls Hinweise auf die wirtschaftliche Entwicklung der Kreise zu vermitteln. Hierbei wurden wie für Niedersachsen vier Möglichkeiten der Gruppenbildung herausgegriffen:

I. Positive Entwicklung der Gesamteinkünfte, Gewerbesteuermeßbeträge, Umsätze.
II. Negative Entwicklung der Gesamteinkünfte, Gewerbesteuermeßbeträge, Umsätze.
III. Positive Entwicklung der Gesamteinkünfte,
negative Entwicklung der Gewerbesteuermeßbeträge bzw. der Umsätze.
IV. Negative Entwicklung der Gesamteinkünfte,
positive Entwicklung der Gewerbesteuermeßbeträge bzw. der Umsätze.

Einleitend soll ein Gesamtbild über das Ausmaß der Veränderungen der Rangordnungsziffern (Auf- wie auch Absteiger) entworfen werden; hierbei müssen diese Veränderungen von allen drei Steuerwerten einbezogen werden. Im Durchschnitt der drei

Steuerwerte ergeben sich hierbei folgende Veränderungen der Rangordnungsreihen innerhalb der vier Gruppen (nach Tabelle 7):

| Durchschnittl. Veränderungen um ... Punkte | Zahl der Kreise in der Gruppe (Tab. 7) | | | | Zusammen |
|---|---|---|---|---|---|
| | I | II | III | IV | |
| bis 10 | 9 | 8 | 9 | 9 | 35 |
| 11 bis 20 | 16 | 15 | 22 | 23 | 76 |
| 21 bis 30 | 7 | 11 | 14 | 14 | 46 |
| 31 und mehr | 14 | 10 | 4 | 6 | 34 |
| insgesamt | 46 | 44 | 49 | 52 | 191 |

Demnach haben sich für mehr als die Hälfte der Kreise (111 oder 58 %) im Schnitt der drei Steuerwerte Verschiebungen von weniger als 20 Rangnummern ergeben, d. h. von kaum 10 % des gesamten Spielraums aller Veränderungsmöglichkeiten. Nur bei 34 Kreisen (18 %) zeigten sich durchschnittliche Veränderungen von mehr als 30 Rangnummern; davon war der überwiegende Teil mit 24 Kreisen den Gruppen I und II zuzuordnen, d. h. also Gruppen, bei denen jeweils alle Steuerwerte gleichzeitig überdurchschnittlich zunahmen (Aufsteiger) oder abnahmen (Absteiger), wie aus den Tabellen 7/I und 7/II zu entnehmen ist. Diese beiden Gruppen I und II sollen zunächst vorrangig in die Betrachtung einbezogen werden.

*I. Gruppe* (Tabelle 7/I)
(Kreise, in denen alle drei steuerstatistischen Merkmale ausschließlich positive, d. h. aufsteigende Entwicklung in der Rangordnung zeigen)

Auf diese Gruppe entfallen zunächst 46 Kreise oder 24 %. Dies besagt jedoch noch nicht allzuviel, zumal alle kleineren Verschiebungen aus den wiederholt angegebenen Gründen nicht überbewertet werden dürfen; allein 25 Kreise davon oder mehr als die Hälfte haben nämlich nur einen Gesamtaufstieg von noch nicht einmal 60 Rangnummern, d. h. im Schnitt der drei Steuerarten von weniger als 20 Nummern. Einen Aufstieg von mehr als 99 Punkten, d. h. von mehr als 33 Punkten im Schnitt der drei Steuerarten, weisen folgende Kreise auf:

*Rangordnungsveränderungen*
*— Zunahme der drei Steuerwerte —*

| Kreis | insgesamt | Steuermeßbeträge | Umsätze | Gesamteinkünfte | ferner: Industriebeschäftigte |
|---|---|---|---|---|---|
| | 1970/36 | 1966/37 | 1970/35 | 1968/36 | 1970/36 |
| Höchstadt/Aisch | + 291 | + 107 | + 130 | + 54 | + 82 |
| Scheinfeld | + 213 | + 89 | + 87 | + 37 | + 69 |
| Neunburg v. W. | + 138 | + 114 | + 21 | + 3 | + 12 |
| Feuchtwangen | + 134 | + 71 | + 42 | + 21 | − 7 |
| Eggenfelden | + 119 | + 51 | + 53 | + 15 | − 5 |
| Roding | + 113 | + 39 | + 60 | + 14 | + 36 |
| Lohr | + 113 | + 40 | + 70 | + 3 | + 51 |
| Alzenau | + 108 | + 43 | + 38 | + 27 | − 32 |
| Coburg | + 107 | + 42 | + 40 | + 25 | + 7*) |
| Hilpoltstein | + 100 | + 39 | + 32 | + 29 | − 20 |

*) Einschließlich der kreisfreien Städte Coburg und Neustadt b. Coburg.

Beim größeren Teil dieser Kreise haben auch die Industriebeschäftigten relativ stark zugenommen (z. B. Höchstadt, Scheinfeld, Lohr usw.); bei einigen anderen Kreisen lag diese Zunahme unter dem Landesmittel, womit naturgemäß ein diesbezüglicher Abstieg dieser Kreise verbunden war. Er wird damit gerechtfertigt, daß diese Industriebeschäftigten weitgehend in die benachbarten Industriegebiete z. B. nach Hanau/Frankfurt und Aschaffenburg aus dem Kreis Alzenau berufsmäßig auspendeln; dies ist bereits für 1939 nachweisbar und hat sich bis 1970 kaum verändert. Bei den Kreisen Scheinfeld und Höchstadt/Aisch hat die Zahl der Berufsauspendler gegenüber den Einpendlern seit 1939 bis 1970 beachtlich zugenommen, abgesehen von einer eigenen stärkeren Vergewerblichung dieser Kreise.

Nach diesen Kreisen, die in allen drei Steuerwerten aufgestiegen sind, folgen zunächst jene, die in allen drei Steuerwerten in der Rangordnung abgestiegen sind.

*II. Gruppe* (Tabelle 7/II)
(Kreise, in denen die hier verwendeten drei Steuerwerte ausschließlich absteigende Tendenz in der Rangordnung aufweisen)

Hierunter fallen allein 44 Kreise oder 23 %; allerdings hat die Hälfte dieser Kreise (23) nur einen Abstieg von durchschnittlich weniger als 20 Rangnummern hinnehmen müssen. Ein Abstieg von mehr als 33 Rangnummern im Schnitt der drei Steuerarten bezog sich auf nachfolgende Kreise:

*Rangordnungsveränderungen*
*— Abnahme der drei Steuerwerte —*

| Kreis | insgesamt 1970/36 | Steuermeß- beträge 1966/37 | Umsätze 1970/35 | Gesamt- einkünfte 1968/36 | ferner: Industrie- beschäftigte 1970/36 |
|---|---|---|---|---|---|
| Kulmbach | — 159 | — 78 | — 25 | — 56 | — 5 |
| Hof | — 139 | — 64 | — 51 | — 24 | — 17*) |
| Waldmünchen | — 133 | — 45 | — 32 | — 56 | — 55 |
| Schweinfurt | — 131 | — 58 | — 34 | — 39 | + 8*) |
| Altötting | — 124 | — 45 | — 72 | — 7 | + 18 |
| Kitzingen | — 109 | — 19 | — 58 | — 32 | — 29*) |
| Kempten | — 100 | — 48 | — 47 | — 5 | — 33*) |

*) Einschließlich der gleichnamigen kreisfreien Stadt.

Bei diesen in der Rangordnung aller drei Steuerwerte absteigenden Kreisen war in der Regel auch die Rangfolge der Industriebeschäftigten je Einwohner rückläufig. Im Landkreis Schweinfurt ist der Aufstieg der Industriebeschäftigten nur infolge der Einbeziehung des hochindustrialisierten Stadtkreises[3] bedingt; für den Landkreis allein ergibt sich 1970/51 nämlich ein leichter Abstieg. Es ist kaum nötig, darauf hinzuweisen, daß es sich bei diesen Kreisen um keinen Rückgang der durchschnittlichen Steuerwerte handelt, die in der Regel in sämtlichen Kreisen eine Zunahme aufweisen; vielmehr war hierbei meist nur eine unterdurchschnittliche Steigerung festzustellen, die naturgemäß einen Verlust in der Rangordnung der Kreise bedeutete.

[3] Im Jahre 1936 sind im allgemeinen nur Ergebnisse für Landkreise einschließlich der kreisfreien Städte nachgewiesen.

*III. Gruppe* (Tabelle 7/III)

(Kreise, in denen die Gesamteinkünfte stets eine positive, die Gewerbesteuermeßbeträge bzw. die Umsätze dagegen eine negative Entwicklung in der Rangordnung der Kreise einnehmen)

Dieser Gruppe sind 49 Kreise oder knapp 26 % zuzurechnen; davon weisen allein 31 Kreise eine Rangordnungsveränderung von weniger als 20 Rangordnungsnummern (im Durchschnitt der drei Steuerwerte) auf. Dagegen haben sich nur zwei Kreise im Schnitt um jeweils mehr als 33 Nummern verändert:

*Rangordnungszunahme der Gesamteinkünfte bei der Abnahme der Steuermeßbeträge bzw. der Umsätze*

| Kreis | Ver- änderungen insgesamt 1970/36 | Steuermeß- beträge 1966/37 | Umsätze 1970/35 | Gesamt- einkünfte 1968/36 | ferner: Industrie- beschäftigte 1970/36 |
|---|---|---|---|---|---|
| Schwabmünchen | 160 | — 78 | — 78 | + 4 | + 1 |
| Gerolzhofen | 108 | — 43 | — 58 | + 7 | ± 0 |

Hierbei ist die Zunahme bei der Rangordnung der Gesamteinkünfte nahezu unbedeutend, die geschlossene Rangverschiebung nach unten bei den Steuermeßbeträgen wie bei den Umsätzen beachtlich. Die Bevölkerung in Gerolzhofen hat mit der Durchschnittsentwicklung insgesamt nicht Schritt halten können; die Zahl der Berufsauspendler (hauptsächlich nach Schweinfurt, Würzburg usw.) war 1939 wie 1970 etwa 3fach so hoch wie jene der Einpendler. Nachdem dort die Entwicklung der Industriebeschäftigten mit jener des Landes in etwa parallel verlief, können hinsichtlich der Umsatzentwicklung auch Unternehmensverlegungen bzw. -Konzentrationen eine gewisse Rolle spielen, während der Abfall der Steuermeßbeträge doch auf eine partiell schwächere Entwicklung der örtlichen Wirtschaftskraft hinweist. Dagegen ist für Schwabmünchen zunächst ein überdurchschnittlicher Bevölkerungszuwachs (96 % gegenüber 48 % in Bayern) festzustellen. Von der weit größeren Zahl der Berufsauspendler gegenüber den Einpendlern war der größere Teil in der Stadt Augsburg, im weiteren Teil auch im Landkreis Augsburg tätig. Der Sog dieses Augsburger Ballungsgebietes hat zwar keine wirtschaftliche Auszehrung dieses Kreises bewirkt, ist aber auf die Unternehmungsgebahrung und Unternehmenssitze nicht ohne Einfluß geblieben und hat schließlich die Rangverschiebung um 78 Positionen bei den Steuermeßbeträgen wie bei den Umsätzen verursacht.

*IV. Gruppe* (Tabelle 7/IV)

(Kreise, in denen die Gesamteinkünfte hinsichtlich der Rangordnung eine negative, die Gewerbesteuermeßbeträge bzw. die Umsätze eine positive Entwicklung ergeben)

Zu dieser Gruppe gehören insgesamt 52 Kreise, das sind 27 %; für den größeren Teil dieser Kreise (32) sind Rangveränderungen von weniger als 20 Punkten im Schnitt der drei Steuerwerte nur von nachgeordneter Bedeutung. Demgegenüber haben nur in drei Kreisen die Rangordnungen der drei Steuerwerte eine durchschnittliche Veränderung von mehr als 33 Punkten erfahren:

*Rangordnungsabnahme der Gesamteinkünfte
bei Zunahme der Steuermeßbeträge bzw. der Umsätze*

| Kreis | Ver-änderungen insgesamt 1970/36 | Steuermeß-beträge 1966/37 | Umsätze 1970/35 | Gesamt-einkünfte 1968/36 | ferner: Industrie-beschäftigte 1970/36 |
|---|---|---|---|---|---|
| Sulzbach-Rosenberg | 187 | + 2 | — 167 | — 18 | — 5 |
| Schwandorf, S | 104 | + 62 | — 32 | — 10 | — 23*) |
| Obernburg | 102 | + 56 | + 34 | — 12 | + 23 |

*) Einschließlich Landkreis Burglengenfeld.

Der Kreis Sulzbach-Rosenberg mit einem gewissen Schwerpunkt der eisenschaffenden Industrie hat inzwischen nicht wesentlich an Bedeutung gewonnen; die Zahl der Berufsauspendler (nach Amberg, Nürnberg usw.) ist stark angewachsen, zwar auch jene der Einpendler, die allerdings immer schon geringer war. Der beachtliche Rückgang des Kreises in der Rangordnung der Umsätze ist im wesentlichen durch eine Konzentration von bestimmten Unternehmen bedingt, wodurch die örtlich getätigten Umsätze formell nicht mehr im Kreis erscheinen.

Im Gegensatz zum Landkreis Sulzbach-Rosenberg hat in der kreisfreien Stadt Schwandorf die Bevölkerung etwas überdurchschnittlich zugenommen. Die Zahl der Industriebeschäftigten je Einwohner ist in der Rangfolge der Kreise in Schwandorf allein zwischen 1951 und 1970 um 30 Kreise zurückgefallen, in der Zeit zwischen 1936 und 1970 wegen des hierbei einbezogenen Landkreises Burglengenfeld nur noch um 23 Kreise. Diese Erscheinung ist auch auf folgenden Tatbestand zurückzuführen: Die Zahl der Berufseinpendler, die sich vor dem Krieg mit jener der Auspendler fast die Waage hielt, ist bis 1970 auf mehr als das Fünffache, jene der Auspendler dagegen nicht einmal auf das Dreifache gestiegen; damit hängt naturgemäß auch der Rückgang der Rangordnung bei den Gesamteinkünften zusammen. Auch in diesem Kreis lassen gewisse Konzentrationserscheinungen die Umsatzrangfolge geringer erscheinen, ohne daß die örtlichen Aktivitäten geringer geworden wären (Rangfolge-Steigerung der Gewerbesteuermeßbeträge).

Im Landkreis Obernburg schließlich ist bei einem überdurchschnittlichen Bevölkerungswachstum auch die Zahl der Industriebeschäftigten merklich gestiegen, was auch eine Hebung der Steuermeßbeträge sowie der Umsätze verursachte; trotz der weitaus größeren Zahl der Berufsauspendler, insbesondere in die Stadt Aschaffenburg, gegenüber jener der Einpendler, ergab sich ein wenn auch nur unmerklicher Rückgang bei den Gesamteinkünften. Dies hängt auch mit dem Entwicklungsgefüge der unterschiedlich entlohnenden Wirtschaftsbereiche zusammen.

## IV. Gesamtergebnis

Unterlagen zur Kennzeichnung einer längerfristigen Wirtschaftsentwicklung, insbesondere in kleinräumlicher Gliederung, sind vor allem in der Vorkriegszeit verhältnismäßig dürftig. Dazu kommen Schwierigkeiten infolge der Gebietsveränderungen, die beim Vergleich mit der Vorkriegszeit für Bayern (Pfalz usw.) im wesentlichen überwunden werden konnten; wegen der großen Kreisreform 1972 sind solche Vergleiche künftig jedoch kaum mehr möglich.

Relativ reichliches Vergleichsmaterial bieten — auch für die Vorkriegszeit — die Steuerstatistiken aus den Besteuerungsgrundlagen mit dem darin meist enthaltenen Vorzug von geringeren Veränderungen der jeweilgen Begriffsabgrenzungen gegenüber anderen Statistiken. Aus dieser Palette wurden drei Merkmale (Steuerarten) ausgewählt, die drei ökonomisch unterschiedliche Fakten tangieren: Unternehmensumsätze, regional zerlegte Meßgrößen aus Gewerbegewinnen und Kapitaleinsätzen (Gewerbesteuermeßbeträge), schließlich dem Wohnsitz zugeordnete Einkünfte der Arbeitnehmer einschließlich jener aus Unternehmertätigkeit und Vermögen. Diese Ergebnisse wurden teilweise ergänzt bzw. gegenübergestellt den entsprechenden Entwicklungsdaten der Bevölkerung, der Berufspendler wie auch der Industriebeschäftigten.

Die Aussagekraft der steuerlichen Werte läßt sich aus den einleitenden Darlegungen über die Begriffsbestimmungen ableiten. Die regionale Entwicklung für die einzelnen Steuerarten wurde zunächst isoliert, später auch im gegenseitigen Entwicklungsgefüge analysiert.

Die Ergebnisse dieser Analysen wurden durch den Entwicklungsvergleich der übrigen Faktoren (wie Industriebeschäftigte und dergl.) weitgehend bestätigt, was hier nur vereinzelt angedeutet werden konnte. Neben der großen Zahl der Kongruenzfälle fanden hierbei auch einzelne steuerrechtspezifisch bedingte Dissensfälle ihre Klärung.

Die regionale Streuung der einzelnen Steuerwerte je Einwohner war in der Vorkriegszeit relativ groß; das Ausmaß dieser Streuung war im Laufe der Jahrzehnte jedoch rückläufig.

Zwischen den Zeitreihen der Steuerwerte je Einwohner bestanden verhältnismäßig große Wechselbeziehungen; diese Korrelation hat sich seit den Vorkriegsjahren weiter verstärkt. Die vorgenannten Fakten deuten einerseits eine weitere Konsolidierung der wirtschaftlichen Verhältnisse an. Damit wurde andererseits das beachtliche regionale Gefälle der Vorkriegszeit insbesondere bei den Gesamteinkünften in Bayern etwas verringert (Nivellierungstendenzen).

# Zur Auswertbarkeit von längerfristigen Zeitreihen der Steuerstatistik im Land Baden-Württemberg (BW)

*von*

*Gerhard Isenberg, Bonn/Tübingen*

Inhalt

I. Vorbemerkungen zu dem Quellenmaterial

II. Zur Auswertung der Ergebnisse

III. Kurze Erläuterung

Hauptgegenstand der Auswertung sind die regionalen Verschiebungen, die speziell in der „Wohlhabenheit" (etwa mit materiellem Wohlstand gleichzusetzen) zwischen der Vorkriegszeit und den zwei Jahrzehnten nach der Normalisierung, d. h. zwischen 1955/56 und 1968, eingetreten sind. Solche Verschiebungen werden zum Ausdruck gebracht durch die Anteile, die vom Ganzen des Landes Baden-Württemberg auf die einzelnen Teilgebiete (Regionen) entfallen.

## I. Vorbemerkungen zu dem Quellenmaterial

1. Für die angestrebten Erkenntnisse erweist sich mit Abstand am besten geeignet das Gesamteinkommen, hier errechnet als Summe des Gesamtbetrages der veranlagten Einkünfte und der Bruttolohneinkommen abzüglich Doppelzählungen. Der Wert liegt in der Zusammenfassung der beiden Elemente; jedes für sich allein wäre eher vom Standpunkt der sozialfunktionellen Schichtung (wie Betriebsgröße, Unternehmensformen etc.) interessant als von dem der Wohlhabenheit.

2. Die übrigen Statistiken über Umsatz, Einheitswerte und Gewerbesteuermeßbeträge sind, gerade unter den Verhältnissen von Baden-Württemberg, aus verschiedenen Gründen als Grundlage für die Erfassung der Faktoren, durch die wie etwa durch die Aktivitäten überhaupt oder durch die Ausstattung mit Realkapital, die Wohlhabenheit üblicherweise bestimmt wird, weniger aussagefähig.

a) Die Statistik des Umsatzes aller Sektoren trägt dem geringen Besatz von BW mit Handel, insbesondere mit dem umsatzträchtigen Großhandel, zu wenig Rechnung. Die hohe Bedeutung der Industrie, die im Verhältnis zur Wertschöpfung umsatzschwach ist, kommt zu wenig zum Ausdruck.

b) Einheitswerte und Gewerbesteuermeßbeträge enthalten dagegen vor allem in der Nachkriegszeit zu viel Ertragselemente, wie sie bereits in der Einkommensteuer zum Ausdruck kommen, und viel zu wenig Kapitalelemente. Angesichts der guten Geschäftslage der Industrie, meist sog. Wachstumsindustrie, wird hier eher auf eine zu hohe Kapitalausstattung geschlossen.

Ungeachtet solcher Mängel werden die genannten Statistiken, ebenso wie die beiden Elemente des Einkommens, im Hintergrund zur Deutung der Ergebnisse hilfsweise mit herangezogen; die Darstellung selbst beschränkt sich jedoch auf das Einkommen.

3. Zu beachten ist bei der Beurteilung der steuerstatistischen Daten allgemein, insbesondere derer über das Einkommen, daß die Landwirtschaft vor und nach dem Kriege angesichts der vorwiegend kleinbetrieblichen Struktur in BW durchgehend unzureichend erfaßt ist. Die Agrarregionen erscheinen daher schwächer als sie es tatsächlich sind, und zwar wegen des damals größeren Gewichts, vor dem Krieg in höherem Grad als danach.

An anderer Stelle hat der Verfasser zur Ausfüllung dieser Lücke bei der Auswertung der Einkommensteuerstatistiken die Wertschöpfung der Landwirtschaft nach der Sozialproduktrechnung herangezogen; dies ist hier aber nicht möglich, weil Daten für 1936 und 1954 fehlen.

4. Vorteilhaft ist, daß sich die Grenzen der Kreise, auf die sich die Daten beziehen, in dem untersuchten Zeitraum nicht geändert haben. Jedoch erweisen sich die Kreise für die Deutung der Zahlen als wenig geeignet, einmal weil sie wegen ihres zum Teil sehr geringen Umfangs in hohem Grad Zufallsmomenten ausgesetzt sind, zum anderen weil die Verflechtungen mit den nächstliegenden Zentren gerade in dem bereits vor dem Krieg stark mit Industrie durchsetzten Land BW besonders intensiv sind. Dies gilt insbesondere für die Großstädte des Raumes.

1. Mittlerer Neckar
2. Württ. Unterland
3. Hohenlohe
4. Odenwald
5. Unterer Neckar
6. Mittlerer Oberrhein
7. Nordschwarzwald
8. Ortenau
9. Breisgau
10. Westl. Hochrhein
11. Westl. Bodensee
12. Baar
13. Neckar-Alb
14. Bodensee-Oberschwaben
15. Donau-Iller
16. Ostwürttemberg

Aus diesem Grunde werden die Kreise zu sog. „*Regionen*" zusammengefaßt (Abb. 1); diese decken sich in der Regel (im großen) mit den jetzt (1973) gebildeten Regionalverbänden. Dort, wo die Landwirtschaft stark vertreten ist oder Auslandsgrenzbeziehungen eine Rolle spielen, werden die Gebiete nochmals unterteilt. So werden im Norden aus dem jetzigen Regionalverband Franken in Anlehnung an die alten regionalen Planungsgemeinschaften, drei Regionen gebildet: „Württemberg Unterland", „Hohenlohe" und „Odenwald". Im Westen wird der jetzige Regionalverband „Südlicher Oberrhein" geteilt in die Regionen „Breisgau" und „Ortenau" (diese liegt gegenüber Straßburg). Im Süden wird der jetzige Regionalverband „Hochrhein" in die Regionen „Westlicher Hochrhein" (gegenüber Basel) und „Westlicher Bodensee" mit Konstanz geteilt. Die Regionen sind in der Anlage (Tab. 1—3 am Schluß dieses Beitrages) aufgeführt.

Zu welchen Fehlschlüssen eine isolierte Betrachtung der Kreise, auch wenn sie durch noch so fein ausgeklügelte Verfahren statistischer Art unterbaut ist, führen kann, zeigt der Landkreis Freiburg. Dieser ist aufgrund der Ergebnisse der statistischen Auswertung lange Zeit als der ärmste Kreis des Landes ausgewiesen worden; tatsächlich geht es den Menschen dort existenziell besser als in einigen anderen Landesteilen. Der Grund für die Fehldeutung liegt darin, daß fast alle zentralen Einrichtungen, die lukrativ sind, im Stadtkreis liegen, wo die Bevölkerung des Landkreises auch weitgehend tätig ist, zum anderen die Landwirtschaft, die dort noch stark vertreten ist, wegen ihrer besonderen Struktur statistisch noch weniger erfaßt wird als anderswo.

5. Bei der Deutung der Daten wird hier in der Hauptsache auf die persönliche Kenntnis der zugrundeliegenden Tatsachen und Vorgänge, insbesondere in der Industrie und deren führenden Betrieben, zurückgegriffen. Daher kann auf die Anwendung von ökonometrischen Verfahren verzichtet werden. Diese sind zwar unentbehrlich, jedoch nur dort, wo man über die im Hintergrund wirkenden Faktoren zu wenig weiß.

## II. Zur Auswertung der Ergebnisse

1. Zur Erfassung der regionalen Verschiebungen werden, wie oben gesagt, die Anteile zugrundegelegt, die vom Ganzen des Einkommens im Land BW auf die einzelnen Regionen entfallen. Hilfsweise wird dazu auch die Einwohnerzahl herangezogen, vor allem auch, damit auf diese Weise die Veränderungen, die im Einkommen je Kopf eingetreten sind, erkennbar werden. Dieser Weg wird gewählt, weil die absoluten Zahlen wegen der Veränderung des Geldwertes ohnehin nur sehr bedingt für Vergleiche geeignet sind.

2. In den Vergleichen nimmt die Region „Mittlerer Neckar" sowohl wegen ihres Umfanges wie auch wegen des metropolbedingten Vorsprungs eine Sonderstellung ein, durch die zuweilen der Aussagewert aus Vergleichen zwischen den übrigen Regionen beeinträchtigt werden kann. Daher wird der MN in einem zweiten Berechnungsgang aus dem Landesganzen ausgegliedert. Die Anteile der Regionen beziehen sich dabei auf das Land ohne MN.

3. Die Ergebnisse befinden sich in Tabellenform am Schluß dieses Beitrages.

4. Bei der Deutung der Ergebnisse interessieren vor allem vom raumwirtschaftlichen Standpunkt der Verschiebungen, die zusammengefaßt zwischen den größeren, strukturell verwandten Räumen eingetreten sind. Aus der Sicht von BW erweist sich dabei die folgende Gliederung als aufschlußreich:

1. Die Ballungsregion der Metropole Stuttgart, der Mittlere Neckar (MN).

2. Die Region Unterer Neckar (UN) als Teil des grenzüberschreitenden Ballungsgebietes Rhein-Neckar.
3. Die übrige Oberrheinebene in ihrer Eigenschaft als Grenzgebiet und als Sitz von zwei mittleren Großstädten mit den Regionen Mittlerer Oberrhein (MO mit Karlsruhe) und Breisgau (Bg mit Freiburg) sowie dazwischenliegend die noch stark agrarisch geprägte Region Ortenau (Or).
4. Die am Hochrhein gelegenen Regionen mit starken Verflechtungen zur Schweiz, nämlich die Region Westlicher Hochrhein (WH), weitgehend Auspendlerwohnsitz für Basel, und Teil der Region Basiiensis sowie die Region Westlicher Bodensee (WB) mit Konstanz und mit Singen als Sitz schweizerischer Konzernbetriebe.
5. Die frühzeitig, meist schon vor dem ersten Krieg industrialisierten Regionen überwiegend mit Realteilung und der damit für Südwestdeutschland charakteristischen Verbindung zwischen verkehrsstandortlich meist schlecht gelagerter Verarbeitungsindustrie und dem dörflichen Kleinbauerntum. Dazu werden gerechnet die Regionen Württ. Unterland (WU mit Heilbronn), standortlich besser gestellt, Nordschwarzwald (NS mit Pforzheim), Baar (Ba an der Ostabdachung des Schwarzwaldes mit Villingen-Schwenningen), Neckar-Alb (NA mit Reutlingen-Tübingen), Ostwürttemberg (OW mit Aalen-Heidenheim-Schw.-Gmünd).
6. Die beiden oberschwäbischen Regionen Östlicher Bodensee-Oberschwaben (BO mit Ravensburg-Friedrichshafen) und Donau-Iller (Do mit der nach Bayern ausstrahlenden Stadt Ulm mit Verflechtungen zu Bayern), charakterisiert durch vorwiegend mittelstädtische Industrie — meist erst jüngeren Datums — großgeworden mit einem leistungsmäßig starken agrarischen Einschlag dank mittelbäuerlicher Struktur und höherer Arbeitsproduktivität als in den ehemals agrarisch übersetzten Realteilungsgebieten.
7. Die heute in der allgemeinen Entwicklung zurückgebliebenen Agrarregionen Hohenlohe (Ho) und Odenwald (Od), verkehrsfern und ohne leistungsstarke Zentren.

## III. Kurze Erläuterung

Ohne auf die Zusammenhänge im einzelnen einzugehen, lassen sich aus der Tabelle (s. Anlage am Schluß dieses Beitrages) die folgenden Feststellungen machen:

1. Die Region MN hält ihren Anteil (31 % bis 32 %) am Landesganzen ziemlich konstant durch. Dies ist eine Feststellung, die sicherlich überrascht angesichts der üblichen Besorgnisse, nach der auf der einen Seite einer wachsenden Konzentration der Aktivitäten in den Ballungsregionen auf der anderen Seite eine Verödung der übrigen Gebiete gegenüberstehen wird.

    Dabei nimmt der Anteil, den die Stadt Stuttgart selbst innerhalb des MN einnimmt, von 52 % vor dem Krieg entsprechend der Randwanderung von Bevölkerung und Industrie in stetigem Abstieg auf 42 % in 1954/55, auf 39,5 % in 1961 und schließlich auf 33 % in 1965 und 1968 ab.

2. Die ebenfalls als Ballungsteil anzusprechende Region UN verringert sogar stetig ihren Anteil, und zwar von 12,75 % vor dem Krieg auf 10,50 % in 1968.
3. Ähnliches gilt innerhalb der Oberrheingruppe auch für die Region MO, die mit der Großstadt Karlsruhe besetzt ist. Ihr Anteil nimmt von 10,27 % vor dem Krieg, mit kleinen Schwankungen, auf 8,97 % in 1968 ab. Schwächer ist gegenüber der Vorkriegszeit der Abfall, der hier weitgehend besatzungszonenpolitisch (französische

Zone) bedingt ist, in der Region Breisgau mit der Großstadt Freiburg. In der Nachkriegszeit verzeichnet die Region einen stetigen Anstieg, ohne allerdings den Vorkriegsstand zu erreichen. Die Zunahme in der Region Ortenau ist vor allem darauf zurückzuführen, daß die steuerlich kaum erfaßte Landwirtschaft vor dem Krieg noch sehr stark vertreten war. Hinzu tritt die erfolgreiche Entwicklung einiger Industriebetriebe in Offenburg und Kehl.

4. Bei den schweizerischen Anliegern ist, mit einigen Schwankungen gegenüber der Vorkriegszeit, im Endeffekt eine leichte Zunahme zu verzeichnen.

5. Die alten Industrieregionen verbessern sich, zusammen gesehen, in mäßigem Grad. Zwei von ihnen — Württ. Unterland und Baar — bleiben nahezu gleich, Neckar-Alb stark mit der rückläufigen Textilindustrie besetzt und Nordschwarzwald nehmen kaum zu, Ost-Württemberg fällt mit einer ganz gewaltigen Zunahme ganz aus dem Rahmen, was auf den erfolgreichen Ausbau von meist größeren und großen Betrieben von Vertriebenen und Flüchtlingen (z. B. Zeiß) zurückzuführen ist.

6. Die oberschwäbischen Regionen haben ihre Anteile gesteigert, wenn auch relativ weit weniger als Ostwürttemberg.

7. Was in BW schließlich auffällt, ist, daß die hinter der allgemeinen Entwicklung zurückgebliebenen Agrargebiete ihren Anteil am meisten gesteigert haben, dabei zum Teil statistisch bedingt, von 2,51 % vor dem Krieg in einem Ruck bis zum ersten Nachkriegstermin; von da ab bleibt die Quote konstant, was schon viel bedeutet angesichts der fortgesetzten Schrumpfung der Landwirtschaft.

Im allgemeinen kann man ungeachtet all dessen, was mit Krieg und Kriegsfolgen dazwischenliegt, von einer Entwicklung sprechen, die recht kontinuierlich ist. Damit wird eine Aussage, wie sie offensichtlich auch in Norddeutschland gewonnen ist, weiter bekräftigt.

Tab. 1: *Die Regionen in Baden-Württemberg*

| Region | Führendes Zentrum *) | | Einwohner in Mio. (1968) |
|---|---|---|---|
| 1. Mittlerer Neckar | (Stuttgart) | MN | 2,24 |
| 2. Württ. Unterland | (Heilbronn) | WU | 0,28 |
| 3. Hohenlohe |  | Ho | 0,25 |
| 4. Odenwald |  | Od | 0,24 |
| 5. Unterer Neckar | (Mannheim) | UN | 0,89 |
| 6. Mittlerer Oberrhein | (Karlsruhe) | MO | 0,76 |
| 16. Nordschwarzwald | (Pforzheim) | NS | 0,36 |
| 18. Ortenau | (Offenburg) | Or | 0,40 |
| 19. Breisgau | (Freiburg) | Bg | 0,48 |
| 20. Westl. Hochrhein | (Lörrach) | WH | 0,29 |
| 21. Westl. Bodensee | (Konstanz) | WB | 0,30 |
| 22. Baar | (Villingen-Schwenningen) | Ba | 0,39 |
| 23. Neckar-Alb | (Reutlingen-Tübingen) | NA | 0,54 |
| 24. Bodensee-Oberschwaben | (Ravensburg-Friedrichshafen) | BO | 0,40 |
| 25. Donau-Iller | (Ulm) | Do | 0,40 |
| 26. Ostwürttemberg |  | OW | 0,38 |
| Baden-Württemberg |  |  | 8,59 |

*) Nur angegeben, wo eindeutig.

Tab. 2: Anteile der „Regionen" am Total des Landes BW

| Region | Einkommen | | | | | Einwohnerzahl | | | | |
|---|---|---|---|---|---|---|---|---|---|---|
| | 1935/36 | 1954/55 | 1961 | 1965 | 1968 | 1935/36 | 1954/55 | 1961 | 1965 | 1968 |
| Mittl. Neckar | 31,91 | 31,13 | 32,32 | 32,07 | 31,31 | 21,33 | 24,96 | 26,05 | 26,13 | 26,04 |
| Württ. Unterland | 3,20 | 3,11 | 3,11 | 3,12 | 3,19 | 3,58 | 3,26 | 3,22 | 3,22 | 3,26 |
| Hohenlohe | 1,55 | 2,19 | 2,11 | 2,13 | 2,08 | 3,40 | 3,26 | 3,09 | 2,98 | 2,91 |
| Odenwald | 0,97 | 1,75 | 1,69 | 1,79 | 1,83 | 2,74 | 2,77 | 2,64 | 2,62 | 2,62 |
| Unt. Neckar | 12,71 | 11,35 | 11,02 | 10,47 | 10,50 | 11,52 | 10,92 | 10,59 | 10,38 | 10,35 |
| Mittl. Oberrhein | 10,27 | 9,21 | 8,85 | 9,02 | 8,97 | 9,43 | 8,94 | 8,90 | 8,83 | 8,83 |
| Nordschwarzwald | 4,52 | 4,45 | 4,47 | 4,55 | 4,69 | 4,91 | 4,13 | 4,12 | 4,18 | 4,19 |
| Ortenau | 3,31 | 3,93 | 3,76 | 3,77 | 3,85 | 5,57 | 4,82 | 4,64 | 4,65 | 4,65 |
| Breisgau | 5,02 | 4,60 | 4,47 | 4,60 | 4,75 | 6,03 | 5,53 | 5,41 | 5,37 | 5,58 |
| Westl. Hochrhein | 2,73 | 2,77 | 2,68 | 2,75 | 2,74 | 3,49 | 3,26 | 3,41 | 3,50 | 3,43 |
| Westl. Bodensee | 2,80 | 2,85 | 2,83 | 2,95 | 2,97 | 3,40 | 3,40 | 3,41 | 3,57 | 3,55 |
| Baar | 4,47 | 4,52 | 4,47 | 4,42 | 4,44 | 4,71 | 4,54 | 4,50 | 4,53 | 4,53 |
| Neckar-Alb | 6,20 | 6,09 | 6,25 | 6,39 | 6,66 | 6,23 | 6,10 | 6,07 | 6,21 | 6,28 |
| Bodensee-Oberschwaben | 3,74 | 3,78 | 3,76 | 3,85 | 3,80 | 4,90 | 4,75 | 4,65 | 4,77 | 4,77 |
| Donau-Iller | 3,86 | 4,01 | 4,03 | 3,95 | 4,14 | 4,90 | 4,75 | 4,64 | 4,53 | 4,53 |
| Ost-Württemberg | 2,74 | 4,30 | 4,21 | 4,18 | 4,08 | 3,96 | 4,61 | 4,64 | 4,52 | 4,48 |
| | 100,00 | 100,00 | 100,00 | 100,00 | 100,00 | 100,00 | 100,00 | 100,00 | 100,00 | 100,00 |

Differenzen durch auf- und abrunden.

Tab. 3: Einkommen je Einwohner im Verhältnis zum Durchschnitt des Landes

| Region | a) total | | | | b) Land ohne Mittl. Neckar | | | |
|---|---|---|---|---|---|---|---|---|
| | 1935/36 | 1954/55 | 1961 | 1965 | 1968 | 1935/36 | 1954/55 | 1961 | 1965 | 1968 |
| Mittl. Neckar | 150 | 125 | 124 | 123 | 120 | — | — | — | — | — |
| Württ. Unterland | 89 | 95 | 97 | 97 | 98 | 103 | 104 | 106 | 105 | 105 |
| Hohenlohe | 46 | 67 | 65 | 71 | 71 | 53 | 73 | 75 | 78 | 77 |
| Odenwald | 35 | 63 | 64 | 68 | 70 | 41 | 69 | 70 | 74 | 75 |
| Unt. Neckar | 110 | 104 | 104 | 101 | 101 | 128 | 113 | 114 | 110 | 109 |
| Mittl. Oberrhein | 109 | 103 | 100 | 102 | 102 | 126 | 122 | 109 | 111 | 109 |
| Nordschwarzwald | 92 | 108 | 108 | 109 | 112 | 106 | 117 | 118 | 118 | 120 |
| Ortenau | 59 | 82 | 81 | 81 | 83 | 69 | 89 | 89 | 88 | 89 |
| Breisgau | 83 | 83 | 83 | 86 | 88 | 96 | 91 | 90 | 93 | 93 |
| Westl. Hochrhein | 78 | 85 | 79 | 79 | 80 | 90 | 93 | 86 | 85 | 86 |
| Westl. Bodensee | 82 | 84 | 83 | 83 | 84 | 95 | 91 | 91 | 90 | 90 |
| Baar | 95 | 100 | 99 | 98 | 98 | 110 | 108 | 108 | 106 | 105 |
| Neckar-Alb | 100 | 100 | 103 | 103 | 106 | 115 | 109 | 112 | 112 | 114 |
| Bodensee-Oberschwaben | 76 | 80 | 81 | 81 | 80 | 89 | 87 | 88 | 88 | 86 |
| Donau-Iller | 79 | 84 | 87 | 87 | 92 | 91 | 92 | 95 | 95 | 98 |
| Ost-Württemberg | 69 | 93 | 91 | 92 | 91 | 80 | 101 | 99 | 100 | 98 |
| BW | 100 | 100 | 100 | 100 | 100 | ohne MN 100 | 100 | 100 | 100 | 100 |

# Aussagewert der Steuerstatistiken über die regionale Wirtschaftskraft und den Bevölkerungswohlstand im Vergleich zu den Ergebnissen der Inlandsproduktsberechnungen

*von*

*Josef Wirnshofer, Gräfelfing*

### Inhalt

I. Aufgabe und Grundlagen der Untersuchung
   1. Aufgabe
   2. Ausgewählte Räume
   3. Ausgewählte Jahre

II. Das Bruttoinlandsprodukt als Vergleichsgröße
   1. Die volkswirtschaftliche Gesamtrechnung im Bundesgebiet
   2. Die Methode der Berechnung des Bruttoinlandsprodukts für einzelne Kreise und die Zuverlässigkeit der Ergebnisse
   3. Bruttoinlandsprodukt und Steuerstatistiken

III. Steuerstatistiken mit Aussagen über die regionale Wirtschaftskraft
   1. Umsätze nach der Umsatzsteuerstatistik
      a) Erfassungszeitraum und Erfassungsumfang
      b) Inhalt der erfaßten Umsätze
      c) Regionale Aussagen der steuerlichen Umsätze im Vergleich zum Bruttoinlandsprodukt
   2. Meßbeträge nach der Gewerbesteuerstatistik
      a) Steuerrechtliche Grundlagen
      b) Regionale Aussagen der Gewerbesteuer-Meßbeträge im Vergleich zum Inlandsprodukt
      c) Realsteuergrundbeträge
   3. Gewerbliches Betriebsvermögen nach der Einheitswertstatistik

IV. Steuerstatistiken mit Aussagen über den regionalen Bevölkerungswohlstand
   1. Bruttolöhne nach der Lohnsteuerstatistik
      a) Erfassungszeitraum und Inhalt des steuerlichen Bruttolohns
      b) Vollständigkeit der Erfassung
      c) Statistische Ergebnisse
   2. Veranlagte Einkünfte natürlicher Personen nach der Einkommensteuerstatistik
      a) Inhalt und Erfassungsumfang
      b) Statistische Ergebnisse
   3. Einkünfte der Körperschaften nach der Körperschaftsteuerstatistik
   4. Zusammengefaßte Einkünfte natürlicher Personen aus der Lohn- und Einkommensteuerstatistik
      a) Methode
      b) Statistische Ergebnisse

5. Ergänzung der zusammengefaßten Einkünfte natürlicher Personen aus der Lohn- und Einkommensteuerstatistik um die fehlenden Einkünfte aus land- und forstwirtschaftlichem Betrieb
   a) Methode
   b) Statistische Ergebnisse
   c) Vergleich der ergänzten Einkünfte nach der zusammengefaßten Lohn- und Einkommensteuerstatistik mit dem Bruttoinlandsprodukt
   d) Vergleich der ergänzten Einkünfte nach der zusammengefaßten Lohn- und Einkommensteuerstatistik in Bund und Bayern mit den entsprechenden Einkünften aus den Volkseinkommensberechnungen
6. Regionale Einkommensverteilung nach Berücksichtigung der Lohn- und Einkommensteuerabzüge sowie Größenstruktur der regionalen Gesamteinkünfte
7. Verfügbare Einkommen, regionale Kaufkraft und Lebenshaltung
8. Vermögen natürlicher Personen nach der Vermögensteuerstatistik
   a) Inhalt des statistisch erfaßten Vermögens
   b) Statistische Ergebnisse

V. Zusammenfassung

Quellenverzeichnis

Tabellen 1—18 im Beilagenteil

Verzeichnis der Tabellen im Beilagenteil:

Tabelle 1 : Einwohner, Erwerbspersonen und Berufspendler

2 : Entstehung des Inlandsprodukts und der Einkommen nach Wirtschaftsbereichen in Bayern

3a: Ergebnisse der Inlandsproduktsberechnungen

3b: Entwicklung des Bruttoinlandsprodukts nach Wirtschaftsbereichen

4 : Gesamtumsatz 1966 nach Wirtschaftsbereichen

5 : Gesamtumsatz 1957, 1961 und 1966

6 : Wachstumsraten der Gesamtumsätze 1957 bis 1966

7 : Einheitlicher Gewerbesteuer-Meßbetrag nach Zerlegung

7a: Grundbeträge der Gewerbesteuer vom E. u. K. und der Grundsteuer

8 : Gewerbliches Betriebsvermögen 1957 und 1966

9 : Lohnsteuerpflichtige, Jahresbruttolohn und Lohnsteuer 1961 und 1965

10 : Veranlagte Einkünfte natürlicher Personen 1961

11 : Veranlagte Einkünfte natürlicher Personen 1965

12 : Veranlagte Einkünfte natürlicher Personen 1965 je Einwohner

13 : Zusammengefaßte und um die fehlenden Einkünfte aus Land- und Forstwirtschaft ergänzte Einkünfte nach der Lohn- und Einkommensteuerstatistik für 1961

14 : Zusammengefaßte und um die fehlenden Einkünfte aus Land- und Forstwirtschaft ergänzte Einkünfte nach der Lohn- und Einkommensteuerstatistik für 1965

15 : Zusammengefaßter Gesamtbetrag der Einkünfte nach den Lohn- und Einkommensteuerstatistiken für 1961 und 1965 je Einwohner

16 : Veranlagtes Gesamtvermögen natürlicher Personen 1957

17 : Veranlagtes Gesamtvermögen natürlicher Personen 1966

18 : Ergebnisse der Vermögensteuerhauptveranlagungen natürlicher Personen für 1957 und 1966

# I. Aufgabe und Grundlagen der Untersuchung

## 1. *Aufgabe*

Wirtschaftskraft und Bevölkerungswohlstand sind wichtige Ziele raumwirtschaftlicher Forschung. Sie bilden eine Grundlage regionaler Planung und lassen die Wirksamkeit strukturfördernder Maßnahmen erkennen.

Die Wirtschaftskraft eines Gebietes äußert sich im Marktwert der in dem betreffenden Raum erbrachten wirtschaftlichen Leistungen sowie in der Höhe des Produktivkapitals, der Bevölkerungswohlstand in der Höhe des Einkommens und des Vermögens der Wohnbevölkerung.

Der Marktwert der in einem Raum erbrachten wirtschaftlichen Gesamtleistung entspricht dem Marktpreis der in dem betreffenden Gebiet erstellten Sachgüter und geleisteten Dienste nach Abzug des Werts der darin enthaltenen Vorleistungen anderer Räume. Er findet seinen Ausdruck im Begriff des „Inlandsprodukts" der volkswirtschaftlichen Gesamtrechnungen. Die Höhe der wirtschaftlichen Gesamtleistung eines Raumes wird, außer durch die Marktpreise, wesentlich durch die Zahl und Qualität der in dem Raum beschäftigten Personen (ohne Rücksicht auf deren Wohnsitz) und die räumliche Ausstattung mit Produktivkapital bestimmt. Da an den aus der Produktion eines Raumes fließenden Einkünften auch außerhalb des betreffenden Raumes wohnhafte Personen (Arbeitspendler, Kapitalgeber) beteiligt sein können und andererseits die Wohnbevölkerung auch Einkünfte aus anderen Räumen beziehen kann, weicht das Leistungsniveau eines Raumes mehr oder weniger vom Einkommensniveau der Wohnbevölkerung dieses Raumes ab.

Umfassende Statistiken aus speziellen Erhebungen über die wirtschaftliche Gesamtleistung, das Einkommen und das Vermögen gibt es nicht, da es sich um Daten handelt, die sich durch statistische Erhebungen nur schwer gewinnen lassen. Zwar vermitteln die Wirtschaftsstatistiken vielerlei Unterlagen über einzelne Wirtschaftsbereiche, doch läßt sich daraus nicht ohne weiteres der Gesamtwert der wirtschaftlichen Leistung und des wirtschaftlichen Erfolges aller Wirtschaftsbereiche ermitteln.

Bedeutsame und mehr oder weniger umfassende Meßgrößen für die wirtschaftliche Leistung fallen jedoch als Besteuerungsgrundlagen an, wie Umsätze, Unternehmenserträge, Betriebskapital, Einkommen und Vermögen. Die darüber bei den Finanzämtern vorhandenen Unterlagen für die einzelnen Steuerpflichtigen werden seit langem statistisch ausgewertet. Dabei erfolgte schon bald — mehr oder weniger regelmäßig — eine Aufgliederung der Ergebnisse nach Wirtschaftsbereichen sowie eine räumliche Gliederung bis herunter zu den einzelnen kreisfreien Städten und Landkreisen, zum Teil auch bis zu den größeren kreisangehörigen Gemeinden.

In Band 67 der Forschungs- und Sitzungsberichte der Akademie für Raumforschung und Landesplanung (Raum und Finanzen 1) wurden Ergebnisse der Steuerstatistiken erstmals einer Untersuchung der langfristigen wirtschaftlichen Entwicklung der Ballungsräume in Bayern und Niedersachsen zugrunde gelegt. Diese Untersuchung wird nunmehr auf die einzelnen kreisfreien Städte und Landkreise der meisten Bundesländer ausgedehnt. Damit ist es angezeigt, den Aussagegehalt der Steuerstatistiken, vor allem im Hinblick auf die Bestimmung der Wirtschaftskraft und des Bevölkerungswohlstands, qualitativ und quantitativ näher zu untersuchen. Zum Vergleich sollen hierbei die Ergebnisse der Bruttoinlandsproduktberechnungen herangezogen werden, durch die seit 1957 in mehrjährigen Abständen das Bruttoinlandsprodukt der einzelnen Kreise des Bundesgebietes mit Hilfe von Schätzungen ermittelt wird.

## 2. Ausgewählte Räume

Um zu überschaubaren Ergebnissen zu gelangen, wurde in die Untersuchung eine begrenzte Zahl von Kreisen in Bayern mit unterschiedlicher Struktur einbezogen. Dabei wurden folgende Strukturtypen ausgewählt:

a) Kernstädte von Ballungsräumen (B) — München, Nürnberg und Augsburg.

b) Mittelgroße Industriestädte (I) — Ingolstadt, Bayreuth, Schweinfurt.

c) Einzelne Umlandkreise der Kernstädte (U) — Landkreis München, Nürnberg und Augsburg.

d) Überwiegend landwirtschaftliche Kreise (L) — Landkreis Mainburg, Straubing, Rothenburg o. T.

e) Fremdenverkehrskreise, in denen die Dienstleistungen erhebliches Gewicht haben (F) — Landkreis Berchtesgaden, Garmisch-Partenkirchen, Miesbach.

f) Strukturschwache Kreise (N) — Landkreis Bogen, Kötzting, Oberviechtach.

Die wichtigsten Strukturdaten für die ausgewählten Räume ergeben sich aus dem Tabellenteil, insbesondere aus den Tabellen 1 bis 3 (alle Tabellen im Beilagenteil).

Unter den ausgewählten Kernstädten von Ballungsräumen ist *München*, die Landeshauptstadt Bayerns, mit weit über einer Million Einwohner nicht nur die bei weitem größte Stadt in Bayern, sondern steht auch hinsichtlich ihrer Bevölkerungsentwicklung unter den Großstädten in Bayern an der Spitze. Sie gilt als drittgrößte Industriestadt der Bundesrepublik. München beherbergt u. a. die größte wissenschaftliche Hochschule und die zweitgrößte Technische Hochschule der Bundesrepublik. München ist ferner Sitz der Landesregierung und zahlreicher zentraler Behörden und Verwaltungen.

*Nürnberg* ist mit rund $^1/_2$ Million Einwohnern die zweitgrößte Stadt Bayerns und wichtigster Teil des zum Ballungsraum Nürnberg-Fürth-Erlangen zählenden Kerngebietes. Die fränkische Metropole ist nicht nur die Stadt weltberühmten Spielzeugs, der Bleistifte und Lebkuchen, sondern mit Fürth und Erlangen auch ein Schwerpunkt der Elektroindustrie. Eine beachtliche Rolle spielt hier auch die Herstellung von Halbzeug, Uhren und Verteidigungsgeräten wie auch der Unterhaltungselektronik. Als Sitz zentraler Behörden hat sie geringere Bedeutung.

*Augsburg* ist die Kernstadt des gleichnamigen Ballungsraumes. Sie ist mit über 200 000 Einwohnern die kleinste der ausgewählten Kernstädte. Nach dem Maschinenbau mit der höchsten Arbeitsplatzziffer haben hier Spinnereien, Webereien und Textilveredlungsbetriebe nach wie vor große Bedeutung. Nach dem Kriege ist die Elektroindustrie an die dritte Stelle getreten, daneben stellt das Baugewerbe in verstärktem Maße einen wichtigen Wirtschaftsfaktor dar.

Unter den ausgewählten hochindustrialisierten bayerischen Mittelstädten ist *Ingolstadt* bereits in dem hier dargestellten Zeitraum durch großangelegte Ölraffinerien zu der bei weitem wachstumsträchtigsten Stadt in Bayern geworden. Auch vorher war es bereits als Fabrikationszentrum von Automobilen, Spinnereimaschinen, Metallwaren, optischen Geräten usw. die zweitgrößte Industriestadt Oberbayerns.

*Bayreuth* ist neben seiner Eigenschaft als wichtiges Verwaltungszentrum eine rege Industriestadt. Zur althergebrachten Textilindustrie traten nach dem Kriege metallverarbeitende Betriebe, Ziegeleien, Stein- und Sägewerke und zunehmend auch elektrotechnische und optische Werke, ferner Lederwaren, Möbel, Zigaretten- und Süßwarenfabriken. Weiter werden Porzellan und Klaviere hergestellt. Weithin bekannt geworden ist die Stadt durch seine Wagner-Festspiele, die alljährlich zahlreiche Besucher aus dem In- und Ausland anlocken.

Die hohe Wirtschaftskraft *Schweinfurts* beruht seit langem auf seiner Kugellagerindustrie. Daneben beherbergt sie u. a. Fabriken für Kleinmotoren, automatische Kupplungen, Stahlerzeugnisse, Konserven, Seifen und Farben. Zu der hohen Wirtschaftskraft der Stadt trägt seit langem ein weit überdurchschnittlich hoher Anteil von Einpendlern aus dem Umland bei.

Unter den ausgewählten Umlandkreisen von Ballungsräumen ist der Landkreis *München* nicht nur der bevölkerungsstärkste Bayerns, sondern auch der Landkreis mit der stärksten Bevölkerungsentwicklung. Er hat seinen Mittelpunkt — wie alle Umlandkreise — in der Kernstadt des gleichnamigen Ballungsraumes, wo rund ein Drittel seiner Bevölkerung ihren Arbeitsplatz hat. Obwohl dieser Landkreis für einen großen Teil der Bevölkerung lediglich das Wohngebiet darstellt, weist er zunehmend auch eine beträchtliche Zahl von Industriebetrieben verschiedener Art auf, die u. a. Maschinen, chemische und elektrotechnische Artikel, Textilien, Möbel, Papier, Druckerzeugnisse, Musikinstrumente, Baumaterialien und Nahrungsmittel herstellen. Internationale Bedeutung hat das große Filmgelände in Geiselgasteig. Aber auch die Landwirtschaft spielt hier noch eine gewisse Rolle.

Der Landkreis *Nürnberg* ist unter den ausgewählten Umlandkreisen der bei weitem kleinste. Auch hier ist ein erheblicher Teil der Bevölkerung in der Kernstadt gleichen Namens tätig. Trotz großer Waldbestände und reger Landwirtschaft verfügt der Kreis aber auch über eigene Industrie (Bleistifte, elektrotechnische und Textilfabriken, Beton-, Holz- und Steinverarbeitung, Möbel- und chemische Industrie, Druckereien usw.).

Der bevölkerungsstarke, zum Wirtschaftsraum der gleichnamigen Großstadt gehörende Landkreis *Augsburg* beherbergt Spinnereien, Webereien und andere Textilindustrien, holzverarbeitende Betriebe, aber auch chemische und Metallindustrien. Ein erheblicher Teil seiner Bevölkerung ist, wie bei den anderen Umlandkreisen, in der nahen Kernstadt tätig.

Bei den ausgewählten überwiegend landwirtschaftlichen Kreisen lag der Anteil der Land- und Forstwirtschaft am Bruttoinlandsprodukt 1966 zwischen 40 und 50 %. Im Landkreis *Mainburg* bildet der ertragreiche Hopfenbau die wirtschaftliche Grundlage. Die vorhandenen Gewerbebetriebe (Ziegeleien und Sägewerke, Brennereien usw.) können die wirtschaftliche Bedeutung des Hopfenbaues nicht erreichen. Beim Landkreis *Straubing* stellen die fruchtbaren Böden und das relativ günstige Klima die Wirtschaftsgrundlage für den vorherrschenden Ackerbau dar. Dagegen hat die Industrie nur geringe Bedeutung. Infolge Absinkens der landwirtschaftlichen Erzeugung war 1966 das Bruttoinlandsprodukt dieses Kreises — als einziges in Bayern — niedriger als 1964. Im Landkreis *Rothenburg o. T.* liefert der Boden vor allem Braugerste und Weizen; Rinder- und Schafzucht ist verbreitet. Dagegen spielen die wenigen Industriebetriebe nur eine geringe Rolle.

Als Landkreise mit hohem Anteil der Dienstleistungen am Bruttoinlandsprodukt wurden Fremdenverkehrsräume des Alpenraumes (*Berchtesgaden, Garmisch-Partenkirchen, Miesbach*) ausgewählt. Die wirtschaftliche Bedeutung der Landwirtschaft ist hier gering. Die Industrie hat nur größere Bedeutung im Landkreis Miesbach (Steine und Erden, Ziegeleien, Textilien, Metallwaren, Maschinen, Chemikalien usw.).

Die ausgewählten Landkreise *Bogen, Kötzting* und *Oberviechtach* (die beiden letzteren an der Grenze zur Tschechoslowakei gelegen) zählen zu den wirtschaftsschwächsten Kreisen Bayerns. Es handelt sich um waldreiche Gebiete mit kargen Böden. Die Randlage trägt dazu bei, daß sich die industrielle Betätigung bisher nur wenig entwickeln konnte; nur der Fremdenverkehr erlangt allmählich eine gewisse Bedeutung.

Da sich manche Tendenzen erst in größerer räumlicher Zusammenfassung zeigen, erfolgte neben den Ausweisen für die ausgewählten Räume jeweils auch eine Zusammenfassung der Daten für sämtliche kreisfreie Städte und Landkreise Bayerns und für das Land insgesamt.

### 3. Ausgewählte Jahre

Zahlen über das Bruttoinlandsprodukt der Kreise, die zu Vergleichszwecken verwendet werden sollen, lagen zur Zeit der Durchführung dieser Untersuchung nur für einzelne Jahre zwischen 1957 und 1966 vor. Es wurden daher möglichst auch die Steuerstatistiken derselben Jahre ausgewählt. Soweit Ergebnisse über das regionale Inlandsprodukt und Ergebnisse der Steuerstatistiken nicht für dasselbe Jahr vorlagen, wurden die am nächsten beieinander liegenden Jahre herangezogen.

Da die Aufgabe der Untersuchung grundsätzlicher Art ist und nicht in der Beschreibung bestimmter Räume besteht, war es nicht erforderlich, das jeweils neueste verfügbare statistische Material heranzuziehen. Die aus der Untersuchung gewonnenen grundsätzlichen Erkenntnisse gelten jedoch auch für die Ergebnisse der späteren Steuerstatistiken, wobei etwaige größere Steuerrechtsänderungen jeweils berücksichtigt werden müssen.

## II. Das Bruttoinlandsprodukt als Vergleichsgröße
(vgl. Tabellen 2 und 3)

### 1. Die volkswirtschaftliche Gesamtrechnung im Bundesgebiet

Seit Anfang der fünfziger Jahre werden im Statistischen Bundesamt umfassende volkswirtschaftliche Gesamtrechnungen für das Bundesgebiet insgesamt durchgeführt, deren wichtigster Bestandteil die Berechnung des Wertes der volkswirtschaftlichen Leistung nach Entstehung, Verteilung und Verwendung ist. Hierbei wird zwischen Inlandsprodukt und Sozialprodukt unterschieden. Das Bruttoinlandsprodukt stellt die in Geldwerten ausgedrückte volkswirtschaftliche Gesamtleistung im Inland dar, ohne Rücksicht darauf, ob die im Inland wirtschaftlich tätigen Personen ihren Wohnsitz im In- oder Ausland haben. Dagegen ist das Sozialprodukt die Gesamtleistung der im Inland wohnenden Bevölkerung, ohne Rücksicht darauf, ob die Leistungen im Inland oder im Ausland erbracht werden.

Das Bruttoinlandsprodukt ist von allen Doppelzählungen aus dem Wirtschaftsverkehr (Vorleistungen) bereinigt und entspricht der Summe der aus der Produktion fließenden Einkünfte, das sind Löhne und Gehälter, Lohnnebenkosten, Zinsen und Gewinne (Nettoinlandsprodukt zu Faktorkosten), der unmittelbar dem Staat zufließenden indirekten Steuern abzüglich aller öffentlichen Subventionen an die Wirtschaft (Nettoinlandsprodukt zu Marktpreisen) sowie der Abschreibungen auf die Produktionsanlagen (Bruttoinlandsprodukt).

Das Bruttoinlandsprodukt pflegt nach dem Anteil der einzelnen Wirtschaftsbereiche aufgegliedert zu werden, und zwar wird hierbei von dem Bruttoproduktionswert ausgegangen, der sich aus dem Umsatz der Unternehmen unter Berücksichtigung der Bestandsveränderungen an Erzeugnissen und der im jeweiligen Zeitraum selbst erstellten eigenen Anlagen ergibt. Die Vorleistungen (bezogene Rohstoffe, Hilfs- und Betriebsstoffe, Handelsware, Instandhaltungskosten des Betriebs, Verkehrs- und Dienstleistungen anderer Firmen) werden gewöhnlich nach Durchschnittssätzen abgezogen, die in der Regel auf Grund repräsentativer Erhebungen bei den Unternehmen der einzelnen Wirtschaftsbereiche ermittelt werden.

In die volkswirtschaftlichen Gesamtrechnungen werden nicht nur die Leistungen der eigentlichen wirtschaftlichen Unternehmen, sondern auch die gesamte öffentliche Verwaltung (einschließlich Sozialversicherung) sowie die Organisationen ohne Erwerbscharakter einbezogen. Da der größte Teil deren Leistungen nicht für den Markt bestimmt ist und keinen Marktpreis hat, werden als ihr Beitrag zum Bruttoinlandsprodukt nach internationaler Übung die Herstellungskosten angesetzt, und zwar die Summe der den Bediensteten dieser Verwaltungen und Organisationen (einschließlich der Angehörigen der Streitkräfte) gezahlten Vergütungen zuzüglich unterstellter Einzahlungen an fiktive Pensionsfonds sowie die Abschreibungen auf die öffentlichen Gebäude und das bewegliche Sachvermögen.

Die Leistungen im Rahmen der privaten Haushalte, die nicht für den Markt bestimmt sind, werden — mit Ausnahme der Entgelte für die im Haushalt Bediensteten — bei den volkswirtschaftlichen Gesamtrechnungen nicht berücksichtigt.

Das in der Verteilungsrechnung dargestellte Nettosozialprodukt zu Faktorkosten (Volkseinkommen) ist die Summe der Einkünfte, welche den in dem betreffenden Gebiet wohnhaften Personen und ansässigen Körperschaften aus Erwerbstätigkeit und Vermögen zufließen. Es gliedert sich nach Einkommen aus unselbständiger Arbeit sowie aus Unternehmertätigkeit und Vermögen ferner nach Sektoren in Erwerbs- und Vermögenseinkünfte privater Haushalte, in unverteilte Gewinne der Unternehmen mit eigener Rechtspersönlichkeit und in die Einkünfte des Staates aus Unternehmertätigkeit und Vermögen (abzüglich der Zinsen für öffentliche Schulden). Das Bruttoeinkommen aus unselbständiger Arbeit wird wieder aufgegliedert in die Bruttolohn- und -gehaltssumme und in die Arbeitgeberbeiträge zu Einrichtungen der sozialen Sicherung der Arbeitnehmer (einschließlich der fiktiven Beiträge an den unterstellten Beamtenpensionsfonds). Werbungskosten werden von den Bruttolöhnen und -gehältern nicht abgesetzt (da nicht feststellbar). Die Einkommen der privaten Haushalte aus Unternehmertätigkeit und Vermögen werden lediglich als Differenz zwischen Volkseinkommen und den übrigen Teilgrößen ermittelt.

In der Verwendungsrechnung wird zwischen dem Wert des privaten Verbrauchs, des Staatsverbrauchs sowie der Investitionen unterschieden, deren Summe nach Berücksichtigung des sog. Außenbeitrages (Saldo aus dem Wirtschaftsverkehr mit dem Ausland) das Bruttosozialprodukt ergibt.

Dieses volle Berechnungsschema, dem neuerdings ein „Kontensystem volkswirtschaftlicher Gesamtrechnungen" zugrunde liegt, wurde bisher nur für das Bundesgebiet insgesamt durchgeführt.

Die volkswirtschaftlichen Gesamtrechnungen für die einzelnen Länder des Bundesgebietes, die durch die Statistischen Landesämter durchgeführt und in einem Arbeitskreis auf die Bundesergebnisse und hinsichtlich ihrer Methode koordiniert werden, erstrecken sich seit langem auf das Bruttoinlandsprodukt der einzelnen Länder (in der Aufgliederung nach Hauptwirtschaftsbereichen). Neuerdings befassen sich die Statistischen Landesämter auch mit der Berechnung des Volkseinkommens und seiner Verteilung auf die Einkommen aus unselbständiger Arbeit und aus Unternehmertätigkeit und Vermögen; hierfür wurden auch bereits vorläufige Ergebnisse veröffentlicht. Auch Berechnungen über die Einkommensverwendung sind auf Länderebene im Gange.

Bei den Berechnungen für Teilräume des Bundesgebietes werden dieselben Begriffe verwendet wie für das Bundesgebiet insgesamt. Als „Inland" gilt hier der Raum, für den die Berechnung durchgeführt wird; als „Inländer" gilt die Wohnbevölkerung dieses Raumes.

Die Unterlagen für die Inlands- und Sozialproduktsberechnungen setzen sich aus einer Vielzahl verschiedenartiger Statistiken zusammen. Zum Teil liegen auch nur Ergebnisse von Repräsentativerhebungen zugrunde, in manchen Fällen müssen auch Schätzungen erfolgen. Bei den entsprechenden Berechnungen für die einzelnen Länder des Bundesgebietes kommt hinzu, daß manche Daten nur für das Bundesgebiet insgesamt bekannt sind; hier müssen Schlüsselgrößen und zusätzliche Schätzungen verwendet werden. Auf eine Angabe der möglichen Fehlergrenzen in den Berechnungen wird im Bundesgebiet verzichtet, da deren annähernde Bestimmung kaum möglich ist. Eine gewisse Kontrolle der Entstehungsrechnung ist durch die gleichzeitige Berechnung der Verwendungsseite gegeben. Da die möglichen Fehler zum erheblichen Teil alljährlich in gleicher Richtung wirken, dürfte die sich aus den jährlichen Berechnungen ergebende Entwicklung im allgemeinen genauer sein als die absoluten Größen der einzelnen Jahre.

Problematik und Schwierigkeiten der Berechnung solcher volkswirtschaftlicher Leistungswerte für Raumeinheiten unterhalb der Länder, also z. B. für einzelne kreisfreie Städte und Landkreise, sind besonders groß, da hier die erforderlichen Originärdaten fehlen. Man beschränkt sich daher bisher und für die nächste Zukunft auf die Ermittlung des Bruttoinlandsprodukts nach Hauptwirtschaftsbereichen. Entsprechende Ergebnisse für die einzelnen Kreise des Bundesgebietes liegen zur Zeit dieser Untersuchung für die Jahre 1957, 1961, 1964 und 1966 vor. Eine Berechnung für 1970 ist derzeit im Gange.

## 2. Die Methode der Berechnung des Bruttoinlandsprodukts für die einzelnen Kreise und die Zuverlässigkeit der Ergebnisse

Zur Beurteilung der Ergebnisse der Bruttoinlandsproduktsberechnungen für die einzelnen Kreise, die hier mit den Ergebnissen der Steuerstatistiken verglichen werden sollen, erscheint eine kurze Darstellung der Berechnungsmethode angezeigt.

Die fehlende fachliche Tiefengliederung des statistischen Materials für kleine Räume und das Herausgreifen der Unternehmen mit ihren Zweigniederlassungen über die Kreisgrenzen hinaus, schließen zum Teil eine originäre Berechnung der Leistungswerte für die einzelnen Kreise aus und machen eine Aufschlüsselung der fachlich gegliederten Länderwerte auf diese räumlichen Einheiten erforderlich. Dabei wird auf eine möglichst enge Korrelation zwischen den Beiträgen der einzelnen Wirtschaftsbereiche zum Inlandsprodukt und den verwendeten Schlüsselgrößen geachtet. Als solche Schlüssel werden z. B. die Anteile der jeweiligen Gebiete am Umsatz, am Nettoproduktionswert, an den Löhnen und Gehältern, an den Beschäftigten einzelner Wirtschaftsbereiche am Landesergebnis verwendet. Der Zusammenhang zwischen den gewählten Schlüsseln und dem jeweiligen räumlichen Anteil am Beitrag der einzelnen Wirtschaftsbereiche zum Bruttoinlandsprodukt des Landes ist zwar unterschiedlich eng, nimmt aber meist mit der Tiefe der fachlichen Gliederung zu.

Für die einzelnen Bereiche werden folgende Hilfsgrößen als Grundmaterial für Kreisschlüssel verwendet:[1]

| | |
|---|---|
| Landwirtschaft: | Produktionswert der pflanzlichen und tierischen Nahrungsmittelproduktion abzüglich Aufwand (Vorleistungen) zuzüglich Beitrag der Sonderbetriebsformen zum Bruttoinlandsprodukt und abzüglich Beitrag der Stadtranderzeugung zum Bruttoinlandsprodukt. |
| Pflanzliche Produktion: | Verfügbare Erntemengen nach Abzug der Verfütterung, des Saatgutes und des Schwunds. |
| Tierische Produktion: | Viehbestände bzw. Milcherzeugung. |
| Sonderbetriebsformen: | Steuerliche Umsätze bzw. Anbauflächen. |
| Stadtranderzeugung: | Anbauflächen bzw. Viehbestände. |
| Vorleistungen (Aufwand): | Flächen multipliziert mit Aufwand je Hektar nach Bodennutzungssystemen, Einheitswertgruppen und Betriebsgrößenklassen. |
| Forstwirtschaft: | Holzbodenfläche aus der Forsterhebung 1961 und Waldflächen aus der Bodennutzungserhebung. |
| Fischerei: | Anlandungen für Seefischerei; fischwirtschaftlich genutzte Wasserflächen für Binnenfischerei. |
| Stromerzeugung und -versorgung: | Netzabgabe aus Eigenerzeugung und Fremdbezug. |
| Gaserzeugung und -versorgung: | Netzabgabe aus Eigenerzeugung und Fremdbezug. |
| Wasserversorgung: | Abgegebene nutzbare Wassermenge. |
| Fernheizung: | Nettoumsätze der Fernheizwerke (Einzelbetriebe). |
| Verkehrsleistungen der Energiewirtschaft: | Bruttoeinnahmen aus Verkehrsleistungen der Kombinationsbetriebe. |
| Bergbau: | Aus IB-Umsätzen mit Nettoquoten ermittelte, bzw. aus dem Industriezensus 1963 entnommene Nettoproduktionswerte, fortgeschrieben mit Umsätzen aus der Industrieberichterstattung. |
| Verarbeitende Industrie: | Aus IB-Umsätzen mit Nettoquoten ermittelte, bzw. aus dem letzten Industriezensus entnommene Nettoproduktionswerte, fortgeschrieben mit Umsätzen aus der Industrieberichterstattung, zuzüglich der Nettoproduktionswerte aus „Sonstigen Umsätzen"; der offenen, eigenen Verkaufsstellen der Industrie sowie der Verwaltungseinheiten ohne Produktionsstätten. |
| Produzierendes Handwerk einschl. des Sonst. prod. Gewerbes: | Steuerliche Umsätze aus der Umsatzsteuerstatistik. |
| Bauhauptgewerbe (Rohbau): | Umsätze aus der Totalerhebung im Bauhauptgewerbe (Bauberichterstattung). |
| Baunebengewerbe: | Steuerliche Umsätze aus der Umsatzsteuerstatistik. |
| Handel: | Roherträge aus dem letzten Handelszensus, fortgeschrieben mit steuerlichen Umsätzen aus der Umsatzsteuerstatistik. |

---

[1] Vgl. Das Bruttoinlandsprodukt der kreisfreien Städte und Landkreise 1957 bis 1966, Gemeinschaftsveröffentlichung der Statistischen Landesämter 1968, S. XIV ff.

| | |
|---|---|
| Bundesbahn, Bundespost: | Fiktiver Personalaufwand nach Anstellungsverhältnis und Laufbahngruppen. |
| Übriger Verkehr: | Steuerliche Umsätze aus der Umsatzsteuerstatistik. |
| Kreditinstitute und Versicherungsgewerbe (ohne Sozialversicherung): | Beschäftigte aus Sondererhebungen für das Zentralbanksystem sowie Beschäftigte der AZ 1961 für übrige Banken und Versicherungen. |
| Finanzierungsmakler: | Steuerliche Umsätze aus der Umsatzsteuerstatistik. |
| Wohnungsvermietung (einschl. Nutzung von Eigentümerwohnungen): | Bruttomietwerte. |
| Sonstige Dienstleistungen, soweit von Unternehmen und freien Berufen erbracht: | Steuerliche Umsätze aus der Umsatzsteuerstatistik. |
| Für Unternehmen tätige Organisationen ohne Erwerbscharakter: | Beschäftigte aus der Arbeitsstättenzählung 1961. |
| Gebietskörperschaften: | Fiktiver Personalaufwand nach Anstellungsverhältnis und Laufbahngruppen für Bundes- und Länderverwaltungen; effektiver Personalaufwand aus der Gemeindefinanzstatistik für Gemeinden und Gemeindeverbände. |
| Sozialversicherung: | Beschäftigte aus der Arbeitsstättenzählung 1961. |
| Private Haushalte: | Erwerbspersonen aus der Berufszählung 1961. |
| Private Organisationen ohne Erwerbscharakter: | Beschäftigte aus der Arbeitsstättenzählung 1961. |

Methodenänderungen im Laufe der Jahre infolge neuer Unterlagen wurden in schwerwiegenden Fällen auch für die zurückliegenden Jahre berücksichtigt, so daß die Ergebnisse für die einzelnen Jahre im wesentlichen als vergleichbar gelten können.

Die Zuverlässigkeit der Werte des ausgewiesenen Bruttoinlandsprodukts in den einzelnen Kreisen wird maßgeblich durch die systematischen Fehler bestimmt, zu denen Mängel der Repräsentation der zugrunde gelegten Statistiken, Auswirkung einer unzureichenden Erfassung und regionalen Aufbereitung, Fehlerquellen bei den angewendeten Schätzmethoden u. a. zählen. Diesen systematischen Fehlern, die sich kaum quantifizieren lassen, kommt hinsichtlich der Zuverlässigkeit der Schätzwerte der Inlandsproduktsberechnungen wohl ein größeres Gewicht zu als den Stichprobenfehlern. Bei der Aufschlüsselung der statistischen Massen ist auch deshalb mit erhöhten Ungenauigkeiten zu rechnen, da sie selbst bei stärkster systematischer Unterteilung meist immer noch mehrere verschiedenartige wirtschaftliche Tätigkeiten umfassen. Bei der unvermeidlichen Zuordnung der örtlichen Einheiten nach dem Unternehmensschwerpunkt sind auch in den Werten branchenfremde Teile in unterschiedlichem Umfang enthalten; so kann z. B. ein Versandunternehmen einen Industriebetrieb, einen Großhandel, ja ein Hotel enthalten, die gewerbesystematisch unter Versandhandel (Schwerpunkt) ausgewiesen werden. Eine Aufteilung der aus diesen Funktionsbündeln auf die einzelnen Räume tatsächlich entfallenden Funktionen und ihre Leistungen ist oft schwer möglich, weil keine ausreichenden Unterlagen für diese Unternehmensteile vorliegen. Die ausgewählten Methoden berechtigen immerhin zu der Annahme, daß die in diesen Berechnungen zweifellos enthaltenen Fehler sich im allgemeinen in vertretbaren Grenzen halten und daß die in den Ergebnissen zum Ausdruck kommenden Unterschiede in der Höhe des Inlandsprodukts der einzelnen Kreise in der Größenordnung annähernd zutreffen.

### 3. Bruttoinlandsprodukt und Steuerstatistiken

Das Inlandsprodukt ist begrifflich der treffendste Ausdruck der volkswirtschaftlichen Gesamtleistung einzelner Räume und damit auch der Wirtschaftskraft. Wenn trotzdem hierfür auch die Ergebnisse der Steuerstatistiken interessieren, so hat dies folgende Gründe:

a) Die Ergebnisse der Steuerstatistiken über die Besteuerungsgrundlagen haben einen besonderen Aussagewert, der sich nicht mit dem Inlandsprodukt deckt.

b) Die in den Steuerstatistiken erfaßten Besteuerungsgrundlagen beruhen gewöhnlich auf überprüfbaren und zum Teil überprüften Angaben der einzelnen Steuerpflichtigen bzw. der Betriebe; Schätzungen sind hier nur bei der Land- und Forstwirtschaft und bei der Ermittlung der Einheitswerte von Bedeutung.

c) Ergebnisse über das Bruttoinlandsprodukt der einzelnen Kreise liegen erst ab 1957 vor und werden nur in mehrjährigen Abständen durchgeführt. Die Ergebnisse einzelner Steuerstatistiken können darüber hinaus Unterlagen liefern über die Entwicklung gegenüber weit zurückliegender Jahre und für Jahre der Nachkriegszeit, für welche keine Inlandsproduktsberechnungen vorliegen.

d) Die Steuerstatistiken können — je nach ihrer Aufgliederung — auch Unterlagen liefern über Räume unterhalb der Kreisebene (z. B. über bestimmte Gemeinden), für welche keine Inlandsproduktsberechnungen erfolgen.

e) Die Steuerstatistiken ermöglichen zum Teil eine feinere Aufgliederung der Wirtschaftsbereiche in den einzelnen Räumen.

f) Da das Bruttoinlandsprodukt für einzelne Kreise das Ergebnis vielerlei Schätzungen ist, kann manchmal eine Abstützung und Kontrolle adäquater Daten aus den Steuerstatistiken zweckdienlich sein.

g) Das Bruttoinlandsprodukt der einzelnen Kreise ist vom Begriff her nicht zur Beurteilung des Einkommensgefälles der jeweiligen Wohnbevölkerung geeignet. Einerseits fehlt darin die Leistung der heimischen Bevölkerung außerhalb des betreffenden Raumes, andererseits ist darin die Leistung von Personen enthalten, die in anderen Räumen wohnen. Dadurch können sich erhebliche Unterschiede zwischen dem Bruttoinlandsprodukt des jeweiligen Raumes und dem Einkommen der in diesem Raum wohnenden Bevölkerung ergeben. Ferner wird der Wert des Bruttoinlandsprodukts mehr oder weniger durch die Abschreibungen von Produktionsanlagen sowie durch die am Markt zu realisierenden indirekten Steuern beeinflußt, deren Erträge nicht der örtlichen Bevölkerung zur Verfügung stehen. Für die Beurteilung des Wohlstandsniveaus der Wohnbevölkerung eines Raumes ist daher die Heranziehung gewisser Steuerstatistiken, vor allem der Lohn- und Einkommensteuerstatistik, unentbehrlich.

## III. Steuerstatistiken mit Aussagen über die regionale Wirtschaftskraft

### 1. Umsätze nach der Umsatzsteuerstatistik
(vgl. Tabellen 4 bis 6)

a) *Erfassungszeitraum und Erfassungsumfang*

Eine statistische Auswertung der Veranlagungsergebnisse der Umsatzbesteuerung erfolgte seit der Einführung der Umsatzsteuer während des Ersten Weltkrieges. Während

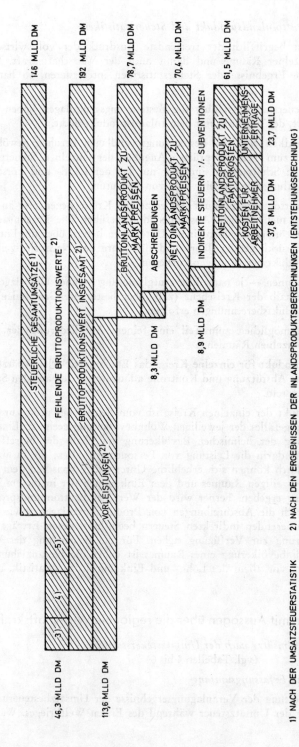

Abb. 1: Steuerliche Gesamtumsätze[1]), Bruttoproduktionswerte, Arbeitnehmerentgelte und verbleibende Unternehmenserträge[2]) in Bayern 1966

zunächst nur die Gesamtheit der steuerpflichtigen Umsätze (neben der Zahl der Veranlagten und der festgesetzten Steuer) festgestellt worden ist, sind seit 1924 die steuerpflichtigen Umsätze auch nach den wichtigeren Wirtschaftsbereichen aufgegliedert worden. Der Gesamtumsatz (einschließlich der steuerfreien Umsätze) ist erst ab 1926 ermittelt und ausgewiesen worden. Nach einer durch die Wirtschaftskrise bedingten Pause wurde für das Jahr 1935 eine umfassende und auch regional tief gegliederte Veranlagungsstatistik erstellt. In der ersten Nachkriegszeit wurde die Umsatzsteuerstatistik zunächst in den einzelnen Ländern des späteren Bundesgebietes in unterschiedlichem Umfang durchgeführt. Die erste bundeseinheitliche Veranlagungsstatistik der Nachkriegszeit erfolgte für das Jahr 1950. Den folgenden Umsatzsteuerstatistiken, die ab 1954 bis 1961 alljährlich, ab 1962 im zweijährigen Turnus erfolgten, wurden zur Gewinnung möglichst aktueller Ergebnisse, nicht mehr die Veranlagungen, sondern die Voranmeldungen der Umsatzsteuerpflichtigen bei den Finanzämtern zugrunde gelegt. In allen einheitlich im Bundesgebiet durchgeführten Umsatzsteuerstatistiken erfolgte auch eine Aufgliederung der Umsätze auf die einzelnen kreisfreien Städte und Landkreise nach Hauptwirtschaftsbereichen.

*b) Inhalt der erfaßten Umsätze*

Entsprechend den Besteuerungsmerkmalen werden in der Umsatzsteuerstatistik als Umsatz die Lieferungen und Leistungen erfaßt, die ein Unternehmer im Inland gegen Entgelt im Rahmen seines Unternehmens ausführt, ferner der Eigenverbrauch (das ist die Entnahme von Gegenständen aus dem Unternehmen für außerhalb des Unternehmens liegende Zwecke) und schließlich die Einfuhr von Gegenständen in das Inland, mit Ausnahme der eingeführten Güter, welche der Umsatzausgleichsteuer (später Einfuhrumsatzsteuer) unterliegen. Zum steuerlichen und damit statistisch erfaßten Umsatz rechnen neben den steuerpflichtigen im allgemeinen auch die steuerfreien Umsätze. Nicht erfaßt werden dagegen die Umsätze in Ausführung der öffentlichen Gewalt und die Umsätze privater Haushalte — also die Umsätze außerhalb der wirtschaftlichen Unternehmen.

Unternehmer, dessen Umsätze steuerlich und damit statistisch erfaßt werden, ist jeder, der eine gewerbliche oder berufliche Tätigkeit selbständig ausübt. Gewerblich oder beruflich ist nach dem Umsatzsteuerrecht jede nachhaltige Tätigkeit zur Erzielung von Einnahmen, auch wenn die Absicht, Gewinn zu erzielen, fehlt oder wenn eine Personenvereinigung nur gegenüber ihren eigenen Mitgliedern tätig wird. Verschiedenartige wirtschaftliche Tätigkeiten (z. B. Handwerk und Einzelhandel) werden nach dem Umsatzsteuerrecht als ein Unternehmen behandelt, wobei der Umsatz nur für das Unternehmensganze ermittelt wird. Die fachliche Zuordnung erfolgt in solchen Fällen nach dem Wirtschaftsbereich, der jeweils (nach der Wertschöpfung) überwiegt.

Die Umsätze eines Unternehmens werden in der Regel für den Zeitraum erfaßt, in dem das Entgelt vereinnahmt wird — also nicht in dem die Lieferungen und Leistungen tatsächlich erfolgen. Seit 1968 wird an Stelle des bisherigen Bruttoumsatzes der Nettoumsatz (nach Abzug der Umsatzsteuer) ermittelt. Der zeitliche Vergleich wird dadurch ermöglicht, daß im Übergangsjahr neben dem Nettoumsatz auch der Bruttoumsatz annähernd errechnet und ausgewiesen worden ist. Danach liegt der Nettoumsatz fast durchweg zwischen 92 und 93 % des Bruttoumsatzes.

Bedeutsam für die regionale Aussagekraft der steuerlichen Umsätze ist die Bestimmung des Umsatzsteuerrechts, daß die Umsätze für das Unternehmensganze (einschließlich aller Zweigniederlassungen) zur Besteuerung anzumelden sind, und zwar bei dem für den Hauptsitz zuständigen Finanzamt. Da demnach die Umsätze der Zweigniederlassungen weder aus den Voranmeldungen, noch aus der Veranlagung zu trennen sind, müssen auch in der Statistik die Umsätze der Unternehmen mit Zweigniederlassungen insgesamt dem Gebiet zugeordnet werden, in dem der Unternehmenssitz liegt. Dem Unternehmen sind im Umsatzsteuerrecht die „Organschaften" gleichgestellt, deren (Außen-)Umsätze am Sitz der Organschaft erscheinen, während die Innenumsätze zwischen den Organschaftsmitgliedern fehlen. Der Anteil der erfaßten Umsätze der Organschaften belief sich 1966 auf 22 % der Umsätze aller Steuerpflichtigen. Die Unternehmensbesteuerung im Umsatzsteuerrecht führt in Räumen, in denen die Umsätze von Unternehmen mit Zweigniederlassung und Organschaften größere Bedeutung haben, zu einer Aufblähung der Umsätze in Räumen der Unternehmenssitze und zu einer Verminderung der Umsätze in Räumen der Zweigniederlassungen und der Organschaftmitglieder gegenüber den tatsächlich in den betreffenden Räumen stattgefundenen Umsätzen. Insoweit deutet sich in den steuerlichen Umsätzen gegenüber der Wertschöpfung die räumliche Verteilung der wirtschaftlichen Führungsstellen mit ihren Unternehmensgewichten an.

Hinsichtlich der Vollständigkeit der in der Umsatzsteuerstatistik erfaßten Umsätze ist noch zu erwähnen, daß der Umsatz von Unternehmen steuerlich und damit auch statistisch nur erfaßt wird, wenn er im Jahr derzeit 12 000 DM, bei freien Berufen, Handelsvertretern und Maklern 20 500 DM übersteigt. Mit der Einführung der Mehrwertsteuer ab 1968 war auch eine grundsätzliche Umsatzsteuerbefreiung der Ärzte und sonstigen Heilberufe verbunden. Erhebliche regionale Vergleichsstörungen entstehen aus diesen Steuerbefreiungen im allgemeinen nicht. Dagegen führt die Steuerfreiheit der land- und forstwirtschaftlichen Betriebe dazu, daß die Umsätze der Land- und Forstwirtschaft in der Umsatzsteuerstatistik im wesentlichen fehlen, was vor allem bei Räumen, in denen dieser Bereich einen größeren Anteil hat, also bei der Mehrzahl der Landkreise, ins Gewicht fällt.

*c) Regionale Aussagen der steuerlichen Umsätze im Vergleich zum Bruttoinlandsprodukt*

(1) Die steuerlichen Umsätze vermitteln einen Einblick in den Wert der Warenlieferungen und Dienstleistungen aller Wirtschaftsbereiche, mit Ausnahme der Land- und Forstwirtschaft, wie keine andere Statistik. Der Unterschied der Umsätze gegenüber den Bruttoproduktionswerten, die den Bruttoinlandsberechnungen zugrunde liegen und in denen auch die Lagerbestandsveränderungen berücksichtigt sind, hat im allgemeinen — je nach der Konjunkturlage — nur im Handel größere Bedeutung.

(2) In den Umsätzen eines Unternehmens (wie auch im Bruttoproduktionswert) sind gewöhnlich auch Leistungsanteile anderer Unternehmen enthalten, nämlich bezogene Roh-, Hilfs- und Betriebsstoffe, Handelswaren, Dienstleistungen usw. Da diese Vorleistungen auch beim Lieferanten erfaßt werden, sind sie in den statistisch erfaßten Gesamtumsätzen mehrfach gezählt. Demgegenüber werden bei der Berechnung des Bruttoinlandsprodukts der einzelnen Wirtschaftsbereiche die Vorleistungen anderer Bereiche (gewöhnlich nach Durchschnittssätzen) abgezogen. Daher ist die Summe der in der Umsatzsteuerstatistik erfaßten Umsätze aller Wirtschaftsbereiche zusammen annähernd doppelt so groß wie das Bruttoinlandsprodukt. Da der Anteil der Vorleistungen in den einzelnen Wirtschaftsbereichen verschieden groß ist (vgl. Tabelle 2), können sich hieraus — je nach der Wirtschaftsstruktur der einzelnen Räume — Abweichungen des Anteils der einzelnen Räume an den Umsätzen gegenüber ihren Anteilen an der Nettoleistung nach dem Bruttoinlandsprodukt ergeben.

(3) Infolge der unternehmensweisen Erfassung der steuerlichen Umsätze fehlen in Räumen mit Zweigniederlassungen und Organschaftsmitgliedern von überregionalen Un-

ternehmen und Organschaften deren Umsätze, während diese im Raum des Hauptsitzes der Unternehmen bzw. Organschaften einbezogen sind. Dagegen werden bei den Inlandsproduktsberechnungen die Leistungen der Unternehmen im Prinzip auf die Räume aufgeteilt, in welchen die Unternehmensteile liegen. Einen Anhalt über die Auswirkung der unternehmensweisen Erfassung der steuerlichen Umsätze in den einzelnen Räumen liefern die Ergebnisse der Gewerbesteuermeßbetragsstatistik, in der die einheitlichen Gewerbesteuermeßbeträge sowohl vor der Zerlegung (also nach dem Unternehmenssitz) als auch nach der Zerlegung (auf die Räume der jeweiligen Betriebsstätten) nachgewiesen werden (vgl. Übersicht 3, Sp. 1). Hiernach sind die zerlegten Gewerbesteuermeßbeträge bei den hier ausgewählten Landkreisen durchweg höher als die nichtzerlegten, dagegen sind die Verhältnisse bei den kreisfreien Städten recht verschieden.

(4) Das Fehlen der Land- und Forstwirtschaft in den steuerlichen Umsätzen wirkt sich naturgemäß vornehmlich auf die stark land- und forstwirtschaftlich strukturierten Räume aus, bei denen dieser Bereich teilweise noch mit 40 bis nahezu 50 % am Bruttoinlandsprodukt beteiligt ist.

(5) Die Auswirkung der inhaltlichen Unterschiede zwischen steuerlichen Umsätzen und Inlandsprodukt auf den regionalen Vergleich zeigt Übersicht 1.

Übersicht 1:

| | | Steuerl. Gesamtumsatz | Bruttoinlandsprodukt | | Steuerl. Gesamtumsatz | Bruttoinlandsprodukt | |
|---|---|---|---|---|---|---|---|
| | | | insgesamt | ohne Land- u. Forstw. | | insgesamt | ohne Land- u. Forstw. |
| | | 1966 je Einwohner (Bayern = 100) | | | 1966 in % von 1957 | | |
| B München | Krsfr. St. | 227 | 169 | 180 | 250 | 233 | 234 |
| B Nürnberg | „ | 173 | 157 | 166 | 176 | 207 | 207 |
| B Augsburg | „ | 176 | 165 | 175 | 185 | 212 | 213 |
| I Ingolstadt | „ | 118 | 177 | 188 | 147 | 350 | 351 |
| I Bayreuth | „ | 120 | 215 | 228 | 160 | 364 | 368 |
| I Schweinfurt | „ | 298 | 176 | 187 | 193 | 181 | 181 |
| U München | Ldkrs. | 86 | 90 | 93 | 328 | 289 | 305 |
| U Nürnberg | „ | 68 | 67 | 68 | 290 | 308 | 332 |
| U Augsburg | „ | 70 | 71 | 70 | 270 | 241 | 257 |
| L Mainburg | „ | 58 | 83 | 51 | 178 | 163 | 219 |
| L Straubing | „ | 26 | 39 | 25 | 213 | 131 | 221 |
| L Rothenburg o. T. | „ | 27 | 52 | 29 | 243 | 174 | 266 |
| F Berchtesgaden | „ | 75 | 74 | 76 | 234 | 230 | 243 |
| F Garmisch-Part. | „ | 72 | 80 | 83 | 199 | 223 | 230 |
| F Miesbach | „ | 66 | 77 | 77 | 192 | 199 | 211 |
| N Bogen | „ | 23 | 43 | 38 | 257 | 214 | 286 |
| N Kötzting | „ | 34 | 43 | 39 | 212 | 223 | 270 |
| N Oberviechtach | „ | 32 | 43 | 39 | 326 | 236 | 337 |
| Bayern insgesamt | | 100 | 100 | 100 | 211 | 226 | 240 |
| Kreisfreie Städte | | 181 | 155 | 164 | 205 | 225 | 226 |
| Landkreise | | 57 | 71 | 66 | 222 | 228 | 262 |

Die Niveauunterschiede zwischen steuerlichen Umsätzen und Bruttoinlandsprodukt (je Einwohner) einzelner Räume sind bei Industriestädten vor allem auf die unternehmensweise Erfassung, bei den Agrargebieten vor allem auf das Fehlen der Umsätze der Land- und Forstwirtschaft in den steuerlichen Umsätzen, zurückzuführen. Im Durchschnitt ist daher das Leistungsgefälle zwischen kreisfreien Städten und Landkreisen nach den steuerlichen Umsätzen größer als nach dem Inlandsprodukt. Ungeachtet dieser Abweichungen deuten sich aber auch in den steuerlichen Umsätzen meist die größeren Unterschiede im Wert der relativen wirtschaftlichen Leistung der einzelnen Räume, wenn zum Teil auch übersteigert, an.

(6) Übersicht 1 zeigt auch die Entwicklungsunterschiede zwischen den steuerlichen Umsätzen und dem Inlandsprodukt im Zeitraum 1957 bis 1966. Auch hier ergeben sich die größten Abweichungen bei den Industriestädten (Ingolstadt und Bayreuth), bei denen die fehlenden Umsätze von Unternehmen, die ihren Sitz außerhalb dieser Städte haben, nicht nur ein großes Gewicht haben, sondern auch ein weit überdurchschnittliches Wachstum aufweisen (Mineralölgesellschaften, Elektroindustrie). Freilich ist für diese Räume auch die richtige räumliche Zurechnung bei den Inlandsproduktionsberechnungen besonders schwierig und fehleranfällig. Bei den überwiegend land- und forstwirtschaftlich strukturierten Räumen, aber auch bei wirtschaftsschwachen Gebieten, in denen die Land- und Forstwirtschaft noch größere Bedeutung hat, zeigen die steuerlichen Umsätze im allgemeinen ein stärkeres Wachstum als es sich bei Einbeziehung der stagnierenden Land- und Forstwirtschaft ergeben würde. In den wirtschaftsschwachen Gebieten (wie Oberviechtach) kann auch das Überschreiten der Steuerfreigrenze bei einer größeren Zahl von gewerblichen Kleinbetrieben die Zuwachsraten der Umsätze stark beeinflussen.

Das allgemeine Zurückbleiben der steuerlichen Umsätze gegenüber der Entwicklung des Bruttoinlandsprodukts (ohne Land- und Forstwirtschaft), wie es in der Bayern-Summe sowie in der Summe der kreisfreien Städte und Landkreise zum Ausdruck kommt, dürfte zum Teil auf die Unternehmenskonzentration in diesem Zeitraum zurückzuführen sein, durch die frühere Außenumsätze nunmehr zu Innenumsätzen der zusammengeschlossenen Unternehmen geworden sind und daher in die steuerlichen Umsätze nicht mehr einbezogen sind. Auch das zunehmende Gewicht der Dienstleistungen, die infolge geringer Vorleistungen an den Umsätzen weniger beteiligt sind als am Inlandsprodukt, dürfte dazu beitragen. Die überdurchschnittliche Entwicklung der Landkreise, die sich bereits bei den Umsätzen zeigt, ist beim Bruttoinlandsprodukt (ohne Land- und Forstwirtschaft) sogar noch stärker, was vor allem auf die regionale Zurechnung der Leistungen zum Sitz der Arbeitsstätten im Inlandsprodukt gegenüber der Zurechnung zum Unternehmenssitz im steuerlichen Umsatz zurückzuführen sein dürfte.

(7) Die Umsätze aus Umsatzsteuerstatistiken, die auch für die Vorkriegsjahre vorliegen, vermitteln Hinweise über langfristige Entwicklungstendenzen in den nichtland- und forstwirtschaftlichen Wirtschaftsbereichen, vor allem bei Zusammenfassung größerer Räume (siehe Übersicht 2), zumal für die Vorkriegszeit Vergleichsdaten aus regionalen Inlandsproduktsberechnungen fehlen.

Es kann auch hier angenommen werden, daß das in den Umsätzen zum Ausdruck kommende überdurchschnittliche Wachstum der gewerblichen Wirtschaft in den Landkreisen nach den Inlandsproduktsberechnungen sogar noch stärker ist.

Um einen Anhalt über die langfristige Entwicklung der Gesamtwirtschaft (einschließlich Land- und Forstwirtschaft) in Stadt und Land zu gewinnen, wurde im folgenden den steuerlichen Umsätzen der Jahre 1935 und 1966 der im Bayerischen Statistischen Landesamt errechnete Bruttoproduktionswert der Land- und Forstwirtschaft, aufgeteilt nach kreisfreien Städten und Landkreisen, hinzugerechnet (vgl. Übersicht 2a).

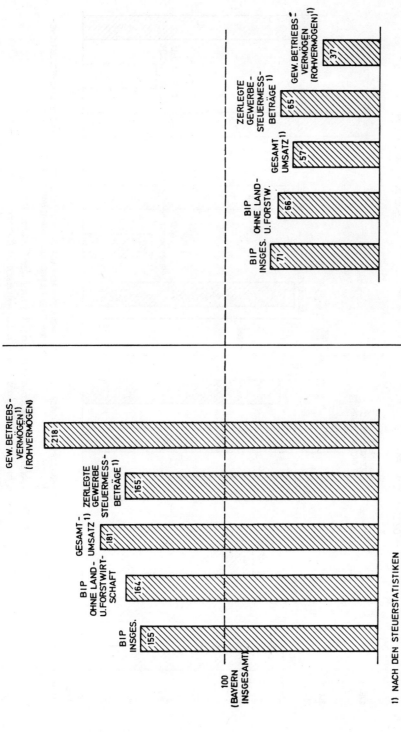

Abb. 2: Die Wirtschaftskraft der kreisfreien Städte und der Landkreise in Bayern 1966 im Verhältnis zum Landesdurchschnitt je Einwohner nach dem Bruttoinlandsprodukt und im Spiegel der Steuerstatistiken

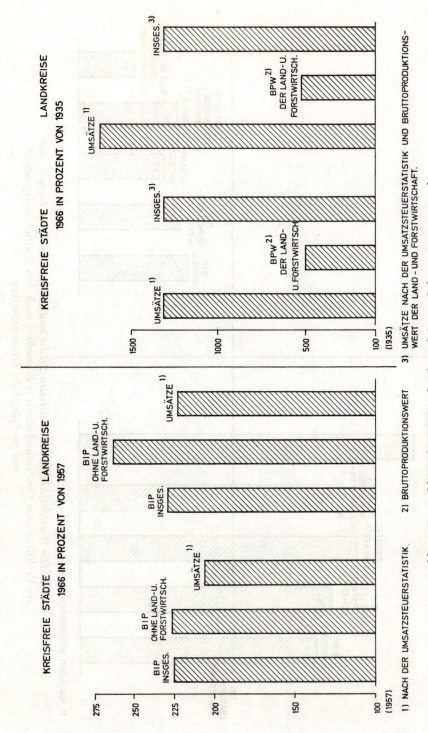

Abb. 3: *Entwicklung des Bruttoinlandsprodukts und der Gesamtumsätze¹) in den kreisfreien Städten und den Landkreisen in Bayern*

Übersicht 2:
*Entwicklung der steuerlichen Gesamtumsätze 1966 gegenüber 1935\**)
(1935 = 100)

|  | absolut | je Einwohner |
|---|---|---|
| Kernstädte der Ballungsräume | 1 336 | 941 |
| Sonstige größere kreisfreie Städte (mit 30 000 und mehr Einw.) | 1 197 | 804 |
| Übrige kreisfreie Städte | 1 403 | 839 |
| Kreisfreie Städte insgesamt | 1 305 | 890 |
| Umlandkreise der Ballungsräume | 2 098 | 961 |
| Sonstige dicht besiedelte Landkreise (mit 100 und mehr Einw. je qkm) | 1 735 | 1 109 |
| Übrige Landkreise | 1 512 | 1 107 |
| Landkreise insgesamt | 1 664 | 1 104 |
| Bayern insgesamt | 1 417 | 950 |

\*) Vgl. JOSEF SIEBER, in: Steuerstatistiken als Grundlage raumwirtschaftlicher Untersuchungen, Forschungs- und Sitzungsberichte der Akademie für Raumforschung und Landesplanung, Band 67, Hannover 1971, S. 104/5.

Übersicht 2a:
*Umsätze nach der Umsatzsteuerstatistik sowie Bruttoproduktionswert der Land- und Forstwirtschaft 1935 und 1966*

|  | 1935 | 1966 | 1966 |
|---|---|---|---|
|  | in Mio. RM/DM | | (1935 = 100) |
| *Kreisfreie Städte* | | | |
| Steuerliche Umsätze | 7 071 | 92 284 | 1 305 |
| Bruttoproduktionswert der Land- und Forstwirtschaft | 78 *) | 388 **) | 497 |
| Zusammen | 7 149 | 92 672 | 1 296 |
| *Landkreise* | | | |
| Steuerliche Umsätze | 3 213 | 53 460 | 1 664 |
| Bruttoproduktionswert der Land- und Forstwirtschaft | 1 482 *) | 7 703 **) | 520 |
| Zusammen | 4 695 | 61 163 | 1 303 |
| *Bayern insgesamt* | | | |
| Steuerliche Umsätze | 10 284 | 145 744 | 1 417 |
| Bruttoproduktionswert der Land- und Forstwirtschaft | 1 560 *) | 8 091 **) | 519 |
| Zusammen | 11 844 | 153 835 | 1 299 |

\*) Zugrunde gelegt wurde der im Bayerischen Statistischen Landesamt für 1936 errechnete Landeswert (vgl. Zeitschrift des Bayerischen Statistischen Landesamts 1953, H. 3/4, S. 176, Übersicht 8), wobei für die kreisfreien Städte der %-Anteil von 1957 (5 %) angesetzt wurde, da sich auch der Anteil der kreisfreien Städte an den Meßbeträgen der Grundsteuer A zwischen 1936 und 1957 kaum geändert hat.

\**) Nach einer im Bayerischen Statistischen Landesamt durchgeführten Berechnung (s. Jahrbuch 1972/73), wobei die Aufteilung in kreisfreie Städte und Landkreise nach ihrem Anteil am Beitrag der Land- und Forstwirtschaft zum Bruttoinlandsprodukt erfolgte.

Während die steuerlichen Umsätze in Bayern gegenüber 1935 um gut das Vierzehnfache zugenommen haben, ist der Bruttoproduktionswert der Land- und Forstwirtschaft, der hier annähernd den Umsätzen entspricht, nur um etwas mehr als das Fünffache gestiegen. Dies wirkt sich naturgemäß hauptsächlich auf die Gesamtentwicklung in den Landkreisen aus. Während sich, ohne die Berücksichtigung der Land- und Forstwirtschaft, bei den Landkreisen eine die der kreisfreien Städte weit übersteigende Zuwachsrate ergibt, weisen diese bei Einbeziehung der Land- und Forstwirtschaft kaum mehr eine wesentlich stärkere Wachstumssteigerung der Umsätze bzw. des Bruttoproduktionswertes auf als die Städte. Doch dürfte die beim Vergleich der Nachkriegsentwicklung gemachte und begründete Feststellung, daß das Bruttoinlandsprodukt (ohne Land- und Forstwirtschaft) eine größere Zuwachsrate aufweist als die steuerlichen Umsätze, und zwar bei den Landkreisen mehr noch als bei den Städten, auch beim Vergleich mit der Vorkriegszeit zutreffen. Allerdings hat demgegenüber der Beitrag der Land- und Forstwirtschaft zum Bruttoinlandsprodukt schwächer zugenommen als der Bruttoproduktionswert (infolge stärkeren Anstiegs der Vorleistungen). Doch kann letzteres bei dem geringen Gewicht, welches der Landwirtschaft heute auch im Durchschnitt der Landkreise zukommt, die Entwicklung des Wertes der gesamtwirtschaftlichen Leistung nicht entscheidend beeinflussen. Es kann vielmehr mit hoher Wahrscheinlichkeit angenommen werden, daß die Wachstumsrate der Landkreise hinsichtlich des gesamten Bruttoinlandsprodukts auch im Vergleich zur Vorkriegszeit die der kreisfreien Städte übertrifft, wenn auch nicht in gleichem Maße wie es sich bei den Einkommen aus Erwerbstätigkeit und Vermögen ergibt (vgl. Übersicht 14 a).

## 2. Meßbeträge nach der Gewerbesteuerstatistik

### a) Steuerrechtliche Grundlagen

In der Gewerbesteuerstatistik werden für bestimmte, durch Gesetz festgelegte Jahre (bisher nach dem Kriege 1958, 1966 und 1970) die Ergebnisse der jährlichen Veranlagung zur Gewerbesteuer erfaßt.

Gewerbesteuerfrei, und daher nicht in die Gewerbesteuerstatistik einbezogen, sind auch hier wieder die land- und forstwirtschaftlichen Betriebe, ferner die Erträge in Ausübung selbständiger Arbeit im Sinn des Einkommensteuerrechts (z. B. Ärzte, Rechtsanwälte, selbständige Wirtschafts- und Steuerprüfer usw.), sofern diese nicht als Personen- und Kapitalgesellschaften, Wirtschaftsgenossenschaften usw. betrieben werden. Weiter bleiben steuerfrei und unerfaßt öffentliche Betriebe wie Bundesbahn und -post, öffentliche Banken, Versicherungen und Versorgungseinrichtungen, öffentliche Krankenanstalten usw.

Besteuerungsgrundlage der Gewerbesteuer sind — wenn man von der Lohnsummensteuer, die in Bayern nur selten erhoben wird, absieht — der Gewerbeertrag und das Gewerbekapital. Als Gewerbeertrag gilt in der Regel der nach den Vorschriften des Einkommensteuerrechts bzw. des Körperschaftsteuerrechts ermittelte Gewinn aus dem Gewerbebetrieb vermehrt oder vermindert um gewisse Hinzurechnungen (z. B. Zinsen für Dauerschulden und Dauerlasten des Betriebs, die bei der Gewinnermittlung abgesetzt worden sind, Gewinnanteile stiller oder persönlich haftender Gesellschafter, Gehälter an Ehegatten oder wesentlich beteiligte Gesellschafter) bzw. Absetzungen (z. B. unter gewissen Voraussetzungen 3 % des Einheitswerts des zum Betriebsvermögen gehörenden Grundbesitzes). Aus dem ermittelten Gewerbeertrag wird durch Anwendung eines bestimmten vH-Satzes ein Steuermeßbetrag („vom Gewerbeertrag") ermittelt.

Dieser vH-Satz betrug 1958 für die ersten 2400 DM, 1966 für die ersten 7500 DM = 0 %; er erhöhte sich 1966 für die folgenden 9600 DM in Stufen bis auf 5 % (= einheitlicher Satz für Gewerbeerträge über 16 800 DM).

Als Gewerbekapital gilt hier der Einheitswert des Gewerbebetriebs im Sinne des Bewertungsgesetzes unter Berücksichtigung gewisser Hinzurechnungen (z. B. Dauerschulden und -lasten) sowie Kürzungen (z. B. Einheitswert der Betriebsgrundstücke, soweit im Einheitswert des Betriebs enthalten). Aus dem so ermittelten Gewerbekapital werden 2 vT als Steuermeßbetrag („vom Gewerbekapital") angesetzt, wobei Gewerbebetriebe mit einem Kapital von weniger als 6000 DM freibleiben.

Durch Zusammenrechnung der festgesetzten Steuermeßbeträge vom Gewerbeertrag und vom Gewerbekapital wird ein einheitlicher Steuermeßbetrag ermittelt, der für den jeweiligen Steuererhebungszeitraum (ein Jahr) die Bemessungsgrundlage der Gewerbesteuer bildet.

Da die Gewerbesteuer eine Gemeindesteuer ist, erfolgt bei den Unternehmen mit Betriebsstätten in mehreren Gemeinden eine Aufteilung dieser einheitlichen Steuermeßbeträge auf die betreffenden Gemeinden. Die Aufteilung erfolgt in der Regel nach den Anteilen der einzelnen Betriebsstätten eines Unternehmens an den vom Gesamtunternehmen gezahlten Löhnen und Gehältern, bei Einzelhandelsunternehmen zur Hälfte auch nach dem Anteil an den erzielten Einnahmen.

*b) Regionale Aussagen der Gewerbesteuer-Meßbeträge im Vergleich zum Bruttoinlandsprodukt*

(1) Da die Gewerbesteuer-Meßbeträge der überregionalen Unternehmen auf die örtlichen Betriebsstätten aufgeteilt sind, kommt die sich hiernach ergebende räumliche Verteilung den tatsächlichen Leistungsverhältnissen insoweit näher als die steuerlichen Umsätze.

(2) Der einheitliche Gewerbesteuer-Meßbetrag wird vornehmlich durch den Gewerbeertrag bestimmt. Im Landesdurchschnitt war er 1966 mit rd. 85 % (1958 mit rd. 87 %) beteiligt. Doch steigt der Kapitalanteil bei den höchsten Gewerbeertragsgruppen bis zu einem Viertel des einheitlichen Meßbetrags an. Kapitalintensive Unternehmen erhalten daher in den einheitlichen Steuermeßbeträgen gegenüber ihren Ertragsanteilen ein erhöhtes Gewicht. Gleichwohl liefert die Gewerbesteuer-Meßbetragsstatistik für den gewerblichen Bereich (ohne freie Berufe und öffentliche Betriebe) — vor allem bei Zusammenfassung größerer Räume — einen Anhalt über die regionale Verteilung der Erträge bis herunter zu den einzelnen Gemeinden, wobei aus der Statistik allerdings die absolute Höhe der Erträge nicht erkennbar ist.

(3) Die Arbeitnehmer-Entgelte, welche die Gesamtleistungswerte wesentlich mitbestimmen, sind in den Meßbeträgen nicht berücksichtigt; ihr Verhältnis zum Unternehmensertrag ist je nach Wirtschaftszweig, Betriebsgröße und Kapitalausstattung verschieden groß (vgl. Tabelle 2). Zum Beispiel sind im Durchschnitt des verarbeitenden Gewerbes die Arbeitnehmerentgelte gut doppelt so hoch wie die dem Unternehmen verbleibenden Erträge, im Handel übersteigen dagegen im Durchschnitt die Unternehmererträge die Arbeitnehmerentgelte. Der Anteil der Unternehmererträge an der gesamten Wertschöpfung ist im übrigen — je nach der Konjunkturlage — oft erheblichen Schwankungen unterworfen, da die Arbeitnehmerentgelte nach unten relativ starr sind.

Wegen des unterschiedlichen Inhalts sind daher im Vergleich der Ergebnisse der Gewerbesteuermeßbetragsstatistik mit den Ergebnissen der Berechnungen des Bruttoinlandsprodukts, das auch die Arbeitnehmerentgelte, die indirekten Steuern (abzüglich Subventionen), die Beiträge der Land- und Forstwirtschaft, der freien Berufe, der öffentlichen Betriebe sowie die Leistungen der öffentlichen Verwaltung mitumfaßt, je nach der Wirtschaftsstruktur mehr oder weniger große Unterschiede in den jeweiligen Anteilen der einzelnen Räume zu erwarten. Dabei ist zu berücksichtigen, daß die in die Meßbeträge eingegangenen Erträge im einzelnen nach steuerrechtlichen Grundsätzen bestimmt sind, während der Beitrag der einzelnen Räume und Wirtschaftsbereiche zum Bruttoinlandsprodukt im wesentlichen durch Aufschlüsselung der Landesergebnisse errechnet wird.

(4) Die sich in den ausgewählten Räumen gegenüber dem Bruttoinlandsprodukt — ohne Land- und Forstwirtschaft — ergebenden Niveauunterschiede zeigt Übersicht 3.

Übersicht 3:

|   |   |   | Gewerbe- steuer- meßbeträge 1966 nach Zer- legung in % der Meß- beträge vor der Zerlegung | Zerlegte Gewerbe- steuer- meß- beträge | Brutto- inlands- produkt ohne Land- u. Forstw. | Zerlegte Gewerbe- steuer- meßbeträge 1958—1966 | Brutto- inlands- produkt ohne Land- u. Forstw. 1957—1966 |
|---|---|---|---|---|---|---|---|
|   |   |   |   | je Einwohner 1966 (Bayern = 100) | | Durchschn. Jahreszuwachs in % des Ausgangsjahres*) | |
| B | München | Krsfr. St. | 83 | 194 | 180 | 16,3 | 14,9 |
| B | Nürnberg | „ | 109 | 174 | 166 | 8,8 | 11,9 |
| B | Augsburg | „ | 94 | 153 | 175 | 8,0 | 12,6 |
| I | Ingolstadt | „ | 213 | 200 | 188 | 34,9 | 27,9 |
| I | Bayreuth | „ | 133 | 154 | 228 | 12,3 | 29,9 |
| I | Schweinfurt | „ | 71 | 202 | 187 | − 0,5 | 9,0 |
| U | München | Ldkrs. | 121 | 100 | 93 | 22,7 | 22,8 |
| U | Nürnberg | „ | 117 | 87 | 68 | 28,6 | 25,8 |
| U | Augsburg | „ | 113 | 88 | 70 | 14,6 | 17,4 |
| L | Mainburg | „ | 130 | 70 | 51 | 10,7 | 13,9 |
| L | Straubing | „ | 132 | 27 | 25 | 23,5 | 13,4 |
| L | Rothenburg o. T. | „ | 115 | 25 | 29 | 21,5 | 18,4 |
| F | Berchtesgaden | „ | 101 | 66 | 76 | 14,6 | 15,9 |
| F | Garmisch-Part. | „ | 109 | 101 | 83 | 15,6 | 14,4 |
| F | Miesbach | „ | 131 | 86 | 77 | 14,8 | 12,3 |
| N | Bogen | „ | 145 | 22 | 38 | 27,5 | 20,1 |
| N | Kötzting | „ | 125 | 31 | 39 | 25,8 | 18,9 |
| N | Oberviechtach | „ | 152 | 38 | 39 | 41,2 | 26,3 |
| Bayern insgesamt | | | 104 | 100 | 100 | 13,2 | 15,5 |
| Kreisfreie Städte | | | 93 | 165 | 164 | 12,5 | 14,0 |
| Landkreise | | | 122 | 65 | 66 | 14,3 | 18,0 |

*) Einfacher arithmetischer Durchschnitt (Gesamtzuwachs der Periode in % geteilt durch Zahl der Jahre).

Die relativ stärksten Abweichungen zeigen sich hier bei der Industriestadt Bayreuth sowie beim Landkreis Bogen. Bei Bayreuth dürften sich im Bruttoinlandsprodukt die dem Bund zufließenden indirekten Steuern aus der Zigarettenindustrie beträchtlich auswirken. Bei Bogen mit seiner kleingewerblichen Struktur dürften die Freigrenzen bzw. die ermäßigten Sätze für die kleineren Erträge die Höhe der Meßbeträge dieses Gebiets herabdrücken. Im übrigen sind aber die Niveauverschiedenheiten zwischen den einzelnen Räumen in der Meßbetragsstatistik überwiegend ähnlich wie beim Bruttoinlandsprodukt (ohne Land- und Forstwirtschaft). Für die Summe der kreisfreien Städte und der Landkreise ergibt sich in beiden Vergleichsgrundlagen sogar fast dieselbe Relation.

(5) In Übersicht 3 ist auch die regionale Entwicklung der Gewerbesteuermeßbeträge und des Bruttoinlandsprodukts (ohne Land- und Forstwirtschaft) gegenübergestellt [2]). Der unterschiedliche Inhalt und die verschiedenartige Ermittlung der Gewerbesteuermeßbeträge und des Bruttoinlandsprodukts beeinflussen zwangsläufig auch die Höhe der Zuwachsraten. Bei einem Vergleich dürfte der nach der Konjunkturlage schwankende Anteil der Unternehmenserträge an der Wertschöpfung ins Gewicht fallen, da sowohl in der Landessumme wie in der Summe der kreisfreien Städte und Landkreise die Zuwachsrate des Bruttoinlandsprodukts über der der Meßbeträge liegt. Trotzdem deuten sich, mit einigen Ausnahmen, die größeren Entwicklungsunterschiede der gewerblichen Gesamtleistung überwiegend auch in den Meßbeträgen an.

Die Gewerbesteuermeßbetragsstatistik liefert aber auch — vor allem bei Zusammenfassung größerer Räume — Unterlagen über die langfristige Entwicklung im gewerblichen Bereich (vgl. Übersicht 4).

Übersicht 4:
*Entwicklung der zerlegten Gewerbesteuermeßbeträge 1966 gegenüber 1937\*)*

|  | 1966 absolut | je Einwohner |
|---|---|---|
|  | 1937 = 100 | |
| Kernstädte der Ballungsgebiete | 1 038 | 833 |
| Sonstige größere kreisfreie Städte (mit 30 000 und mehr Einw.) | 1 075 | 760 |
| Übrige kreisfreie Städte | 1 411 | 888 |
| Kreisfreie Städte insgesamt | 1 075 | 809 |
| Umlandkreise | 1 779 | 880 |
| Sonstige dicht besiedelte Landkreise | 1 473 | 950 |
| Übrige Landkreise | 1 672 | 1 600 |
| Landkreise insgesamt | 1 617 | 1 167 |
| Bayern insgesamt | 1 254 | 900 |

\*) Vgl. Josef Sieber, a. a. O., S. 123.

Hier deuten sich dieselben Tendenzen an wie nach der Umsatzsteuerstatistik.

---

[2]) Da wegen der unterschiedlichen Erfassungszeiträume bei den Gewerbesteuermeßbeträgen nur der Zeitraum zwischen 1958 und 1966, beim Inlandsprodukt nur der Zeitraum 1957 bis 1966 zugrunde gelegt werden kann, wurde jeweils ein arithmetisch errechneter jahresdurchschnittlicher Zuwachs (in % des Ausgangsjahres) ermittelt, der zwar nicht der üblichen Zuwachsrate gegenüber dem Vorjahr entspricht (nämlich höher liegt), aber doch beim Vergleich von Entwicklungsdaten nicht ganz gleicher Zeiträume verwendbar ist.

*c) Realsteuergrundbeträge*
(vgl. Tabelle 7a)

(1) *Gewerbesteuergrundbeträge*

Eine Gewerbesteuermeßbetragsstatistik wird, wie erwähnt, nur in längeren, unregelmäßigen Abständen (nach den Bedürfnissen der Finanzverwaltung) erstellt. Die einheitlichen Gewerbesteuermeßbeträge werden jedoch alljährlich von den Finanzämtern für jeden Steuerpflichtigen festgesetzt und den Gemeinden als Besteuerungsgrundlage mitgeteilt. Die Gemeinden stellen daraus alljährlich, unter Anwendung des jeweiligen Hebesatzes, das Gewerbesteuersoll fest.

Für Zwecke des Finanzausgleichs werden alljährlich bei den Statistischen Landesämtern aus dem Steueraufkommen eines Jahres für jede Gemeinde durch Division mit dem jeweiligen Hebesatz ($\times$ 100) sog. „Grundbeträge" ermittelt und in der Zusammenfassung nach einzelnen kreisfreien Städten und Landkreisen gewöhnlich auch veröffentlicht. Diese Gewerbesteuergrundbeträge spiegeln mehr oder weniger die Gewerbesteuermeßbeträge der jeweiligen Räume in dem zwei Jahre vorausgehenden Zeitabschnitt wider (vgl. Übersicht 5). Abweichungen ergeben sich jedoch u. a. aus dem unterschiedlichen Zeitpunkt der Nach- und Abschlußzahlungen sowie aus Stundungen und Erlässen. Für die Übergangsjahre der Gemeindefinanzreform (1969 bis 1971) sind die Grundbeträge als Ersatz für fehlende Gewerbesteuermeßbeträge allerdings — wegen der in dieser Zeit bestehenden besonderen Verhältnisse — nicht verwendbar.

(2) *Grundbeträge der Grundsteuer A*

Neben den Gewerbesteuermeßbeträgen werden auch Meßbeträge für die Grundsteuer A (für land- und forstwirtschaftliche Betriebe) und die Grundsteuer B (für übrige Grundstücke) festgesetzt und von den Gemeinden durch Anwendung der jeweiligen Hebesätze zur Feststellung des jährlichen Steuersolls verwendet. Den Grundsteuermeßbeträgen liegt derzeit jedoch noch die Bewertung des Jahres 1935 zugrunde. Sie sind daher relativ starr. Wie bei der Gewerbesteuer werden auch hinsichtlich der Grundsteuer für Zwecke des Finanzausgleichs alljährlich von den Statistischen Landesämtern Grundbeträge aus dem Steueraufkommen errechnet und gewöhnlich nach einzelnen Kreisen zusammengefaßt veröffentlicht.

(3) *Zusammenfassung der Grundbeträge der Grundsteuer A und der Gewerbesteuer*

Durch Zusammenfassung der Grundbeträge der Grundsteuer A mit denen der Gewerbesteuer ließen sich räumliche Daten gewinnen, in denen auch die Land- und Forstwirtschaft berücksichtigt ist. Doch ergeben sich hierbei (für 1966) im Vergleich zu den Beiträgen zum Bruttoinlandsprodukt zwischen den einzelnen Räumen recht unterschiedliche Verhältnisse:

|  | Grundbeträge der Grundsteuer A in % der Gewerbesteuerbeträge | Beiträge der Land- u. Forstwirtschaft zum Bruttoinlandsprodukt in % der Beiträge der übrigen Bereiche |
| --- | --- | --- |
| Landkreis Mainburg | 67 | 73 |
| Landkreis Straubing | 121 | 67 |
| Landkreis Rothenburg o. T. | 139 | 92 |
| Bayern insgesamt | 7,9 | 6,4 |
| Landkreise zusammen | 17,7 | 14,2 |

Dieses zeigt, daß die Grundbeträge der Grundsteuer A zur Ergänzung der fehlenden Land- und Forstwirtschaft in den Gewerbesteuerdaten einzelner Räume heute nur beschränkt geeignet sind. Die zusammengefaßten Grundbeträge kommen dem gesamtwirtschaftlichen Leistungsniveau der einzelnen Räume nach dem Bruttoinlandsprodukt nur zum Teil näher als die Gewerbesteuermeßbetragsdaten allein; zum Teil weisen sie sogar eine größere Abweichung auf.

Übersicht 5:
*Realsteuergrundbeträge, Meßbeträge und Inlandsprodukt 1966 je Einwohner*
*(Bayern = 100)*

|  |  |  | Gewerbesteuer | | Grundbeträge der Grundsteuer A und der Gewerbesteuer zus.*) | Bruttoinlandsprodukt |
|---|---|---|---|---|---|---|
|  |  |  | Grundbeträge*) | Meßbeträge |  |  |
| B | München | Krsfr. St. | 191 | 194 | 177 | 169 |
| B | Nürnberg | „ | 172 | 174 | 159 | 157 |
| B | Augsburg | „ | 144 | 153 | 133 | 165 |
| I | Ingolstadt | „ | 189 | 200 | 175 | 177 |
| I | Bayreuth | „ | 137 | 154 | 128 | 215 |
| I | Schweinfurt | „ | 206 | 202 | 193 | 176 |
| U | München | Ldkrs. | 106 | 100 | 102 | 90 |
| U | Nürnberg | „ | 76 | 87 | 72 | 67 |
| U | Augsburg | „ | 105 | 88 | 104 | 71 |
| L | Mainburg | „ | 62 | 70 | 95 | 83 |
| L | Straubing | „ | 28 | 27 | 58 | 39 |
| L | Rothenburg o. T. | „ | 20 | 25 | 45 | 52 |
| F | Berchtesgaden | „ | 68 | 66 | 67 | 74 |
| F | Garmisch-Part. | „ | 109 | 101 | 109 | 80 |
| F | Miesbach | „ | 90 | 86 | 92 | 77 |
| N | Bogen | „ | 27 | 22 | 39 | 43 |
| N | Kötzting | „ | 27 | 31 | 35 | 43 |
| N | Oberviechtach | „ | 35 | 38 | 45 | 43 |
| Bayern insgesamt | | | 100 | 100 | 100 | 100 |
| Kreisfreie Städte | | | 161 | 165 | 150 | 155 |
| Landkreise | | | 67 | 65 | 73 | 71 |

*) Errechnet aus dem Steueraufkommen des Jahres 1968 (durch Division mit dem Hebesatz × 100).

### 3. Gewerbliches Betriebsvermögen nach der Einheitswertstatistik
(vgl. Tabelle 8)

Für Zwecke der Vermögensbesteuerung und der Ermittlung der Gewerbesteuermeßbeträge nach dem Kapital wird für die einzelnen gewerblichen Unternehmen in dreijährigen Abständen das Rohvermögen (Anlage- und Umlaufvermögen) durch die Finanzämter ermittelt und nach Abzug der Betriebsschulden der Einheitswert des Betriebsvermögens festgestellt. Ähnlich wie bei den Umsätzen wird auch das Bertriebsvermögen nur für das Gesamtunternehmen ermittelt; eine regionale Aufteilung auf die einzelnen Betriebsstätten eines Unternehmens erfolgt nicht. Es können daher auch in der regionalen Gliederung der Statistik des gewerblichen Betriebsvermögens, die im Anschluß an jede Hauptveranlagung erstellt wird, die Vermögenswerte eines Unternehmens nur insgesamt einem bestimmten Raum (nach dem Sitz der Hauptniederlassung) zugerechnet werden. Da die besonders kapitalintensiven Großunternehmen der Industrie vielfach Zweigbetriebe unterhalten, führt dies in Räumen, die vornehmlich Sitz solcher Großunternehmen sind, zu einer die tatsächlich räumliche Verteilung übersteigende Konzentration in der Statistik, während in den Räumen der Zweigbetriebe das entsprechende Betriebsvermögen fehlt. In der Statistik deutet sich daher die räumliche Kapitalkonzentration nach der Lage der Führungsorgane der Unternehmen an. Doch bildet diese Statistik die einzige Unterlage mit Aussagen über die räumliche Verteilung des Betriebsvermögens.

Wie Übersicht 6 zeigt, sind die räumlichen Unterschiede in der Höhe des gewerblichen Rohvermögens je Einwohner viel größer als bei den steuerlichen Umsätzen (bei welchen ebenfalls eine unternehmensweise Erfassung erfolgt) und beim Bruttoinlandsprodukt (vgl. Übersicht 1). So belaufen sich je Einwohner im Landkreisdurchschnitt das Bruttoinlandsprodukt (ohne Land- und Forstwirtschaft) auf vier Zehntel, die steuerlichen Umsätze auf knapp ein Drittel, das statistisch erfaßte gewerbliche Vermögen dagegen nur auf ein Sechstel der entsprechenden Werte im Durchschnitt der kreisfreien Städte.

Übersicht 6: *Gewerbliches Betriebsvermögen (Rohvermögen) je Einwohner*
*(Bayern = 100)*

|  |  |  | 1957 | 1966 |
|---|---|---|---|---|
| B | München | Krsfr. St. | 436,1 | 400,9 |
| B | Nürnberg | " | 160,4 | 142,6 |
| B | Augsburg | " | 154,0 | 124,3 |
| I | Ingolstadt | " | 150,4 | 131,3 |
| I | Bayreuth | " | 118,4 | 117,4 |
| I | Schweinfurt | " | 339,3 | 307,0 |
| U | München | Ldkrs. | 30,6 | 34,3 |
| U | Nürnberg | " | 37,0 | 32,2 |
| U | Augsburg | " | 38,0 | 37,8 |
| L | Mainburg | " | 45,6 | 53,8 |
| L | Straubing | " | 8,7 | 10,6 |
| L | Rothenburg o. T. | " | 15,3 | 18,9 |
| F | Berchtesgaden | " | 37,6 | 43,8 |
| F | Garmisch-Part. | " | 58,7 | 46,7 |
| F | Miesbach | " | 40,3 | 45,6 |
| N | Bogen | " | 10,8 | 13,5 |
| N | Kötzting | " | 13,1 | 15,0 |
| N | Oberviechtach | " | 17,5 | 27,9 |
| Bayern insgesamt |  |  | 100,0 | 100,0 |
| Kreisfreie Städte |  |  | 223,7 | 217,7 |
| Landkreise |  |  | 35,6 | 36,7 |

Vergleicht man die Ergebnisse für das Jahr 1957 mit denen von 1966, ergibt sich bei sämtlichen der ausgewählten kreisfreien Städte ein Absinken, bei der Mehrzahl der Landkreise ein Anstieg im Verhältnis zum Landesdurchschnitt des Betriebsvermögens je Einwohner. Hier kommt eine echte Tendenz zum Ausdruck, die sich noch deutlicher beim Vergleich mit entsprechenden Statistiken aus der Vorkriegszeit und bei Zusammenfassung größerer Räume zeigt[3]) (vgl. Übersicht 7).

Übersicht 7:
*Entwicklung des gewerblichen Betriebsvermögens (Rohvermögen) 1966 gegenüber 1935*

|  | absolut | je Einwohner |
|---|---|---|
|  | 1935 = 100 | |
| Kernstädte der Ballungsräume | 1 117 | 787 |
| Sonstige größere kreisfreie Städte (mit 30 000 Einw. und mehr) | 1 243 | 835 |
| Übrige kreisfreie Städte | 1 621 | 968 |
| Kreisfreie Städte insgesamt | 1 156 | 788 |
| Umlandkreise der Ballungsräume | 2 277 | 1 045 |
| Sonstige dicht besiedelte Landkreise (mit 100 und mehr Einw. je qkm) | 1 709 | 1 093 |
| Übrige Landkreise | 1 584 | 1 161 |
| Landkreise insgesamt | 1 696 | 1 125 |
| Bayern insgesamt | 1 251 | 838 |

Bei Beurteilung der hier zum Ausdruck kommenden überdurchschnittlichen Entwicklung der Landkreise darf allerdings nicht übersehen werden, daß deren Anteil am gewerblichen Betriebsvermögen 1935 noch sehr gering war und auch heute noch relativ niedrig ist. Eine Ergänzung durch das hier bedeutsame land- und forstwirtschaftliche Vermögen ist derzeit nicht möglich, da neuere Zahlen (nach dem Stand der Bewertung zum 1. Januar 1964) erst in einigen Jahren vorliegen werden.

## IV. Steuerstatistiken mit Aussagen über den regionalen Bevölkerungswohlstand

### 1. Bruttolöhne nach der Lohnsteuerstatistik

*a) Erfassungszeitraum und Inhalt des steuerlichen Bruttolohns*

Lohnsteuerstatistiken — ebenso wie auch Statistiken über das veranlagte Einkommen — liegen auch in regionaler Gliederung für zahlreiche Jahre der Vorkriegszeit vor und wurden nach dem Kriege im Bundesgebiet in mehrjährigen Abständen durchgeführt. Seit 1965 erfolgt hier eine Aufbereitung der Besteuerungsunterlagen für jedes dritte Jahr.

---
[3]) Vgl. JOSEF SIEBER, a. a. O., S. 129 ff.

In der Lohnsteuerstatistik werden die Bruttolöhne der Lohnsteuerpflichtigen nach den Eintragungen in den Lohnsteuerkarten statistisch erfaßt. Zum Bruttolohn im Sinne des Lohnsteuerrechts rechnen alle Einnahmen, die Arbeitnehmern in Geld oder Geldeswert aus einem bestehenden oder früheren Arbeitsverhältnis zufließen, nämlich Löhne und Gehälter, Provisionen, Gratifikationen, Tantiemen oder ähnliche Vorteile aus einem Dienstverhältnis, aber auch Warte- und Ruhegelder, Witwen- und Waisengelder oder andere Bezüge und Vorteile aus einem früheren Arbeitsverhältnis, ferner der Wert freier Kleidung, Wohnung, Verpflegung und sonstiger Sachbezüge. Nicht zum steuerpflichtigen Arbeitslohn zählen die aus einer Bundes- oder Landeskasse gezahlten Aufwandsentschädigungen, gewisse Jubiläumsgeschenke, Arbeitslosen-, Kurzarbeits- und Schlechtwettergelder. In der Lohnsteuerstatistik sind daher neben den Aktivbezügen auch Pensionen und zusätzliche Betriebsrenten, dagegen nicht die Arbeitgeberbeiträge und die Renten aus der Sozialversicherung erfaßt.

Vom Bruttolohn war 1965 der steuerfreie Betrag der vermögenswirksamen Leistungen nach dem 2. Vermögensbildungsgesetz bereits abgezogen, während die Werbungskosten und die Arbeitnehmerbeiträge zur Sozialversicherung noch in dem ausgewiesenen Bruttolohn enthalten sind. Durch das Fehlen der Freibeträge nach dem 2. Vermögensbildungsgesetz wurde die Summe der ausgewiesenen Bruttolöhne im Landesergebnis um 1,5 ‰ verkürzt, was die Aussagekraft der Lohnsteuerstatistik kaum beeinträchtigt.

*b) Vollständigkeit der Erfassung*

Die Erfassung der ausgestellten Lohnsteuerkarten für Zwecke der Lohnsteuerstatistik hat sich nach dem Kriege von Erhebungsjahr zu Erhebungsjahr verbessert. 1961 fehlten in Bayern schätzungsweise 10 %, 1965 noch 8 %, 1968 noch 7 % der lohnsteuerpflichtigen Fälle. Für die Jahre ab 1970 ist angesichts der Beteiligung der Gemeinden an der Lohn- und Einkommensteuer der Gemeindebevölkerung, die auf Grund der Lohnsteuerkarten festgestellt wird, eine weitere wesentliche Verminderung der Fehlmasse zu erwarten. Der in den einzelnen Jahren unterschiedliche Erfassungsgrad dürfte aber den Aussagewert der Statistik hinsichtlich der räumlichen Verteilung der Lohnsteuerpflichtigen und der Bruttolöhne nicht wesentlich beeinflussen.

*c) Statistische Ergebnisse*
(vgl. Tabelle 9)

In der Statistik werden die Lohnsteuerpflichtigen mit ihren Bruttolöhnen jenem Raum zugerechnet, in dem die aus der Lohnsteuerkarte ersichtliche Wohngemeinde liegt.

Aus der Summe der erfaßten Bruttolöhne und der Zahl der Lohnsteuerpflichtigen läßt sich der Durchschnittslohn der Wohnbevölkerung in den einzelnen Kreisen errechnen. Aus dem Verhältnis zwischen dem Durchschnittslohn in den einzelnen Räumen und dem Landesdurchschnitt ergibt sich das relative Lohnniveau der Wohnbevölkerung. Im Verhältnis zwischen der Zahl der Lohnsteuerpflichtigen und der Einwohnerzahl zeigt sich annähernd die Arbeitnehmerdichte der einzelnen Gebiete im Vergleich zum Landesdurchschnitt.

Aus der Übersicht 8 ist zu entnehmen, daß die regionalen Unterschiede in der Höhe der Durchschnittslöhne bei weitem nicht so groß sind wie die des Bruttoinlandsprodukts je Einwohner (Übersicht 1). Die höchsten Durchschnittslöhne werden nicht immer von der Bevölkerung der Großstädte erzielt, sondern teilweise von der in den Umlandkreisen der Kernstädte wohnenden Bevölkerung, die allerdings ihr Lohneinkommen zum erheblichen Teil als Arbeitnehmer aus den Kernstädten beziehen. Zwischen 1961 und 1965 ist das überdurchschnittliche Lohnniveau in den kreisfreien Städten im Vergleich

Übersicht 8:

|  |  | Durchschnittl. Bruttolöhne je Steuerpflichtigen (Bayern = 100) | | Lohnsteuerpflichtige 1965 je 100 Einw. | Lohnsteuerpflichtige und Bruttolöhne 1965 im Vergleich zu 1961 (1961 = 100) | |
|---|---|---|---|---|---|---|
|  |  | 1961 | 1965 |  | Lohnsteuerpflichtige | Bruttolöhne |
| B | München | Krsfr. St. | 117 | 118 | 44,7 | 114 | 157 |
| B | Nürnberg | „ | 109 | 105 | 49,0 | 113 | 147 |
| B | Augsburg | „ | 113 | 101 | 47,8 | 114 | 139 |
| I | Ingolstadt | „ | 105 | 110 | 42,6 | 135 | 193 |
| I | Bayreuth | „ | 104 | 102 | 44,3 | 111 | 149 |
| I | Schweinfurt | „ | 110 | 107 | 45,5 | 108 | 143 |
| U | München | Ldkrs. | 117 | 124 | 38,4 | 123 | 177 |
| U | Nürnberg | „ | 99 | 102 | 41,3 | 112 | 157 |
| U | Augsburg | „ | 98 | 106 | 39,8 | 113 | 157 |
| L | Mainburg | „ | 90 | 94 | 24,6 | 116 | 158 |
| L | Straubing | „ | 83 | 83 | 22,4 | 110 | 148 |
| L | Rothenburg o. T. | „ | 77 | 79 | 19,4 | 134 | 187 |
| F | Berchtesgaden | „ | 92 | 94 | 35,0 | 109 | 151 |
| F | Garmisch-Part. | „ | 102 | 100 | 35,1 | 103 | 139 |
| F | Miesbach | „ | 100 | 102 | 30,5 | 105 | 147 |
| N | Bogen | „ | 81 | 85 | 22,1 | 134 | 192 |
| N | Kötzting | „ | 78 | 81 | 27,0 | 131 | 183 |
| N | Oberviechtach | „ | 79 | 84 | 22,7 | 138 | 200 |
| Bayern insgesamt | | | 100 | 100 | 36,4 | 114 | 155 |
| Kreisfreie Städte | | | 109 | 108 | 44,5 | 111 | 149 |
| Landkreise | | | 93 | 94 | 32,0 | 117 | 161 |

zum Landesdurchschnitt teilweise etwas zurückgegangen, während sich das relative Lohnniveau in fast allen ausgewählten Landkreisen erhöhte. Ein wichtiger Hinweis auf strukturelle Veränderungen ist auch die Entwicklung der Zahl der Lohnsteuerpflichtigen und der Bruttolöhne. Bemerkenswert ist hier vor allem der überdurchschnittliche Zuwachs in den strukturschwachen Räumen und einem Teil der noch überwiegend land- und forstwirtschaftlich strukturierten Gebieten, wobei auch hier zu berücksichtigen ist, daß das Lohneinkommen zum Teil aus einer Tätigkeit außerhalb des Wohngebietes stammt.

Die langfristigen Entwicklungstendenzen zeigen sich bei Zusammenfassung größerer Räume im Vergleich zu den entsprechenden Ergebnissen der Lohnsteuerstatistiken der Vorkriegszeit[4]).

In den weit überdurchschnittlichen Zuwachsraten der Landkreise gegenüber der Vorkriegszeit kommen wichtige Strukturveränderungen im Verhältnis zwischen Stadt und Land zum Ausdruck.

---

[4]) Vgl. Josef Sieber, a. a. O., S. 114 ff.

Übersicht 9:
*Bruttolohnsummen und Durchschnittslöhne je Lohnsteuerpflichtigen 1965 in % von 1936*

|  | Brutto-lohnsumme | Durchschnitts-löhne | Lohnsteuer-pflichtige je 1000 Einw. |
|---|---|---|---|
|  | 1936 = 100 | | |
| Kernstädte der Ballungsräume | 714 | 502 | 103 |
| Sonstige größere kreisfreie Städte (30 000 und mehr Einw.) | 771 | 505 | 105 |
| Übrige kreisfreie Städte | 1 013 | 501 | 125 |
| Kreisfreie Städte insgesamt | 752 | 502 | 105 |
| Umlandkreise der Ballungsräume | 1 469 | 541 | 130 |
| Sonstige dichtbesiedelte Landkreise | 1 347 | 596 | 148 |
| Übrige Landkreise | 1 409 | 656 | 159 |
| Landkreise insgesamt | 1 399 | 618 | 153 |
| Bayern insgesamt | 1 000 | 537 | 127 |

## 2. Veranlagte Einkünfte natürlicher Personen nach der Einkommensteuerstatistik

### a) Inhalt und Erfassungsumfang der veranlagten Einkünfte

Die Einkommensteuerstatistiken, die gewöhnlich für dieselben Jahre wie die Lohnsteuerstatistiken vorliegen, umfassen die Ergebnisse der Einkommensteuerveranlagung natürlicher Personen.

In diesen Statistiken werden — neben steuerlich relevanten Daten wie Steuersoll, Steuerbegünstigungen sowie Zahl der Steuerpflichtigen — der Gesamtbetrag der ermittelten Einkünfte und die Einkünfte nach den steuerlich ermittelten sieben Einkunftsarten dargestellt. Es werden folgende Einkunftsarten unterschieden und ausgewiesen:

Einkünfte aus:

land- und forstwirtschaftlichem Betrieb,
gewerblichem Betrieb,
selbständiger Arbeit,
nichtselbständiger Arbeit,
Kapitalvermögen,
Vermietung und Verpachtung,
sonstige Einkünfte.

Die regionale Aufgliederung erfolgt in der Einkommensteuerstatistik, wie in der Lohnsteuerstatistik, nach dem Wohnsitz der steuerpflichtigen Personen. Der Gesamtbetrag der Einkünfte wird dabei (wie auch die Bruttolöhne in der Lohnsteuerstatistik) nach Größengruppen dargestellt.

Von den land- und forstwirtschaftlichen Betrieben ist — wie sich aus der Zahl der Einkommensteuerpflichtigen mit Einkünften aus Land- und Forstwirtschaft ergibt — nur ein geringer Teil erfaßt, nämlich 1965 rd. 8 %, 1961 rd. 15 %; es handelt sich hier überwiegend um nach Durchschnittssätzen besteuerte Landwirte. Von den Gesamteinkünften der Betriebsinhaber aus Land- und Forstwirtschaft nach den Ergebnissen der Bruttoinlandsproduktberechnungen erfaßte die Einkommensteuerstatistik 1965 nur 6 %, die Statistik für 1961 rd. 9 %.

Auch die Einkünfte aus nichtselbständiger Arbeit sind in der Einkommensteuerstatistik nur zum kleinen Teil nachgewiesen, nämlich insoweit, als die Steuerpflichtigen entweder wegen der Höhe ihrer Lohneinkommen oder wegen gleichzeitiger Einkünfte aus anderen Einkunftsarten veranlagt worden sind. Von der Gesamtzahl der Lohnsteuerpflichtigen nach der Lohnsteuerstatistik sind in der Einkommensteuerstatistik für 1965 rd. 11 %, für 1961 rd. 7 %, von den lohnsteuerpflichtigen Beträgen rd. 19 % bzw. 13 % enthalten. Um ein möglichst vollständiges Bild der Lohneinkommen der Wohnbevölkerung zu erhalten, muß man daher auf die Ergebnisse der Lohnsteuerstatistik zurückgreifen, wobei allerdings zu berücksichtigen ist, daß die Lohnsteuerstatistik die Bruttolöhne, die Einkommensteuerstatistik die Lohnsummen nach Abzug der steuerlich absetzbaren Werbungskosten (überwiegend nach Pauschalsätzen) ausweist.

Demgegenüber werden die Bezieher von Einkünften aus Gewerbebetrieb und von Einkünften aus selbständiger Arbeit, soweit die Freigrenzen überschritten sind, ausnahmslos veranlagt und damit in der Statistik erfaßt. Zu den Einkünften aus Gewerbebetrieb rechnen, neben den Einkünften aus gewerblichen Unternehmen einschließlich gewerblicher Bodennutzung, auch Gewinnanteile an Personengesellschaften und dergleichen, ferner erzielte Gewinne bei der Veräußerung von Betrieben oder Anteilen an solchen. Zu den Einkünften aus selbständiger Arbeit zählen im wesentlichen die Einkünfte aus freiberuflicher Tätigkeit. Die Veranlagung erfolgt hier nach der Höhe des ausgewiesenen Gewinns. Als Gewinn wird im allgemeinen der Unterschiedsbetrag zwischen dem Betriebsvermögen am Schluß des Wirtschaftsjahres und dem Betriebsvermögen am Schluß des vorangegangenen Wirtschaftsjahres angesehen, vermehrt um den Wert der Betriebsentnahmen und vermindert um den Wert der Einlagen. Bei der Gewinnermittlung sind die Vorschriften über die Betriebsausgaben, über die Bewertung und über die Absetzungen für Abnutzung und Substanzverringerung zu befolgen. Der Wert des Grund und Bodens, der zum Anlagevermögen rechnet, bleibt unberücksichtigt. Im wesentlichen entspricht der steuerlich zu berücksichtigende Gewinn dem Gewinn im betriebswirtschaftlichen Sinn, wobei die „Sondervergünstigungen", die vorweg vom Gewinn abgesetzt werden können und nennenswert nur die Höhe der Einkünfte aus Vermietung und Verpachtung berühren (§ 7 b Einkommensteuergesetz), den Gesamtbetrag der Einkünfte um 2—3 % (in der Landessumme) beeinflussen und als Abschreibungen wenigstens zum Teil auch betriebswirtschaftlich zu rechtfertigen sind. Die Steuererklärungen der Steuerpflichtigen, auf Grund der gewöhnlich die Veranlagung erfolgt, werden von Zeit zu Zeit durch besondere Betriebsprüfer der Finanzverwaltung überprüft, so daß die Möglichkeit einer Manipulierung der Gewinne bzw. der Angaben in den Steuererklärungen erschwert ist. Berichtigungen von Veranlagungsbescheiden im Gefolge der steuerlichen Betriebsprüfungen oder von Rechtsstreitigkeiten können allerdings aus zeitlichen Gründen vielfach nicht mehr in der Einkommensteuerstatistik berücksichtigt werden. Im übrigen ist davon auszugehen, daß die Steuerpflichtigen alle Möglichkeiten zur Gewinnminimierung (über die Bewertung, Abschreibungen, Kostenansatz usw.) ausschöpfen, so daß im ganzen damit zu rechnen ist, daß die steuerlich erfaßten Gewinne niedriger sind als die tatsächlich angefallenen Gewinne im betriebs- und volkswirtschaftlichen Sinn (vgl. auch unter Abschnitt 5d).

Zu den Einkünften aus Kapitalvermögen zählen Gewinnanteile aus Kapitalgesellschaften, Zinsen aus Kapitalforderungen aller Art, Einkünfte aus der Veräußerung von Dividendenscheinen usw.

Zu den Einkünften aus Vermietung und Verpachtung rechnen Einkünfte aus der Vermietung und Verpachtung unbeweglichen und beweglichen Sachvermögens, aus zeitlicher Überlassung von Räumen sowie auch der Nutzwert der Wohnungen im eigenen Haus.

„Sonstige Einkünfte" sind wiederkehrende Bezüge, soweit sie nicht zu den vorgenannten Einkunftsarten gehören. Einkünfte aus Leibrenten (darunter auch Renten aus der sozialen Rentenversicherung) sind nur insoweit steuerpflichtig und erfaßt, als in den einzelnen Bezügen zu veranlagende Erträge des Rentenrechts enthalten sind; meist kommen hier nur geringe Anteile in Betracht. Unter die sonstigen Einkünfte fallen auch gewisse Spekulationsgewinne und dergl.

Nicht in die Veranlagung einbezogen und daher in der Einkommensteuerstatistik nicht enthalten sind die Leistungen aus einer Krankenversicherung, Unfallversicherung sowie der größte Teil der Leistungen aus der Rentenversicherung, Arbeitslosengelder, Kurzarbeitergelder, Kapitalabfindungen aus der sozialen Rentenversicherung, Kriegsbeschädigten-, und -hinterbliebenenrenten, das gesetzliche Wohngeld und sonstige Sozialleistungen.

Von den Einkünften aus Kapitalvermögen wird ein Pauschbetrag von 300 DM (bei zusammenveranlagten Ehegatten), von den wiederkehrenden sonstigen Bezügen ein Pauschbetrag von 200 DM abgesetzt. Da eine Überprüfung der Angaben in den Steuererklärungen über die Einkünfte aus Kapitalvermögen, aus Vermietung und Verpachtung sowie der sonstigen Einkünfte vielfach nur schwer möglich ist, muß hier mit einem größeren Ausfall in der Statistik gerechnet werden, doch kann auch hier angenommen werden, daß der relative Ausfall im Verhältnis zu den erfaßten Einkünften in den einzelnen Räumen nicht sehr verschieden ist und das sich aus der Statistik ergebende regionale Einkommensniveau (im Vergleich zum Landesdurchschnitt je Einwohner) dadurch nicht wesentlich beeinflußt wird.

b) *Statistische Ergebnisse*
(vgl. Tabellen 10 bis 12)

Wegen des geringen und auch regional unterschiedlichen Erfassungsgrades der Einkünfte aus Land- und Forstwirtschaft und aus nichtselbständiger Arbeit in der Veranlagungsstatistik hat eine regionale Aufgliederung nur für die übrigen Einkunftsarten Erkenntniswert.

Räume mit überdurchschnittlichen Einkünften aus Gewerbebetrieb und selbständiger Arbeit weisen nach Übersicht 10 auch mehr oder weniger überdurchschnittliche Einkünfte aus Vermögen, Räume mit unterdurchschnittlichen Gewerbeeinkünften auch unterdurchschnittliche Vermögenserträge auf. In die Augen fällt der hohe Anteil der Vermögenserträge in den landschaftlich begünstigten Landkreisen Garmisch-Partenkirchen und Miesbach, die vielfach Wohnsitz wohlhabender und oft nicht mehr erwerbstätiger Personen sind. Beim Gesamtbetrag der Einkünfte (ohne Land- und Forstwirtschaft und nichtselbständiger Arbeit) ist vor allem bemerkenswert, daß hier die Zuwachsrate gegenüber 1961 in den einkommensschwachen Gebieten überdurchschnittlich hoch liegt. Diese Tendenz kommt noch wesentlich deutlicher beim langfristigen Vergleich größerer Räume gegenüber der Vorkriegszeit zum Ausdruck[5]) (vgl. Übersicht 11).

### 3. *Einkünfte der Körperschaften nach der Körperschaftsteuerstatistik*

In der Körperschaftsteuerstatistik sind die nicht natürlichen Personen mit ihren der Körperschaftsteuer unterliegenden Einkünften erfaßt. Der Körperschaftsteuer unterliegen die Einkünfte der Kapitalgesellschaften, Erwerbs- und Wirtschaftsgenossenschaften,

---

[5]) Vgl. Dr. Josef Sieber, a. a. O., S. 122.

Übersicht 10: *Veranlagte Einkünfte — ohne aus Land- und Forstwirtschaft und nichtselbständiger Arbeit — 1965 je Einwohner*

|  |  |  | Aus Gewerbebetrieb und selbständiger Arbeit | Aus Vermögen*) | Gesamtbetrag der Einkünfte — ohne Land- und Forstwirtschaft sowie nichtselbständige Arbeit — | |
|---|---|---|---|---|---|---|
|  |  |  | Bayern = 100 | Bayern = 100 | Bayern = 100 | 1965 in % von 1961 |
| B | München | Krsfr. St. | 155 | 232 | 166 | 136 |
| B | Nürnberg | „ | 128 | 158 | 133 | 116 |
| B | Augsburg | „ | 115 | 119 | 116 | 117 |
| I | Ingolstadt | „ | 107 | 108 | 106 | 154 |
| I | Bayreuth | „ | 114 | 124 | 115 | 122 |
| I | Schweinfurt | „ | 139 | 154 | 141 | 88 |
| U | München | Ldkrs. | 155 | 245 | 161 | 140 |
| U | Nürnberg | „ | 84 | 84 | 77 | 159 |
| U | Augsburg | „ | 131 | 97 | 126 | 144 |
| L | Mainburg | „ | 79 | 83 | 81 | 145 |
| L | Straubing | „ | 38 | 33 | 37 | 140 |
| L | Rothenburg o. T. | „ | 40 | 12 | 38 | 155 |
| F | Berchtesgaden | „ | 119 | 146 | 123 | 131 |
| F | Garmisch-Part. | „ | 158 | 326 | 178 | 139 |
| F | Miesbach | „ | 130 | 314 | 149 | 136 |
| N | Bogen | „ | 33 | 19 | 31 | 160 |
| N | Kötzting | „ | 46 | 19 | 45 | 154 |
| N | Oberviechtach | „ | 45 | 16 | 42 | 157 |
| Bayern insgesamt | | | 100 | 100 | 100 | 136 |
| Kreisfreie Städte | | | 140 | 167 | 145 | 131 |
| Landkreise | | | 78 | 64 | 76 | 141 |

*) Aus Kapitalvermögen, Vermietung und Verpachtung einschl. „sonstige Einkünfte".

Übersicht 11: *Veranlagte Einkünfte aus selbständigem Erwerb (ohne Land- und Forstwirtschaft) und Vermögen\*) 1965 in % von 1936*

|  | 1936 = 100 | |
|---|---|---|
|  | insgesamt | je Einwohner |
| Kernstädte der Ballungsräume | 835 | 603 |
| Sonstige größere kreisfreie Städte (mit 30 000 und mehr Einw.) | 772 | 532 |
| Übrige kreisfreie Städte | 981 | 604 |
| Kreisfreie Städte insgesamt | 833 | 582 |
| Umlandkreise der Ballungsräume | 1 645 | 791 |
| Sonstige dichtbesiedelte Landkreise (mit 100 und mehr Einw. je qkm) | 1 353 | 888 |
| Übrige Landkreise | 1 242 | 924 |
| Landkreise insgesamt | 1 347 | 910 |
| Bayern insgesamt | 1 029 | 705 |

*) Kapitalvermögen, Vermietung und Verpachtung einschl. „sonstige Einkünfte".

Versicherungsvereine auf Gegenseitigkeit, sonstigen juristischen Personen des privaten Rechts, nichtrechtsfähigen Vereinen, Anstalten und Stiftungen, anderer Zweckvermögen sowie der Betriebe gewerblicher Art von Körperschaften des öffentlichen Rechts. Steuerfrei und nicht erfaßt sind u. a. die Deutsche Bundesbahn und -post, öffentliche Kreditinstitute usw. In den Körperschaftsteuerstatistiken für die Jahre 1961 und 1965 wurden in Bayern erfaßt:

|      | Steuerpflichtige | Gesamtbetrag der Einkünfte in Mio. DM |
|------|------------------|---------------------------------------|
| 1961 | 6 614            | 1 729                                 |
| 1965 | 7 313            | 2 006                                 |

Die veranlagten Einkünfte der Körperschaften belaufen sich daher 1961 auf über ein Viertel, 1965 auf knapp ein Viertel der Einkünfte natürlicher Personen aus Gewerbebetrieben.

Die Körperschaftsgewinne werden zum Teil an die Anteilseigner ausgeschüttet (1965 rund ein Drittel des zu versteuernden Gewinns). Soweit diese Ausschüttungen an natürliche Personen in die Steuererklärung aufgenommen wurden und damit veranlagt worden sind, erscheinen sie in der Einkommensteuerstatistik unter den Einkünften aus Kapitalvermögen und sind in der regionalen Aufgliederung nach dem Wohnsitz der Empfänger enthalten. Die nichtausgeschütteten Gewinne der Körperschaften lassen sich regional nicht aufteilen; sie dienen dem Gesamtunternehmen, gewöhnlich für Investitionen.

### 4. Zusammengefaßte Einkünfte natürlicher Personen aus der Lohn- und Einkommensteuerstatistik

*a) Methode*

Die Einkünfte aus der Lohnsteuerstatistik und aus der Einkommensteuerstatistik umfassen jeweils nur einen Teil der steuerlich erfaßten Einkünfte der Bevölkerung. Zwecks Ermittlung der gesamten steuerlich ermittelten Einkünfte natürlicher Personen müssen beide Statistiken zusammengefaßt werden. Dabei bleiben die in der Einkommensteuerstatistik nachgewiesenen veranlagten Einkünfte aus nichtselbständiger Arbeit unberücksichtigt, da sie bereits in der Lohnsteuerstatistik (als Bruttolöhne) enthalten sein müssen.

In der Einkommensteuerstatistik werden grundsätzlich die Werbungskosten, d. h. die Aufwendungen zur Erlangung der Einkünfte, von den Arbeitsentgelten abgesetzt, was auch dem Einkommensbegriff im gewöhnlichen wirtschaftlichen Sinn entspricht. In der Lohnsteuerstatistik sind dagegen die Bruttolöhne ohne Werbungskostenabzug ausgewiesen. Die bei der Lohnsteuerberechnung für Bayern insgesamt abgezogenen Werbungskosten sind der Lohnsteuerstatistik zu entnehmen; sie beliefen sich 1965 auf 8,4 % der ausgewiesenen Bruttolohnsumme. Inwieweit diese steuerlichen Abzüge, angesichts der weitgehenden Pauschalierung, den tatsächlichen Werbungskosten entsprechen, ist nicht feststellbar. Da die Werbungskostenabschläge innerhalb des Prozentanteils der fehlenden Lohnsteuerkarten liegen, wurden die Bruttolöhne ungekürzt (als teilweiser Ausgleich dieser Fehlmasse) in den Zusammenzug einbezogen. Überdies wird auch bei den volkswirtschaftlichen Gesamtrechnungen mangels hinreichender Unterlagen von einem Abzug der Werbungskosten von den Löhnen und Gehältern abgesehen.

*b) Statistische Ergebnisse*

Trotz Fehlens der Einkünfte aus land- und forstwirtschaftlichem Betrieb in der Einkommensteuerstatistik ist das Einkommensgefälle zwischen Stadt und Land (Übersicht 12) erheblich geringer als das Leistungsgefälle nach dem Bruttoinlandsprodukt (Übersicht 1).

Übersicht 12: *Zusammengefaßte Ergebnisse der Lohn- und Einkommensteuerstatistiken 1961 und 1965\*)*

| | | | Gesamtbetrag der Einkünfte | | | |
|---|---|---|---|---|---|---|
| | | | je Einwohner (Bayern = 100) | | 1965 in % von 1961 | |
| | | | 1961 | 1965 | absolut | je Einwohner |
| B | München | Krsfr. St. | 156 | 149 | 150 | 135 |
| B | Nürnberg | „ | 146 | 138 | 138 | 133 |
| B | Augsburg | „ | 137 | 128 | 132 | 131 |
| I | Ingolstadt | „ | 120 | 122 | 182 | 144 |
| I | Bayreuth | „ | 123 | 121 | 141 | 139 |
| I | Schweinfurt | „ | 161 | 135 | 122 | 118 |
| U | München | Ldkrs. | 142 | 138 | 163 | 137 |
| U | Nürnberg | „ | 109 | 105 | 157 | 136 |
| U | Augsburg | „ | 122 | 118 | 153 | 137 |
| L | Mainburg | „ | 83 | 79 | 136 | 134 |
| L | Straubing | „ | 55 | 54 | 143 | 138 |
| L | Rothenburg o. T. | „ | 33 | 41 | 176 | 176 |
| F | Berchtesgaden | „ | 97 | 99 | 144 | 143 |
| F | Garmisch-Part. | „ | 130 | 118 | 138 | 128 |
| F | Miesbach | „ | 105 | 103 | 141 | 138 |
| N | Bogen | „ | 37 | 46 | 182 | 175 |
| N | Kötzting | „ | 47 | 56 | 172 | 167 |
| N | Obervichtach | „ | 40 | 50 | 188 | 176 |
| Bayern insgesamt | | | 100 | 100 | 149 | 141 |
| Kreisfreie Städte | | | 140 | 135 | 143 | 136 |
| Landkreise | | | 78 | 81 | 154 | 146 |

\*) Nach Abzug der veranlagten Einkünfte aus nichtselbständiger Arbeit.

Die Gegenüberstellung der erfaßten Einkünfte 1965 und 1961 in Übersicht 12 zeigt meist ein relatives Absinken des Einkommensniveaus in Gebieten mit überdurchschnittlichem Einkommen und ein zum Teil beträchtliches Aufholen in einkommensschwachen Landkreisen. Deutlich kommt dies auch hier in der langfristigen Entwicklung größerer Räume zum Ausdruck (s. Übersicht 13).

Übersicht 13: *Einkünfte nach der zusammengefaßten Lohn- und Einkommensteuerstatistik 1965 im Vergleich zu 1936\*)*

| | 1965 (1936 = 100) | |
|---|---|---|
| | absolut | je Einwohner |
| Kernstädte der Ballungsräume | 745 | 539 |
| Übrige kreisfreie Städte | 821 | 549 |
| Kreisfreie Städte insgesamt | 772 | 540 |
| Umlandkreise | 1 515 | 726 |
| Übrige Landkreise | 1 356 | 959 |
| Landkreise insgesamt | 1 385 | 936 |
| Bayern insgesamt | 1 007 | 690 |

\*) Einkünfte aus Gewerbebetrieb, selbständiger Arbeit, Kapitalvermögen, Vermietung und Verpachtung, sonstige Einkünfte sowie Bruttolöhne der Lohnsteuerpflichtigen.

## 5. Ergänzung der zusammengefaßten Einkünfte natürlicher Personen aus der Lohn- und Einkommensteuerstatistik um die fehlenden Einkünfte aus land- und forstwirtschaftlichem Betrieb

### a) Methode

Das Fehlen des größten Teils der Einkünfte der Land- und Forstwirtschaft in der Einkommensteuerstatistik drückt das Einkommensniveau der einzelnen Räume nach der Lohn- und Einkommensteuerstatistik unterschiedlich herab, am stärksten naturgemäß in den noch überwiegend land- und forstwirtschaftlich strukturierten Räumen. Da die Einkünfte aus land- und forstwirtschaftlichem Betrieb seit langem stark hinter der Entwicklung der übrigen Einkünfte zurückblieben, entsteht bei ihrer Vernachlässigung in Räumen, in denen dieser Wirtschaftsbereich noch ein größeres Gewicht hat, auch ein verzerrtes Bild der Einkommensentwicklung. Um die Ergebnisse der Lohn- und Einkommensteuerstatistik, welche die einzige Unterlage über die regionale Einkommensverteilung bildet, auch für sehr unterschiedlich strukturierte Räume aussagekräftig zu machen, ist daher eine Ergänzung der fehlenden Einkünfte aus Land- und Forstwirtschaft erforderlich. Hierbei kann von den Ergebnissen der regionalen Inlandsproduktberechnungen ausgegangen werden, in denen der gesamte Beitrag der Land- und Forstwirtschaft zum Bruttoinlandsprodukt ausgewiesen ist; darin sind neben den Betriebseinkünften auch die Löhne der Arbeitnehmer sowie die indirekten Steuern (abzüglich Subventionen) sowie die Abschreibungen enthalten. Nach den volkswirtschaftlichen Gesamtrechnungen für Bayern belaufen sich die den land- und forstwirtschaftlichen Betriebsinhabern verbliebenen Einkünfte auf 74 %, (siehe Tabelle 2), im Bundesdurchschnitt auf 73 % des gesamten Beitrags der Land- und Forstwirtschaft zum Bruttoinlandsprodukt. Da die Betriebsinhaber dieses Bereichs gewöhnlich auch am Betriebsort wohnen und die Körperschaften hier im allgemeinen keine Rolle spielen, entspricht in diesem Bereich die räumliche Nettoleistung [6]) im wesentlichen auch den Einkünften der Wohnbevölkerung aus Land- und Forstwirtschaft.

Durch Ergänzung der zusammengefaßten Einkünfte aus der Lohn- und Einkommensteuerstatistik um den erwähnten, sich aus dem Landesdurchschnitt ergebenden Anteil der Einkünfte der Betriebsinhaber am Beitrag der Land- und Forstwirtschaft zum Bruttoinlandsprodukt der einzelnen Kreise, dürften die fehlenden Einkünfte aus Land- und Forstwirtschaft annähernd berücksichtigt sein [7]).

### b) Statistische Ergebnisse
(vgl. Tabellen 13 bis 15)

Für die Jahre 1961 bis 1965 ergibt sich nach Ergänzung für die ausgewählten Räume das aus Übersicht 14 ersichtliche Einkommensniveau (je Einwohner).

---

[6]) Nettoinlandsprodukt zu Faktorkosten.

[7]) Diese Methode ist für die Vorkriegszeit allerdings nicht anwendbar, da hier regionale Ergebnisse über den Beitrag der Land- und Forstwirtschaft zum Bruttoinlandsprodukt fehlen. Hier muß man bei entsprechenden Schätzungen von der Zahl der Beschäftigten, den durchschnittlichen Einkünften je Beschäftigten und dem regionalen Ertragsgefälle entsprechend den Land- und Forstwirtschaftsstatistiken ausgehen. Notfalls erscheint es vertretbar, das regionale Gefälle in der Land- und Forstwirtschaft je Beschäftigten in der Größe anzusetzen, wie es sich 1957 aus den volkswirtschaftlichen Gesamtrechnungen ergibt. Behelfsweise erscheint — der Einfachheit halber — auch die Aufteilung der für das Land insgesamt errechneten Einkünfte der land- und forstwirtschaftlichen Betriebe im Jahre 1936 nach dem Anteil der einzelnen Räume an den Meßbeträgen der Grundsteuer A für 1935 vertretbar oder auch der Ansatz der Meßbeträge der Grundsteuer A der einzelnen Räume mit dem sich für das Reichsgebiet aus den Volkseinkommensberechnungen des Statistischen Reichsamts ergebenden Multiplikator.

Wie zu erwarten, erhöht sich durch die Ergänzung das vergleichsweise Einkommensniveau in den Räumen mit größerem Anteil der Land- und Forstwirtschaft, während es in den übrigen Räumen — vor allem in den Städten — absinkt (vgl. Übersicht 12). Das regionale Einkommensgefälle, wie es sich aus der nichtergänzten Lohn- und Einkommensteuerstatistik ergibt, wird daher etwas abgeflacht. Bei den kreisfreien Städten insgesamt liegt das Einkommensniveau 1965 nach der Ergänzung nur mehr 26 % (gegenüber 35 % ohne Ergänzung) über dem Landesdurchschnitt, bei den Landkreisen insgesamt nur mehr 14 % (gegenüber 19 %) unter demselben. Bei den überwiegend landwirtschaftlich strukturierten Kreisen beträgt die Niveauerhöhung bis zu 75 %.

Die Zuwachsrate 1965 gegenüber 1961 wird bei den Städten durch die Ergänzung überhaupt nicht oder nur unerheblich beeinflußt, während sie in den Landkreisen mit hohen Anteilen der Land- und Forstwirtschaft beträchtlich zurückgeht — im Durchschnitt der Landkreise von 54 % auf 45 % bzw. je Einwohner von 46 % auf 37 %. Damit ist die durchschnittliche Zuwachsrate der Gesamteinkommen aus Erwerbstätigkeit und Vermögen in den Landkreisen nur mehr wenig größer als in den kreisfreien Städten.

Übersicht 14:
*Um die fehlenden Einkünfte aus Land- und Forstwirtschaft ergänzte Ergebnisse der zusammengefaßten Lohn- und Einkommensteuerstatistiken 1961 und 1965*

|  |  |  | 1961 | 1965 | 1965 in % von 1961 | |
|---|---|---|---|---|---|---|
|  |  |  | je Einwohner (Bayern = 100) | | absolut | je Einwohner |
| B | München | Krsfr. St. | 141 | 139 | 150 | 135 |
| B | Nürnberg | „ | 132 | 129 | 138 | 133 |
| B | Augsburg | „ | 124 | 119 | 133 | 132 |
| I | Ingolstadt | „ | 109 | 114 | 182 | 144 |
| I | Bayreuth | „ | 112 | 113 | 141 | 138 |
| I | Schweinfurt | „ | 146 | 126 | 122 | 118 |
| U | München | Ldkrs. | 132 | 131 | 161 | 135 |
| U | Nürnberg | „ | 104 | 102 | 154 | 134 |
| U | Augsburg | „ | 119 | 116 | 149 | 133 |
| L | Mainburg | „ | 118 | 109 | 128 | 126 |
| L | Straubing | „ | 78 | 64 | 116 | 112 |
| L | Rothenburg o. T. | „ | 73 | 70 | 131 | 131 |
| F | Berchtesgaden | „ | 92 | 94 | 141 | 140 |
| F | Garmisch-Part. | „ | 119 | 111 | 137 | 127 |
| F | Miesbach | „ | 102 | 101 | 138 | 135 |
| N | Bogen | „ | 48 | 51 | 151 | 145 |
| N | Kötzting | „ | 52 | 59 | 159 | 154 |
| N | Oberviechtach | „ | 50 | 54 | 158 | 148 |
| Bayern insgesamt | | | 100 | 100 | 144 | 137 |
| Kreisfreie Städte | | | 127 | 126 | 143 | 136 |
| Landkreise | | | 86 | 86 | 145 | 137 |

Um einen Anhalt über den Einfluß der fehlenden Einkünfte aus land- und forstwirtschaftlichem Betrieb in der Lohn- und Einkommensteuerstatistik auf den Vergleich mit der Vorkriegszeit zu gewinnen (vgl. Übersicht 13), wurde im folgenden von der Landessumme der Einkünfte aus land- und forstwirtschaftlichem Betrieb im Jahre 1936 ausgegangen, die in Anlehnung an entsprechende Berechnungen des Statistischen Reichsamts (für das Reichsgebiet) im Bayerischen Statistischen Landesamt in einer früheren Untersuchung errechnet worden ist [8]. Die Aufteilung auf die kreisfreien Städte und Landkreise erfolgte entsprechend deren Anteile am Bruttoinlandsprodukt 1957 [9] (Anteil der kreisfreien Städte am Beitrag der Land- und Forstwirtschaft zum Bruttoinlandsprodukt = 5 %).

Nach Übersicht 14a betrug der Anteil der Einkünfte aus land- und forstwirtschaftlichem Betrieb an den gesamten Einkünften natürlicher Personen im Durchschnitt der Landkreise Bayerns 1936 noch 38 %, 1965 nur mehr 13 %. Das Wachstum der Einkünfte 1965 gegenüber 1936, das ohne Ergänzung der fehlenden Einkünfte aus land- und forstwirtschaftlichem Betrieb im Durchschnitt der Landkreise 1385 % betrug, sinkt durch die Berücksichtigung der weit schwächer gestiegenen Einkünfte aus Land- und Forstwirtschaft auf 990 %. Trotzdem weisen die Landkreise insgesamt auch nach Berücksichtigung der Land- und Forstwirtschaft noch eine weit überdurchschnittliche Zuwachsrate bei den gesamten Erwerbs- und Vermögenseinkünften auf, und zwar auch je Einwohner.

Übersicht 14a:
*Einkünfte nach der zusammengefaßten Lohn- und Einkommensteuerstatistik 1936 und 1965 vor und nach Ergänzung um die fehlenden Einkünfte aus land- und forstwirtschaftlichem Betrieb*

|  | 1936 | 1965 | 1965 (1936 = 100) | |
|---|---|---|---|---|
|  | in Mill. RM/DM | | absolut | je Einwohner |
| *Kreisfreie Städte* | | | | |
| Nichtergänzte Einkünfte | 2 419*) | 18 662 | 772 | 540 |
| Einkünfte aus land- und forstwirtschaftlichem Betrieb | 49 | 161 | 329 | 230 |
| Einkünfte insgesamt | 2 468 | 18 823 | 763 | 534 |
| *Landkreise* | | | | |
| Nichtergänzte Einkünfte | 1 510*) | 20 914 | 1 385 | 936 |
| Einkünfte aus land- und forstwirtschaftlichem Betrieb | 927 | 3 208 | 346 | 234 |
| Einkünfte insgesamt | 2 437 | 24 122 | 990 | 669 |
| *Bayern insgesamt* | | | | |
| Nichtergänzte Einkünfte | 3 929*) | 39 576 | 1 007 | 690 |
| Einkünfte aus land- und forstwirtschaftlichem Betrieb | 976 | 3 369 | 345 | 236 |
| Einkünfte insgesamt | 4 905 | 42 945 | 876 | 600 |

*) Vgl. Josef Sieber, a. a. O., S. 115 und 122.

[8] Bayern in Zahlen 1952, Heft 8/9, S. 289.

[9] Dies erscheint vertretbar, da auch die Grundbeträge der Grundsteuer A für beide Zeiträume (1936 und 1957) keine nennenswerte Änderung des Anteils der kreisfreien Städte aufweisen.

c) *Vergleich der ergänzten Einkünfte nach der Lohn- und Einkommensteuerstatistik mit dem Bruttoinlandsprodukt*

Beim Vergleich der Gesamteinkommen der Wohnbevölkerung aus Erwerbstätigkeit und Vermögen mit dem Bruttoinlandsprodukt eines Raumes ist zu berücksichtigen, daß letzteres die gesamtwirtschaftliche Leistung einschließlich Abschreibungen und indirekte Steuern (abzüglich Subventionen) der in dem jeweiligen Raum gelegenen Arbeitsstätten (einschließlich der Leistungen von Arbeitsstätten der Körperschaften) umfaßt, und zwar unabhängig davon, in welche Räume die Einkünfte aus dieser wirtschaftlichen Tätigkeit fließen, während es sich bei den Ergebnissen der Lohn- und Einkommensteuerstatistik um die Erwerbs- und Vermögenseinkünfte der Wohnbevölkerung handelt, und zwar ohne Rücksicht, in welchen Räumen diese Einkünfte erwirtschaftet worden sind.

Wie sich aus Übersicht 15 ergibt, sind die regionalen Unterschiede im Bruttoinlandsprodukt je Einwohner vor allem zwischen Stadt- und Landkreisen aus den erwähnten Gründen im allgemeinen bedeutend größer als bei den Gesamteinkommen der jeweiligen Wohnbevölkerung.

Übersicht 15:
*Einkommensniveau der Wohnbevölkerung (nach den ergänzten Ergebnissen der Lohn- und Einkommensteuerstatistiken) und räumliches Leistungsniveau (nach dem Bruttoinlandsprodukt)*

| | | | Einkünfte je Einwohner 1965 (Bayern = 100) | Bruttoinlandsprodukt 1966 | |
| --- | --- | --- | --- | --- | --- |
| | | | | je Einwohner | je Kopf der Wirtschaftsbevölkerung |
| | | | | (Bayern = 100) | |
| B | München | Krsfr. St. | 139 | 169 | 144 |
| B | Nürnberg | „ | 129 | 157 | 122 |
| B | Augsburg | „ | 119 | 165 | 121 |
| I | Ingolstadt | „ | 114 | 177 | 129 |
| I | Bayreuth | „ | 113 | 215 | 171 |
| I | Schweinfurt | „ | 126 | 176 | 100 |
| U | München | Ldkrs. | 131 | 90 | 142 |
| U | Nürnberg | „ | 102 | 67 | 108 |
| U | Augsburg | „ | 116 | 71 | 109 |
| L | Mainburg | „ | 109 | 83 | 89 |
| L | Straubing | „ | 64 | 38 | 48 |
| L | Rothenburg o. T. | „ | 70 | 52 | 57 |
| F | Berchtesgaden | „ | 94 | 74 | 80 |
| F | Garmisch-Part. | „ | 111 | 80 | 80 |
| F | Miesbach | „ | 101 | 77 | 82 |
| N | Bogen | „ | 51 | 43 | 45 |
| N | Kötzting | „ | 59 | 43 | 43 |
| N | Oberviechtach | „ | 54 | 43 | 45 |
| Bayern insgesamt | | | 100 | 100 | 100 |
| Kreisfreie Städte | | | 126 | 155 | 123 |
| Landkreise | | | 86 | 71 | 82 |

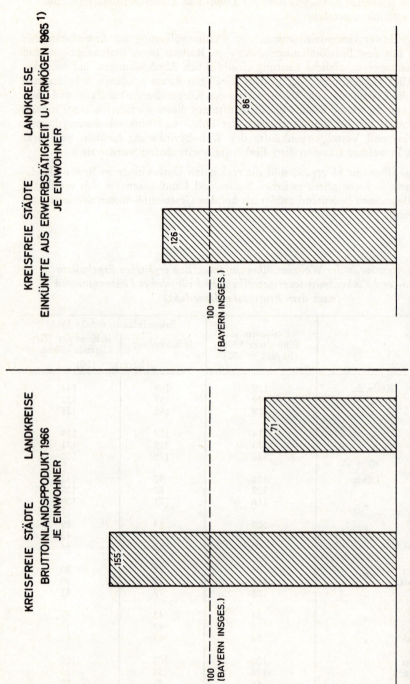

Abb. 4: *Bruttoinlandsprodukt sowie Erwerbs- und Vermögenseinkünfte natürlicher Personen in den kreisfreien Städten und den Landkreisen Bayerns im Verhältnis zum Landesdurchschnitt je Einwohner*

Das Bruttoinlandsprodukt je Einwohner ist keine Produktivitätsziffer, sondern nur eine Vergleichsgröße zu entsprechenden Relationen aus anderen Unterlagen. Dem Niveau der Einkünfte der Wohnbevölkerung näher kommt (vor allem in Räumen mit hohem Pendlersaldo) das Bruttoinlandsprodukt je Kopf der Wirtschaftsbevölkerung, welche die in dem jeweiligen Raum Erwerbstätigen nebst Familienangehörigen (ohne Rücksicht auf ihren Wohnsitz) umfaßt. Letztere Relation zum Bruttoinlandsprodukt ist ein Ausdruck für die Produktivität der „Wirtschaftsbevölkerung"; sie weicht daher mehr oder weniger vom Einkommensniveau der Wohnbevölkerung ab, zumal bei letzteren unter anderem auch die unverteilten Körperschaftsgewinne fehlen.

*d) Vergleich der ergänzten Einkünfte aus der Lohn- und Einkommensteuerstatistik in Bund und Land mit den entsprechenden Einkünften nach den Volkseinkommensberechnungen*

Für das Bundesgebiet insgesamt und das Land Bayern wird neben dem Bruttoinlandsprodukt auch das Volkseinkommen ermittelt, und zwar aufgeteilt nach Einkommen aus unselbständiger Arbeit sowie aus Unternehmertätigkeit und Vermögen. Diese Ergebnisse werden — soweit vergleichbar — im folgenden den Ergebnissen der ergänzten Lohn- und Einkommensteuerstatistik gegenübergestellt.

*Volkseinkommen im Bundesgebiet\*) in Mrd. DM*

|  | 1961 | 1965 |
|---|---|---|
| Bruttoeinkommen aus unselbständiger Arbeit | 160,5 | 230,0 |
| darunter: Bruttolohn- und -gehaltssumme\*\*) | 140,4 | 203,1 |
| Arbeitgeberbeiträge zu öffentlichen Einrichtungen der sozialen Sicherung der Arbeitnehmer und zusätzliche Sozialaufwendungen | 20,1 | 26,9 |
| Bruttoeinkommen natürlicher Personen aus Unternehmertätigkeit und Vermögen | 77,4 | 103,9 |
| Unverteilte Gewinne der Unternehmen mit eigener Rechtspersönlichkeit | 17,7 | 19,0 |
| Einkommen des Staates aus Unternehmertätigkeit und Vermögen abzüglich Zinsen auf öffentliche Schulden | 3,4 | 3,8 |
| abzüglich Zinsen auf Konsumentenschulden | 1,0 | 1,5 |
| Volkseinkommen | 258,0 | 355,2 |

\*) Vgl. Wirtschaft und Statistik 1970, Heft 2, S. 121 ff.
\*\*) Ohne Abzug von Werbungskosten.

Regional zurechenbar und vergleichbar mit den Ergebnissen der ergänzten Lohn- und Einkommensteuerstatistik sind vom Volkseinkommen lediglich die Löhne und Gehälter sowie die Einkünfte natürlicher Personen aus Unternehmertätigkeit und Vermögen, während sich die Arbeitgeberbeiträge zu öffentlichen Einrichtungen der sozialen Sicherung der Arbeitnehmer usw., die unverteilten Gewinne der Unternehmen mit eigener Rechtspersönlichkeit sowie die Nettoeinkommen des Staates räumlich nicht aufteilen lassen.

|  | Bruttolöhne und -gehälter | | Bruttoeinkünfte natürlicher Personen aus Unternehmertätigkeit u. Vermögen | | Einkünfte zusammen | |
|---|---|---|---|---|---|---|
|  | 1961 | 1965 | 1961 | 1965 | 1961 | 1965 |
|  | in Mrd. DM | | | | | |
| a) Ergebnisse der Sozialproduktsberechnungen | 140,4 | 203,1 | 77,4 | 103,9 | 217,8 | 307,0 |
| b) Ergebnisse der ergänzten Lohn- und Einkommensteuerstatistik | 129,0 | 189,6 | 58,5 | 72,3 | 187,5 | 261,9 |
| darunter Öffentliche Pensionen*) | 6,2 | 9,0 | — | — | 6,2 | 9,0 |
| b) in % von a) | 92,2 | 93,4 | 75,6 | 69,6 | 86,1 | 85,3 |
| b) Ohne Pensionen in % von a) | 87,7 | 88,9 | 75,6 | 69,6 | 83,2 | 82,4 |

*) Unter Berücksichtigung der durchschnittlichen Untererfassung.

Entsprechende Vergleichsunterlagen liegen für das Land Bayern vor.

|  | Volkseinkommen in Bayern | |
|---|---|---|
|  | 1961 | 1965 |
|  | in Mrd. DM | |
| Bruttoeinkommen aus nichtselbständiger Arbeit | 23,6 | 34,8 |
| darunter: | | |
| Löhne und Gehälter | 20,6 | 30,7 |
| Arbeitgeberbeiträge zu Einrichtungen der sozialen Sicherung der Arbeitnehmer und zusätzl. Sozialaufwand | 3,0 | 4,1 |
| Bruttoeinkommen natürlicher Personen aus Unternehmertätigkeit und Vermögen | 14,2 | 19,6 |
| Unverteilte Gewinne der Unternehmen mit eigener Rechtspersönlichkeit | 2,2 | 2,3 |
| Einkünfte des Staates aus Unternehmertätigkeit und Vermögen abzüglich Zinsen auf öffentliche Schulden | 0,5 | 0,6 |
| abzüglich Zinsen für Konsumentenschulden | 0,2 | 0,2 |
| Volkseinkommen | 40,4 | 57,2 |

Die Gegenüberstellung der räumlich aufteilbaren Ergebnisse der Volkseinkommensberechnungen für Bayern mit den entsprechenden Ergebnissen aus der ergänzten Lohn- und Einkommensteuerstatistik ergibt:

|  | Bruttolöhne und -gehälter | | Bruttoeinkünfte natürlicher Personen aus Unternehmertätigkeit u. Vermögen | | Einkünfte zusammen | |
|---|---|---|---|---|---|---|
|  | 1961 | 1965 | 1961 | 1965 | 1961 | 1965 |
|  | | | in Mrd. DM | | | |
| a) Ergebnisse der Sozialproduktsberechnungen | 20,6 | 30,7 | 14,2 | 19,6 | 34,8 | 50,3 |
| b) Ergebnisse der ergänzten Lohn- und Einkommensteuerstatistik | 18,5 | 28,7 | 10,9 | 13,6 | 29,4 | 42,3 |
| darunter: Öffentliche Pensionen*) | 0,9 | 1,3 | — | — | 0,9 | 1,3 |
| b) in % von a) | 89,8 | 93,5 | 76,8 | 69,4 | 84,5 | 84,1 |
| b) Ohne Pensionen in % von a) | 85,4 | 89,2 | 76,8 | 69,4 | 81,9 | 81,5 |

*) Unter Berücksichtigung der durchschnittlichen Untererfassung.

In der Lohnsteuerstatistik sind, wie erwähnt, nicht nur die Aktivbezüge der nichtselbständigen Erwerbstätigen, sondern auch die Versorgungsbezüge der ehemaligen Beamten und ihrer Hinterbliebenen enthalten. In den volkswirtschaftlichen Gesamtrechnungen werden demgegenüber aus Vergleichsgründen mit den Bezügen der Angestellten und Arbeiter fiktive Zuführungen an einen Pensionsfonds in der allgemeinen Position „Arbeitgeberbeiträge zu öffentlichen Einrichtungen der sozialen Sicherung der Arbeitnehmer" eingesetzt; die Pensionen selbst erscheinen hier zusammen mit den Renten der Rentenversicherung in einer besonderen Umverteilungsrechnung. In der hier dargestellten regionalen Einkommensverteilung nach der Lohn- und Einkommensteuerstatistik lassen sich jedoch die öffentlichen Pensionen nicht ausgliedern. In Bayern wie im Bundesgebiet haben die in der Lohnsteuerstatistik enthaltenen Pensionen einen Anteil von weniger als 5 %, in der Summe der ergänzten Einkünfte nach der Lohn- und Einkommensteuerstatistik von etwa 3 %. Da der Anteil der Beamten an den unselbständigen erwerbstätigen Personen nach den Ergebnissen der Volkszählung in den kreisfreien Städten im allgemeinen höher liegt als in den Landkreisen und die Sozialversicherungsrenten in der Lohn- und Einkommensteuerstatistik im wesentlichen fehlen, dürfte die Einbeziehung der öffentlichen Pensionen in der Lohnsteuerstatistik im allgemeinen zwar eine leichte Überhöhung des daraus sich ergebenden relativen Einkommensniveaus der Städte bedeuten, eine ins Gewicht fallende Verfälschung des tatsächlichen Einkommengefälles tritt jedoch dadurch — vor allem in der zusammengefaßten und ergänzten Lohn- und Einkommensteuerstatistik — nicht ein.

Die in der Lohnsteuerstatistik erfaßten Bruttolöhne und -gehälter (ohne Pensionen) belaufen sich 1965 sowohl in Bayern wie im Bundesgebiet auf rd. 89 % der in den volkswirtschaftlichen Gesamtrechnungen ausgewiesenen Beträge. Größer ist der Unterschied in den Einkünften natürlicher Personen aus Unternehmertätigkeit und Vermögen.

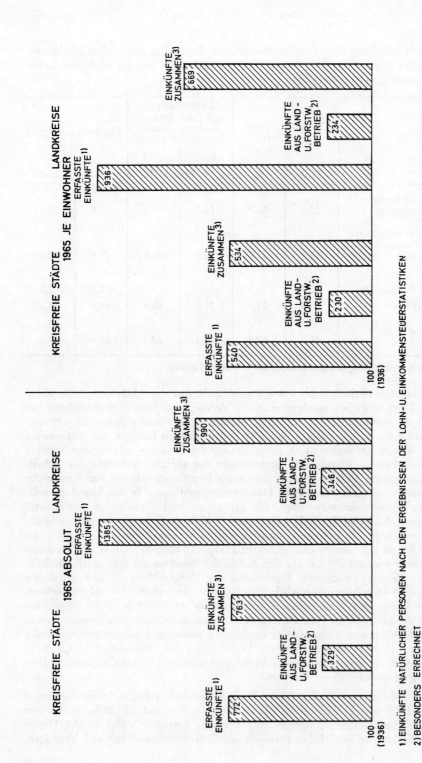

Abb. 5: Entwicklung der Einkünfte natürlicher Personen aus Erwerbstätigkeit und Vermögen 1936–1965 in den kreisfreien Städten und den Landkreisen in Bayern

Hier sind in der ergänzten Einkommensteuerstatistik 1965 kaum 70 % der entsprechenden Einkünfte nach den Sozialproduktberechnungen erfaßt. Ein erheblicher Teil dieser Differenz dürfte auf in der Einkommensteuerstatistik fehlende Vermögenserträge zurückzuführen sein, ein weiterer Teil aber auch auf eine gewisse Untererfassung der Einkünfte aus Gewerbebetrieb und selbständiger Arbeit. Andererseits sind aber auch Ungenauigkeiten bei den Beträgen der volkswirtschaftlichen Gesamtrechnungen nicht ganz auszuschließen, wenn man berücksichtigt, daß der entsprechende Posten hier als Differenz zwischen dem errechneten Volkseinkommen und den übrigen Einkunftsarten ermittelt wird; so würde ein Fehler von 1 % im Volkseinkommen sich auf den Differenzposten mit nahezu 4 % auswirken. Trotzdem wird man den größten Teil des Unterschiedsbetrags gegenüber den volkswirtschaftlichen Gesamtrechnungen auf eine Untererfassung der in der Lohn- und Einkommensteuerstatistik erfaßten Einkünfte zurückführen müssen, die allerdings zum Teil in den Bestimmungen und Möglichkeiten des Steuerrechts (Freigrenzen, Abschreibungen, Kostenansätze usw.) begründet ist.

Für die zusammengefaßte und ergänzte Lohn- und Einkommensteuerstatistik ergibt sich in Bayern wie im Bundesgebiet 1965 eine Abweichung von den entsprechenden Ergebnissen der volkswirtschaftlichen Gesamtrechnungen (Volkseinkommensberechnungen) von rund 18 %.

In jüngster Zeit hat sich der Erfassungsgrad der Einkünfte aus selbständiger Erwerbstätigkeit und Vermögen nach den Ergebnissen der Einkommensteuerveranlagungen gemessen an den entsprechenden Landeswerten der Volkseinkommensberechnungen weiter verringert, während er sich bei den in der Lohnsteuerstatistik erfaßten Einkünften aus unselbständiger Arbeit verbesserte. Um die sich daraus ergebende Verzerrung in Höhe, Struktur und Entwicklung der steuerlich erfaßten Einkommen soweit als möglich auszugleichen, empfiehlt es sich, die veranlagten Einkünfte aus selbständiger Erwerbstätigkeit und Vermögen (ohne die aus land- und forstwirtschaftlichem Betrieb) einerseits sowie die Einkünfte aus nichtselbständiger Arbeit (nach der Lohnsteuerstatistik) andererseits mit den sich jeweils für das Land insgesamt ergebenden Ausfallquoten gegenüber den Volkseinkommensberechnungen hochzurechnen. Wenn damit auch nicht die möglichen (aber nicht feststellbaren) regionalen Unterschiede im Erfassungsgrad der Einkünfte nach den Steuerstatistiken ausgeschaltet werden können, so kann aufgrund der einheitlichen steuerlichen Erfassungsgrundsätze, des einheitlichen Steuerrechts, der einheitlichen steuerlichen Überwachung sowie der Massenhaftigkeit der Einkommensteuerfälle auch in den kleineren Gebieten doch damit gerechnet werden, daß die so ermittelten Einkommen der Wohnbevölkerung die tatsächliche Einkommensverteilung und Einkommensentwicklung im allgemeinen annähernd aufzeigen.

*6. Regionale Einkommensverteilung nach Berücksichtigung der Lohn- und Einkommensteuerabzüge sowie Größenstruktur der regionalen Einkünfte*

Die progressiv gestaffelten Steuerabzüge von den Bruttoeinkünften aus Erwerbstätigkeit und Vermögen führen zu einer gewissen Abschwächung der regionalen Unterschiede im Einkommensniveau. Da in den Unterlagen für die Lohn- und Einkommensteuerstatistik auch die abzuführende Lohn- und Einkommensteuer feststellbar ist, kann aus einer regional entsprechend aufbereiteten Statistik auch der Einfluß der Besteuerung auf das Einkommensniveau aufgezeigt werden (vgl. Übersicht 16).

Übersicht 16:
*Brutto- und Nettoeinkünfte (nach Abzug der Lohn- bzw. Einkommensteuer) auf Grund der zusammengefaßten und um die fehlenden Einkünfte aus Land- und Forstwirtschaft ergänzten Ergebnisse der Lohn- und Einkommensteuerstatistik*

|   |   |   | Je Einwohner (Bayern = 100) | | | | Anteil der Gesamteinkünfte über 100 000 DM (1965) in % |
|---|---|---|---|---|---|---|---|
|   |   |   | 1961 | | 1965 | | |
|   |   |   | Brutto | Netto | Brutto | Netto | |
| B | München | Krsfr. St. | 141 | 135 | 139 | 133 | 14,7 |
| B | Nürnberg | " | 132 | 128 | 129 | 126 | 11,2 |
| B | Augsburg | " | 124 | 121 | 119 | 118 | 10,9 |
| I | Ingolstadt | " | 109 | 107 | 114 | 113 | 10,3 |
| I | Bayreuth | " | 112 | 111 | 113 | 113 | 8,7 |
| I | Schweinfurt | " | 146 | 135 | 126 | 123 | 14,6 |
| U | München | Ldkrs. | 132 | 126 | 131 | 126 | 17,4 |
| U | Nürnberg | " | 104 | 106 | 102 | 103 | 5,4 |
| U | Augsburg | " | 119 | 117 | 116 | 114 | 14,5 |
| L | Mainburg | " | 118 | 124 | 109 | 114 | 3,5 |
| L | Straubing | " | 78 | 83 | 64 | 67 | 4,5 |
| L | Rothenburg o. T. | " | 73 | 79 | 70 | 75 | 2,1 |
| F | Berchtesgaden | " | 92 | 92 | 94 | 94 | 8,6 |
| F | Garmisch-Part. | " | 119 | 117 | 111 | 108 | 12,5 |
| F | Miesbach | " | 102 | 101 | 101 | 99 | 13,4 |
| N | Bogen | " | 48 | 51 | 51 | 54 | 1,7 |
| N | Kötzting | " | 52 | 55 | 59 | 62 | 3,2 |
| N | Oberviechtach | " | 50 | 53 | 54 | 57 | 3,6 |
| Bayern insgesamt | | | 100 | 100 | 100 | 100 | 10,0 |
| Kreisfreie Städte | | | 127 | 123 | 126 | 122 | 13,2 |
| Landkreise | | | 86 | 88 | 86 | 88 | 7,3 |

Die Auswirkung der Einkommensbesteuerung auf die Höhe der verbleibenden Einkünfte (hier als Nettoeinkünfte bezeichnet) in den einzelnen Teilräumen ist von der Höhe der einzelnen Einkommen und von den Steuermerkmalen der einzelnen Steuerpflichtigen abhängig. In der Regel zeigt sich, daß das relative Einkommensniveau nach Abzug der Lohn- und Einkommensteuer in den Räumen mit überdurchschnittlich hohen Bruttoeinkünften sinkt, in denen mit unterdurchschnittlichen Einkünften steigt. In der Summe der kreisfreien Städte ergibt sich ein Absinken des vergleichsweisen Einkommensniveaus (je Einwohner), und zwar 1965 von 126 auf 122 % bei den Landkreisen, ein relativer Anstieg von 86 auf 88 % des jeweiligen Landesdurchschnitts.

Für die Beurteilung des Einkommensniveaus in den einzelnen Räumen ist ferner von Bedeutung, in welchem Maße etwa besonders hohe Einkünfte einzelner Steuerpflichtiger, das durchschnittliche Einkommensniveau beeinflussen. Vor allem in kleineren Räumen könnten besonders hohe Einkünfte einzelner Personen den Einkommensdurchschnitt so stark nach oben drücken, daß es das allgemeine Einkommensniveau nicht mehr richtig wiedergibt. Auch hierfür liefert die Einkommensteuerstatistik Unterlagen, in der der Gesamtbetrag der Einkünfte der einzelnen Steuerpflichtigen nach Größengruppen gegliedert wird. Aus Übersicht 16, in der auch der Anteil der Einkommen über 100 000 DM dargestellt ist, ergibt sich, daß dieser Anteilsatz im allgemeinen in den Räumen mit überdurchschnittlich hohem Einkommensniveau am höchsten und in den einkommensschwächeren Gebieten am niedrigsten liegt. Dies bedeutet, daß das regionale Gefälle der Einkommen der großen Masse der Bevölkerung nicht so groß ist, wie es der jeweilige Einkommensdurchschnitt anzeigt.

### 7. Verfügbare Einkommen, regionale Kaufkraft und Lebenshaltung

Die um die fehlenden Einkünfte aus land- und forstwirtschaftlichem Betrieb ergänzten Gesamteinkünfte aus der Lohn- und Einkommensteuerstatistik stellen auch nach Berücksichtigung der Lohn- und Einkommensteuerleistung nicht das tatsächlich verfügbare Einkommen der Bevölkerung dar. Die Bruttolöhne und -gehälter vermindern sich noch um die Arbeitnehmerbeiträge zu den Einrichtungen der sozialen Sicherung bzw. bei den sozialversicherungsfreien Steuerpflichtigen um deren freiwillige Beiträge zu entsprechenden privaten Versicherungen. Andererseits müßten, um zum verfügbaren Einkommen zu gelangen, die Einkünfte aus öffentlichen Einkommensübertragungen (Sozialversicherungsrenten, Krankengeld, Sozialhilfe, Wohngeld, andere Sozialleistungen) sowie die Leistungen der privaten Versicherungen Berücksichtigung finden. In den volkswirtschaftlichen Gesamtrechnungen der Bundesrepublik Deutschland sind in einer besonderen Umverteilungsrechnung die gesamten laufenden Abführungen der privaten Haushalte aus ihren Erwerbs- und Vermögenseinkommen an die öffentlichen Körperschaften mit 89,3 Mrd. DM nachgewiesen [10]), darunter 35,4 Mrd. DM direkte Steuern und 44,7 Mrd. DM Sozialversicherungsbeiträge, die empfangenen laufenden Übertragungen mit 64,6 Mrd. DM, darunter 59,1 Mrd. DM Leistungen der Sozialversicherung und öffentliche Pensionen. Das daraus sich ergebende verfügbare Einkommen der privaten Haushalte im Jahre 1965 (307,7 Mrd. DM) beläuft sich auf rund 92 % des entsprechenden Erwerbs- und Vermögenseinkommens. Mit Ausnahme der in den Bruttolöhnen nach der Lohnsteuerstatistik enthaltenen öffentlichen Pensionen sowie der in den Lohn- und Einkommensteuerstatistiken nachgewiesenen Steuern liegen keine Unterlagen über die räumliche Auswirkung der Umverteilung auf das erfaßte Bruttoerwerbs- und Vermögenseinkommen vor. Das nach Abzug der direkten Steuern vom Erwerbs- und Vermögenseinkommen verbleibende Einkommen liegt im Bundesdurchschnitt um rd. 3 % niedriger als das verfügbare Einkommen der privaten Haushalte.

Der größte Teil der Umverteilungsvorgänge entfällt auf die Sozialversicherung. Zwischen den Beiträgen zur Rentenversicherung und der Höhe der gezahlten Renten besteht ein enger Zusammenhang. Die Beiträge zur sozialen Krankenversicherung und der Arbeitslosenversicherung richten sich nach der Höhe der Bruttolöhne. Die entsprechenden Leistungen verteilen sich dagegen in etwa nach dem Anteil der Krankenversicherungspflichtigen bzw. der Arbeitslosen, das Kindergeld nach dem Anteil der betreffenden Kinder, die Leistungen der Kriegsopferversorgung und der Sozialhilfe, die aus Steuermitteln finanziert werden, in etwa nach dem räumlichen Anteil der Empfänger. Im ganzen kann wohl angenommen werden, daß die räumlichen Unterschiede im Niveau der verfügbaren Einkommen noch etwas geringer sind als die der in Übersicht 16 dargestellten Nettoeinkünfte.

Das nach Berücksichtigung der Umverteilung über die öffentlichen Haushalte verfügbare Einkommen in den einzelnen Räumen entspricht nicht der von den privaten

---

[10]) Vgl. Statistisches Jahrbuch für die Bundesrepublik Deutschland 1972, S. 521, Übersicht 10.

Haushalten der jeweiligen Räume ausgehenden Kaufkraft. Ein Teil des verfügbaren Einkommens wird gespart. Die Spartätigkeit steigt nach den Wirtschaftsrechnungen privater Haushalte im Durchschnitt mit der Höhe der Einkommen. Der Spartätigkeit steht die Inanspruchnahme von Konsumentenkrediten gegenüber, die allerdings im ganzen gegenüber der Spartätigkeit gering sind.

Hinsichtlich der hier errechneten Einkünfte aus land- und forstwirtschaftlichem Betrieb ist zu berücksichtigen, daß ihr vergleichbarer Kaufwert höher liegt als er sich aus den nominellen Beträgen ergibt, da die selbstverbrauchten eigenen Erzeugnisse (zum Teil 40 % der landwirtschaftlichen Wertschöpfung) dem Betriebsinhaber zu Erzeugerpreisen zur Verfügung stehen und nur in dieser Höhe in den Einkünften enthalten sind. Die sich daraus ergebenden regionalen Vergleichsstörungen dürften aber weitgehend dadurch ausgeglichen sein, daß bei der Ergänzung der land- und forstwirtschaftlichen Einkünfte diese in voller Höhe einbezogen worden sind, während die übrigen Einkünfte eine erhebliche Erfassungslücke aufweisen (vgl. Abschnitt 5d). Bei Beurteilung des Kaufwerts der regionalen Einkünfte sind aber noch weitere Preisunterschiede zu berücksichtigen. So sind Wohnungen und Dienstleistungen auf dem Land gewöhnlich zu niedrigeren Preisen zu haben als in den Städten. Dasselbe gilt für die land- und forstwirtschaftlichen Produkte, welche die Bevölkerung der ländlichen Gebiete zum Teil unmittelbar beim Erzeuger kauft und dafür nicht den vollen, in den Städten üblichen Einzelhandelspreis zu zahlen hat.

Im ganzen dürften die räumlichen Unterschiede in der kaufkräftigen Nachfrage der privaten Haushalte und damit in der Lebenshaltung der Bevölkerung, vor allem beim Vergleich zwischen Stadt und Land, geringer sein als die Unterschiede im nominellen Einkommensniveau.

Die von den privaten Haushalten der einzelnen Räume ausgehende Kaufkraft entspricht nicht der als Nachfrage nach Gütern und Diensten der jeweiligen Räume wirksamen Kaufkraft. Die ländliche Bevölkerung verausgabt ihr Einkommen zum Teil in den angebotsstärkeren Städten, die städtische Bevölkerung in Erholungsgebieten usw. Zur Kaufkraft der privaten Haushalte tritt die Nachfrage der Unternehmen und der öffentlichen Hand, die sich tendenzmäßig insgesamt in etwa entsprechend dem räumlichen Produktionspotential verteilt. Unter Berücksichtigung des Leistungssaldos gegenüber dem Ausland wird damit der Unterschied zwischen Einkommensniveau und Produktionsniveau der einzelnen Räume ausgeglichen und der Einkommenskreislauf geschlossen.

### 8. Vermögen natürlicher Personen nach der Vermögensteuerstatistik

#### a) Inhalt des statistisch erfaßten Vermögens

Für die Beurteilung des Wohlstands der Bevölkerung ist nicht nur die Höhe der laufenden Einkünfte von Bedeutung, sondern bis zu einem gewissen Grad auch die vorhandenen Vermögenswerte in Form von Gebrauchsgütern, welche der unmittelbaren Bedürfnisbefriedigung dienen, und in Form von Kapitalwerten, welche Grundlage der laufenden Einkommen und der Zukunftsicherung bilden.

Die einzige für regionale Untersuchungen verfügbare Unterlage über die Vermögensbestände der Bevölkerung ist die in dreijährigen Abständen durchgeführte Vermögensteuer-Hauptveranlagung und die damit regelmäßig verbundene Vermögensteuerstatistik, deren Ergebnisse für die einzelnen kreisfreien Städte und Landkreise, in denen die veranlagten Eigentümer des Vermögens ihren Wohnsitz haben, veröffentlicht werden.

Allerdings wird für Zwecke der Vermögensbesteuerung nur ein Teil des gesamten Vermögens erfaßt. Vor allem erstreckt sich die Vermögensbesteuerung und daher auch die Statistik im wesentlichen nur auf das sog. Erwerbsvermögen, das unmittelbar der Einkommenserzielung dient. Nicht erfaßt werden daher die für den privaten Gebrauch oder Verbrauch bestimmten Vermögensgüter wie Hausrat, Haushaltsvorräte, kleinere Geldbestände, privat genutzte Fahrzeuge und dergl. Zum steuerbaren Vermögen gehören aber grundsätzlich auch eigengenutzte Eigentümerwohnungen und Eigenheime sowie Wertgegenstände wie Schmuck, Edelsteine und Sammlungen ab einem bestimmten Marktwert.

Von der Besteuerung ausgenommen sind die öffentlichen Vermögen sowie die Vermögensgüter, die gemeinnützigen, kirchlichen und mildtätigen Zwecken dienen, einschließlich der Gemeinschaftseinrichtungen, die mehr oder weniger der Gesamtbevölkerung zur Verfügung stehen.

Der Erfassungsumfang der Vermögensteuerstatistik wird ferner dadurch eingeschränkt, daß auch ein erheblicher Teil des an sich steuerpflichtigen Privatvermögens infolge hoher Steuerfreibeträge unerfaßt bleibt. Die jeweils geltenden Freigrenzen für das Vermögen unterlagen im Laufe der Jahre beträchtlichen Schwankungen. Bis 1930 bestand eine allgemeine Vermögensteuer-Freigrenze von 5000 RM; ab 1931 bis 1945 waren für den Steuerpflichtigen, seine Ehefrau und jedes seiner Kinder Freibeträge von je 10 000 RM zugelassen. Nach dem Kriege entfielen zunächst die Freibeträge für die Ehefrau und die Kinder, wurden jedoch 1949 in Höhe von 10 000 DM bzw. 5000 DM wieder eingeführt. Seit 1960 sind diese allgemeinen persönlichen Freibeträge auf jeweils 20 000 DM festgelegt. Weitere Steuerbefreiungen bestehen wegen Alters und Erwerbsunfähigkeit. Für Körperschaften und Personenvereinigungen besteht eine Vermögensfreigrenze von 10 000 DM.

Wie sich die schwankenden Freibeträge im Zeitverlauf auf die Zahl der erfaßten Steuerpflichtigen auswirken, zeigt folgende Gegenüberstellung:

| Jahr | Erfaßte vermögen-steuerpflichtige natürliche Personen | darunter Steuerbefreite | Körperschaften |
|---|---|---|---|
| | in 1000 | | |
| 1924 | 367,9 | 8,0 | 4,5 |
| 1935 | 96,0 | 30,0 | 5,7 |
| 1946 | 350,1 | — | 3,2 |
| 1957 | 110,3 | 18,6 | 6,4 |
| 1960 | 75,9 | 18,7 | 7,6 |
| 1963 | 75,8 | 6,4*) | 9,1 |
| 1966 | 86,4 | 5,2*) | 10,7 |

*) Lediglich Personen, deren Steuerbefreiung auf Alter und Erwerbsunfähigkeit beruht.

Für die Höhe des Vermögens ist die Bewertung der Vermögensgüter von erheblicher Bedeutung. Da das Vermögen als statische Größe keinen echten Marktwert hat, fehlt es in der Regel an objektiven Maßstäben für die Wertbemessung. Im Rahmen der steuerlichen Vermögensfeststellung finden in erster Linie die sog. Einheitswerte Verwendung, die im allgemeinen auf den Bewertungsgrundsätzen des „gemeinen Wertes" aufbauen, das ist der Preis, der im gewöhnlichen Geschäftsverkehr nach der Beschaffenheit der betreffenden Wirtschaftsgüter bei einer Veräußerung zu erzielen wäre. Für das land- und forstwirtschaftliche Vermögen bemessen sich die Einheitswerte jedoch in der Regel nach dem Ertragswert, bei Mietgrundstücken nach dem Vielfachen der Jahresrohmiete und beim Betriebsvermögen nach dem sog. Teilwert. Da für den gesamten Grundbesitz heute noch die Einheitswerte auf der Preisbasis von 1935 beruhen — die Neubewertung zum 1. Januar 1964 war noch nicht in Kraft getreten — besteht zwischen diesen und den meist gegenwartsbezogenen Werten des Betriebs- und des sonstigen Vermögens eine wachsende Diskrepanz. Sie beeinträchtigt notwendigerweise die objektive Gleichartigkeit der steuerlichen Vermögensermittlung, welche das Bewertungsgesetz in der Bundesrepublik Deutschland nicht zuletzt durch eine regelmäßige allgemeine Neubewertung der Vermögensgüter in bestimmten Zeitabständen gewährleisten soll. Beim Betriebsvermögen, dessen steuerliche Bewertung alle drei Jahre neu erfolgt, handelt es sich eigentlich nicht um Rohvermögen, da hier die Betriebsschulden bereits vor Feststellung des Einheitswertes abgesetzt sind. Nach Abzug der übrigen Schulden des Steuerpflichtigen ergibt sich das Gesamtvermögen, nach Abzug der Freibeträge das steuerpflichtige Vermögen. Infolge der hohen Freibeträge spiegeln die regionalen Ergebnisse der Vermögensteuerstatistik die regionale Verteilung der größeren steuerpflichtigen Vermögen wider, und zwar nach dem Sitz des Steuerpflichtigen — ohne Rücksicht auf die räumliche Lage der einzelnen Vermögensgegenstände. Bei Beurteilung des land- und forstwirtschaftlichen und des Grundvermögens ist die Unterbewertung zu berücksichtigen, so daß dieses im Vergleich zum Betriebsvermögen und dem sonstigen Vermögen in der Statistik ein geringeres Gewicht hat als es ihm nach Gegenwartswerten zukäme.

*b) Statistische Ergebnisse*
(vgl. Tabellen 16 bis 18)

1966 wurden in Bayern im Durchschnitt 8,2 (1957: 11,6) vT Einwohnern in der Vermögensteuerstatistik erfaßt. Bei den kreisfreien Städten betrug der vT-Satz 12,1 (14,4), bei den Landkreisen 6,2 (10,2). Der rückläufige Anteil von 1957 auf 1966 ist vornehmlich auf die erhöhten Freigrenzen zurückzuführen. Von dem 1966 in Bayern insgesamt erfaßten Rohvermögen in Höhe von 25,3 Mrd. DM entfielen nur 0,4 Mrd. DM auf land- und forstwirtschaftliche Betriebe und 2,2 Mrd. DM auf das Grundvermögen, während das gewerbliche Betriebsvermögen mit 11,1 Mrd. DM und das sonstige Vermögen mit 11,6 Mrd. DM beteiligt waren. Von dem nach Abzug aller Schulden ermittelten Gesamtvermögen in Höhe von 21,4 Mrd. DM entfielen auf die kreisfreien Städte 11,3 Mrd. DM, auf die Landkreise 10,1 Mrd. DM, wobei die Anteile des zu Vorkriegspreisen bewerteten land- und forstwirtschaftlichen und Grundvermögens zusammen im Durchschnitt der kreisfreien Städte und der Landkreise annähernd gleich groß waren (12,7 bzw. 12,0 %).

Wie Übersicht 17 zeigt, ist das räumliche Gefälle der in der Vermögensteuerstatistik erfaßten Vermögen der Wohnbevölkerung erheblich größer als die Unterschiede im Einkommen, was zum Teil auf den je nach der Betriebsgrößenstruktur unterschiedlichen Einfluß der Freigrenzen auf die Erfassung zurückzuführen ist, zum Teil vor allem bei manchen Industriestädten, auch darauf, daß das Betriebsvermögen der Körperschaften hier fehlt, während die Bruttolöhne der nichtselbständigen Erwerbstätigen aus diesen Betrieben im Einkommen der betreffenden Räume enthalten sind. Andererseits zeigt nach Tabelle 18 der sehr hohe Anteil der Millionenvermögen in einzelnen Räumen (besonders in Schweinfurt und Miesbach), daß das durchschnittliche Vermögensniveau teil-

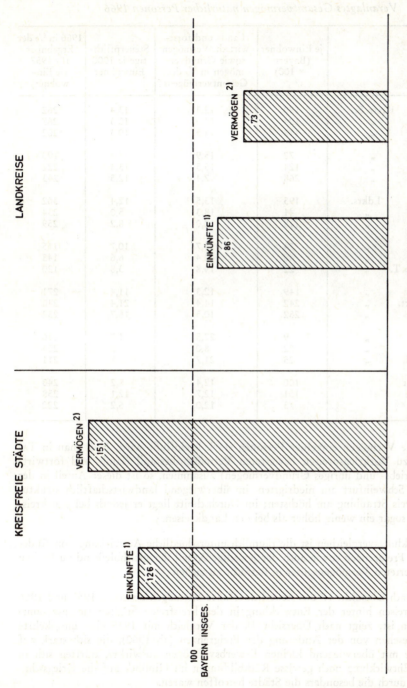

Abb. 6: Erwerbs- und Vermögenseinkünfte sowie steuerlich erfaßtes Vermögen natürlicher Personen in den kreisfreien Städten und den Landkreisen Bayerns im Jahre 1965 bzw. 1966 je Einwohner (Bayern = 100)

Übersicht 17:
*Veranlagtes Gesamtvermögen natürlicher Personen 1966*

|  |  | je Einwohner (Bayern = 100) | Land- und forstwirtsch. Vermögen sowie Grundvermögen in % des Gesamtvermögens | Steuerpflichtige je 1000 Einwohner | 1966 in % der Ergebnisse für 1957 (je Einwohner) |
|---|---|---|---|---|---|
| B München | Krsfr. St. | 180 | 12,3 | 13,4 | 262 |
| B Nürnberg | ” | 124 | 14,9 | 10,3 | 267 |
| B Augsburg | ” | 118 | 14,5 | 10,3 | 202 |
| I Ingolstadt | ” | 72 | 15,9 | 7,2 | 190 |
| I Bayreuth | ” | 124 | 15,5 | 13,4 | 222 |
| I Schweinfurt | ” | 268 | 7,4 | 12,5 | 243 |
| U München | Ldkrs. | 193 | 13,5 | 12,4 | 362 |
| U Nürnberg | ” | 41 | 18,3 | 5,0 | 234 |
| U Augsburg | ” | 118 | 12,0 | 8,2 | 259 |
| L Mainburg | ” | 74 | 25,7 | 10,7 | 115 |
| L Straubing | ” | 48 | 48,4 | 6,6 | 143 |
| L Rothenburg o. T. | ” | 22 | 14,8 | 3,8 | 120 |
| F Berchtesgaden | ” | 149 | 12,3 | 11,4 | 271 |
| F Garmisch-Part. | ” | 242 | 14,4 | 21,4 | 240 |
| F Miesbach | ” | 252 | 10,5 | 16,7 | 252 |
| N Bogen | ” | 9 | 22,5 | 1,7 | 116 |
| N Kötzting | ” | 22 | 8,0 | 3,0 | 204 |
| N Oberviechtach | ” | 25 | 21,7 | 3,1 | 211 |
| Bayern insgesamt |  | 100 | 12,4 | 8,2 | 240 |
| Kreisfreie Städte |  | 151 | 12,7 | 12,1 | 258 |
| Landkreise |  | 73 | 12,0 | 6,2 | 222 |

weise durch die Vermögen einzelner Personen stark beeinflußt wird. Faßt man in Tabelle 18 den zu Vorkriegspreisen bewerteten Vermögensbestand (land- und fortwirtschaftliche Betriebs- und übriges Grundvermögen) zusammen, so ist dieser Anteil in der Industriestadt Schweinfurt am niedrigsten, im überwiegend landwirtschaftlich strukturierten Landkreis Straubing am höchsten; im Durchschnitt liegt er jedoch bei den kreisfreien Städten sogar ein wenig höher als bei den Landkreisen.

Bei Entwicklungsvergleichen ist die räumlich unterschiedliche Auswirkung von Änderungen in den Freigrenzen sowie auch der jeweilige Anteil der gleichbleibend zu Preisen von 1935 bewerteten Vermögensgüter in Betracht zu ziehen.

Während nach Übersicht 17 das steuerlich erfaßte Vermögen zwischen 1957 und 1966 in den Landkreisen hinter der Entwicklung in den kreisfreien Städten (je insgesamt) zurückgeblieben ist, zeigt nach Übersicht 18 der Vergleich mit 1935 eine umgekehrte Tendenz. Abgesehen von der Änderung der Freigrenzen (ab 1960), die sich stark auf die Landkreise mit überwiegend kleinen Erwerbsvermögen auswirkte, dürften sich in der jüngeren Entwicklung noch gewisse Rückbildungen im Hinblick auf die Kriegsschäden andeuten, durch die besonders die Städte betroffen waren.

Übersicht 18:
*Veranlagtes Gesamtvermögen 1966 im Vergleich zu 1935*

|  | Gesamtvermögen 1966 | |
|---|---|---|
|  | je Steuerpflichtiger | je Einwohner |
|  | (1935 = 100) | |
| Kernstädte der Ballungsräume | 304 | 253 |
| Größere kreisfreie Städte (mit 30 000 und mehr Einw.) | 294 | 254 |
| Übrige kreisfreie Städte | 279 | 280 |
| Kreisfreie Städte insgesamt | 297 | 254 |
| Umlandkreise | 429 | 465 |
| Dichtbesiedelte Landkreise (mit 100 und mehr Einw. je qkm) | 295 | 345 |
| Übrige Landkreise | 318 | 306 |
| Landkreise insgesamt | 339 | 343 |
| Bayern insgesamt | 312 | 288 |

\*) Vgl. Dr. SIEBER, a. a. O., S. 126.

Insgesamt bildet die Vermögensteuerstatistik — trotz aller Vorbehalte — bei sachkundiger Auswertung eine wichtige Unterlage zur Beurteilung der Vermögensverhältnisse der Bevölkerung einzelner Räume und ihrer Entwicklung, wofür sonst kein anderes Zahlenmaterial verfügbar ist.

## V. Zusammenfassung

Die für Zwecke der Besteuerung regelmäßig ermittelten Wirtschaftsdaten der Steuerpflichtigen, wie Umsätze, Gewerbeerträge, Einkünfte und Vermögen, werden für bestimmte Jahre statistisch ausgewertet und dabei, außer nach Wirtschaftszweigen, auch nach Verwaltungsbezirken, insbesondere nach einzelnen kreisfreien Städten und Landkreisen, zum Teil auch nach Gemeinden, zusammengefaßt. Damit werden die Besteuerungsgrundlagen zu interessanten Größen für die Wirtschaftsbeobachtung und Regionalforschung. Ihr Inhalt ist allerdings durch die Steuergesetze bestimmt, welche auf steuerliche Erfordernisse ausgerichtet sind. So bleiben Steuerbefreite vielfach unerfaßt. Im übrigen wirken sich auf die erfaßten Daten Steuerfreigrenzen und Steuerbegünstigungen aus. Der Wirtschaftsbereich Land- und Forstwirtschaft fehlt in der Steuerstatistik ganz oder zum großen Teil. Für den regionalen Vergleich ist auch von Bedeutung, daß Umsätze und Betriebsvermögen bei überregionalen Unternehmen mit mehreren Niederlassungen nur für das Gesamtunternehmen bekannt sind und in der regionalen Gliederung der Stasitik daher dem Raum zugerechnet werden müssen, in dem der Sitz der Führungsorgane (Hauptverwaltung) liegt.

Während den Wirtschaftsdaten aus den Steuerstatistiken überprüfbare Angaben der einzelnen Steuerpflichtigen bzw. Unternehmen zugrunde liegen, beruht die seit 1957 in mehrjährigen Abständen durchgeführte Berechnung des Bruttoinlandsprodukts der einzelnen Kreise auf fundierten Schätzungen. Es handelt sich bei letzteren um von Mehrfachzählungen aus dem gegenseitigen Wirtschaftsverkehr bereinigte Nettoleistungsgrößen, in denen sämtliche Wirtschaftsbereiche, darunter auch die öffentliche Verwaltung, berücksichtigt sind.

Durch Gegenüberstellung vergleichbarer Größen der Steuerstatistiken und des Bruttoinlandsprodukts wurde hier für ausgewählte Räume der Grad der Korrelation dargestellt und damit zusammenhängend der Aussagegehalt der Steuerstatistik im Hinblick auf die Bestimmung der Wirtschaftskraft und des Bevölkerungswohlstandes untersucht.

Für Aussagen über das Leistungsniveau einzelner Räume kommen von den Ergebnissen der Steuerstatistiken die Gesamtumsätze, die einheitlichen Gewerbesteuermeßbeträge (nach Zerlegung) sowie das Betriebsvermögen in Betracht.

Die Gesamtumsätze enthalten neben dem Wert der Eigenleistungen der einbezogenen Unternehmen auch die Materialbezüge und Dienstleistungen von anderen Unternehmen (Vorleistungen), während Lagerbestandsveränderungen unberücksichtigt bleiben. Da sie außerdem nur die nichtland- und forstwirtschaftlichen Bereiche (ohne öffentliche Verwaltung) umfassen, sind sie — wie auch die übrigen aus den Steuerstatistiken gewonnenen Wirtschaftsdaten — in ihrer absoluten Höhe mit dem Bruttoinlandsprodukt nicht vergleichbar, doch lassen sich die je-Einwohner-Beträge in ihrem Verhältnis zum Landesdurchschnitt gegenüberstellen. Dabei zeigt sich, daß die Umsatzdaten überwiegend das Leistungsniveau der gewerblichen Wirtschaft mehr oder weniger widerspiegeln. Ausnahmen sind vor allem in kleineren Räumen (besonders Industriegebieten) mit hohem Anteil überregionaler Unternehmen festzustellen, wo die Höhe der Umsätze durch den Standort der Unternehmensleitung (dem der Gesamtumsatz dieser Unternehmen zugerechnet wird) manchmal stark beeinflußt ist. Der Vorzug der Umsatzsteuerstatistiken besteht aber darin, daß vergleichbare Werte auch für die Vorkriegszeit vorliegen und damit — vor allem bei Zusammenfassung größerer Räume — langfristige Entwicklungstendenzen feststellbar sind, wofür entsprechende Unterlagen außerhalb der Steuerstatistiken fehlen.

Auch die zerlegten Gewerbesteuermeßbeträge aus der Gewerbesteuerstatistik, in denen überwiegend der Gewerbeertrag, zum kleineren Teil auch das Gewerbekapital berücksichtigt ist, lassen in der statistischen Zusammenfassung die räumlichen Niveauunterschiede der gewerblichen Leistung meist annähernd erkennen. Im Gegensatz zu den Umsätzen der Umsatzsteuerstatistik sind hier die Werte der Mehrbetriebsunternehmen auf die Räume ihrer Betriebsstätten aufgeteilt. Auch diese Statistik ermöglicht Langzeitvergleiche. Da sie nur in längeren, unregelmäßigen Abständen durchgeführt wird, muß man sich im übrigen unter gewissen Vorbehalten mit den alljährlich aus dem Steueraufkommen der einzelnen Gemeinden errechneten und kreisweise veröffentlichten „Grundbeträgen" behelfen.

Die Einheitswertstatistik bildet die einzige Unterlage über die räumliche Verteilung des Betriebsvermögens. Aktuelle Zahlen lagen allerdings derzeit nur für das gewerbliche Vermögen vor. Das Vermögen der Mehrbetriebsunternehmen ist hier am Sitz der Unternehmensleitung ausgewiesen. Es zeigt sich, daß die räumlichen Unterschiede des gewerblichen Betriebsvermögens bedeutend größer sind, als die der Leistungswerte nach den BIP-Berechnungen, worin zum Teil die unterschiedliche Kapitalintensität der gewerblichen Wirtschaft, aber auch die Zusammenfassung der Vermögenswerte jeweils am Sitz der Unternehmensleitung zum Ausdruck kommt. Die entsprechenden Daten für die früheren Jahre ermöglichen Entwicklungsvergleiche — auch gegenüber der Vorkriegszeit.

Im Gegensatz zu den wirtschaftlichen Leistungswerten stehen Unterlagen über die regionale Verteilung der Einkommen und der Vermögen der Wohnbevölkerung, aus denen der durchschnittliche Wohlstand der Bevölkerung der einzelnen Räume erkennbar ist, nur aus den Steuerstatistiken zur Verfügung. Aus den in mehrjährigen Abständen durchgeführten Einkommensteuerstatistiken ergeben sich die steuerlich erfaßten Einkünfte aus Erwerbstätigkeit und Vermögen. Die auch hier größtenteils fehlenden Einkünfte aus Land- und Forstwirtschaft lassen sich aus anderen Unterlagen annähernd ergänzen. Die Untererfassung der übrigen Einkünfte, die sich vor allem bei der Gegenüberstellung der veranlagten Einkünfte aus selbständiger Erwerbstätigkeit und Vermögen mit den entsprechenden Werten der Volkseinkommensberechnungen für das Land insgesamt ergibt, dürfte den regionalen Vergleich im allgemeinen nicht entscheidend beeinträchtigen, vor allem, wenn man die Löhne und Gehälter (nach der Lohnsteuerstatistik) einerseits und die veranlagten Einkünfte aus selbständiger Erwerbstätigkeit und Vermögen andererseits auf die Höhe der entsprechenden Landeswerte nach den Volkseinkommensberechnungen (nach Abzug der Einkünfte aus land- und forstwirtschaftlichem Betrieb) hochrechnet. Auch hier sind Entwicklungsvergleiche bis weit in die Vorkriegszeit möglich.

Die Lohn- und Einkommensteuerstatistiken liefern aber auch Unterlagen über die Größenstruktur der Erwerbs- und Vermögenseinkommen in den einzelnen Räumen. Aus ihnen lassen sich ferner die Nettoerwerbs- und Vermögenseinkommen der Bevölkerung — nach Abzug der Lohn- und Einkommensteuer — errechnen. Bei Beurteilung der Kaufkraft und des durchschnittlichen Lebenshaltungsniveaus der privaten Haushalte in den einzelnen Räumen muß berücksichtigt werden, daß die regionalen Unterschiede hier geringer sind als die des dargestellten Nettoeinkommens aus Erwerbstätigkeit und Vermögen.

Das in der Vermögensteuerstatistik ermittelte Vermögen der natürlichen Personen umfaßt im wesentlichen nur die gewinnbringenden größeren Vermögen, welche die hohen Freigrenzen übersteigen. Das Grundvermögen ist hier unterbewertet, da ihm noch die Preise des Jahres 1935 zugrunde liegen; die Auswirkungen dieser Unterbewertung auf den regionalen Vergleich lassen sich aus der Zusammensetzung des Gesamtvermögens in den einzelnen Räumen in etwa beurteilen. Unter Berücksichtigung dieser Besonderheiten sind aus den Vermögensteuerstatistiken auch bedeutsame räumliche Entwicklungstendenzen erkennbar.

Insgesamt ist festzustellen, daß ein Teil der Steuerstatistiken Unterlagen über die räumliche Verteilung der gewerblichen Leistung liefert, die überwiegend weitgehend mit entsprechenden Ergebnissen der Inlandsproduktsberechnungen korrelieren, darüber hinaus aber langfristige Entwicklungstendenzen gegenüber weit zurückliegenden Jahren aufzeigen, für die keine Zahlen über das regionale Bruttoinlandsprodukt vorliegen. Zur Beurteilung des regionalen Wohlstandsgefälles bilden die Lohn- und Einkommensteuerstatistiken sowie die Vermögensteuerstatistiken überhaupt die einzige spezielle Unterlage.

## Literaturverzeichnis

Statistik des Deutschen Reichs (bearbeitet im Statistischen Reichsamt): Band 511, Umsatzsteuerstatistik 1935, I. Teil — Berlin 1938. — Band 530, Der Steuerabzug vom Arbeitslohn im Jahre 1936 — Berlin 1939. — Band 534, Einkommen- und Körperschaftsteuerveranlagungen 1935 und 1936 — Berlin 1939. — Band 537, Gewerbesteuerstatistik 1937/38, Teil I — Berlin 1942. — Band 519, Die Hauptveranlagung der Vermögensteuer nach dem Stand vom 1. Januar 1935 — Berlin 1938. — Band 526, Die Hauptfeststellung der Einheitswerte nach dem Stand vom 1. Januar 1935 — Berlin 1939.

Sozialproduktsberechungen der Länder, Heft 3: Bruttoinlandsprodukt der kreisfreien Städte und Landkreise 1957 bis 1966; Gemeinschaftsveröffentlichung der Statistischen Landesämter — Wiesbaden, im November 1968.

Statistisches Jahrbuch für die Bundesrepublik Deutschland 1972.

Wirtschaft und Statistik, 1970, H. 2.

Statistische Jahrbücher für Bayern 1964 und 1972/73.

Bayern in Zahlen, 1952, H. 8/9 und 1969, H. 5.

Zeitschrift des Bayerischen Statistischen Landesamtes 1942, 1953 H. 3/4, 1958 H. 1/2, 1959 H. 1/2.

Beiträge zur Statistik Bayerns: Heft 262, Die Lohnsteuerpflichtigen und die veranlagten Einkommen in Bayern im Jahre 1961. — Heft 289, Lohnkommen und veranlagte Einkommen 1965 in Bayern. — Heft 228, Gewerbeertrag, Gewerbekapital und Gewerbesteuerbelastung in Bayern 1958. — Heft 300, Gewerbeertrag, Gewerbekapital und Gewerbesteuer in Bayern 1966. — Heft 221, Veranlagung zur Vermögensteuer und Einheitswerte für das Betriebsvermögen 1957. — Heft 286, Vermögensteuerhauptveranlagung und Einheitswerte für das Betriebsvermögen 1966.

Statistische Berichte des Bayerischen Statistischen Landesamts: Reihe L II 3, Umsätze und Umsatzsteuer 1957, 1961, 1966. — Reihe LO/Gewerbesteuer, Gewerbeertrag, Gewerbekapital und Steuermeßbeträge in den kreisfreien Städten und Landkreisen 1958. — Reihe L/S, Gewerbliche Lohnsumme, Gewerbe- und Grundsteuereinnahmen nebst Meßbeträgen sowie Lohn- und Einkommensteuer in den Gemeinden, Kreisen und Regierungsbezirken Bayerns 1965. — Reihe LO/ Lohn- und Einkommensteuer, Das lohnsteuerpflichtige und das veranlagte Einkommen 1961 nach kreisfreien Städten und Landkreisen.

JOSEF SIEBER: Der Ballungsprozeß in Bayern im Spiegel der Steuerstatistiken. In: Steuerstatistiken als Grundlage raumwirtschaftlicher Untersuchungen, Forschungs- und Sitzungsberichte der Akademie für Raumforschung und Landesplanung, Bd. 67, Hannover 1971.

Forschungs- und Sitzungsberichte
der Akademie für Raumforschung und Landesplanung

Band 75: Raum und Finanzen 2

# Der Anteil der Ballungsgebiete an den öffentlichen Haushalten unter besonderer Berücksichtigung der Investitionen

— dargestellt an den Beispielsräumen Bayern und Niedersachsen-Bremen —

Inhaltsübersicht

| | | Seite |
|---|---|---|
| Heinrich Hunke, Hannover | Öffentliche Aktivitäten und Raumordnung | 1 |
| Friedrich Schneppe, Hannover | Methodische Hinweise | 17 |
| Josef Wirnshofer, München-Gräfelfing | Der Anteil der Ballungsgebiete an den öffentlichen Haushalten unter besonderer Berücksichtigung der öffentlichen Investitionen in Bayern | 31 |
| Friedrich Schneppe, Hannover, und Ingrid Tornow, Hannover | Der Anteil der Ballungsgebiete an den öffentlichen Haushalten unter besonderer Berücksichtigung der Investitionen in Niedersachsen-Bremen | 139 |

Der gesamte Band umfaßt 250 Seiten; Format DIN B 5, 1972; Preis 40,— DM

Band 84: Raum und Finanzen 3

# Finanzpolitik und Landesentwicklung

Inhaltsübersicht

| | | Seite |
|---|---|---|
| | Vorwort | VII |
| Heinrich Hunke, Hannover | Bemerkungen zu einer Finanzpolitik mit raumwirtschaftlichen Zielen | 1 |
| Gerhard Isenberg, Bonn | Finanzverfassung und Stufung nach dem räumlichen Wirkungsbereich | 9 |
| Wolfgang Albert, Bonn | Wirtschaftsförderung als Regionalpolitik | 21 |
| Bruno Weinberger, Köln | Die Lokalfinanzmasse als Ordnungsfinanz | 27 |
| Otto Barbarino, München | Raumordnungsaspekte in der kommunalen Finanzreform und im Finanzausgleich | 33 |
| Willi Hüfner, Wiesbaden | Ein System integrierter Entwicklungsplanung und Raumordnung | 49 |
| Reimut Jochimsen, Bonn-Kiel | Planung der Aufgabenplanung | 61 |

Der gesamte Band umfaßt 70 Seiten; Format DIN B 5, 1972; Preis 20,— DM

Auslieferung
**HERMANN SCHROEDEL VERLAG KG · HANNOVER**

Forschungs- und Sitzungsberichte
der Akademie für Raumforschung und Landesplanung

Band 98:

# Räumliche Wirkungen öffentlicher Ausgaben

Inhaltsübersicht

|  |  | Seite |
|---|---|---|
|  | Vorwort | VII |
| *Christoph Becker,* Berlin, und *Wulf Henrich Reuter,* Düsseldorf | Grundfragen der Bestimmung der Raumwirksamkeit und der Erfassung raumwirksamer Mittel | 1 |
| *Klaus-Dirk Henke,* Marburg | Methodische Probleme bei der Analyse der regionalen Inzidenz öffentlicher Ausgaben | 27 |
| *Rainer Thoss, Marita Strumann* und *Horst Bölting,* Münster | Der Kapazitätseffekt von Infrastrukturinvestitionen und Investitionsbeihilfen und seine Bedeutung für die Regionalpolitik | 61 |
| *Eberhard Thiel,* Hamburg | Zur Messung der räumlichen Verteilung von Einkommenseffekten öffentlicher Ausgaben | 79 |
| *Volker Arnold,* Göttingen, und *Friedhelm Plath,* Frankfurt a. M. | Volkswirtschaftliche Beurteilung öffentlicher Förderungsmaßnahmen für Industrieansiedlungsprojekte in wirtschafts- und strukturschwachen Gebieten: Nutzen-Kosten-Analyse | 97 |
| *Christoph Becker,* Berlin | Raumbedeutsame Ausgaben in Gebieten des Erholungsreiseverkehrs — Eine Untersuchung zur Problematik raumbedeutsamer Ausgaben in verschiedenen Funktionsräumen | 131 |
| *Reinhard Timmer,* Münster, und *Klaus Töpfer,* Saarbrücken | Zur Regionalisierung des Bundeshaushalts: Raumordnungspolitische Bedeutung und empirische Ergebnisse | 213 |

Der gesamte Band umfaßt 251 Seiten; Format DIN B 5, 1975; Preis 38,— DM

Auslieferung

HERMANN SCHROEDEL VERLAG KG · HANNOVER

Abb. 2/1 (Beitrag Hunke)

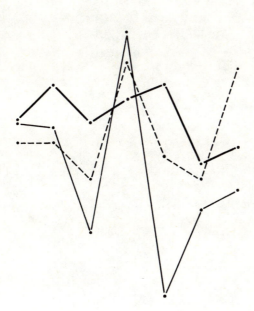

•——————• PRODUKTIVITÄTS-INDEX 1961
•------• PRODUKTIVITÄTS-INDEX 1970
•———————• STEUERMESSBETRÄGE 1966 JE EINW.
LANDESDURCHSCHNITT = 100

WESERMARSCH
DELMENHORST
WILHELMSHAVEN
FRIESLAND
AMMERLAND
OLDENBURG
OLDENBURG LKR.
CLOPPENBURG
VECHTA

*Vergleich zwischen Steuermeßbeträgen und Produktivitätsindices (nach Kreisen)*

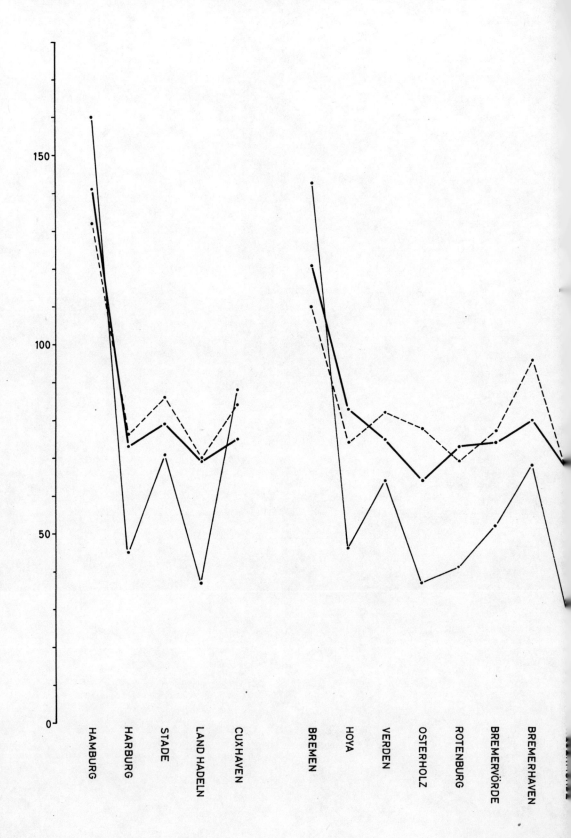

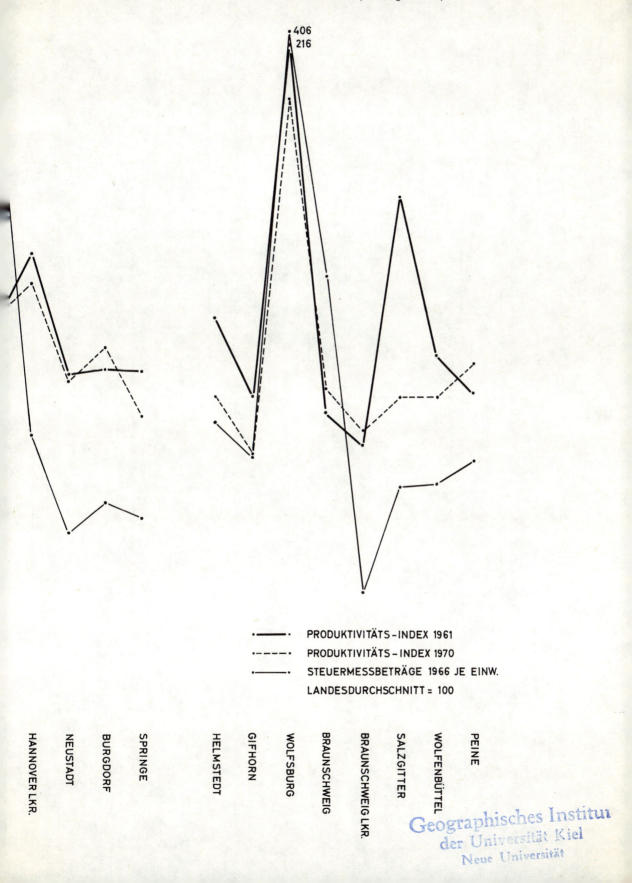
Abb. 2/II (Beitrag Hunke)

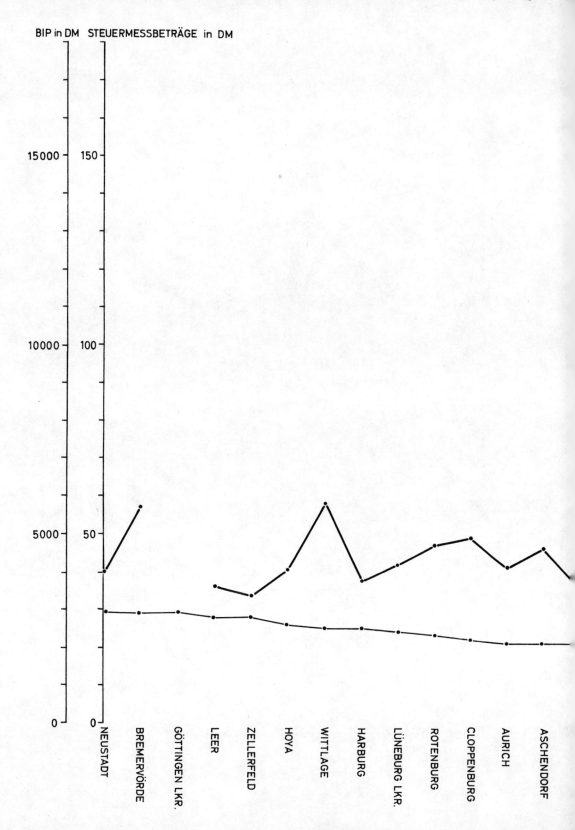

nwohner für das Jahr 1966 (nach Kreisen)     Abb. 1/III (Beitrag Hunke)

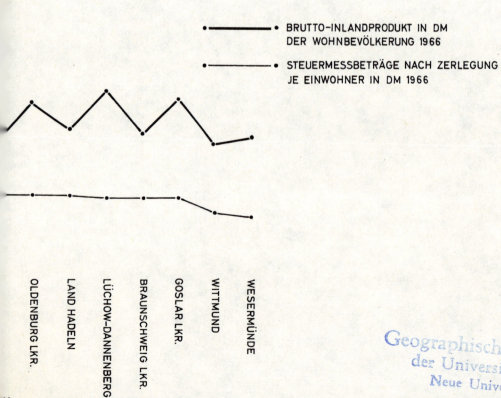

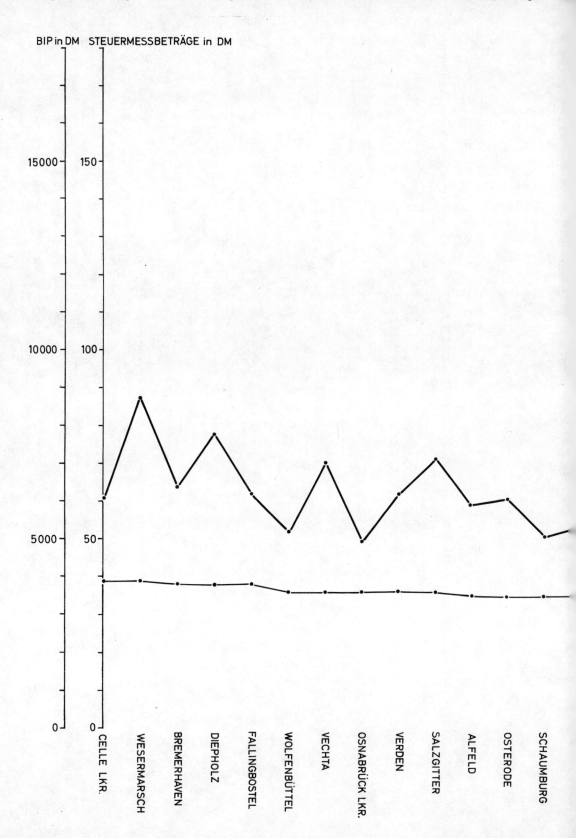

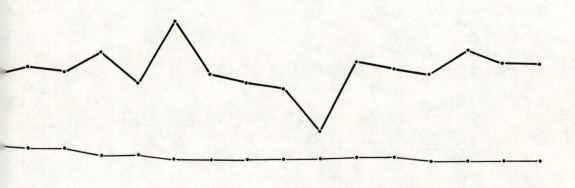

...nwohner für das Jahr 1966 (nach Kreisen)   Abb. 1/II (Beitrag Hunke)

*Gegenüberstellung des Brutto-Inlandproduktes in DM je Einwohner und der Steuermeßbeträge in*

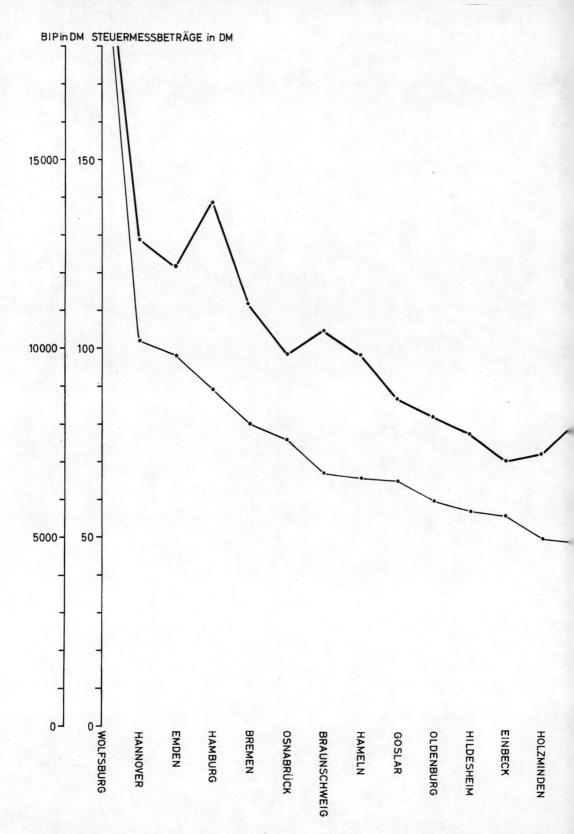

...inwohner für das Jahr 1966 (nach Kreisen)   Abb. 1/I (Beitrag Hunke)

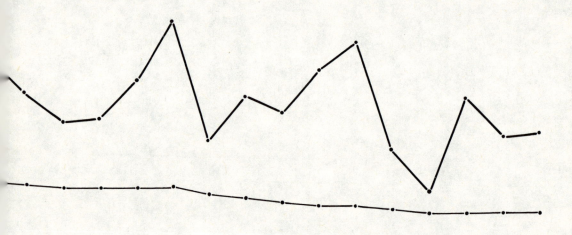

Tabelle 11 (Beitrag Hunke): *Die Lagerung der Stadt- und Landkreise in Schleswig-Holstein im Landesdurchschnitt (Landesdurchschnitt = 100)*

|  |  | auf der Grundlage der Steuermeßbeträge je E | | | auf der Grundlage der Gesamteinkommen je E | | |
|---|---|---|---|---|---|---|---|
|  |  | 1937 | 1966 | Differenz | 1936 | 1968 | Differenz |
| **Planungsraum I** | | | | | | | |
| LK | Pinneberg | 111 | 129 | + 18 | 105 | 116 | + 11 |
| LK | Segeberg | 67 | 66 | − 1 | 58 | 85 | + 27 |
| LK | Stormarn | 59 | 116 | + 57 | 85 | 109 | + 24 |
| LK | Hzt. Lauenburg | 99 | 72 | − 27 | 96 | 108 | + 12 |
| **Planungsraum II** | | | | | | | |
| K St | Lübeck | 193 | 151 | − 42 | 149 | 112 | − 37 |
| LK | Eutin | 64 | 77 | + 13 | 85 | 102 | + 17 |
| LK | Oldenburg | 72 | 73 | + 1 | 70 | 83 | + 13 |
| **Planungsraum III** | | | | | | | |
| K St | Kiel | 149 | 129 | − 20 | 149 | 118 | − 31 |
| K St | Neumünster | 173 | 121 | − 52 | 116 | 111 | − 5 |
| LK | Eckernförde | 41 | 51 | + 10 | 77 | 85 | + 7 |
| LK | Rendsburg | 68 | 78 | + 10 | 71 | 92 | + 21 |
| LK | Plön | 46 | 55 | + 9 | 89 | 90 | + 1 |
| **Planungsraum IV** | | | | | | | |
| LK | Steinburg | 130 | 109 | − 21 | 84 | 95 | + 11 |
| LK | Süderdithmarschen | 49 | 79 | + 20 | 60 | 80 | + 20 |
| LK | Norderdithmarschen | 52 | 79 | + 27 | 66 | 83 | + 17 |
| **Planungsraum V** | | | | | | | |
| LK | Südtondern | 61 | 87 | + 26 | 67 | 82 | + 15 |
| LK | Husum | 50 | 66 | + 16 | 57 | 76 | + 19 |
| LK | Eiderstedt | 39 | 70 | + 31 | 56 | 72 | + 16 |
| **Planungsraum VI** | | | | | | | |
| K St | Flensburg | 113 | 143 | + 30 | 162 | 118 | − 44 |
| LK | Flensburg Land | 25 | 48 | + 23 | 40 | 68 | + 28 |
| LK | Schleswig | 53 | 72 | + 19 | 63 | 81 | + 18 |
| Landesdurchschnitt | | 100 | 100 | | 100 | 100 | |

Tabelle 9 (Beitrag Hunke): Die regionale Verteilung der Steuermeßbeträge, Umsätze und Gesamteinkommen in Schleswig-Holstein (Land insgesamt = 1000)

| | | Steuermeßbetragdichte | | Umsatzdichte | | Einkommendichte | |
|---|---|---|---|---|---|---|---|
| | | 1937 | 1966 | 1935 | 1968 | 1936 | 1968 |
| LK | Pinneberg | 77 | 133 | 87 | 116 | 72 | 122 |
| LK | Segeberg | 24 | 29 | 32 | 36 | 21 | 38 |
| LK | Storman | 25 | 78 | 60 | 66 | 36 | 79 |
| LK | Hzt. Lauenburg | 43 | 41 | 31 | 43 | 42 | 61 |
| Planungsraum I | | 169 | 281 | 210 | 261 | 171 | 300 |
| K St | Lübeck | 183 | 148 | 148 | 136 | 141 | 108 |
| LK | Eutin | 21 | 29 | 27 | 28 | 28 | 39 |
| LK | Oldenburg | 24 | 25 | 34 | 25 | 23 | 29 |
| Planungsraum II | | 228 | 202 | 209 | 189 | 192 | 176 |
| K St | Kiel | 246 | 142 | 177 | 132 | 245 | 125 |
| K St | Neumünster | 54 | 37 | 32 | 28 | 37 | 32 |
| LK | Eckernförde | 11 | 15 | 23 | 17 | 21 | 25 |
| LK | Rendsburg | 43 | 52 | 45 | 66 | 45 | 61 |
| LK | Plön | 21 | 26 | 36 | 30 | 41 | 42 |
| Planungsraum III | | 375 | 272 | 313 | 273 | 389 | 285 |
| LK | Steinburg | 73 | 56 | 56 | 58 | 47 | 48 |
| LK | Süderdithmarschen | 18 | 24 | 25 | 22 | 22 | 23 |
| LK | Norderdithmarschen | 15 | 19 | 24 | 23 | 19 | 20 |
| LK | Südtondern | 17 | 25 | 19 | 22 | 19 | 24 |
| LK | Husum | 16 | 17 | 23 | 20 | 18 | 20 |
| LK | Eiderstedt | 4 | 6 | 7 | 6 | 6 | 6 |
| Planungsraum V | | 47 | 48 | 49 | 48 | 43 | 50 |
| K St | Flensburg | 52 | 56 | 50 | 68 | 74 | 45 |
| LK | Flensburg Land | 7 | 14 | 26 | 19 | 12 | 20 |
| LK | Schleswig | 27 | 29 | 38 | 32 | 32 | 32 |
| Planungsraum VI | | 86 | 99 | 114 | 119 | 118 | 97 |
| Landessumme | | 1 000 | 1 000 | 1 000 | 1 000 | 1 000 | 1 000 |

Tabelle 10 (Beitrag Hunke): Die Entwicklungsdynamik in Schleswig-Holstein nach der Rangordnungsnummernmethode

| | | Steuermeßbeträge je E | | | Gesamteinkommen je E | | |
|---|---|---|---|---|---|---|---|
| | | Rangordnungsnummern | | Rangdifferenz | Rangordnungsnummern | | Rangdifferenz |
| | | 1937 | 1966 | | 1936 | 1968 | |
| LK | Pinneberg | 6 | 4 | + 2 | 5 | 3 | + 2 |
| LK | Segeberg | 10 | 17 | − 7 | 18 | 12 | + 6 |
| LK | Stormarn | 13 | 6 | + 7 | 8 | 6 | + 2 |
| LK | Hzt. Lauenburg | 7 | 15 | − 8 | 6 | 7 | − 1 |
| Planungsraum I | | | | | | | |
| K St | Lübeck | 1 | 1 | = | 3 | 4 | − 1 |
| LK | Eutin | 11 | 12 | − 1 | 9 | 8 | + 1 |
| LK | Oldenburg | 8 | 13 | − 5 | 13 | 14 | − 1 |
| Planungsraum II | | | | | | | |
| K St | Kiel | 3 | 3 | = | 2 | 2 | = |
| K St | Neumünster | 2 | 5 | − 3 | 4 | 5 | − 1 |
| LK | Eckernförde | 19 | 20 | − 1 | 11 | 13 | − 2 |
| LK | Rendsburg | 9 | 11 | − 2 | 12 | 10 | + 2 |
| LK | Plön | 18 | 19 | − 1 | 7 | 11 | − 4 |
| Planungsraum III | | | | | | | |
| LK | Steinburg | 4 | 7 | − 3 | 10 | 9 | − 1 |
| LK | Süderdithmarschen | 17 | 10 | + 7 | 17 | 18 | − 1 |
| LK | Norderdithmarschen | 15 | 9 | + 6 | 15 | 15 | = |
| Planungsraum IV | | | | | | | |
| LK | Südtondern | 12 | 8 | + 4 | 14 | 16 | − 2 |
| LK | Husum | 16 | 18 | − 2 | 19 | 19 | = |
| LK | Eiderstedt | 20 | 16 | + 4 | 20 | 20 | = |
| Planungsraum V | | | | | | | |
| K St | Flensburg | 5 | 2 | + 3 | 1 | 1 | = |
| LK | Flensburg-Land | 21 | 21 | = | 21 | 21 | = |
| LK | Schleswig | 14 | 14 | = | 16 | 17 | − 1 |
| Planungsraum VI | | | | | | | |

Tabelle 8, S. 1 (Beitrag Hunke):

|  | Steuermeßbeträge absolut in ‰ | | | Rang-ordnungs-nummer 1966 zu 1937 je E | Umsätze Rang-ordnungs-nummer 1970 zu 1935 | Gesamtein absolut in ‰ | | |
|---|---|---|---|---|---|---|---|---|
|  | 1937 | 1958 | 1966 |  |  | 1936 | 1954/55 | 1965 |
| *Gruppe I* | | | | | | | | |
| Wolfsburg | 0 | 46 | 36 | + 79 | + 79 | 0 | 6 | 11 |
| Salzgitter | 0 | 15 | 8 | + 39 | + 75 | 0 | 11 | 12 |
| Gifhorn | 2 | 5 | 10 | + 39 | − 10 | 4 | 9 | 11 |
| Einbeck | 2 | 4 | 5 | + 33 | + 20 | 2 | 4 | 4 |
| Melle | 2 | 3 | 4 | + 33 | + 3 | 2 | 3 | 4 |
| Hameln | 5 | 7 | 6 | + 5 | + 3 | 5 | 7 | 6 |
| Hameln-Pyrmont | 2 | 4 | 5 | + 7 | + 14 | 4 | 7 | 7 |
| Schaumburg | 2 | 4 | 5 | + 19 | + 23 | 4 | 7 | 7 |
| Nienburg | 3 | 6 | 8 | + 36 | + 5 | 4 | 8 | 8 |
| Holzminden | 4 | 6 | 8 | + 17 | + 13 | 5 | 8 | 7 |
| Lingen | 2 | 7 | 7 | + 50 | + 36 | 3 | 5 | 5 |
| Vechta | 2 | 4 | 6 | + 30 | + 27 | 2 | 4 | 5 |
| Cloppenburg | 2 | 3 | 4 | + 4 | + 34 | 3 | 4 | 5 |
| Bersenbrück | 2 | 4 | 5 | + 13 | + 28 | 4 | 6 | 6 |
| Soltau | 2 | 3 | 4 | − 8 | + 18 | 3 | 5 | 6 |
| *Gruppe II* | | | | | | | | |
| Harburg | 2 | 4 | 6 | + 3 | − 12 | 6 | 10 | 13 |
| Hannover L | 13 | 17 | 18 | − 12 | + 5 | 12 | 18 | 24 |
| Burgdorf | 5 | 8 | 8 | − 17 | − 12 | 6 | 11 | 12 |
| Springe | 2 | 3 | 4 | − 2 | − 29 | 3 | 6 | 6 |
| Neustadt | 3 | 4 | 6 | − 29 | − 40 | 4 | 6 | 9 |
| Hildesheim-Marienburg | 8 | 7 | 7 | − 29 | − 44 | 7 | 10 | 10 |
| Alfeld | 4 | 5 | 5 | − 3 | − 13 | 5 | 8 | 7 |
| Wolfenbüttel | 6 | 7 | 9 | + 8 | − 17 | 10 | 14 | 14 |
| Helmstedt | 12 | 16 | 10 | − 5 | − 40 | 8 | 12 | 11 |

| Rang-ordnungs-nummer 1968 zu 1936 | Steigerung in % | Bevölkerung in ‰ des Gesamtraumes | | | | 1970 zu 1939 | Industriebeschäftigte absolut in % des Gesamtraumes | | | 1970 zu 1951 |
|---|---|---|---|---|---|---|---|---|---|---|
| | | 1939 | 1950 | 1961 | 1970 | | 1951 | 1961 | 1970 | |
| | | | | − 0,19 | | | 1641 | 2059 | 3013 | |
| − 1 | − 1 % | 9,07 | 11,04 | 9,45 | 9,26 | + 0,19 | 0,30 | 0,25 | 0,33 | + 0,03 |
| | | | | | | | 2970 | 4558 | 5762 | |
| − 10 | − 5 % | 17,36 | 19,86 | 17,45 | 17,88 | + 0,52 | 0,55 | 0,55 | 0,63 | + 0,08 |
| | | | | | | | 2699 | 4216 | 5924 | |
| − 4 | − 2 % | 9,41 | 10,07 | 9,50 | 10,43 | + 1,02 | 0,50 | 0,51 | 0,65 | + 0,15 |
| | | | | + 0,69 | | | 2281 | 3676 | 5330 | |
| − 3 | − 24 % | 12,15 | 9,32 | 9,04 | 9,73 | − 2,42 | 0,42 | 0,44 | 0,58 | + 0,16 |
| | | | | | | | 2475 | 4215 | 4447 | |
| − 3 | − 5 % | 9,45 | 8,29 | 9,06 | 9,86 | + 0,41 | 0,45 | 0,51 | 0,48 | + 0,03 |
| | | | | | | | 7545 | 16448 | 15772 | |
| − 26 | − 18 % | 11,72 | 12,92 | 11,46 | 11,93 | + 0,21 | 1,38 | 1,98 | 1,73 | + 0,35 |
| | | | | | | | 8564 | 9170 | 7771 | |
| − 11 | − 17 % | 23,28 | 13,77 | 13,64 | 13,14 | − 9,14 | 1,22 | 1,11 | 0,85 | − 0,37 |
| | | | | | | | 4999 | 10211 | 12182 | |
| − 16 | − 11 % | 14,30 | 15,30 | 13,19 | 12,54 | − 1,76 | 0,92 | 1,23 | 1,34 | + 0,48 |
| | | | | | | | 1851 | 4797 | 5745 | |
| − 2 | − 1 % | 10,06 | 11,07 | 9,94 | 9,70 | − 0,36 | 0,34 | 0,58 | 0,63 | + 0,29 |
| | | | | | | | 1053 | 1406 | 1481 | |
| − 19 | − 16 % | 8,92 | 10,31 | 8,32 | 8,11 | − 0,81 | 0,19 | 0,17 | 0,16 | − 0,03 |
| | | | | | | | 928 | 429 | 1127 | |
| − 8 | − 22 % | 8,14 | 7,95 | 7,02 | 7,26 | − 0,88 | 0,17 | 0,05 | 0,12 | − 0,05 |
| | | | | | | | 11261 | 13733 | 15592 | |
| − 11 | − 1 % | 22,11 | | 19,71 | 18,28 | − 3,83 | 2,07 | 1,66 | 1,71 | − 0,36 |
| | | | | + 0,52 | | | 4077 | 6048 | 7404 | |
| − 11 | − 10 % | 19,21 | 18,00 | 16,85 | 17,37 | − 2,54 | 0,75 | 0,73 | 0,81 | + 0,06 |
| | | | | | | | 8089 | 9970 | 8983 | |
| − 8 | − 8 % | 11,58 | 14,45 | 12,32 | 11,57 | − 0,01 | 1,48 | 1,20 | 0,98 | − 0,50 |
| | | | | − 0,49 | | | 11448 | 15117 | 14350 | |
| − 3 | − 2 % | 10,78 | 12,42 | 11,46 | 10,97 | + 0,21 | 2,10 | 1,82 | 1,57 | − 0,53 |
| | | | | | | | 1359 | 2072 | 2587 | |
| − 1 | — | 3,69 | 4,16 | 3,68 | 3,58 | − 0,11 | 0,25 | 0,25 | 0,28 | + 0,03 |
| | | | | | | | 15768 | 16232 | 15901 | |
| − 20 | − 13 % | 13,11 | 12,83 | 13,69 | 14,22 | + 1,11 | 2,89 | 1,96 | 1,74 | − 1,15 |
| | | | | + 0,27 | | | 904 | 1630 | 1533 | |
| − 20 | − 14 % | 11,81 | 11,30 | 10,33 | 10,60 | − 1,21 | 0,17 | 0,20 | 0,17 | — |
| | | | | | | | 1508 | 2100 | 3454 | |
| − 8 | − 4 % | 15,49 | 16,70 | 17,04 | 16,74 | + 1,25 | 0,28 | 0,25 | 0,37 | + 0,09 |
| | | | | | | | 11835 | 15674 | 16622 | |
| − 9 | − 2 % | 15,02 | 15,99 | 16,45 | 17,85 | + 2,83 | 2,17 | 1,89 | 1,82 | − 0,35 |
| | | | | | | | 2449 | 3029 | 2147 | |
| − 14 | − 5 % | 8,38 | 9,82 | 9,89 | 11,95 | + 3,57 | 0,45 | 0,37 | 0,23 | − 0,22 |
| | | | | | | | 2692 | 2571 | 2123 | |
| − 2 | − 4 % | 6,82 | 6,82 | 5,69 | 5,22 | − 1,60 | 0,49 | 0,31 | 0,23 | − 0,26 |
| | | | | | | | 7007 | 7712 | 8815 | |
| − 26 | − 18 % | 10,73 | 11,83 | 12,77 | 13,41 | + 2,68 | 1,29 | 0,93 | 1,01 | − 0,36 |
| | | | | | | | 1178 | 1427 | 1986 | |
| − 9 | − 1 % | 6,74 | 8,15 | 7,14 | 7,20 | + 0,46 | 0,22 | 0,17 | 0,21 | − 0,01 |
| | | | | − 0,51 | | | 13650 | 16814 | 14343 | |
| − 10 | − 7 % | 11,54 | 14,44 | 13,05 | 12,54 | + 1,00 | 2,35 | 1,37 | 1,57 | − 0,78 |

Noch Tabelle 8 (Beitrag Hunke):

|  | Steuermeßbeträge absolut in ‰ | | | Rang-ordnungs-nummer 1966 zu 1937 | Umsätze Rang-ordnungs-nummer 1970 zu 1935 | Gesamtei absolut in ‰ | | |
|---|---|---|---|---|---|---|---|---|
|  | 1937 | 1958 | 1966 | | | 1936 | 1954/55 | 1965 |
| *Gruppe III* | | | | | | | | |
| Bremervörde | 1 | 3 | 4 | + 10 | + 23 | 2 | 4 | 5 |
| Stade | 6 | 8 | 10 | + 4 | − 16 | 10 | 11 | 12 |
| Ammerland | 2 | 3 | 4 | + 9 | + 19 | 3 | 5 | 6 |
| Aschendorf | 1 | 2 | 3 | + 5 | + 36 | 2 | 4 | 4 |
| Meppen | 2 | 5 | 4 | + 11 | + 7 | 2 | 4 | 4 |
| Friesland | 3 | 5 | 7 | + 22 | + 17 | 6 | 6 | 7 |
| Wilhelmshaven | 7 | 5 | 8 | + 4 | + 7 | 17 | 10 | 10 |
| Wesermarsch | 5 | 6 | 7 | + 10 | − 7 | 7 | 8 | 8 |
| Diepholz | 2 | 4 | 5 | + 30 | + 4 | 3 | 5 | 5 |
| *Gruppe IVa* | | | | | | | | |
| Land Hadeln | 3 | 2 | 2 | − 36 | − 14 | 3 | 4 | 4 |
| Wittmund | 3 | 1 | 2 | − 34 | − 3 | 2 | 2 | 3 |
| Bremerhaven | 20 | 13 | 11 | − 23 | − 10 | 20 | 17 | 16 |
| Leer | 6 | 6 | 7 | − 18 | − 11 | 8 | 8 | 9 |
| Northeim | 4 | 4 | 5 | − 22 | − 20 | 6 | 8 | 8 |
| Osterode | 4 | 5 | 6 | − 15 | + 26 | 5 | 8 | 8 |
| Wittlage | 1 | 1 | 1 | − 5 | + 16 | 1 | 2 | 2 |
| Bentheim | 7 | 9 | 8 | − 1 | − 6 | 7 | 9 | 8 |
| Norden | 3 | 5 | 5 | − 17 | + 2 | 5 | 5 | 6 |
| *Gruppe IVb* | | | | | | | | |
| Oldenburg L | 1 | 2 | 3 | − 1 | − 14 | 3 | 5 | 6 |
| Osnabrück L | 6 | 7 | 9 | − 5 | − 13 | 8 | 11 | 12 |
| Braunschweig L | 3 | 2 | 3 | − 34 | − 12 | 5 | 6 | 8 |
| Goslar L | 2 | 2 | 2 | − 30 | − 43 | 3 | 4 | 3 |
| Celle L | 15 | 10 | 7 | − 28 | + 6 | 6 | 8 | 8 |
| Rotenburg | 2 | 2 | 2 | − 16 | − 23 | 2 | 4 | 4 |
| Peine | 11 | 9 | 7 | − 22 | − 5 | 7 | 10 | 9 |

| Rang-ordnungs-nummer 1968 zu 1936 je E | Steigerung in % | Bevölkerung in ‰ des Gesamtraumes | | | | | Industriebeschäftigte absolut in % des Gesamtraumes | | | |
|---|---|---|---|---|---|---|---|---|---|---|
| | | 1939 | 1950 | 1961 | 1970 | 1970 zu 1939 | 1951 | 1961 | 1970 | 1970 zu 1951 |
| + 79 | + 36 % | 1,33 | 3,46 | 8,79 | 11,34 | + 10,01 | | 37860 / 4,56 | 53225 / 6,15 | + 6,15 |
| + 56 | | 8,94 | 13,70 | 15,01 | 15,12 | + 6,18 | 13858 / 2,54 | 26698 / 3,22 | 32762 / 3,59 | + 1,05 |
| + 20 | + 17 % | 12,88 | 16,23 | 16,25 | 17,35 | + 4,47 | 3888 / 0,61 | 5000 / 0,60 | 8448 / 0,92 | + 0,31 |
| + 19 | + 8 % | 5,29 | 6,50 | 5,81 | 5,45 | + 0,16 | 3099 / 0,57 | 5704 / 0,69 | 6840 / 0,75 | + 0,18 |
| + 25 | + 14 % | 5,37 | 5,97 | 5,34 | 5,29 | − 0,15 | 2830 / 0,52 | 4172 / 0,50 | 6198 / 0,68 | + 0,16 |
| + 14 | + 15 % | 6,23 | 6,55 | 6,87 | 6,07 | − 0,16 | 7394 / 1,36 | 12132 / 1,46 | 10739 / 1,18 | − 0,18 |
| + 10 | + 4 % | 9,61 | 12,71 | 10,49 | 10,56 | + 0,95 | 5376 / 0,99 | 5358 / 0,65 | 6298 / 0,69 | − 0,30 |
| + 10 | + 19 % | 10,07 | 12,44 | 10,30 | 10,33 | + 0,26 | 3930 / 0,73 | 6358 / 0,82 | 7772 / 0,85 | + 0,12 |
| + 8 | + 7 % | 13,08 | 15,72 | 13,50 | 13,11 | + 0,03 | 4995 / 0,92 | 7137 / 0,86 | 9403 / 1,03 | + 0,11 |
| + 7 | | 10,78 | 12,93 | 11,10 | 10,28 | − 0,50 | 9993 / 1,83 | 12305 / 1,46 | 13048 / 1,43 | − 0,40 |
| + 6 | + 3 % | 9,60 | 9,11 | 9,72 | 10,25 | + 0,65 | 1856 / 0,34 | 4973 / 0,60 | 5249 / 0,57 | + 0,23 |
| + 1 | | 10,23 | 10,76 | 10,35 | 11,07 | + 0,85 | 2093 / 0,38 | 5057 / 0,61 | 6257 / 0,68 | + 0,30 |
| — | | 13,44 | 12,90 | 12,38 | 13,32 | − 0,12 | 1507 / 0,28 | 2100 / 0,28 | 3454 / 0,37 | + 0,09 |
| + 3 | | 11,73 | 12,07 | 10,88 | 10,61 | − 1,12 | 3551 / 0,65 | 5656 / 0,68 | 7372 / 0,80 | + 0,15 |
| + 6 | | 6,63 | 8,77 | 8,08 | 8,33 | + 1,70 | 1598 / 0,29 | 2433 / 0,29 | 3230 / 0,35 | + 0,06 |
| + 34 | + 20 % | 12,81 | 16,36 | 15,80 | 18,48 | + 5,67 | 2032 / 0,37 | 2805 / 0,34 | 3818 / 0,41 | + 0,04 |
| + 5 | + 7 % | 17,97 | 21,06 | 24,11 | 29,88 | + 11,91 | 17105 / 3,14 | 24902 / 3,00 | 27867 / 3,05 | − 0,09 |
| + 12 | + 7 % | 12,07 | 15,64 | 15,66 | 17,62 | + 5,55 | 6409 / 1,18 | 7825 / 0,94 | 7726 / 0,84 | − 0,34 |
| + 11 | + 7 % | 6,73 | 9,28 | 8,45 | 9,00 | + 2,27 | 5570 / 1,02 | 6436 / 0,78 | 7201 / 0,79 | − 0,23 |
| + 1 | — | 7,76 | 9,88 | 10,30 | 15,17 | + 9,41 | 2839 / 0,52 | 4834 / 0,58 | 5626 / 0,61 | + 0,09 |
| + 8 | + 3 % | 13,21 | 17,26 | 14,82 | 15,21 | + 2,00 | 9383 / 1,72 | 11901 / 1,43 | 11039 / 1,21 | − 0,51 |
| + 10 | + 4 % | 10,02 | 12,99 | 10,94 | 10,17 | + 0,15 | 9704 / 1,78 | 10341 / 1,25 | 9128 / 1,00 | − 0,78 |
| + 16 | + 8 % | 17,87 | 20,23 | 18,22 | 17,32 | − 0,65 | 12029 / 2,21 | 13493 / 1,61 | 13005 / 1,42 | − 1,21 |
| + 17 | + 4 % | 14,72 | 17,27 | 16,25 | 15,21 | + 0,49 | 12787 / 2,35 | 11339 / 1,37 | 9488 / 1,04 | − 0,98 |

Tabelle 6 (Beitrag Hunke):

*Die regionale Verteilung der Gesamteinkünfte je Einwohner 1936—1968[1])*

| Rang-Ordn.-Nr. 1936 | Kreis | Ges.-einkünfte je E | Rangordn.-Nr. 1968 | Alter Rang | Ges.-einkünfte je E | Autonomes Wachstum | Rangdiff. | Aufsteiger | Ges.-einkünfte je E | Autonomes Wachstum | Rangdiff. | Absteiger | Ges.-einkünfte je E | Autonomes Wachstum | Rangdiff. |
|---|---|---|---|---|---|---|---|---|---|---|---|---|---|---|---|
| 1 | Hamburg | 1189 | 1 | Hamburg | 6584 | 5,6 | — | | | | | | | | |
| 2 | Bremen | 1043 | 2 | Hannover | 5991 | 6,2 | + 1 | Wolfsburg | 6112 | | + 63 | | | | |
| 3 | Cuxhaven | 966 | 3 | | | | | | | 7,5 | | | | | |
| 4 | Hannover | 958 | 4 | Osnabrück | 5525 | 6,5 | + 2 | Hameln | 5548 | | + 14 | | | | |
| 5 | Braunschweig | 911 | 5 | Bremen | 5473 | 5,2 | — 4 | | | | | | | | |
| 6 | Bremerhaven | 876 | 6 | Cuxhaven | 5399 | 5,5 | — 4 | | | | | | | | |
| 7 | Osnabrück | 842 | 7 | Braunschweig | 5341 | 5,7 | — 3 | | | | | | | | |
| 8 | Oldenburg | 821 | 8 | Hildesheim | 5321 | 6,7 | + 1 | | | | | | | | |
| 9 | Oldenburg | 821 | 9 | Celle | 5166 | 6,5 | + 1 | | | | | | | | |
| 10 | Hildesheim | 811 | 10 | Lüneburg | 5067 | 6,7 | + 5 | | | | | | | | |
| 11 | Celle | 797 | 11 | Goslar | 5033 | 6,5 | + 2 | | | | | | | | |
| 12 | Osterholz | 786 | 12 | Oldenburg | 5021 | 6,1 | — 4 | | | | | | | | |
| 13 | Göttingen | 780 | 13 | Hannover L | 4929 | 7,0 | + 5 | | | | | | | | |
| 14 | Goslar | 779 | 14 | Emden | 4854 | 6,2 | — | | | | | | | | |
| 15 | Emden | 777 | 15 | Göttingen | 4836 | 6,2 | — 3 | | | | | | | | |
| 16 | Lüneburg | 758 | 16 | | | | | | | | | Bremerhaven | 4827 | 5,5 | — 11 |
| 17 | Delmenhorst | 744 | 17 | Delmenhorst | 4742 | 6,4 | — 1 | | | | | | | | |
| 18 | Hameln | 741 | 18 | | | | | | | | | Wilhelmshaven | 4582 | 5,5 | — 11 |
| 19 | Hannover L | 695 | 19 | | | | | | | | | | | | |
| 20 | Verden | 617 | 20 | | | | | Burgdorf | 4429 | 8,8 | + 12 | | | | |
| 21 | Münden | 573 | 21 | | | | | Harburg | 4396 | 12,0 | + 34 | | | | |
| 22 | Peine | 567 | 22 | | | | | Salzgitter | 4396 | 8,9 | + 22 | | | | |
| 23 | Blankenburg | 557 | 23 | | | | | Wolfenbüttel | 4325 | 8,8 | + 16 | | | | |
| 24 | Celle L | 539 | 24 | | | | | Springe | 4303 | | + 11 | | | | |
| 25 | Stade | 529 | 25 | Neustadt | 4242 | 8,0 | + 1 | | | | | | | | |
| 26 | Neustadt | 526 | 26 | Helmstedt | 4192 | 8,3 | + 7 | | | | | | | | |
| 27 | Braunschweig L | 521 | 27 | Schaumburg-Lippe | 4161 | 8,1 | + 3 | | | | | | | | |
| 28 | Zellerfeld | 518 | 28 | Alfeld | 4142 | 8,5 | + 10 | | | | | | | | |
| 29 | Bentheim | 515 | 29 | | | | | Melle | 4137 | 11,3 | + 25 | | | | |
| 30 | Schaumburg-Lippe | 508 | 30 | | | | | Einbeck | 4134 | 10,3 | + 19 | | | | |
| 31 | Friesland | 505 | 31 | Peine | 4115 | 7,2 | — 9 | | | | | | | | |
| 32 | Burgdorf | 502 | 32 | Gandersheim | 4054 | 8,3 | + 4 | | | | | | | | |
| 33 | Helmstedt | 500 | 33 | | | | | | | | | Münden | 4028 | 7,0 | — 12 |
| 34 | Osnabrück L | 489 | 34 | Holzminden | 4012 | 8,7 | + 7 | | | | | | | | |
| 35 | Springe | 488 | 35 | Stade | 4010 | 7,5 | — 10 | | | | | | | | |
| 36 | Gandersheim | 488 | 36 | Hild.-Marienburg | 3999 | 9,0 | + 8 | | | | | | | | |
| 37 | Wesermarsch | 487 | 37 | Hameln-Pyrmont | 3985 | 9,8 | + 10 | | | | | | | | |

Tabelle 7 (Beitrag Hunke): *Gegenüberstellung von Leistungs- und Einkommensseite der Kreise 1936—1968[1]*

| Regionen Kreise | | Steuermeßbeträge je E | | | | | Einkommen je E | | | | | Absolute Steuermeßbeträge | | | Gesamteinkünfte in DM je E | | | |
|---|---|---|---|---|---|---|---|---|---|---|---|---|---|---|---|---|---|---|
| | | Rangordnungs-Nummern | | | Trend | | Rangordnungs-Nummern | | | Trend | | | | über bzw. unter dem Rang 1937 | | | über bzw. unter dem Rang 1936 | |
| | | 1937 | 1958 | 1966 | 1937/1966 | 1958/1966 | 1936 | 1954/55 | 1968 | 1936/1968 | 1954/1968 | nach Rang 1966 | nach Rang 1937 | | 1968 tatsächlich | nach Rang 1936 fiktiv | absolut in DM | in % |
| *Hamburg-Unterelbe* | Hamburg | 3 | 2 | 4 | — | — | 1 | 3 | 89 | — | — | 80 | | — | 5473 | 6112 | — 639 | — 11% |
| | Harburg | 69 | 70 | 66 | — 3 | + 1 | 62 | 55 | 25 | + 34 | + 21 | 26 | | + 4% | 3356 | 3477 | — 121 | — 3% |
| | Stade | 33 | 39 | 29 | + + 4 | + 10 | 41 | 43 | 40 | — | + 6 | 36 | 38 | + 13% | 3971 | 3937 | + 34 | — 11% |
| | Land Hadeln | 38 | 72 | 74 | — — 36 | — 2 | 71 | 71 | 35 | — 10 | + 4 | 21 | 38 | + 5% | 4010 | 3937 | + 34 | — 16% |
| | Cuxhaven | 14 | 14 | 14 | — | — | 12 | 12 | 7 | — 19 | — 9 | 49 | | — 41% | 3024 | 3509 | — 485 | |
| *Bremen-Unterweser* | Bremen | 1 | 4 | 5 | + 3 | + 1 | 3 | 3 | 6 | — 4 | + 3 | 80 | | — 10% | 5399 | 5991 | — 592 | — 11% |
| | Hoya | 65 | 69 | 64 | — 5 | — 5 | 55 | 55 | 59 | — 4 | + 3 | 26 | | + 4% | 3356 | 3477 | — 121 | — 3% |
| | Verden | 21 | 62 | 38 | + 16 | + 24 | 20 | 43 | 40 | + 4 | + 3 | 28 | | + 28% | 3971 | 3149 | + 52 | — 3% |
| | Osterholz | 16 | 77 | 72 | — 16 | + 5 | 43 | 56 | 54 | — 11 | + 2 | 36 | 15 | + 40% | 3531 | 3341 | + 190 | — 5% |
| | Rotenburg | 52 | 67 | 68 | + + 10 | — 1 | 56 | 60 | 61 | — 3 | — 1 | 23 | 31 | + 23% | 3339 | 3381 | — 42 | — 1% |
| | Bremervörde | 70 | 64 | 60 | + 4 | + 4 | 72 | 75 | 73 | + 11 | — 2 | 29 | 31 | + 38% | 3097 | 3149 | — 52 | — 1% |
| | Bremerhaven | 9 | 19 | 32 | — 23 | — 13 | 6 | 6 | 17 | — 11 | — 8 | 38 | 65 | + 58% | 4827 | 5473 | — 646 | — 14% |
| | Wesermünde | 74 | 78 | 79 | — 5 | — 1 | 78 | 57 | 64 | + 10 | — 5 | 15 | 21 | + 11% | 3267 | 3356 | — 89 | — 3% |
| | Wesermarsch | 41 | 34 | 31 | + 10 | + 3 | 34 | 48 | 53 | — 19 | — 5 | 35 | | + 29% | 3569 | 3985 | — 416 | — 11% |
| | Delmenhorst | 7 | 13 | 16 | — 9 | — 3 | 13 | 18 | 18 | — 1 | — | 67 | | — 30% | 4742 | 4827 | — 85 | — 2% |
| *Oldenburgs* | Wilhelmshaven | 29 | 49 | 25 | + + 4 | + + 24 | 8 | 17 | 19 | — 11 | — 2 | 41 | 45 | — | 4582 | 5341 | — 759 | — 17% |
| | Friesland | 49 | 33 | 27 | + 22 | + 6 | 31 | 59 | 57 | — 26 | + 2 | 40 | 31 | + 27% | 3477 | 4115 | — 638 | — 18% |
| | Ammerland | 64 | 57 | 55 | + 9 | + 2 | 62 | 68 | 66 | — 4 | + 2 | 30 | 26 | + 14% | 3228 | 3295 | — 67 | — 2% |
| | Oldenburg | 17 | 24 | 10 | + 7 | + 14 | 9 | 13 | 13 | — 3 | — | 60 | 47 | + 40% | 5021 | 5321 | — 300 | — 6% |
| | Oldenburg L | 72 | 75 | 73 | — 1 | + 2 | 58 | 61 | 69 | — 8 | — 8 | 23 | 31 | + 23% | 3196 | 3339 | — 143 | — 4% |
| | Cloppenburg | 73 | 71 | 69 | + 4 | + 2 | 72 | 78 | 77 | — 5 | — 8 | 22 | 21 | + 38% | 2597 | 3149 | — — | — 14% |
| | Vechta | 66 | 50 | 36 | + + 30 | + 14 | 75 | 76 | 74 | + 1 | + 2 | 36 | 25 | + 44% | 3096 | 3024 | + 72 | — 2% |
| *Ostfriesland* | Emden | 5 | 10 | 3 | + 2 | + 7 | 15 | 17 | 15 | — | + 2 | 21 | 20 | + 24% | 4854 | 4854 | — | — 1% |
| | Aurich | 77 | 45 | 70 | + 7 | — 25 | 74 | 74 | 72 | + 2 | + 2 | 32 | 29 | + 3% | 3149 | 3096 | + 53 | — 14% |
| | Norden | 51 | 29 | 47 | + 4 | — 17 | 50 | 73 | 70 | — 20 | + 3 | 28 | 31 | — 16% | 3182 | 3649 | — 467 | — 10% |
| | Leer | 44 | 54 | 62 | — 22 | — 8 | 52 | 64 | 63 | — 11 | + 6 | 47 | 34 | + 27% | 3272 | 3594 | — 322 | — 6% |
| | Wittmund | 34 | 79 | 78 | — 34 | — 1 | 70 | 79 | 78 | — 8 | + 1 | 42 | 38 | — 42% | 2590 | 3182 | — 591 | — 22% |
| *Emsland* | Aschendorf | 76 | 68 | 71 | + 5 | — 3 | 76 | 77 | 79 | — 3 | — 1 | 16 | 20 | + 37% | 2372 | 2952 | — 580 | — 24% |
| | Meppen | 59 | 26 | 48 | + 23 | — 22 | 73 | 72 | 76 | — 3 | — 4 | 31 | 29 | + 5% | 2952 | 3097 | — 145 | — 5% |
| | Lingen | 68 | 16 | 18 | + + 50 | — 2 | 66 | 64 | 60 | + 6 | + 4 | 47 | 23 | + 6% | 3341 | 3228 | + 113 | — 3% |
| | Bentheim | 22 | 21 | 29 | — 1 | — | 29 | 36 | 49 | — 20 | — 13 | 42 | 43 | + 2% | 3658 | 4137 | — 479 | — 13% |
| *Osnabrück* | Osnabrück | 12 | 5 | 6 | + 6 | — 1 | 7 | 4 | 5 | + 2 | — 1 | 77 | 56 | + 37% | 5525 | 5399 | + 126 | — 2% |
| | Osnabrück L | 32 | 46 | 37 | — 5 | + 7 | 34 | 25 | 43 | — 9 | — 18 | 36 | 38 | + 5% | 3937 | 4012 | — 75 | — 2% |
| | Melle | 50 | 32 | 17 | + 33 | + 15 | 54 | 46 | 29 | + 25 | + 17 | 47 | 31 | + 51% | 4137 | 3531 | + 606 | + 14% |

| | | | | | | | | | | | | | | | | |
|---|---|---|---|---|---|---|---|---|---|---|---|---|---|---|---|---|
| Nienburg | 57 | 31 | 21 | + 36 | + 10 | 60 | 58 | 52 | + 8 | + 6 | 44 | 30 | + 46 % | 3594 | 3341 | + 255 | + 7 % |
| Schaumburg-Lippe | 40 | 41 | 43 | — 3 | — 2 | 30 | 28 | 27 | + 3 | — 1 | 35 | 35 | — | 4161 | 4134 | + 27 | + — % |
| Schaumburg | 61 | 60 | 42 | + 19 | — 18 | 68 | 53 | 38 | — 10 | + 8 | 29 | 50 | — 20 % | 3978 | 3204 | + 772 | + 19 % |
| Hameln | 13 | 6 | 8 | — 5 | — 2 | 18 | 66 | 24 | — 14 | + 15 | 35 | 29 | — 32 % | 5548 | 4742 | + 806 | + 15 % |
| Hameln Pyrmont | 58 | 56 | 51 | + 7 | + 5 | 51 | 45 | 37 | + 10 | + 8 | 31 | 30 | + 3 % | 3985 | 3814 | + 171 | + 4 % |
| *Hannover* | | | | | | | | | | | | | | | | | |
| Hannover | 4 | 3 | 2 | + 2 | — 1 | 4 | 2 | 3 | + 1 | — 1 | 31 | 30 | + 14 % | 5991 | 5548 | + 443 | + 7 % |
| Hannover L | 10 | 17 | 22 | — 7 | + 12 | 19 | 14 | 14 | + 5 | + 8 | 35 | 35 | — 28 % | 4929 | 4582 | + 347 | + 7 % |
| Neustadt | 31 | 43 | 59 | — 28 | — 16 | 26 | 33 | 25 | — 1 | — 4 | 29 | 29 | — 25 % | 4242 | 4192 | + 50 | + 1 % |
| Burgdorf | 28 | 28 | 45 | — 17 | — 17 | 32 | 24 | 20 | — 12 | — 3 | 34 | 40 | — 15 % | 4429 | 4054 | + 375 | + 8 % |
| Springe | 48 | 53 | 50 | — 2 | — 3 | 35 | 29 | 24 | — 11 | + 4 | 31 | 31 | — | 4303 | 4010 | + 293 | + 7 % |
| *Braunschweig* | | | | | | | | | | | | | | | | | |
| Helmstedt | 15 | 9 | 20 | + 5 | — 11 | 26 | 26 | 26 | + 7 | + 1 | 45 | 48 | + 6 % | 4192 | 4028 | + 164 | + 4 % |
| Gifhorn | 67 | 61 | 26 | + 39 | + 35 | 49 | 44 | 64 | — 20 | — 8 | 40 | 24 | + 66 % | 3889 | 3267 | + 622 | + 17 % |
| Wolfsburg | 8 | 1 | 1 | + 66 | — | 5 | 2 | 2 | + 59 | + 3 | 227 | — | — | 6112 | 3889 | + 2223 | + 36 % |
| Wolfenbüttel | 42 | 12 | 7 | + 4 | — 5 | 7 | 81 | 44 | — 1 | — 1 | 67 | 66 | + 1 % | 5341 | 5525 | — 184 | — 3 % |
| Braunschweig | 43 | 73 | 76 | — 34 | + 5 | 44 | 25 | 19 | + 12 | — 3 | 29 | 35 | — 43 % | 5341 | 5525 | — 184 | — 3 % |
| Braunschweig L | 43 | 73 | 39 | + 4 | — 15 | 19 | 25 | 22 | + 14 | — 1 | 36 | 40 | + 1 % | 5353 | 4929 | — 208 | — 3 % |
| Salzgitter | 28 | 7 | 35 | — 18 | — 32 | 39 | 22 | 17 | + 17 | — 2 | 36 | 39 | + 37 % | 4396 | 4161 | — 124 | — 16 % |
| Goslar L | 47 | 44 | 39 | + 18 | + 9 | 46 | 19 | 23 | — 16 | + 3 | 47 | 40 | — 10 % | 4325 | 4196 | + 633 | + 3 % |
| Wolfenbüttel | 6 | 20 | 28 | — 22 | — 8 | 28 | 22 | 31 | + 11 | — 1 | 36 | 31 | + 3 % | 4429 | 4325 | + 71 | + 8 % |
| Peine | 6 | 20 | 28 | — 22 | — 8 | 22 | 20 | 31 | + 9 | — 11 | 40 | 77 | — 48 % | 4303 | 4396 | — 349 | — 8 % |
| *Hildesheim* | | | | | | | | | | | | | | | | | |
| Hildesheim | 11 | 8 | 11 | — 3 | — 3 | 10 | 11 | 9 | + 1 | + 2 | 57 | 57 | + 3 % | 5321 | 5166 | + 155 | + 3 % |
| Hildesh.-Marienbg. | 23 | 38 | 52 | — 29 | — 14 | 44 | 35 | 36 | + 8 | + 1 | 31 | 42 | — 26 % | 3999 | 3889 | + 110 | + 3 % |
| Alfeld | 37 | 35 | 40 | — 3 | — 5 | 38 | 29 | 28 | + 10 | + 1 | 35 | 36 | + 3 % | 4142 | 3978 | + 164 | + 4 % |
| *Harz* | | | | | | | | | | | | | | | | | |
| Gandersheim | 53 | 58 | 53 | — | + 5 | 76 | 40 | 32 | + 4 | + 8 | 31 | 31 | + 14 % | 4054 | 3999 | + 55 | + 1 % |
| Osterode | 26 | 30 | 41 | — 15 | — 11 | 42 | 45 | 35 | + 3 | + 4 | 40 | 40 | — 10 % | 3864 | 3938 | — 74 | — 2 % |
| Zellerfeld | 55 | 52 | 63 | — 8 | — 11 | 28 | 44 | 56 | — 28 | + 12 | 29 | 30 | + 37 % | 3509 | 4142 | — 633 | — 16 % |
| Goslar | 18 | 12 | 9 | + 9 | — 2 | 14 | 6 | 12 | + 2 | + 6 | 67 | 47 | + 43 % | 5053 | 4929 | + 124 | + 3 % |
| Goslar L | 47 | 66 | 77 | — 30 | — 11 | 46 | 38 | 48 | — 2 | + 9 | 20 | 32 | + 37 % | 3704 | 3838 | — 134 | — 3 % |
| Blankenburg | 35 | 36 | 44 | — | — 8 | 23 | 32 | 47 | — 24 | — 15 | 34 | 36 | — 5 % | 3814 | 4054 | — 240 | — 6 % |
| *Göttingen* | | | | | | | | | | | | | | | | | |
| Göttingen | 24 | 25 | 24 | + 1 | + 1 | 13 | 10 | 16 | — 3 | — 6 | 42 | 42 | — | 4836 | 5021 | — 185 | — 3 % |
| Göttingen L | 56 | 65 | 61 | + 5 | + 4 | 53 | 50 | 55 | — 2 | — 5 | 29 | 30 | + 3 % | 3514 | 3569 | — 55 | — 1 % |
| Duderstadt | 54 | 63 | 56 | + 2 | + 7 | 63 | 65 | 62 | — 1 | — 2 | 30 | 31 | — 3 % | 3295 | 3272 | + 23 | + 1 % |
| Münden | 25 | 40 | 57 | — 32 | — 17 | 21 | 27 | 33 | — 12 | + 1 | 30 | 41 | — 27 % | 4028 | 4396 | — 368 | — 9 % |
| Northeim | 36 | 55 | 58 | — 19 | — 3 | 43 | 47 | 51 | — 8 | — 4 | 30 | 30 | — 16 % | 3646 | 3937 | — 291 | — 8 % |
| Einbeck | 45 | 23 | 12 | + 33 | + 11 | 49 | 39 | 30 | + 19 | + 9 | 56 | 34 | + 64 % | 4134 | 3658 | + 476 | + 8 % |
| Holzminden | 30 | 27 | 13 | + 17 | + 14 | 41 | 31 | 34 | + 7 | + 3 | 50 | 36 | + 30 % | 4012 | 3953 | + 59 | + 1 % |
| *Zentralheide* | | | | | | | | | | | | | | | | | |
| Celle | 19 | 18 | 19 | — | + 1 | 11 | 15 | 10 | + 1 | + 5 | 47 | 47 | — | 5166 | 5067 | + 99 | + 2 % |
| Celle L | 2 | 15 | 30 | — 28 | — 15 | 24 | 51 | 50 | — 26 | — 1 | 47 | 102 | — 61 % | 3649 | 4303 | — 654 | — 18 % |
| Fallingbostel | 27 | 42 | 34 | — 7 | + 8 | 51 | 54 | 46 | + 5 | — 5 | 38 | 40 | + 5 % | 3838 | 3646 | + 192 | + 5 % |
| Soltau | 46 | 51 | 54 | — 8 | — 3 | 45 | 52 | 39 | + 6 | + 13 | 31 | 32 | — 3 % | 3976 | 3864 | + 112 | + 3 % |
| *Lüneburg* | | | | | | | | | | | | | | | | | |
| Lüneburg | 20 | 22 | 15 | + 5 | + 7 | 16 | 15 | 11 | + 5 | + 5 | 48 | 45 | — 7 % | 5067 | 4836 | + 231 | + 5 % |
| Lüneburg L | 75 | 76 | 67 | + 8 | + 9 | 24 | 51 | 58 | — 26 | — 4 | 24 | 20 | + 8 % | 3381 | 3253 | + 128 | + 4 % |
| Uelzen | 39 | 47 | 46 | — 7 | + 1 | 65 | 54 | 42 | — 7 | + 7 | 32 | 36 | + 5 % | 3937 | 3971 | — 34 | — 1 % |
| Lüchow-Dannenberg | 71 | 74 | 75 | — 3 | — 1 | 71 | 70 | 67 | + 4 | + 3 | 20 | 21 | — 5 % | 3222 | 3164 | + 58 | + 2 % |

[1]) Die prozentualen Angaben über bzw. unter dem Rang von 1937 bzw. 1936 dienen nur der Verdeutlichung. Sie sind stark abgerundet worden.

| | | | | | | | | | | |
|---|---|---|---|---|---|---|---|---|---|---|
| 40 | Uelzen | 456 | | | | Verden | | | | |
| 41 | Holzminden | 454 | | | | Uelzen | 3938 | 8,6 | −2 | |
| 42 | Osterode | 449 | | | | Osnabrück L | 3937 | 8,0 | −9 | |
| 43 | Northeim | 444 | | | | | | | | |
| 44 | Hild.-Marienburg | 441 | 3889 | 12,5 | +20 | Gifhorn | | | | |
| 45 | Soltau | 430 | | | | Osterode | 3864 | 8,6 | −3 | |
| 46 | Goslar L | 419 | | | | Fallingbostel | 3838 | 9,8 | +5 | |
| 47 | Hameln-Pyrmont | 410 | | | | Blankenburg | 3814 | | | |
| 48 | Schaumburg | 406 | | | | Goslar L | 3704 | 8,8 | −2 | |
| 49 | Einbeck | 399 | | | | | | | | Braunschweig L | 3953 | 7,5 | −14 |
| 50 | Norden | 399 | | | | | | | | |
| 51 | Fallingbostel | 391 | | | | Northeim | 3646 | 8,2 | −8 | |
| 52 | Leer | 383 | | | | Nienburg | 3594 | 11,3 | +8 | Bentheim | 3658 | 7,1 | −20 |
| | | | | | | | | | | Celle L | 3649 | 6,8 | −26 |
| 53 | Göttingen L | 369 | | | | | | | | Wesermarsch | 3569 | 7,3 | −16 |
| 54 | Melle | 365 | | | | Osterholz | 3531 | | | |
| 55 | Harburg | 364 | | | | Göttingen L | 3514 | 9,5 | −2 | Zellerfeld | 3509 | 6,7 | −28 |
| 56 | Land Hadeln | 362 | | | | | | | | Friesland | 3477 | 6,8 | −26 |
| 57 | Hoya | 350 | | | | Lüneburg L | 3381 | 11,7 | +7 | |
| 58 | Rotenburg | 348 | | | | Hoya | 3356 | 9,6 | −2 | |
| 59 | Wesermünde | 324 | | | | Lingen | 3341 | 11,6 | +6 | |
| 60 | Nienburg | 316 | | | | Rotenburg | 3339 | 9,6 | −3 | |
| 61 | Oldenburg L | 313 | | | | Duderstadt | 3295 | 10,5 | +1 | |
| 62 | Ammerland | 313 | | | | | | | | Leer | 3272 | 8,5 | −11 |
| 63 | Duderstadt | 313 | | | | Wesermünde | 3267 | 10,0 | −5 | |
| 64 | Gifhorn | 309 | | | | Bersenbrück | 3253 | 11,2 | +3 | |
| 65 | Lüneburg L | 288 | | | | Ammerland | 3228 | 10,3 | −4 | |
| 66 | Lingen | 286 | | | | Lüchow-Dannenberg | 3222 | 12,3 | +4 | |
| 67 | Wittlage | 284 | | | | Wittlage | 3204 | 11,2 | −1 | |
| 68 | Bersenbrück | 283 | | | | Oldenburg L | 3196 | 10,2 | −8 | |
| 69 | Diepholz | 280 | | | | | | | | Norden | 3182 | 7,9 | −20 |
| 70 | Wittmund | 266 | | | | Diepholz | 3164 | 11,3 | −2 | |
| 71 | Lüchow-Dannenberg | 261 | | | | Aurich | 3149 | 13,0 | +2 | |
| 72 | Bremervörde | 250 | | | | Bremervörde | 3097 | 12,3 | +1 | |
| 73 | Meppen | 245 | | | | Vechta | 3096 | 13,9 | −1 | |
| 74 | Aurich | 242 | | | | | | | | Land Hadeln | 3024 | 8,3 | −19 |
| 75 | Vechta | 223 | | | | Meppen | 2952 | 12,0 | −3 | |
| 76 | Aschendorf | 199 | | | | Cloppenburg | 2597 | 14,1 | | |
| 77 | Cloppenburg | 184 | | | | Wittmund | 2590 | 9,6 | −8 | |
| 78 | Salzgitter | — | | | | Aschendorf | 2372 | 11,9 | −3 | |
| 79 | Wolfsburg | — | | | | | | | | |

[1]) Für die Kreise Osterholz, Verden und Blankenburg ist in den Tabellen 4—6 keine einwandfreie Relation zwischen den Werten der Vor- und Nachkriegszeit herzustellen, nachdem ein nicht genau bestimmbarer Teil dieser Kreise durch eine zwischenzeitliche Gebietsreform bzw. durch Zonengrenzziehung abgetrennt wurde.

Geographisches Institut
der Universität Kiel
Neue Universität

Tabelle 4 (Beitrag Hunke): Landesentwicklung im Spiegel der Steuermeßbeträge je Einwohner 1937–1966[1])

| Rang-ordn.-Nr. 1937 | Kreis | Steuermeß-betr. je E | Rang-ordn.-Nr. 1966 | Alter Rang | Steuermeß-betr. je E | Auto-nomes Wachstum | Rang-Diff. | Aufsteiger | Steuermeß-betr. je E | Auto-nomes Wachstum | Rang-Diff. | Absteiger | Steuermeß-betr. je E | Auto-nomes Wachstum | Rang-Diff. |
|---|---|---|---|---|---|---|---|---|---|---|---|---|---|---|---|
| 1 | Bremen | 21 | 1 | Hannover | 102 | 7,2 | + 2 | Wolfsburg | 227 | | + 79 | | | | |
| 2 | Celle L | 19 | 2 | Emden | 99 | 7,6 | + 2 | | | | | | | | |
| 3 | Hamburg | 18 | 3 | Hamburg | 89 | 4,9 | — 1 | | | | | | | | |
| 4 | Hannover | 14 | 4 | Bremen | 80 | 3,8 | + 4 | | | | | | | | |
| 5 | Emden | 13 | 5 | Osnabrück | 77 | 7,7 | + 6 | | | | | | | | |
| 6 | Peine | 12 | 6 | Braunschweig | 67 | 5,6 | + 1 | | | | | | | | |
| 7 | Delmenhorst | 12 | 7 | Hameln | 66 | 6,6 | + 5 | | | | | | | | |
| 8 | Braunschweig | 12 | 8 | Goslar | 65 | 8,1 | + 9 | | | | | | | | |
| 9 | Bremerhaven | 12 | 9 | Oldenburg | 60 | 6,6 | + 7 | | | | | | | | |
| 10 | Hannover L | 10 | 10 | Hildesheim | 57 | 5,7 | = | | | | | | | | |
| 11 | Hildesheim | 10 | 11 | | | | | | | | | | | | |
| 12 | Osnabrück | 10 | 12 | Cuxhaven | 49 | 4,9 | = | Einbeck | 56 | 14,0 | + 33 | | | | |
| 13 | Hameln | 10 | 13 | Helmstedt | 48 | 6,0 | + 5 | Holzminden | 50 | 10,0 | + 17 | | | | |
| 14 | Cuxhaven | 10 | 14 | Osterholz | 47 | 3,9 | — 9 | | | | | | | | |
| 15 | Helmstedt | 10 | 15 | | | | | | | | | | | | |
| 16 | Osterholz | 9 | 16 | | | | | | | | | | | | |
| 17 | Oldenburg | 9 | 17 | Oldenburg | 47 | | | Melle | 47 | 11,7 | + 33 | | | | |
| 18 | Goslar | 8 | 18 | | | | | Lingen | 47 | 23,5 | + 50 | | | | |
| 19 | Celle | 8 | 19 | Celle | 47 | 5,9 | = | | | | | | | | |
| 20 | Lüneburg | 8 | 20 | Helmstedt | 45 | 4,5 | — 5 | | | | | | | | |
| 21 | Verden | 7 | 21 | | | | | | | | | | | | |
| 22 | Bentheim | 7 | 22 | | | | | Nienburg | 44 | 14,6 | + 36 | | | | |
| 23 | Hild.-Marienburg | 7 | 23 | Bentheim | 42 | 6,0 | — 1 | | | | | Hannover L | 43 | 4,3 | — 12 |
| 24 | Göttingen | 6 | 24 | Göttingen | 42 | 7,0 | = | | | | | | | | |
| 25 | Münden | 6 | 25 | Wilhelmshaven | 41 | 8,2 | + 4 | | | | | | | | |
| 26 | Osterode | 6 | 26 | | | | | Gifhorn | 40 | 20,0 | + 41 | | | | |
| 27 | Fallingbostel | 5 | 27 | | | | | Friesland | 40 | 10,0 | + 22 | | | | |
| 28 | Burgdorf | 5 | 28 | | | | | | | | | | | | |
| 29 | Wilhelmshaven | 5 | 29 | Stade | 40 | 8,0 | + 4 | | | | | Peine | 40 | 3,3 | — 22 |
| 30 | Holzminden | 5 | 30 | | | | | | | | | | | | |
| 31 | Neustadt | 5 | 31 | Wesermarsch | 39 | 9,7 | +10 | | | | | Celle L | 39 | 2,0 | — 28 |
| 32 | Osnabrück L | 5 | 32 | | | | | | | | | | | | |
| 33 | Stade | 5 | 33 | | | | | Diepholz | 38 | 12,6 | + 30 | | | | |
| 34 | Wittmund | 5 | 34 | Fallingbostel | 38 | 7,6 | — 7 | | | | | Bremerhaven | 38 | 3,1 | — 23 |
| 35 | Blankenburg | 5 | 35 | Wolfenbüttel | 36 | 9,0 | + 8 | | | | | | | | |
| 36 | Northeim | 5 | 36 | | | | | Vechta | 36 | 18,0 | + 30 | | | | |

Tabelle 5 (Beitrag Hunke): Die regionale Umsatzentwicklung 1935—1970

| Rang-Ordn. Nr. 1935 | Kreis | Umsätze je E | Rang-Ordn. Nr. 1970 | Alter Rang | Umsätze je E | Autonomes Wachstum | Rang-Diff. | Aufsteiger | Umsätze je E | Autonomes Wachstum | Rang-Diff. | Absteiger | Umsätze je E | Autonomes Wachstum | Rang-Diff. |
|---|---|---|---|---|---|---|---|---|---|---|---|---|---|---|---|
| 1 | Hamburg | 5 593 | 1 | Hamburg | 57 950 | 10,4 | — 1 | | | | | | | | |
| 2 | Bremen | 5 216 | 2 | Bremen | | | | Wolfsburg | 119 722 | | + 78 | | | | |
| 3 | Hannover | 3 317 | 3 | Hannover | 40 172 | 12,1 | — 1 | | | | | | | | |
| 4 | Braunschweig | 3 270 | 4 | Braunschweig | 34 916 | 6,8 | — 3 | | | | | | | | |
| 5 | Osnabrück | 3 188 | 5 | Osnabrück | | | | Salzgitter | 49 570 | | + 75 | | | | |
| 6 | Hildesheim | 2 886 | 6 | Hildesheim | 70 872 | 9,7 | — 1 | | | | | | | | |
| 7 | Peine | 2 755 | 7 | Peine | 28 262 | 11,0 | — 2 | | | | | | | | |
| 8 | Bremerhaven | 2 704 | 8 | Bremerhaven | 26 451 | 10,7 | + 3 | | | | | | | | |
| 9 | Emden | 2 554 | 9 | Emden | | | | Vechta | 24 573 | 17,2 | + 27 | | | | |
| 10 | Celle | 2 550 | 10 | Braunschweig | 23 534 | 7,2 | — 6 | | | | | | | | |
| 11 | Hameln | 2 480 | 11 | Oldenburg | 22 979 | 9,9 | + 2 | | | | | | | | |
| 12 | Cuxhaven | 2 314 | 12 | Peine | 22 363 | 8,0 | — 5 | | | | | | | | |
| 13 | Oldenburg | 2 303 | 13 | Goslar | 21 701 | 10,0 | + 1 | | | | | | | | |
| 14 | Goslar | 2 155 | 14 | Cuxhaven | 21 216 | 9,1 | — 2 | | | | | | | | |
| 15 | Lüneburg | 2 054 | 15 | Hildesheim | 20 613 | 7,1 | — 9 | | | | | | | | |
| 16 | Uelzen | 1 966 | 16 | Celle | 19 302 | 7,5 | — 6 | | | | | | | | |
| 17 | Delmenhorst | 1 926 | 17 | Hannover L | 19 017 | 10,6 | + 5 | | | | | | | | |
| 18 | Göttingen | 1 918 | 18 | Bremerhaven | 18 434 | 6,8 | — 10 | | | | | | | | |
| 19 | Bentheim | 1 892 | 19 | Delmenhorst | 18 304 | 9,5 | — 2 | | | | | | | | |
| 20 | Helmstedt | 1 835 | 20 | Lüneburg | 18 148 | 8,8 | — 5 | | | | | | | | |
| 21 | Hild.-Marienburg | 1 817 | 21 | | | | | Einbeck | 17 360 | 12,7 | + 20 | | | | |
| 22 | Hannover L | 1 799 | 22 | Göttingen | 17 250 | 7,0 | — 4 | | | | | | | | |
| 23 | Stade | 1 765 | 23 | Melle | 17 005 | 10,1 | + 3 | | | | | | | | |
| 24 | Osterholz | 1 735 | 24 | Diepholz | 16 957 | 10,6 | + 4 | | | | | | | | |
| 25 | Alfeld | 1 711 | 25 | Bentheim | 16 903 | 8,9 | — 6 | | | | | | | | |
| 26 | Melle | 1 673 | 26 | Uelzen | 16 442 | 8,3 | — 10 | | | | | | | | |
| 27 | Goslar L | 1 627 | 27 | | | | | Bremervörde | 15 869 | 12,3 | + 23 | | | | |
| 28 | Diepholz | 1 591 | 28 | | | | | Friesland | 15 780 | 11,8 | + 17 | | | | |
| 29 | Springe | 1 563 | 29 | | | | | Holzminden | 15 351 | 11,3 | + 13 | | | | |
| 30 | Verden | 1 553 | 30 | | | | | Osterode | 15 051 | 12,2 | + 26 | | | | |
| 31 | Rotenburg | 1 538 | 31 | | | | | Bersenbrück | 14 939 | 13,0 | + 28 | | | | |
| 32 | Northeim | 1 508 | 32 | | | | | Ammerland | 14 897 | 11,7 | + 19 | | | | |
| 33 | Hoya | 1 502 | 33 | | | | | Cloppenburg | 14 847 | 15,2 | + 34 | | | | |
| 34 | Osnabrück L | 1 477 | 34 | Verden | 14 446 | 9,7 | + 2 | | | | | | | | |
| 35 | Leer | 1 433 | 35 | | | | | Soltau | 13 868 | 11,0 | + 18 | | | | |

| | | | | | | | | | | | | |
|---|---|---|---|---|---|---|---|---|---|---|---|---|
| 40 | Wolfenbüttel | 1 384 | 40 | | | | | | | | | —16 |
| 41 | Einbeck | 1 363 | 41 | | | | | | | | | |
| 42 | Holzminden | 1 359 | 42 | | | | | | | | | |
| 43 | Schaumburg-Lippe | 1 346 | 43 | | | | | | | | | |
| 44 | Wesermarsch | 1 344 | 44 | | | | | | | | | |
| 45 | Friesland | 1 334 | 45 | Gandersheim | 12 494 | 9,0 | — 3 | | | | | |
| 46 | Fallingbostel | 1 326 | 46 | Hoya | 12 425 | 8,2 | —10 | | | | | |
| 47 | Braunschweig L | 1 318 | 47 | Fallingbostel | 12 118 | 9,1 | + 2 | | | | | |
| 48 | Oldenburg L | 1 315 | 48 | Hameln-Pyrmont | 12 115 | 9,7 | + 9 | Schaumburg | 12 829 | 11,5 | + 23 | Stade | 12 999 | 7,3 |
| 49 | Burgdorf | 1 289 | 49 | | | | | Aschendorf | 12 508 | 18,8 | + 36 | | | |
| 50 | Bremervörde | 1 288 | 50 | Schaumburg-Lippe | 11 901 | 8,9 | — 5 | | | | | Leer | 12 109 | 8,4 | —11 |
| 51 | Ammerland | 1 272 | 51 | Nienburg | 11 755 | 9,7 | + 7 | | | | | Osnabrück L | 12 080 | 8,1 | —14 |
| 52 | Harburg | 1 260 | 52 | Wesermarsch | 11 728 | 8,7 | — 7 | | | | | | | |
| 53 | Soltau | 1 257 | 53 | | | | | Wittlage | 11 783 | 11,4 | + 16 | | | |
| 54 | Hameln-Pyrmont | 1 251 | 54 | | | | | | | | | Northeim | 11 719 | 7,7 | —20 |
| 55 | Land Hadeln | 1 250 | 55 | Wilhelmshaven | 11 017 | 10,0 | + 2 | Meppen | 11 573 | 13,0 | + 17 | Rotenburg | 11 528 | 7,5 | —23 |
| 56 | Osterode | 1 227 | 56 | Norden | | 9,3 | | | | | | | | |
| 57 | Nienburg | 1 211 | 57 | | | | | | | | | Oldenburg L | 10 903 | 7,5 | —14 |
| 58 | Norden | 1 180 | 58 | | | | | | | | | Burgdorf | 10 903 | 7,5 | —14 |
| 59 | Bersenbrück | 1 144 | 59 | | | | | | | | | Burgdorf | 10 271 | 7,9 | —12 |
| 60 | Blankenburg | 1 143 | 60 | | | | | | | | | Helmstedt | 10 659 | 5,7 | —40 |
| 61 | Gifhorn | 1 140 | 61 | | | | | | | | | Braunschweig L | 10 687 | 8,1 | —13 |
| 62 | Wilhelmshaven | 1 124 | 62 | Blankenburg | 9 767 | | | | | | | Springe | 10 860 | 6,9 | —29 |
| 63 | Schaumburg | 1 113 | 63 | | | | | | | | | Wolfenbüttel | 10 941 | 7,8 | —17 |
| 64 | Zellerfeld | 1 045 | 64 | | | | | | | | | | | | |
| 65 | Wittlage | 1 031 | 65 | Aurich | 8 853 | 12,1 | +10 | | | | | Harburg | 9 513 | 7,5 | —12 |
| 66 | Göttingen L | 1 025 | 66 | Lüchow-Dannenberg | 8 798 | 9,1 | + 1 | | | | | Hild.-Marienburg | 9 160 | 5,0 | —44 |
| 67 | Cloppenburg | 973 | 67 | Celle L | 8 780 | 10,6 | + 6 | | | | | | | |
| 68 | Lüchow-Dannenberg | 964 | 68 | | | | | | | | | | | |
| 69 | Wesermünde | 916 | 69 | | | | | | | | | Land Hadeln | 8 703 | 6,9 | —14 |
| 70 | Meppen | 889 | 70 | Gifhorn | 8 322 | 7,3 | —10 | | | | | Goslar L | 8 634 | 5,3 | —43 |
| 71 | Wittmund | 880 | 71 | Osterholz | 7 946 | 8,8 | — 1 | | | | | | | |
| 72 | Duderstadt | 866 | 72 | Duderstadt | 7 643 | 8,8 | — 3 | | | | | | | |
| 73 | Lingen | 865 | 73 | Wittmund | 7 523 | 8,5 | | | | | | | | |
| 74 | Celle L | 823 | 74 | | | | | | | | | Zellerfeld | 7 508 | 7,1 | —11 |
| 75 | Limburg L | 761 | 75 | | | | | | | | | | | | |
| 76 | Aurich | 731 | 76 | Göttingen L | 7 483 | 7,3 | —10 | | | | | Neustadt | 7 215 | 5,0 | —40 |
| 77 | Aschendorf | 665 | 77 | | | | | | | | | | | | |
| 78 | Salzgitter | 0 | 78 | Lüneburg L | 6 787 | 8,9 | — 3 | | | | | | | |
| 79 | Wolfsburg | 0 | 79 | Wesermünde | 6 285 | 6,8 | —10 | | | | | | | |

| | | | | | | | | | | | | |
|---|---|---|---|---|---|---|---|---|---|---|---|---|
| 39 | Uelzen | 4 | | | 35 | 7,0 | —3 | | | | | |
| 40 | Schaumburg-Lippe | 4 | | | | | | | | Osterode | 35 | 5,8 | —15 |
| 41 | Wesermarsch | 4 | | | | | | Salzgitter | | | | | |
| 42 | Braunschweig L | 4 | Alfeld | | 35 | 8,7 | —3 | Schaumburg | 35 | | | | |
| 43 | Wolfenbüttel | 4 | | | 34 | | | | | | | | |
| 44 | Leer | 4 | Schaumburg-Lippe | | | | | | | Burgdorf | 34 | 6,8 | —17 |
| 45 | Einbeck | 4 | Blankenburg | | | | | | | | | | |
| 46 | Soltau | 4 | Uelzen | | 32 | 8,0 | —7 | | | | | | |
| 47 | Goslar L | 4 | Norden | | 32 | 10,6 | +4 | | | | | | |
| 48 | Springe | 4 | | | | | | Meppen | 31 | | | | |
| 49 | Friesland | 4 | | | | | | Bersenbrück | 31 | | | | |
| 50 | Melle | 4 | Springe | | 31 | 7,7 | —2 | | | | | | |
| 51 | Norden | 3 | Hameln-Pyrmont | | 31 | 10,3 | +7 | | | Hild.-Marienburg | 31 | 4,4 | —29 |
| 52 | Rotenburg | 3 | | | | | | | | | | | |
| 53 | Gandersheim | 3 | Gandersheim | | 31 | 10,3 | = | | | | | | |
| 54 | Duderstadt | 3 | Soltau | | 31 | 7,7 | +8 | | | | | | |
| 55 | Zellerfeld | 3 | Ammerland | | 30 | 10,0 | +9 | | | | | | |
| 56 | Göttingen L | 3 | Duderstadt | | 30 | 10,0 | —3 | | | | | | |
| 57 | Nienburg | 3 | | | | | | | | Münden | 30 | 5,0 | —32 |
| 58 | Hameln-Pyrmont | 3 | | | | | | | | Northeim | 30 | 6,0 | —22 |
| 59 | Meppen | 3 | | | | | | | | Neustadt | 29 | 5,8 | —28 |
| 60 | Wittlage | 3 | Bremervörde | | 29 | 14,5 | +10 | | | | | | |
| 61 | Schaumburg | 3 | Göttingen L | | 29 | 9,6 | —5 | | | | | | |
| 62 | Bersenbrück | 3 | | | | | | | | Leer | 28 | 7,0 | —18 |
| 63 | Diepholz | 3 | Zellerfeld | | 27 | 9,0 | —8 | | | | | | |
| 64 | Ammerland | 3 | Hoya | | 26 | 8,6 | +1 | | | | | | |
| 65 | Hoya | 3 | Wittlage | | 25 | 8,3 | —5 | | | | | | |
| 66 | Vechta | 2 | Harburg | | 25 | 12,5 | +3 | | | | | | |
| 67 | Gifhorn | 2 | Lüneburg L | | 24 | 24,0 | +8 | | | | | | |
| 68 | Lingen | 2 | Cloppenburg | | 22 | 11,0 | +4 | | | Rotenburg | 23 | 7,6 | —16 |
| 69 | Harburg | 2 | Aurich | | 21 | 21,0 | +7 | | | | | | |
| 70 | Bremervörde | 2 | Aschendorf | | 21 | 21,0 | +5 | | | | | | |
| 71 | Lüchow-Dannenberg | 2 | Osterholz | | 21 | | | | | | | | |
| 72 | Oldenburg L | 2 | Oldenburg L | | 21 | 10,5 | —1 | | | | | | |
| 73 | Cloppenburg | 2 | | | | | | | | | | | |
| 74 | Wesermünde | 2 | | | | | | | | Land Hadeln | 21 | 5,2 | —36 |
| 75 | Lüneburg L | 1 | Lüchow-Dannenberg | | 20 | 10,0 | —4 | | | | | | |
| 76 | Aschendorf | 1 | | | | | | | | Braunschweig L | 20 | 5,0 | —34 |
| 77 | Aurich | 1 | | | | | | | | Goslar L | 20 | 5,0 | —30 |
| 78 | Salzgitter | 0 | | | | | | | | Wittmund | 16 | 3,2 | —34 |
| 79 | Wolfsburg | 0 | Wesermünde | | 15 | 7,5 | —5 | | | | | | |

[1]) Für die Kreise Osterholz, Verden und Blankenburg ist in den Tabellen 4—6 keine einwandfreie Relation zwischen den Werten der Vor- und Nachkriegszeit herzustellen, nachdem ein nicht genau bestimmbarer Teil dieser Kreise durch eine zwischenzeitliche Gebietsreform bzw. durch Zonengrenzziehung abgetrennt wurde.

Geographisches Institut
der Universität Kiel
Neue Universität

Tabelle 3, S. 1 (Beitrag Hunke):

*Die wirtschaftlichen Indikatoren der Regione*

| Regionen und Kreise | Steuermeßbeträge | | | Umsätze | | | | |
|---|---|---|---|---|---|---|---|---|
| | 1937 | 1958 | 1966 | 1935 | 1956 | 1966 | 1970 | 1936 |
| *Hamburg-Unterelbe* | | | | | | | | |
| Hamburg | 409 | 339 | 309 | 447 | 410 | 420 | 411 | 392 |
| Harburg | 2 | 4 | 6 | 5 | 5 | 4 | 5 | 6 |
| Stade | 6 | 8 | 10 | 8 | 8 | 7 | 7 | 14 |
| Land Hadeln | 3 | 2 | 2 | 3 | 2 | 2 | 2 | 4 |
| Cuxhaven | 4 | 5 | 4 | 3 | 4 | 4 | 4 | 5 |
| | 424 | 358 | 331 | 466 | 429 | 437 | 429 | 419 |
| *Bremen-Unterweser* | | | | | | | | |
| Bremen | 132 | 92 | 90 | 113 | 100 | 84 | 80 | 105 |
| Hoya | 3 | 4 | 6 | 6 | 6 | 5 | 6 | 6 |
| Verden | 7 | 4 | 6 | 5 | 4 | 4 | 5 | 7 |
| Osterholz | 9 | 2 | 3 | 6 | 2 | 2 | 2 | 3 |
| Rotenburg | 2 | 2 | 2 | 3 | 3 | 2 | 3 | 3 |
| Bremervörde | 1 | 3 | 4 | 3 | 4 | 4 | 4 | 19 |
| Bremerhaven | 28 | 13 | 11 | 16 | 14 | 10 | 10 | 7 |
| Wesermünde | 1 | 2 | 2 | 2 | 2 | 2 | 2 | 4 |
| Wesermarsch | 5 | 6 | 7 | 5 | 5 | 4 | 4 | 7 |
| Delmenhorst | 6 | 6 | 5 | 4 | 4 | 4 | 5 | 4 |
| | 181 | 134 | 136 | 153 | 144 | 121 | 121 | 165 |
| *Oldenburg* | | | | | | | | |
| Wilhelmshaven | 7 | 5 | 8 | 6 | 6 | 5 | 5 | 10 |
| Friesland | 3 | 5 | 7 | 4 | 4 | 5 | 6 | 6 |
| Ammerland | 2 | 3 | 4 | 3 | 4 | 5 | 5 | 4 |
| Oldenburg | 11 | 10 | 14 | 9 | 10 | 12 | 12 | 11 |
| Oldenburg L | 1 | 2 | 3 | 3 | 3 | 3 | 3 | 3 |
| Cloppenburg | 2 | 3 | 4 | 3 | 4 | 5 | 6 | 3 |
| Vechta | 2 | 4 | 6 | 4 | 5 | 5 | 8 | 3 |
| | 28 | 32 | 46 | 32 | 36 | 40 | 45 | 40 |
| *Ostfriesland* | | | | | | | | |
| Emden | 7 | 6 | 9 | 5 | 3 | 6 | 5 | 6 |
| Aurich | 1 | 4 | 3 | 2 | 2 | 3 | 3 | 3 |
| Norden | 3 | 5 | 5 | 4 | 3 | 4 | 4 | 6 |
| Leer | 6 | 6 | 7 | 8 | 6 | 6 | 6 | 8 |
| Wittmund | 3 | 1 | 2 | 2 | 2 | 2 | 2 | 3 |
| | 20 | 22 | 26 | 21 | 16 | 21 | 20 | 26 |
| *Emsland* | | | | | | | | |
| Aschendorf | 1 | 2 | 3 | 2 | 2 | 3 | 4 | 2 |
| Meppen | 2 | 5 | 4 | 2 | 3 | 3 | 3 | 2 |
| Lingen | 2 | 7 | 7 | 2 | 5 | 6 | 4 | 2 |
| Bentheim | 7 | 9 | 8 | 7 | 8 | 7 | 7 | 8 |
| | 12 | 23 | 22 | 13 | 18 | 19 | 18 | 14 |
| *Osnabrück* | | | | | | | | |
| Osnabrück | 15 | 21 | 20 | 17 | 18 | 19 | 17 | 16 |
| Osnabrück L | 6 | 6 | 9 | 6 | 7 | 6 | 7 | 5 |
| Melle | 2 | 2 | 4 | 2 | 3 | 3 | 3 | 2 |
| Wittlage | 1 | 1 | 1 | 1 | 1 | 1 | 1 | 1 |
| Bersenbrück | 2 | 4 | 5 | 4 | 4 | 4 | 5 | 4 |
| Diepholz | 2 | 4 | 5 | 4 | 6 | 4 | 5 | 4 |
| | 28 | 38 | 44 | 34 | 39 | 37 | 38 | 32 |

reise (in ‰ des Gesamtraumes) 1935—1970

| inkünfte | | | Bruttolöhne | | | | Gesamteinkünfte | | | |
|---|---|---|---|---|---|---|---|---|---|---|
| | 1965 | 1968 | 1936 | 1955 | 1965 | 1968 | 1936 | 1954/55 | 1965 | 1968 |
| | 7 | 7 | 4 | 7 | 8 | 8 | 4 | 8 | 8 | 8 |
| | 7 | 7 | 6 | 7 | 8 | 8 | 6 | 7 | 8 | 8 |
| | 6 | 7 | 5 | 7 | 7 | 7 | 4 | 7 | 7 | 7 |
| | 7 | 6 | 5 | 7 | 6 | 5 | 5 | 7 | 6 | 6 |
| | 8 | 8 | 4 | 7 | 7 | 7 | 4 | 7 | 7 | 7 |
| | 35 | 35 | 24 | 35 | 36 | 35 | 23 | 36 | 36 | 36 |
| 6 | 78 | 70 | 98 | 83 | 78 | 70 | 93 | 80 | 78 | 69 |
| 4 | 22 | 26 | 14 | 20 | 26 | 26 | 12 | 18 | 24 | 24 |
| 6 | 7 | 10 | 4 | 6 | 9 | 12 | 4 | 6 | 9 | 11 |
| 0 | 12 | 14 | 7 | 11 | 13 | 13 | 6 | 11 | 12 | 13 |
| 7 | 6 | 7 | 3 | 6 | 6 | 7 | 3 | 6 | 6 | 6 |
| 3 | 125 | 129 | 126 | 126 | 132 | 128 | 118 | 121 | 129 | 122 |
| 1 | 9 | 9 | 9 | 12 | 12 | 12 | 8 | 12 | 11 | 11 |
| 9 | 9 | 11 | 4 | 9 | 11 | 12 | 4 | 9 | 11 | 11 |
| 3 | 7 | 9 | 0 | 7 | 13 | 13 | 0 | 6 | 11 | 11 |
| 8 | 26 | 25 | 37 | 34 | 30 | 28 | 34 | 32 | 29 | 27 |
| 6 | 7 | 9 | 5 | 6 | 9 | 8 | 5 | 6 | 8 | 8 |
| 5 | 8 | 8 | 0 | 12 | 13 | 13 | 0 | 11 | 12 | 11 |
| 3 | 14 | 12 | 11 | 14 | 14 | 13 | 10 | 14 | 14 | 13 |
| 9 | 7 | 7 | 7 | 11 | 10 | 9 | 7 | 10 | 9 | 9 |
| 4 | 87 | 90 | 73 | 105 | 112 | 108 | 68 | 90 | 105 | 101 |
| 0 | 11 | 11 | 13 | 11 | 12 | 11 | 12 | 11 | 12 | 11 |
| 0 | 9 | 10 | 7 | 10 | 11 | 11 | 7 | 10 | 10 | 10 |
| 8 | 7 | 7 | 5 | 8 | 7 | 7 | 5 | 8 | 7 | 7 |
| 8 | 27 | 28 | 25 | 29 | 30 | 29 | 24 | 29 | 29 | 28 |
| 7 | 6 | 6 | 6 | 7 | 7 | 7 | 5 | 7 | 7 | 7 |
| 7 | 7 | 6 | 5 | 8 | 8 | 7 | 5 | 8 | 8 | 7 |
| 3 | 2 | 2 | 4 | 4 | 3 | 3 | 3 | 3 | 3 | 3 |
| 5 | 5 | 4 | 4 | 6 | 5 | 5 | 4 | 5 | 5 | 5 |
| 3 | 2 | 3 | 3 | 4 | 4 | 3 | 3 | 4 | 3 | 3 |
| 1 | 1 | 1 | 5 | 1 | 1 | 1 | 5 | 1 | 1 | 1 |
| 26 | 23 | 22 | 27 | 30 | 28 | 26 | 25 | 28 | 27 | 26 |
| 11 | 12 | 12 | 8 | 11 | 12 | 12 | 8 | 10 | 12 | 12 |
| 4 | 2 | 3 | 4 | 5 | 4 | 4 | 3 | 5 | 3 | 4 |
| 3 | 2 | 2 | 2 | 3 | 3 | 3 | 2 | 3 | 3 | 3 |
| 4 | 3 | 3 | 4 | 4 | 4 | 4 | 4 | 4 | 4 | 4 |
| 8 | 6 | 6 | 6 | 8 | 8 | 7 | 6 | 8 | 8 | 4 |
| 4 | 4 | 4 | 2 | 4 | 4 | 4 | 2 | 4 | 4 | 4 |
| 8 | 6 | 6 | 5 | 8 | 7 | 7 | 5 | 8 | 7 | 7 |
| 40 | 35 | 36 | 31 | 43 | 42 | 41 | 30 | 42 | 41 | 41 |
| 7 | 7 | 7 | 6 | 7 | 7 | 6 | 6 | 7 | 7 | 6 |
| 8 | 7 | 7 | 6 | 7 | 9 | 9 | 6 | 8 | 8 | 8 |
| 5 | 5 | 5 | 3 | 5 | 5 | 5 | 3 | 5 | 5 | 5 |
| 6 | 5 | 5 | 3 | 4 | 6 | 6 | 3 | 5 | 6 | 6 |
| 26 | 24 | 24 | 18 | 23 | 27 | 26 | 18 | 25 | 26 | 25 |
| 6 | 6 | 6 | 6 | 7 | 7 | 7 | 5 | 17 | 7 | 7 |
| 5 | 4 | 4 | 3 | 4 | 5 | 5 | 3 | 4 | 4 | 5 |
| 13 | 10 | 9 | 5 | 8 | 8 | 8 | 6 | 10 | 9 | 8 |
| 5 | 4 | 4 | 2 | 3 | 3 | 3 | 2 | 4 | 4 | 4 |
| 29 | 24 | 23 | 16 | 22 | 23 | 23 | 16 | 25 | 24 | 24 |

Noch Tabelle 3 (Beitrag Hunke): *Die wirtschaftlichen Indikatoren der Regione*

| Regionen und Kreise | Steuermeßbeträge | | | Umsätze | | | | |
|---|---|---|---|---|---|---|---|---|
| | 1937 | 1958 | 1966 | 1935 | 1956 | 1966 | 1970 | 1936 |
| *Mittelweser* | | | | | | | | |
| Nienburg | 3 | 6 | 8 | 4 | 5 | 5 | 5 | 4 |
| Schaumburg-Lippe | 3 | 4 | 5 | 4 | 4 | 4 | 4 | 5 |
| Schaumburg | 2 | 4 | 5 | 3 | 4 | 4 | 4 | 3 |
| Hameln | 5 | 7 | 6 | 4 | 6 | 5 | 5 | 5 |
| Hameln-Pyrmont | 2 | 4 | 5 | 3 | 4 | 4 | 4 | 5 |
| | 15 | 25 | 29 | 18 | 23 | 22 | 22 | 22 |
| *Hannover* | | | | | | | | |
| Hannover | 102 | 101 | 105 | 82 | 93 | 89 | 82 | 93 |
| Hannover L | 13 | 17 | 18 | 8 | 10 | 13 | 17 | 9 |
| Neustadt | 3 | 4 | 6 | 3 | 3 | 3 | 3 | 4 |
| Burgdorf | 5 | 8 | 8 | 4 | 5 | 5 | 6 | 5 |
| Springe | 2 | 3 | 4 | 3 | 4 | 3 | 3 | 4 |
| | 125 | 133 | 141 | 100 | 115 | 113 | 111 | 115 |
| *Braunschweig* | | | | | | | | |
| Helmstedt | 12 | 16 | 10 | 8 | 8 | 5 | 5 | 8 |
| Gifhorn | 2 | 5 | 10 | 4 | 6 | 4 | 4 | 5 |
| Wolfsburg | 0 | 46 | 36 | 0 | 15 | 40 | 42 | 0 |
| Braunschweig | 32 | 38 | 29 | 31 | 24 | 21 | 21 | 32 |
| Braunschweig L | 3 | 2 | 3 | 3 | 3 | 3 | 4 | 5 |
| Salzgitter | 0 | 15 | 8 | 0 | 29 | 18 | 23 | 0 |
| Wolfenbüttel | 6 | 7 | 9 | 8 | 8 | 7 | 6 | 9 |
| Peine | 11 | 9 | 7 | 8 | 9 | 8 | 9 | 6 |
| | 66 | 130 | 112 | 62 | 82 | 106 | 114 | 65 |
| *Hildesheim* | | | | | | | | |
| Hildesheim | 11 | 12 | 11 | 11 | 9 | 8 | 8 | 11 |
| Landkr. Marienburg | 8 | 7 | 7 | 7 | 6 | 4 | 4 | 5 |
| Alfeld | 4 | 5 | 5 | 5 | 6 | 5 | 4 | 5 |
| | 23 | 24 | 23 | 23 | 21 | 17 | 16 | 21 |
| *Harz* | | | | | | | | |
| Gandersheim | 3 | 4 | 4 | 4 | 4 | 4 | 4 | 4 |
| Osterode | 4 | 5 | 6 | 3 | 6 | 5 | 5 | 4 |
| Zellerfeld | 1 | 2 | 2 | 2 | 1 | 1 | 1 | 2 |
| Goslar | 3 | 5 | 5 | 3 | 6 | 4 | 3 | 4 |
| Goslar L | 2 | 2 | 2 | 3 | 2 | 1 | 1 | 3 |
| Blankenburg | 3 | 1 | 1 | 3 | 1 | 1 | 1 | 5 |
| | 16 | 19 | 20 | 18 | 20 | 16 | 15 | 18 |
| *Göttingen* | | | | | | | | |
| Göttingen | 5 | 7 | 9 | 5 | 6 | 7 | 7 | 9 |
| Göttingen L | 2 | 2 | 2 | 2 | 3 | 1 | 1 | 2 |
| Duderstadt | 1 | 2 | 3 | 1 | 1 | 1 | 1 | 2 |
| Münden | 3 | 2 | 2 | 2 | 2 | 2 | 2 | 3 |
| Northeim | 4 | 4 | 5 | 5 | 6 | 5 | 4 | 5 |
| Einbeck | 2 | 4 | 5 | 2 | 3 | 3 | 3 | 3 |
| Holzminden | 4 | 6 | 8 | 4 | 5 | 5 | 5 | 4 |
| | 21 | 27 | 33 | 21 | 26 | 24 | 23 | 28 |
| *Zentralheide* | | | | | | | | |
| Celle | 4 | 6 | 5 | 5 | 5 | 4 | 4 | 5 |
| Celle L | 15 | 10 | 7 | 2 | 4 | 4 | 4 | 5 |
| Fallingbostel | 3 | 3 | 4 | 3 | 3 | 3 | 3 | 3 |
| Soltau | 2 | 3 | 4 | 2 | 3 | 3 | 4 | 3 |
| | 24 | 22 | 20 | 12 | 15 | 14 | 15 | 16 |
| *Lüneburg* | | | | | | | | |
| Lüneburg | 4 | 5 | 5 | 4 | 4 | 4 | 4 | 4 |
| Lüneburg L | 1 | 2 | 3 | 2 | 2 | 2 | 2 | 3 |
| Uelzen | 4 | 5 | 6 | 6 | 7 | 6 | 6 | 7 |
| Lüchow-Dannenberg | 1 | 2 | 2 | 2 | 3 | 2 | 2 | 3 |
| | 10 | 14 | 16 | 14 | 16 | 14 | 14 | 17 |

...reise (in ‰ des Gesamtraumes) 1935—1970

| ...inkünfte | | | Bruttolöhne | | | | Gesamteinkünfte | | | |
|---|---|---|---|---|---|---|---|---|---|---|
| ...4 | 1965 | 1968 | 1936 | 1955 | 1965 | 1968 | 1936 | 1954/55 | 1965 | 1968 |
| | 292 | 293 | 366 | 292 | 250 | 255 | 373 | 284 | 261 | 265 |
| | 16 | 17 | 5 | 9 | 12 | 13 | 6 | 10 | 13 | 14 |
| | 14 | 13 | 7 | 9 | 11 | 12 | 10 | 11 | 12 | 12 |
| | 4 | 4 | 3 | 4 | 4 | 4 | 3 | 4 | 4 | 4 |
| | 5 | 5 | 6 | 6 | 6 | 6 | 6 | 6 | 6 | 5 |
| | 331 | 332 | 387 | 320 | 283 | 290 | 398 | 315 | 296 | 300 |
| | 79 | 75 | 81 | 69 | 71 | 72 | 89 | 71 | 73 | 73 |
| | 7 | 8 | 5 | 8 | 8 | 8 | 6 | 9 | 8 | 9 |
| | 5 | 7 | 8 | 7 | 8 | 8 | 8 | 7 | 8 | 8 |
| | 4 | 4 | 12 | 5 | 6 | 6 | 10 | 5 | 6 | 6 |
| | 5 | 5 | 2 | 3 | 4 | 4 | 2 | 4 | 4 | 4 |
| | 13 | 12 | 2 | 3 | 4 | 5 | 2 | 4 | 5 | 5 |
| | 6 | 7 | 22 | 18 | 18 | 17 | 20 | 17 | 16 | 16 |
| | 5 | 5 | 3 | 5 | 5 | 6 | 3 | 6 | 5 | 6 |
| | 6 | 7 | 8 | 8 | 8 | 8 | 7 | 8 | 8 | 8 |
| | 6 | 7 | 7 | 7 | 7 | 6 | 6 | 6 | 7 | 6 |
| 9 | 136 | 137 | 150 | 133 | 139 | 140 | 153 | 137 | 140 | 141 |
| 7 | 7 | 7 | 21 | 11 | 11 | 11 | 17 | 10 | 10 | 10 |
| 7 | 6 | 7 | 6 | 6 | 7 | 7 | 6 | 6 | 7 | 7 |
| 6 | 6 | 6 | 3 | 4 | 5 | 5 | 3 | 5 | 6 | 6 |
| 4 | 14 | 15 | 14 | 15 | 15 | 15 | 13 | 14 | 15 | 14 |
| 6 | 6 | 6 | 3 | 5 | 6 | 6 | 3 | 5 | 6 | 6 |
| 6 | 6 | 6 | 2 | 4 | 5 | 5 | 2 | 4 | 5 | 6 |
| 7 | 7 | 7 | 2 | 3 | 4 | 5 | 2 | 4 | 5 | 6 |
| 3 | 52 | 54 | 51 | 48 | 53 | 54 | 47 | 48 | 54 | 55 |
| 4 | 4 | 4 | 6 | 5 | 5 | 5 | 6 | 5 | 5 | 5 |
| 5 | 4 | 5 | 3 | 4 | 5 | 6 | 3 | 4 | 5 | 6 |
| 6 | 6 | 6 | 4 | 4 | 5 | 6 | 5 | 5 | 6 | 6 |
| 9 | 9 | 9 | 8 | 8 | 9 | 10 | 8 | 8 | 9 | 10 |
| 4 | 3 | 3 | 2 | 2 | 3 | 3 | 2 | 2 | 3 | 3 |
| 8 | 26 | 27 | 23 | 23 | 27 | 30 | 24 | 24 | 28 | 30 |
| 5 | 4 | 4 | 3 | 3 | 4 | 4 | 2 | 4 | 4 | 4 |
| 4 | 4 | 4 | 2 | 4 | 5 | 5 | 2 | 4 | 4 | 5 |
| 5 | 5 | 5 | 3 | 4 | 5 | 6 | 3 | 5 | 5 | 6 |
| 9 | 8 | 9 | 6 | 9 | 8 | 8 | 7 | 9 | 8 | 9 |
| 23 | 21 | 22 | 14 | 20 | 22 | 23 | 14 | 22 | 21 | 24 |
| 18 | 19 | 17 | 19 | 17 | 17 | 16 | 17 | 18 | 18 | 17 |
| 9 | 10 | 10 | 10 | 12 | 12 | 13 | 8 | 11 | 12 | 12 |
| 4 | 4 | 4 | 2 | 3 | 3 | 3 | 2 | 3 | 4 | 4 |
| 2 | 2 | 2 | 1 | 2 | 2 | 2 | 1 | 2 | 2 | 2 |
| 7 | 6 | 5 | 3 | 5 | 5 | 6 | 4 | 6 | 6 | 6 |
| 7 | 5 | 5 | 2 | 4 | 5 | 5 | 3 | 5 | 5 | 5 |
| 47 | 46 | 43 | 37 | 42 | 44 | 45 | 35 | 45 | 47 | 46 |

Tabelle 2 (Beitrag Hunke):

*Entwicklung der Bevölkerung, der Industriebeschäftigtenverteilung und des Bruttoinlandsprodukts in Norddeutschland*

| | Bevölkerung | | | | | | | | | |
|---|---|---|---|---|---|---|---|---|---|---|
| | 17.5.1939 *) | % **) | 13.9.1950 | % **) | 6.6.1961 | % **) | 30.6.1965 | % **) | 1970 | % **) |
| Schlesw.-Holstein | 1589 | 3,95 | 2595 | 5,33 | 2317 | 4,29 | 2423 | 4,26 | 2494 | 4,26 |
| Hamburg | 1712 | 4,25 | 1606 | 3,30 | 1832 | 3,39 | 1857 | 3,27 | 1794 | 3,06 |
| Niedersachsen | 4540 | 11,29 | 6789 | 13,97 | 6641 | 12,31 | 6894 | 12,13 | 7082 | 12,10 |
| Bremen | 563 | 1,40 | 553 | 1,15 | 706 | 1,31 | 738 | 1,30 | 723 | 1,23 |
| Norddeutschland | 8404 | 20,89 | 11552 | 23,75 | 11496 | 21,30 | 11912 | 20,96 | 12093 | 20,65 |

| | Industriebeschäftigte | | | | | | |
|---|---|---|---|---|---|---|---|
| | 1950 **) | 1958 **) | 1966 **) | 1969 **) | 1969 **) | 1970 **) | 1970 **) |
| Schlesw.-Holstein | 2,22 | 2,25 | 2,27 | 182 830 | 2,33 | 193 725 | 2,30 |
| Hamburg | 2,97 | 3,07 | 2,73 | 209 257 | 2,67 | 210 799 | 2,51 |
| Niedersachsen | 8,79 | 8,82 | 9,57 | 767 938 | 9,80 | 808 683 | 9,62 |
| Bremen | 1,22 | 1,47 | 1,25 | 96 896 | 1,24 | 102 421 | 1,22 |
| Norddeutschland | 15,20 | 15,61 | 15,82 | | 16,04 | | 15,65 |

| | Bruttoinlandsprodukt | | | |
|---|---|---|---|---|
| | 1950 **) | 1957 **) | 1966 Mio DM | 1966 **) |
| Schlesw.-Holstein | 4,0 | 3,49 | 16 723 | 3,61 |
| Hamburg | 6,0 | 5,86 | 25 799 | 5,58 |
| Niedersachsen | 11,5 | 10,51 | 48 904 | 10,57 |
| Bremen | 1,8 | 1,86 | 7 647 | 1,65 |
| Norddeutschland | 23,3 | 21,72 | | 21,41 |

*) absolute Zahlen in Tausend
**) in Relation zu Westdeutschland

Quelle: H. HUNKE, Raumordnungspolitik - Vorstellungen und Wirklichkeit

Tabelle 1, S. 1 (Beitrag Hunke):

*Vergleich zwischen den Rangordnungsnummern der Steuermeßbeträge je E und der Brutto-Inlandprodukte je E für das Jahr 1966*

| Kreis | Rangordnungsnummern | | BIP je E in DM | Abweichungen zwischen 2 u. 3 |
|---|---|---|---|---|
| | Steuermeßbeträge je E | BIP je E | | |
| 1 | 2 | 3 | 4 | 5 |
| Wolfsburg | 1 | 1 | 31 570 | = |
| Hannover | 2 | 3 | 12 940 | + 1 |
| Emden | 3 | 4 | 12 240 | + 1 |
| Hamburg | 4 | 2 | 13 970 | − 2 |
| Bremen | 5 | 5 | 11 200 | = |
| Osnabrück | 6 | 8 | 9 880 | + 2 |
| Braunschweig | 7 | 6 | 10 500 | − 1 |
| Hameln | 8 | 7 | 9 920 | − 1 |
| Goslar | 9 | 11 | 8 730 | + 2 |
| Oldenburg | 10 | 13 | 8 210 | + 3 |
| Hildesheim | 11 | 18 | 7 790 | + 7 |
| Einbeck | 12 | 35 | 6 060 | + 22 |
| Holzminden | 13 | 29 | 6 260 | + 16 |
| Cuxhaven | 14 | 14 | 8 200 | = |
| Lüneburg | 15 | 19 | 7 730 | + 4 |
| Delmenhorst | 16 | 27 | 6 490 | + 11 |
| Melle | 17 | 26 | 6 520 | + 11 |
| Lingen | 18 | 20 | 7 560 | + 2 |
| Celle | 19 | 9 | 9 120 | − 10 |
| Helmstedt | 20 | 40 | 5 900 | + 20 |
| Nienburg | 21 | 15 | 8 110 | − 6 |
| Hannover L | 22 | 25 | 6 690 | − 3 |
| Bentheim | 23 | 16 | 7 970 | − 7 |
| Göttingen St | 24 | 12 | 8 530 | − 12 |
| Wilhelmshaven | 25 | 43 | 5 649 | + 18 |
| Gifhorn | 26 | 63 | 4 600 | + 37 |
| Friesland | 27 | 22 | 7 080 | − 5 |
| Peine | 28 | 36 | 6 020 | + 8 |
| Stade | 29 | 32 | 6 140 | + 3 |
| Celle L | 30 | 33 | 6 090 | + 3 |
| Wesermarsch | 31 | 10 | 8 760 | − 21 |
| Bremerhaven | 32 | 28 | 6 380 | − 4 |
| Diepholz | 33 | 17 | 7 820 | − 16 |
| Fallingbostel | 34 | 30 | 6 220 | − 4 |
| Wolfenbüttel | 35 | 53 | 5 220 | + 18 |
| Vechta | 36 | 23 | 6 990 | − 13 |
| Osnabrück L | 37 | 61 | 4 850 | + 24 |
| Verden | 38 | 31 | 6 200 | − 7 |

Noch Tabelle 1 (Beitrag Hunke):

*Vergleich zwischen den Rangordnungsnummern der Steuermeßbeträge je E und der Brutto-Inlandprodukte je E für das Jahr 1966*

| Kreis | Rangordnungsnummern | | BIP je E in DM | Abweichungen zwischen 2 u. 3 |
|---|---|---|---|---|
| | Steuermeßbeträge je E | BIP je E | | |
| 1 | 2 | 3 | 4 | 5 |
| Salzgitter | 39 | 21 | 7 120 | − 18 |
| Alfeld | 40 | 38 | 5 920 | − 2 |
| Osterode | 41 | 34 | 6 070 | − 7 |
| Schaumburg | 42 | 54 | 5 130 | + 12 |
| Schaumburg-Lippe | 43 | 50 | 5 380 | + 7 |
| Blankenburg | 44 | 47 | 5 580 | + 3 |
| Burgdorf | 45 | 48 | 5 480 | + 3 |
| Uelzen | 46 | 37 | 5 950 | − 9 |
| Norden | 47 | 56 | 5 090 | + 9 |
| Meppen | 48 | 24 | 6 770 | − 24 |
| Bersenbrück | 49 | 52 | 5 360 | + 3 |
| Springe | 50 | 55 | 5 130 | + 5 |
| Hameln-Pyrmont | 51 | 58 | 4 980 | + 7 |
| Hildesheim-Marienbg. | 52 | 68 | 4 330 | + 16 |
| Gandersheim | 53 | 44 | 5 640 | − 11 |
| Soltau | 54 | 49 | 5 480 | − 5 |
| Ammerland | 55 | 51 | 5 370 | − 4 |
| Duderstadt | 56 | 39 | 5 920 | − 17 |
| Münden | 57 | 45 | 5 600 | − 12 |
| Northeim | 58 | 46 | 5 580 | − 12 |
| Neustadt | 59 | 72 | 4 010 | + 13 |
| Bremervörde | 60 | 42 | 5 770 | − 18 |
| Göttingen | 61 | | | |
| Leer | 62 | 65 | 4 570 | + 3 |
| Zellerfeld | 63 | 69 | 4 330 | + 6 |
| Hoya | 64 | 57 | 5 070 | − 7 |
| Wittlage | 65 | 41 | 5 830 | − 14 |
| Harburg | 66 | 74 | 3 780 | + 8 |
| Lüneburg L | 67 | 70 | 4 180 | + 3 |
| Rotenburg | 68 | 62 | 4 700 | − 6 |
| Cloppenburg | 69 | 60 | 4 860 | − 9 |
| Aurich | 70 | 71 | 4 160 | + 1 |
| Aschendorf | 71 | 64 | 4 610 | − 7 |
| Osterholz | 72 | 77 | 3 564 | + 5 |
| Oldenburg L | 73 | 66 | 4 560 | − 7 |
| Land Hadeln | 74 | 73 | 3 830 | − 1 |
| Lüchow-Dannenberg | 75 | 59 | 4 880 | − 16 |
| Braunschweig L | 76 | 75 | 3 700 | − 1 |
| Goslar L | 77 | 67 | 4 560 | − 10 |
| Wittmund | 78 | 78 | 3 480 | = |
| Wesermünde | 79 | 79 | 3 600 | − 3 |

Quelle für das BIP: Sozialproduktsberechnungen der Länder, Heft 3, S. 91 ff

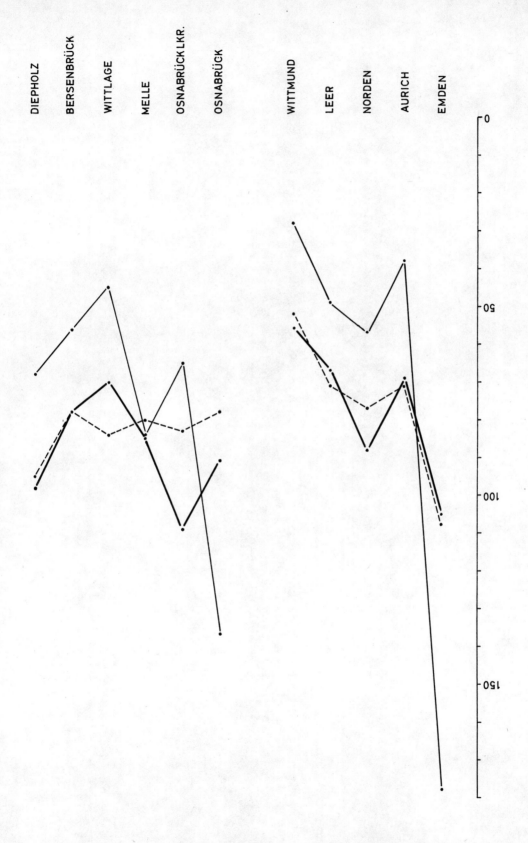

Vergleich zwischen Steuermeßbeträgen und Produktivitätsindices (nach Kreisen)

Tabelle 1 (Beitrag Wirnshofer): *Einwohner, Erwerbspersonen und Berufspendler*

| S | Gebiet | | Bevölkerungsstand am 30.6. in 1 000 | | | | Bevölkerungs-stand 1966 in % von 1957 | Erwerbs-personen 1961 1) in 1 000 | Anteil der Wirtschaftsbereiche an den Erwerbspersonen 1961 1) in % | | | Überschuß der Einpendler (+) Auspendler (−) in % der erwerbstätigen Wohnbevölkerung 1) | Beschäftigte am 6.6.1961 2) in nichtland-wirtschaftl. Arbeitsstätten je 1 000 Einwohner |
|---|---|---|---|---|---|---|---|---|---|---|---|---|---|
| | | | 1957 | 1961 | 1965 | 1966 | | | Land- und Forstwirt-schaft | Produzieren-des Ge-werbe | Handel und Verkehr | | |
| B | München | Krsfr.St. | 983,2 | 1 086,2 | 1 210,5 | 1 231,5 | 125 | 572,0 | 1 | 42 | 23 | + 16,0 | 61 |
| B | Nürnberg | " | 430,0 | 455,2 | 472,0 | 472,3 | 110 | 235,6 | 1 | 52 | 25 | + 28,0 | 67 |
| B | Augsburg | " | 201,7 | 208,8 | 210,8 | 212,2 | 105 | 104,7 | 1 | 54 | 22 | + 35,8 | 66 |
| I | Ingolstadt | " | 47,0 | 53,5 | 67,9 | 69,2 | 147 | 22,6 | 2 | 54 | 21 | + 65,0 | 69 |
| I | Bayreuth | " | 59,8 | 61,8 | 63,0 | 63,1 | 106 | 28,1 | 2 | 45 | 20 | + 31,7 | 59 |
| I | Schweinfurt | " | 53,7 | 56,9 | 58,7 | 59,2 | 110 | 25,9 | 1 | 59 | 17 | + 92,3 | 86 |
| U | München | Lkrs. | 98,5 | 112,7 | 134,0 | 139,8 | 142 | 54,8 | 7 | 48 | 17 | − 38,1 | 29 |
| U | Nürnberg | " | 46,7 | 52,1 | 60,0 | 62,4 | 134 | 26,6 | 13 | 57 | 16 | − 38,0 | 26 |
| U | Augsburg | " | 92,0 | 103,6 | 115,8 | 118,6 | 129 | 51,6 | 15 | 55 | 15 | − 35,7 | 27 |
| L | Mainburg | " | 21,3 | 20,8 | 21,1 | 21,2 | 99 | 10,7 | 52 | 29 | 9 | − 6,2 | 24 |
| L | Straubing | " | 29,3 | 28,4 | 29,4 | 30,5 | 104 | 14,3 | 56 | 27 | 8 | − 19,4 | 12 |
| L | Rothenburg o.T. | " | 20,1 | 19,1 | 19,1 | 19,0 | 95 | 10,9 | 71 | 19 | 5 | − 8,5 | 15 |
| F | Berchtesgaden | " | 37,4 | 37,8 | 38,0 | 38,6 | 103 | 18,6 | 16 | 30 | 15 | − 8,8 | 37 |
| F | Garmisch-Partenk. | " | 56,1 | 57,3 | 62,0 | 62,6 | 112 | 28,5 | 9 | 28 | 17 | − 1,6 | 40 |
| F | Miesbach | " | 67,7 | 68,9 | 70,6 | 71,1 | 105 | 34,1 | 18 | 38 | 14 | − 6,0 | 37 |
| N | Bogen | " | 34,6 | 35,2 | 36,6 | 36,8 | 106 | 16,9 | 56 | 28 | 6 | − 5,9 | 18 |
| N | Kötzting | " | 32,6 | 31,7 | 32,6 | 32,8 | 101 | 13,7 | 44 | 35 | 9 | − 3,2 | 22 |
| N | Oberviechtach | " | 14,7 | 14,4 | 15,4 | 15,7 | 107 | 7,0 | 57 | 27 | 6 | − 5,4 | 18 |
| | Bayern insgesamt | | 9 157,6 | 9 523,7 | 10 058,6 | 10 185,8 | 111 | 4 698,4 | 22 | 45 | 15 | − 0,4 | 39 |
| | Kreisfreie Städte | | 3 135,3 | 3 337,5 | 3 530,1 | 3 561,4 | 113 | 1 632,7 | 1 | 46 | 23 | + 26,4 | 61 |
| | Landkreise | | 6 022,3 | 6 186,2 | 6 528,5 | 6 624,3 | 110 | 3 065,7 | 32 | 44 | 11 | − 14,7 | 27 |

1) Nach der Volkszählung am 6.6.1961. − 2) Arbeitsstättenzählung.

Tabelle 2 (Beitrag Wirnshofer):

*Entstehung des Inlandsprodukts und der Einkommen nach Wirtschaftsbereichen in Bayern (Revidierte Ergebnisse)*

| Jahr | Produktionswert | Vorleistungen | Beitrag zum Bruttoinlandsprodukt zu Marktpreisen (Sp.1 abzüglich Sp.2) | Abschreibungen | Beitrag zum Nettoinlandsprodukt zu Marktpreisen (Sp.3 abzüglich Sp.4) [1] | Indirekte Steuern abzüglich Subventionen [1] | Beitrag zum Nettoinlandsprodukt zu Faktorkosten ||| 
|---|---|---|---|---|---|---|---|---|---|
| | | | | | | | Insgesamt (Sp.5 abzüglich Sp.6) [1] | Bruttoeinkommen [2] aus ||
| | | | | | | | | unselbständiger Arbeit [1] | Unternehmertätigkeit und Vermögen [1] |

Mill. DM

**Land- und Forstwirtschaft, Fischerei**

| 1961 | 6 468 | 2 170 | 4 298 | 605 | 3 693 | − 56 | 3 749 | 560 | 3 189 |
| 1965 | 7 709 | 3 129 | 4 580 | 827 | 3 753 | − 264 | 4 017 | 625 | 3 392 |
| 1966 | 8 091 | 3 419 | 4 672 | 868 | 3 804 | − 246 | 4 050 | 638 | 3 412 |

**Energiewirtschaft und Bergbau**

| 1961 | 2 870 | 1 439 | 1 432 | 314 | 1 118 | 137 | 980 | 397 | 583 |
| 1965 | 3 924 | 2 039 | 1 885 | 498 | 1 387 | 142 | 1 245 | 528 | 717 |
| 1966 | 4 104 | 2 189 | 1 916 | 520 | 1 395 | 151 | 1 244 | 552 | 692 |

**Verarbeitendes Gewerbe (ohne Baugewerbe)**

| 1961 | 48 196 | 27 370 | 20 826 | 1 539 | 19 287 | 3 367 | 15 919 | 10 237 | 5 682 |
| 1965 | 68 283 | 38 133 | 30 150 | 2 696 | 27 454 | 4 862 | 22 592 | 14 996 | 7 596 |
| 1966 | 72 669 | 39 908 | 32 761 | 3 098 | 29 662 | 5 309 | 24 353 | 16 352 | 8 001 |

**Baugewerbe**

| 1961 | 6 863 | 2 942 | 3 921 | 191 | 3 730 | 378 | 3 352 | 2 278 | 1 074 |
| 1965 | 10 367 | 4 385 | 5 983 | 353 | 5 629 | 583 | 5 046 | 3 657 | 1 389 |
| 1966 | 11 536 | 4 864 | 6 672 | 402 | 6 270 | 657 | 5 614 | 3 954 | 1 660 |

**Handel**

| 1961 | 36 704 | 30 388 | 6 314 | 260 | 6 054 | 1 365 | 4 689 | 1 797 | 2 892 |
| 1965 | 52 093 | 42 861 | 9 233 | 423 | 8 809 | 1 969 | 6 840 | 2 988 | 3 852 |
| 1966 | 54 836 | 44 931 | 9 905 | 461 | 9 444 | 2 134 | 7 311 | 3 326 | 3 985 |

**Verkehr und Nachrichtenübermittlung**

| 1961 | 4 921 | 1 831 | 3 090 | 532 | 2 559 | 176 | 2 383 | 1 882 | 501 |
| 1965 | 6 675 | 2 599 | 4 076 | 808 | 3 268 | − 54 | 3 322 | 2 588 | 734 |
| 1966 | 7 148 | 2 671 | 4 477 | 880 | 3 597 | − 36 | 3 632 | 2 778 | 854 |

**Kreditinstitute und Versicherungsunternehmen**

| 1961 | 1 884 | 794 | 1 090 | 48 | 1 042 | 157 | 885 | 556 | 329 |
| 1965 | 3 000 | 1 293 | 1 708 | 102 | 1 606 | 204 | 1 401 | 890 | 511 |
| 1966 | 3 321 | 1 391 | 1 930 | 129 | 1 801 | 243 | 1 558 | 1 018 | 540 |

**Wohnungsvermietung**

| 1961 | 2 170 | 773 | 1 397 | 630 | 767 | 131 | 636 | − | − |
| 1965 | 3 569 | 1 353 | 2 216 | 1 019 | 1 197 | 120 | 1 078 | − | − |
| 1966 | 4 068 | 1 620 | 2 448 | 1 089 | 1 359 | 113 | 1 245 | − | . |

**Sonstige Dienstleistungen [3]**

| 1961 | 7 259 | 3 486 | 3 773 | 185 | 3 588 | 397 | 3 191 | 1 052 | 2 775 |
| 1965 | 10 157 | 4 781 | 5 375 | 302 | 5 074 | 509 | 4 564 | 1 530 | 4 112 |
| 1966 | 10 942 | 5 083 | 5 859 | 339 | 5 519 | 549 | 4 970 | 1 658 | 4 557 |

**Staat [4]**

| 1961 | 8 501 | 4 535 | 3 965 | 217 | 3 749 | 23 | 3 725 | 3 725 | − |
| 1965 | 12 760 | 6 705 | 6 055 | 362 | 5 694 | 39 | 5 655 | 5 655 | − |
| 1966 | 14 046 | 7 230 | 6 817 | 416 | 6 401 | 46 | 6 355 | 6 355 | − |

**Private Haushalte und private Organisationen ohne Erwerbscharakter**

| 1961 | 1 042 | 211 | 831 | 27 | 805 | 7 | 797 | 797 | − |
| 1965 | 1 389 | 302 | 1 087 | 46 | 1 041 | 10 | 1 031 | 1 031 | − |
| 1966 | 1 524 | 329 | 1 195 | 53 | 1 142 | 11 | 1 131 | 1 131 | − |

**Insgesamt**

| 1961 | 126 878 | 75 941 | 50 937 | 4 546 | 46 391 | 6 082 | 40 309 | 23 282 | 17 027 |
| 1965 | 179 926 | 107 578 | 72 347 | 7 436 | 64 911 | 8 120 | 56 791 | 34 487 | 22 304 |
| 1966 | 192 285 | 113 635 | 78 650 | 8 255 | 70 395 | 8 933 | 61 462 | 37 762 | 23 700 |

Differenzen in den Summen durch Runden der Zahlen.
[1] Vorläufige Ergebnisse eigener Schätzungen im Bayerischen Statistischen Landesamt; kein Ergebnis des Arbeitskreises Volkswirtschaftliche Gesamtrechnungen der Länder. – [2] Inlandskonzept. – [3] Soweit von Unternehmen und freien Berufen erbracht. – [4] Gebietskörperschaften einschl. Sozialversicherung.

Tabelle 3a (Beitrag Wirnshofer):

## Ergebnisse der Inlandsproduktberechnungen[1]

| S | Gebiet | | Bruttoinlandsprodukt in Mill. DM | | | Bruttoinlandsprodukt 1966 je Person der | | | | Anteil der Wirtschaftsbereiche am Bruttoinlandsprodukt 1966 in von Hundert | | | | Für 1966 zugrunde gelegte in 1 000 | |
|---|---|---|---|---|---|---|---|---|---|---|---|---|---|---|---|
| | | | 1957 | 1961 | 1966 | Wohnbevölkerung DM | Bayern = 100 | Wirtschaftsbevölkerung DM | Bayern = 100 | Land- und Forstwirtschaft | Produzierendes Gewerbe | Handel und Verkehr | Übrige | Wohnbevölkerung | Wirtschaftsbevölkerung |
| B | München | Krsfr.St. | 6 639 | 9 943 | 15 460 | 12 570 | 169 | 10 750 | 144 | 0,3 | 41,5 | 23,1 | 35,1 | 1 230,1 | 1 436,5 |
| B | Nürnberg | " | 2 667 | 3 766 | 5 507 | 11 670 | 157 | 9 140 | 122 | 0,5 | 50,4 | 25,1 | 24,0 | 471,8 | 602,4 |
| B | Augsburg | " | 1 231 | 1 755 | 2 603 | 12 270 | 165 | 9 030 | 121 | 0,4 | 55,7 | 20,5 | 23,5 | 212,2 | 288,3 |
| I | Ingolstadt | " | 262 | 483 | 915 | 13 180 | 177 | 9 670 | 129 | 0,6 | 70,6 | 11,2 | 17,6 | 69,4 | 94,6 |
| I | Bayreuth | " | 277 | 694 | 1 007 | 15 950 | 215 | 12 790 | 171 | 0,4 | 66,2 | 11,0 | 20,4 | 63,1 | 76,7 |
| I | Schweinfurt | " | 425 | 673 | 769 | 13 110 | 176 | 7 480 | 100 | 0,4 | 67,8 | 14,6 | 17,3 | 58,6 | 102,8 |
| U | München | Lkrs. | 324 | 524 | 937 | 6 700 | 90 | 10 650 | 142 | 2,9 | 55,0 | 12,0 | 30,0 | 139,9 | 86,0 |
| U | Nürnberg | " | 101 | 170 | 311 | 4 980 | 67 | 8 120 | 108 | 4,8 | 50,8 | 20,0 | 24,4 | 62,4 | 38,3 |
| U | Augsburg | " | 260 | 419 | 626 | 5 270 | 71 | 8 190 | 109 | 7,5 | 62,8 | 10,0 | 19,7 | 116,7 | 76,4 |
| L | Nainburg | " | 81 | 103 | 131 | 6 200 | 83 | 6 630 | 89 | 42,2 | 30,8 | 9,9 | 17,1 | 21,2 | 19,8 |
| L | Straubing | " | 65 | 78 | 85 | 2 860 | 39 | 3 570 | 48 | 40,2 | 28,4 | 8,8 | 22,6 | 29,9 | 23,9 |
| L | Rothenburg o.T. | " | 42 | 61 | 73 | 3 640 | 52 | 4 250 | 57 | 47,9 | 22,6 | 13,9 | 15,6 | 19,0 | 17,2 |
| F | Berchtesgaden | " | 91 | 132 | 210 | 5 470 | 74 | 5 990 | 80 | 3,4 | 34,5 | 19,4 | 42,7 | 38,3 | 35,0 |
| F | Garmisch-Partenk. | " | 166 | 249 | 370 | 5 920 | 80 | 6 020 | 80 | 1,9 | 29,1 | 20,1 | 48,9 | 62,4 | 61,4 |
| F | Miesbach | " | 204 | 286 | 407 | 5 740 | 77 | 6 130 | 82 | 6,7 | 42,6 | 14,4 | 36,3 | 70,9 | 66,4 |
| N | Bogen | " | 55 | 77 | 117 | 3 180 | 43 | 3 370 | 45 | 15,7 | 41,6 | 8,7 | 34,0 | 36,8 | 34,8 |
| N | Kötzting | " | 47 | 67 | 104 | 3 160 | 43 | 3 250 | 43 | 14,1 | 42,3 | 15,3 | 28,3 | 32,8 | 31,9 |
| N | Oberviechtach | " | 21 | 31 | 50 | 3 200 | 43 | 3 380 | 45 | 15,7 | 38,3 | 11,9 | 34,1 | 15,7 | 14,8 |
| | Bayern insgesamt | | 33 401 | 49 205 | 75 592 | 7 430 | 100 | 7 490 | 100 | 6,0 | 51,1 | 17,5 | 25,4 | 10 177,6 | 10 096,6 |
| | Kreisfreie Städte | | 18 155 | 27 007 | 40 886 | 11 490 | 155 | 9 190 | 123 | 0,5 | 47,9 | 22,5 | 29,1 | 3 557,5 | 4 446,9 |
| | Landkreise | | 15 245 | 22 198 | 34 706 | 5 240 | 71 | 6 140 | 82 | 12,5 | 54,8 | 11,7 | 21,0 | 6 620,1 | 5 649,7 |

[1] Unrevidierte Ergebnisse.

Tabelle 3b (Beitrag Wirnshofer): *Entwicklung des Bruttoinlandsprodukts nach Wirtschaftsbereichen in % der Vorjahre*

| S | Gebiet | | Wirtschaftsbereiche insgesamt | | | Produzierendes Gewerbe | | | Handel und Verkehr, Dienstleistungen | | | übrige | |
|---|---|---|---|---|---|---|---|---|---|---|---|---|---|
| | | | 1961/1957 | 1966/1961 | 1966/1957 | 1961/1957 | 1966/1961 | 1966/1957 | 1961/1957 | 1966/1961 | | 1966/1957 | |
| B | München | Krsfr.St. | 150 | 155 | 233 | 154 | 143 | 221 | 148 | 166 | | 244 | |
| B | Nürnberg | " | 141 | 146 | 207 | 141 | 139 | 195 | 143 | 155 | | 222 | |
| B | Augsburg | " | 143 | 148 | 212 | 145 | 142 | 206 | 141 | 158 | | 222 | |
| I | Ingolstadt | " | 184 | 189 | 349 | 208 | 201 | 418 | 153 | 166 | | 254 | |
| I | Bayreuth | " | 250 | 145 | 364 | 389 | 138 | 537 | 133 | 165 | | 219 | |
| I | Schweinfurt | " | 158 | 114 | 181 | 162 | 108 | 175 | 150 | 130 | | 195 | |
| U | München | Lkrs. | 162 | 179 | 289 | 168 | 191 | 322 | 164 | 174 | | 286 | |
| U | Nürnberg | " | 170 | 183 | 308 | 159 | 178 | 283 | 203 | 206 | | 418 | |
| U | Augsburg | " | 161 | 149 | 241 | 162 | 148 | 240 | 174 | 173 | | 300 | |
| L | Mainburg | " | 127 | 127 | 163 | 154 | 157 | 242 | 122 | 159 | | 194 | |
| L | Straubing | " | 119 | 110 | 131 | 140 | 148 | 207 | 164 | 150 | | 246 | |
| L | Rothenburg o.T. | " | 145 | 120 | 174 | 164 | 155 | 254 | 192 | 141 | | 272 | |
| F | Berchtesgaden | " | 144 | 159 | 230 | 161 | 177 | 284 | 143 | 157 | | 224 | |
| F | Garmisch-Partenk. | " | 150 | 149 | 223 | 155 | 136 | 211 | 152 | 158 | | 240 | |
| F | Miesbach | " | 140 | 142 | 199 | 141 | 138 | 195 | 145 | 156 | | 226 | |
| N | Bogen | " | 139 | 153 | 214 | 155 | 210 | 326 | 168 | 156 | | 263 | |
| N | Kötzting | " | 144 | 154 | 223 | 170 | 179 | 306 | 147 | 161 | | 237 | |
| N | Oberviechtach | " | 147 | 160 | 236 | 216 | 201 | 434 | 156 | 183 | | 284 | |
| | Bayern insgesamt | | 147 | 154 | 226 | 153 | 157 | 241 | 149 | 162 | | 240 | |
| | Kreisfreie Städte | | 149 | 151 | 225 | 152 | 143 | 218 | 146 | 161 | | 235 | |
| | Landkreise | | 146 | 156 | 228 | 154 | 175 | 268 | 156 | 162 | | 251 | |

Tabelle 4 (Beitrag Wirnshofer): *Gesamtumsätze 1966 nach Wirtschaftsbereichen auf Grund der Ergebnisse der Umsatzsteuerstatistik in Mill. DM*

| S | Unternehmenssitz | | Wirtschaftsbereiche | | Produzierendes Gewerbe | darunter | | | Übrige |
|---|---|---|---|---|---|---|---|---|---|
| | | | insgesamt | je Einw. DM | | Industrie | Groß-handel | Einzel-handel | |
| B | München | Krsfr.St. | 40 119 | 32 579 | 19 857 | 16 514 | 11 066 | 3 422 | 5 775 |
| B | Nürnberg | " | 11 709 | 24 788 | 6 691 | 5 596 | 2 568 | 1 170 | 1 280 |
| B | Augsburg | " | 5 352 | 25 228 | 2 790 | 2 272 | 1 485 | 583 | 594 |
| I | Ingolstadt | " | 1 165 | 16 848 | 714 | 326 | 162 | 181 | 108 |
| I | Bayreuth | " | 1 087 | 17 233 | 564 | 434 | 239 | 162 | 122 |
| I | Schweinfurt | " | 2 530 | 42 733 | 1 987 | 1 870 | 257 | 187 | 101 |
| U | München | Lkrs. | 1 728 | 12 363 | 815 | 371 | 419 | 143 | 351 |
| U | Nürnberg | " | 610 | 9 765 | 254 | 151 | 130 | 128 | 98 |
| U | Augsburg | " | 1 189 | 10 029 | 812 | 560 | 126 | 108 | 143 |
| L | Mainburg | " | 176 | 8 321 | 75 | 32 | 38 | 28 | 35 |
| L | Straubing | " | 114 | 3 754 | 49 | 13 | 16 | 18 | 31 |
| L | Rothenburg o.T. | " | 73 | 3 822 | 37 | 13 | 6 | 15 | 15 |
| F | Berchtesgaden | " | 415 | 10 757 | 171 | 89 | 41 | 88 | 115 |
| F | Garmisch-Partenk. | " | 649 | 10 356 | 212 | 80 | 77 | 156 | 204 |
| F | Miesbach | " | 667 | 9 388 | 271 | 105 | 58 | 142 | 196 |
| N | Bogen | " | 120 | 3 248 | 58 | 19 | 20 | 20 | 22 |
| N | Kötzting | " | 159 | 4 836 | 80 | 44 | 26 | 31 | 22 |
| N | Oberviechtach | " | 72 | 4 601 | 35 | 11 | 10 | 12 | 15 |
| | Bayern insgesamt | | 146 016 | 14 335 | 76 934 | 55 658 | 30 091 | 20 513 | 18 478 |
| | Kreisfreie Städte | | 92 405 | 25 942 | 46 355 | 37 082 | 22 307 | 12 615 | 11 129 |
| | Landkreise | | 53 611 | 8 093 | 30 579 | 18 576 | 7 784 | 7 898 | 7 349 |

Tabelle 5 (Beitrag Wirnshofer): Gesamtumsätze 1957, 1961, 1966 auf Grund der Ergebnisse der Umsatzsteuerstatistiken in Mill. DM

| S | Unternehmenssitz | | Wirtschaftsbereiche insgesamt | | | Produzierendes Gewerbe | | | Übrige Wirtschaftsbereiche | | |
|---|---|---|---|---|---|---|---|---|---|---|---|
| | | | 1957 | 1961 | 1966 | 1957 | 1961 | 1966 | 1957 | 1961 | 1966 |
| B | München | Krsfr.St. | 16 053 | 26 100 | 40 119 | 6 970 | 13 415 | 19 857 | 9 083 | 12 685 | 20 262 |
| B | Nürnberg | " | 6 656 | 8 543 | 11 709 | 3 366 | 4 974 | 6 691 | 3 290 | 3 569 | 5 018 |
| B | Augsburg | " | 2 896 | 3 871 | 5 352 | 1 596 | 2 182 | 2 790 | 1 300 | 1 689 | 2 562 |
| I | Ingolstadt | " | 791 | 1 188 | 1 165 | 588 | 868 | 714 | 203 | 320 | 451 |
| I | Bayreuth | " | 681 | 827 | 1 087 | 346 | 460 | 564 | 335 | 367 | 523 |
| I | Schweinfurt | " | 1 310 | 2 003 | 2 530 | 907 | 1 421 | 1 987 | 403 | 582 | 543 |
| U | München | Lkrs. | 527 | 878 | 1 728 | 202 | 369 | 815 | 325 | 509 | 913 |
| U | Nürnberg | " | 210 | 328 | 610 | 141 | 161 | 254 | 69 | 167 | 356 |
| U | Augsburg | " | 441 | 808 | 1 189 | 305 | 583 | 812 | 136 | 225 | 377 |
| L | Mainburg | " | 99 | 109 | 176 | 43 | 62 | 75 | 56 | 47 | 101 |
| L | Straubing | " | 54 | 88 | 114 | 21 | 37 | 49 | 33 | 51 | 65 |
| L | Rothenburg o.T. | " | 30 | 47 | 73 | 16 | 26 | 37 | 14 | 21 | 36 |
| F | Berchtesgaden | " | 177 | 275 | 415 | 58 | 115 | 171 | 119 | 160 | 244 |
| F | Garmisch-Partenk. | " | 326 | 466 | 649 | 119 | 177 | 212 | 207 | 289 | 437 |
| F | Miesbach | " | 348 | 487 | 667 | 149 | 218 | 271 | 199 | 269 | 396 |
| N | Bogen | " | 47 | 70 | 120 | 19 | 31 | 58 | 28 | 39 | 62 |
| N | Kötzting | " | 75 | 106 | 159 | 38 | 57 | 80 | 37 | 49 | 79 |
| N | Oberviechtach | " | 22 | 42 | 72 | 10 | 21 | 35 | 12 | 21 | 37 |
| | Bayern insgesamt | | 69 253 | 98 536 | 146 016 | 37 344 | 54 448 | 76 934 | 31 909 | 44 088 | 69 082 |
| | Kreisfreie Städte | | 45 046 | 63 422 | 92 405 | 23 111 | 33 582 | 46 355 | 21 935 | 29 840 | 46 050 |
| | Landkreise | | 24 207 | 35 114 | 53 611 | 14 233 | 20 866 | 30 579 | 9 974 | 14 248 | 23 032 |

Tabelle 6 (Beitrag Wirnshofer): Wachstumsraten der Gesamtumsätze 1957—1966 auf Grund der Ergebnisse der Umsatzsteuerstatistiken
Jährliche Gesamtumsätze in % des jeweiligen Vorjahres

| S | Unternehmenssitz | | Wirtschaftsbereiche insgesamt | | | Produzierendes Gewerbe | | | Übrige Wirtschaftsbereiche | | |
|---|---|---|---|---|---|---|---|---|---|---|---|
| | | | 1961/57 | 1966/61 | 1966/57 | 1961/57 | 1966/61 | 1966/57 | 1961/57 | 1966/61 | 1966/57 |
| B | München | Krsfr.St. | 163 | 154 | 250 | 192 | 148 | 285 | 140 | 160 | 223 |
| B | Nürnberg | " | 128 | 137 | 176 | 148 | 135 | 199 | 108 | 141 | 153 |
| B | Augsburg | " | 133 | 138 | 185 | 136 | 128 | 175 | 130 | 152 | 197 |
| I | Ingolstadt | " | 150 | 98 | 147 | 148 | 82 | 121 | 158 | 141 | 222 |
| I | Bayreuth | " | 122 | 131 | 160 | 133 | 123 | 163 | 110 | 143 | 156 |
| I | Schweinfurt | " | 153 | 126 | 193 | 157 | 140 | 219 | 144 | 93 | 135 |
| U | München | Lkrs. | 167 | 197 | 328 | 183 | 221 | 403 | 157 | 179 | 281 |
| U | Nürnberg | " | 156 | 186 | 290 | 114 | 158 | 180 | 242 | 213 | 516 |
| U | Augsburg | " | 183 | 147 | 270 | 191 | 139 | 266 | 165 | 168 | 277 |
| L | Mainburg | " | 110 | 160 | 178 | 144 | 121 | 174 | 84 | 215 | 180 |
| L | Straubing | " | 163 | 130 | 213 | 176 | 132 | 233 | 155 | 127 | 197 |
| L | Rothenburg o.T. | " | 157 | 155 | 243 | 162 | 142 | 231 | 150 | 171 | 257 |
| F | Berchtesgaden | " | 155 | 151 | 234 | 195 | 149 | 295 | 134 | 153 | 205 |
| F | Garmisch-Partenk. | " | 143 | 139 | 199 | 140 | 120 | 168 | 140 | 151 | 211 |
| F | Miesbach | " | 140 | 137 | 192 | 146 | 124 | 182 | 135 | 147 | 199 |
| N | Bogen | " | 149 | 171 | 257 | 163 | 187 | 305 | 139 | 159 | 221 |
| N | Kötzting | " | 141 | 150 | 212 | 150 | 140 | 211 | 132 | 161 | 214 |
| N | Oberviechtach | " | 191 | 171 | 326 | 210 | 167 | 350 | 175 | 176 | 308 |
| | Bayern insgesamt | | 142 | 146 | 211 | 146 | 141 | 206 | 138 | 157 | 216 |
| | Kreisfreie Städte | | 141 | 146 | 205 | 145 | 138 | 201 | 136 | 154 | 210 |
| | Landkreise | | 145 | 153 | 222 | 147 | 146 | 215 | 143 | 162 | 231 |

Tabelle 7 (Beitrag Wirnshofer): *Einheitliche Gewerbesteuermeßbeträge nach Zerlegung — Ergebnisse der Gewerbesteuerstatistiken 1958 und 1966 — in 1000 DM*

| S | Sitz der Arbeits-stätten | | Wirtschaftsbereiche insgesamt | | | | Produzierendes Gewerbe | | Handel | | Übrige Bereiche | |
|---|---|---|---|---|---|---|---|---|---|---|---|---|
| | | | 1958 | | 1966 | | 1958 | 1966 | 1958 | 1966 | 1958 | 1966 |
| | | | absolut | je Einw. DM | absolut | je Einw. DM | | | | | | |
| B | München | Krsfr.St. | 52 577 | 51,72 | 121 235 | 98,45 | 25 930 | 58 226 | 12 944 | 29 962 | 13 703 | 33 047 |
| B | Nürnberg | " | 24 328 | 55,68 | 41 558 | 87,98 | 13 910 | 23 485 | 6 742 | 12 082 | 3 676 | 5 991 |
| B | Augsburg | " | 10 523 | 51,84 | 16 389 | 77,25 | 6 616 | 9 647 | 2 769 | 4 981 | 1 138 | 1 761 |
| I | Ingolstadt | " | 1 845 | 37,35 | 6 992 | 101,10 | 1 212 | 5 369 | 472 | 1 229 | 161 | 394 |
| I | Bayreuth | " | 2 483 | 41,13 | 4 919 | 77,98 | 1 701 | 3 448 | 588 | 1 070 | 194 | 401 |
| I | Schweinfurt | " | 6 294 | 116,24 | 6 050 | 102,19 | 5 379 | 3 948 | 712 | 1 322 | 203 | 780 |
| U | München | Lkrs. | 2 511 | 24,65 | 7 073 | 50,60 | 1 628 | 3 988 | 421 | 1 711 | 562 | 1 374 |
| U | Nürnberg | " | 834 | 17,47 | 2 740 | 43,89 | 593 | 1 642 | 91 | 778 | 150 | 320 |
| U | Augsburg | " | 2 432 | 25,79 | 5 272 | 44,47 | 2 008 | 3 964 | 227 | 875 | 197 | 433 |
| L | Mainburg | " | 402 | 18,96 | 747 | 35,23 | 238 | 445 | 109 | 209 | 55 | 93 |
| L | Straubing | " | 143 | 4,91 | 412 | 13,52 | 91 | 260 | 39 | 109 | 13 | 43 |
| L | Rothenburg o.T. | " | 89 | 4,53 | 242 | 12,71 | 59 | 164 | 21 | 53 | 9 | 25 |
| F | Berchtesgaden | " | 597 | 15,80 | 1 293 | 33,48 | 256 | 583 | 154 | 336 | 187 | 374 |
| F | Garmisch-Partenk. | " | 1 428 | 25,06 | 3 208 | 51,23 | 718 | 1 258 | 333 | 872 | 377 | 1 078 |
| F | Miesbach | " | 1 419 | 20,87 | 3 101 | 43,62 | 716 | 1 482 | 271 | 605 | 432 | 1 014 |
| N | Bogen | " | 127 | 3,69 | 406 | 11,02 | 86 | 285 | 25 | 64 | 16 | 57 |
| N | Kötzting | " | 168 | 5,20 | 515 | 15,68 | 106 | 317 | 49 | 138 | 13 | 60 |
| N | Oberviechtach | " | 70 | 4,83 | 301 | 19,14 | 23 | 207 | 24 | 70 | 23 | 24 |
| | Bayern insgesamt | | 250 439 | 27,12 | 515 711 | 50,63 | 159 616 | 313 626 | 56 555 | 126 472 | 34 268 | 74 808 |
| | Kreisfreie Städte | | 150 013 | 47,32 | 296 562 | 83,30 | 86 632 | 162 178 | 38 915 | 81 646 | 24 574 | 52 330 |
| | Landkreise | | 100 426 | 16,76 | 219 149 | 33,10 | 72 984 | 151 448 | 17 640 | 44 826 | 9 694 | 22 478 |

Tabelle 7a (Beitrag Wirnshofer): *Grundbeträge¹⁾ der Gewerbesteuer von Ertrag und Kapital und der Grundsteuer A*

| S | Gebiet | | Grundbeträge der Gewerbesteuer für 1966 | | Grundbeträge für 1966 | | | Grundbeträge für 1957 | | | | Grundbeträge der Grundsteuer A und der Gewerbesteuer zusammen 1966 in % von 1957 | |
|---|---|---|---|---|---|---|---|---|---|---|---|---|---|
| | | | 1 000 DM | je Einwohner DM | Grundsteuer A | Grundsteuer A und Gewerbesteuer zusammen | je Einwohner DM | Grundsteuer A | Gewerbesteuer | zusammen | je Einwohner DM | absolut | je Einwohner |
| | | | | | 1 000 DM | 1 000 DM | | in 1 000 DM | | | | | |
| B | München | Krsfr.St. | 133 335 | 108,27 | 134 | 133 469 | 108,38 | 149 | 63 888 | 64 037 | 65,13 | 208 | 166 |
| B | Nürnberg | " | 45 990 | 97,37 | 70 | 46 060 | 97,51 | 55 | 30 843 | 30 898 | 71,85 | 149 | 136 |
| B | Augsburg | " | 17 262 | 81,37 | 37 | 17 299 | 81,54 | 56 | 13 066 | 13 122 | 65,06 | 132 | 125 |
| I | Ingolstadt | " | 7 392 | 106,88 | 28 | 7 420 | 107,29 | 23 | 2 445 | 2 468 | 52,47 | 301 | 205 |
| I | Bayreuth | " | 4 916 | 77,93 | 21 | 4 937 | 78,26 | 26 | 2 775 | 2 801 | 46,88 | 176 | 167 |
| I | Schweinfurt | " | 6 909 | 116,70 | 23 | 6 992 | 118,10 | 18 | 7 532 | 7 550 | 140,68 | 93 | 84 |
| U | München | Lkrs. | 8 423 | 60,26 | 260 | 8 683 | 62,12 | 275 | 2 826 | 3 101 | 31,48 | 280 | 197 |
| U | Nürnberg | " | 2 675 | 42,85 | 93 | 2 768 | 44,34 | 88 | 1 077 | 1 165 | 24,96 | 238 | 178 |
| U | Augsburg | " | 7 071 | 59,64 | 452 | 7 523 | 63,46 | 459 | 3 043 | 3 502 | 38,08 | 215 | 167 |
| L | Mainburg | " | 739 | 34,85 | 496 | 1 235 | 58,24 | 452 | 391 | 843 | 39,53 | 147 | 147 |
| L | Straubing | " | 489 | 16,05 | 591 | 1 080 | 35,44 | 597 | 201 | 798 | 27,23 | 135 | 130 |
| L | Rothenburg o.T. | " | 220 | 11,56 | 305 | 525 | 27,58 | 278 | 83 | 361 | 17,95 | 145 | 154 |
| F | Berchtesgaden | " | 1 484 | 38,43 | 110 | 1 594 | 41,28 | 111 | 654 | 765 | 20,48 | 208 | 202 |
| F | Garmisch-Partenk. | " | 3 872 | 61,83 | 313 | 4 185 | 66,83 | 274 | 1 973 | 2 247 | 40,06 | 186 | 167 |
| F | Miesbach | " | 3 630 | 51,07 | 387 | 4 017 | 56,51 | 397 | 1 663 | 2 060 | 30,42 | 195 | 186 |
| N | Bogen | " | 557 | 15,12 | 332 | 889 | 24,13 | 312 | 153 | 465 | 13,43 | 191 | 160 |
| N | Kötzting | " | 509 | 15,50 | 199 | 708 | 21,56 | 196 | 210 | 406 | 12,45 | 174 | 173 |
| N | Oberviechtach | " | 308 | 19,58 | 123 | 431 | 27,40 | 122 | 72 | 194 | 13,17 | 222 | 208 |
| | Bayern insgesamt | | 577 659 | 56,71 | 45 814 | 623 473 | 61,21 | 45 858 | 305 198 | 351 056 | 38,33 | 178 | 160 |
| | Kreisfreie Städte | | 324 992 | 91,25 | 1 056 | 326 048 | 91,55 | 1 149 | 185 578 | 186 727 | 59,56 | 175 | 154 |
| | Landkreise | | 252 667 | 38,14 | 44 758 | 297 425 | 44,90 | 44 709 | 119 620 | 164 329 | 27,29 | 181 | 165 |

¹⁾ Errechnet aus dem Istaufkommen (geteilt durch den Hebesatz x 100) des auf das Bezugsjahr folgenden zweiten Jahres.

Tabelle 8 (Beitrag Wirnshofer):

*Gewerbliches Betriebsvermögen 1957 und 1966 in 1000 DM nach den Ergebnissen der Einheitswertstatistiken*

| S | Unternehmenssitz | | Rohvermögen 1957 | | | | | Rohvermögen 1966 | | | | |
|---|---|---|---|---|---|---|---|---|---|---|---|---|
| | | | Insgesamt | je Einwohner DM | darunter | | Anlagevermögen in % des Rohvermögens | Insgesamt | je Einwohner DM | darunter | | Anlagevermögen in % des Rohvermögens |
| | | | | | Inländische Betriebe-Grundstücke | sonstiges Anlagevermögen | | | | Inländische Betriebsgrundstücke | sonstiges Anlagevermögen | |
| B | München | Krsfr.St. | 20 915 528 | 21 273 | 632 017 | 3 124 469 | 18,0 | 61 091 961 | 49 609 | 1 010 977 | 20 676 538 | 35,5 |
| B | Nürnberg | " | 3 365 086 | 7 825 | 196 253 | 716 724 | 27,1 | 8 332 519 | 17 641 | 288 706 | 3 489 299 | 45,3 |
| B | Augsburg | " | 1 515 507 | 7 514 | 109 872 | 455 475 | 37,3 | 3 264 194 | 15 386 | 152 810 | 1 039 335 | 36,5 |
| I | Ingolstadt | " | 345 119 | 7 337 | 26 383 | 85 909 | 32,5 | 1 123 359 | 16 245 | 55 386 | 441 563 | 44,2 |
| I | Bayreuth | " | 344 991 | 5 774 | 26 011 | 127 493 | 44,5 | 916 580 | 14 530 | 39 253 | 408 535 | 48,9 |
| I | Schweinfurt | " | 888 320 | 16 551 | 53 660 | 246 353 | 33,8 | 2 249 555 | 37 997 | 104 086 | 878 853 | 43,7 |
| U | München | Lkrs. | 147 141 | 1 493 | 12 737 | 49 264 | 42,1 | 593 176 | 4 244 | 24 356 | 145 756 | 28,1 |
| U | Nürnberg | " | 84 196 | 1 804 | 7 374 | 19 814 | 32,3 | 248 632 | 3 962 | 13 324 | 68 250 | 32,8 |
| U | Augsburg | " | 170 557 | 1 855 | 18 951 | 41 280 | 35,3 | 554 037 | 4 673 | 39 204 | 142 075 | 32,7 |
| L | Mainburg | " | 47 382 | 2 223 | 4 793 | 6 812 | 24,5 | 141 234 | 6 659 | 5 771 | 26 713 | 23,0 |
| L | Straubing | " | 12 427 | 423 | 2 063 | 3 337 | 43,5 | 39 807 | 1 306 | 3 425 | 12 562 | 40,2 |
| L | Rothenburg o.T. | " | 14 976 | 746 | 851 | 2 738 | 24,0 | 44 398 | 2 333 | 1 777 | 9 849 | 26,2 |
| F | Berchtesgaden | " | 68 592 | 1 836 | 14 339 | 17 559 | 46,5 | 209 226 | 5 417 | 18 837 | 57 268 | 36,4 |
| F | Garmisch-Partenk. | " | 160 545 | 2 862 | 28 610 | 42 152 | 44,1 | 361 630 | 5 774 | 31 158 | 148 600 | 49,7 |
| F | Miesbach | " | 133 237 | 1 967 | 25 165 | 37 945 | 47,4 | 401 482 | 5 648 | 31 761 | 121 745 | 38,2 |
| N | Bogen | " | 18 177 | 526 | 1 865 | 4 228 | 33,5 | 61 530 | 1 669 | 2 509 | 12 635 | 24,6 |
| N | Kötzting | " | 20 902 | 641 | 2 069 | 7 628 | 46,4 | 60 866 | 1 855 | 3 800 | 16 922 | 37,3 |
| N | Oberviechtach | " | 12 589 | 856 | 747 | 2 455 | 25,4 | 54 296 | 3 452 | 1 985 | 12 972 | 27,5 |
| | Bayern insgesamt | | 44 670 453 | 4 878 | 2 542 205 | 9 261 750 | 26,4 | 126 052 567 | 12 375 | 4 038 980 | 40 729 414 | 35,5 |
| | Kreisfreie Städte | | 34 211 914 | 10 912 | 1 576 504 | 6 517 827 | 23,7 | 95 960 669 | 26 945 | 2 507 469 | 32 279 917 | 36,3 |
| | Landkreise | | 10 458 539 | 1 737 | 965 701 | 2 743 923 | 35,5 | 30 091 898 | 4 543 | 1 531 511 | 8 449 497 | 33,2 |

Tabelle 9 (Beitrag Wirnshofer): *Lohnsteuerpflichtige, Jahreslöhne und Lohnsteuer 1961 und 1965 nach den Ergebnissen der Lohnsteuerstatistiken*

| S | Wohnsitz der Lohnsteuerpflichtigen | | 1961 | | | | 1965 | | | |
|---|---|---|---|---|---|---|---|---|---|---|
| | | | Lohnsteuerpflichtige in 1 000 | Bruttolohn in Mill. DM | Bruttolohn je Pflichtiger DM | Lohnsteuer in Mill. DM | Lohnsteuerpflichtige in 1 000 | Bruttolohn in Mill. DM | Bruttolohn je Pflichtiger DM | Lohnsteuer in Mill. DM |
| B | München | Krsfr.St. | 474,1 | 3 167,0 | 6 722 | 248,51 | 540,6 | 4 992,2 | 9 235 | 475,80 |
| B | Nürnberg | " | 204,5 | 1 289,3 | 6 306 | 94,76 | 231,1 | 1 895,3 | 8 202 | 162,63 |
| B | Augsburg | " | 88,2 | 576,9 | 6 540 | 40,65 | 100,9 | 800,8 | 7 934 | 66,18 |
| I | Ingolstadt | " | 21,4 | 129,3 | 6 038 | 8,67 | 29,0 | 249,8 | 8 621 | 20,33 |
| I | Bayreuth | " | 25,2 | 150,2 | 5 968 | 10,37 | 27,9 | 223,7 | 8 011 | 17,06 |
| I | Schweinfurt | " | 24,8 | 157,4 | 6 348 | 11,89 | 26,7 | 224,5 | 8 415 | 19,05 |
| U | München | Lkrs. | 41,8 | 281,2 | 6 720 | 23,20 | 51,4 | 497,9 | 9 696 | 49,17 |
| U | Nürnberg | " | 22,2 | 126,4 | 5 698 | 8,30 | 24,8 | 198,5 | 7 994 | 15,61 |
| U | Augsburg | " | 40,8 | 243,7 | 5 669 | 16,81 | 46,2 | 383,0 | 6 291 | 31,40 |
| L | Mainburg | " | 4,5 | 23,5 | 5 205 | 1,35 | 5,2 | 38,4 | 7 339 | 2,74 |
| L | Straubing | " | 6,0 | 26,9 | 4 785 | 1,57 | 6,6 | 43,2 | 6 529 | 2,69 |
| L | Rothenburg o.T. | " | 2,7 | 12,2 | 4 432 | 0,64 | 3,7 | 22,8 | 6 197 | 1,36 |
| F | Berchtesgaden | " | 12,2 | 64,6 | 5 278 | 3,96 | 13,3 | 97,6 | 7 340 | 7,11 |
| F | Garmisch-Partenk. | " | 21,2 | 123,9 | 5 659 | 8,45 | 21,8 | 172,0 | 7 884 | 13,57 |
| F | Miesbach | " | 20,4 | 117,4 | 5 762 | 7,74 | 21,5 | 172,2 | 8 020 | 13,84 |
| N | Bogen | " | 6,0 | 28,1 | 4 680 | 1,54 | 8,1 | 54,0 | 6 689 | 3,45 |
| N | Kötzting | " | 6,7 | 30,5 | 4 524 | 1,57 | 8,8 | 55,8 | 6 338 | 3,45 |
| N | Oberviechtach | " | 2,5 | 11,4 | 4 563 | 0,60 | 3,5 | 22,8 | 6 568 | 1,42 |
| | Bayern insgesamt | | 3 209,0 | 18 504,5 | 5 766 | 1 236,35 | 3 660,5 | 28 726,4 | 7 848 | 2 246,52 |
| | Kreisfreie Städte | | 1 418,7 | 8 936,3 | 6 299 | 654,67 | 1 572,4 | 13 348,1 | 8 489 | 1 149,70 |
| | Landkreise | | 1 790,3 | 9 568,2 | 5 344 | 581,68 | 2 088,1 | 15 378,3 | 7 365 | 1 096,82 |

Tabelle 10 (Beitrag Wirnshofer): *Veranlagte Einkünfte natürlicher Personen 1961 in Mill. DM  
Ergebnisse der Einkommensteuerstatistik*

| S | Wohnsitz der Einkommensempfänger | | Einkünfte aus | | | | | | Gesamtbetrag 1) | |
|---|---|---|---|---|---|---|---|---|---|---|
| | | | Land- und Forstwirtschaft | Gewerbebetrieb | selbständiger Arbeit | nichtselbständiger Arbeit | Kapitalvermögen | Vermietung und Verpachtung | sonstigen Quellen | insgesamt | je Steuerpflichtiger 1 000 DM |
| B | München | Krsfr.St. | 6,9 | 1 147,5 | 228,2 | 554,7 | 91,9 | 81,1 | 11,1 | 2 056,8 | 24,8 |
| B | Nürnberg | " " | 2,4 | 462,6 | 60,5 | 176,3 | 18,4 | 25,3 | 3,6 | 725,1 | 24,0 |
| B | Augsburg | " " | 3,8 | 180,3 | 25,4 | 71,4 | 7,6 | 8,0 | 1,1 | 287,8 | 22,7 |
| I | Ingolstadt | " " | 0,5 | 39,1 | 7,1 | 14,7 | 1,0 | 2,7 | 0,3 | 62,7 | 21,8 |
| I | Bayreuth | " " | 0,5 | 48,7 | 8,1 | 20,6 | 2,3 | 3,1 | 0,6 | 81,1 | 19,6 |
| I | Schweinfurt | " " | 0,2 | 83,1 | 8,6 | 25,4 | 2,6 | 2,8 | 1,2 | 121,6 | 33,1 |
| U | München | Lkrs. | 3,0 | 125,4 | 23,8 | 77,8 | 10,2 | 7,3 | 0,7 | 238,3 | 26,7 |
| U | Nürnberg | " | 0,5 | 26,8 | 3,7 | 19,1 | 0,7 | 1,2 | 0,2 | 49,1 | 15,6 |
| U | Augsburg | " | 2,1 | 90,8 | 11,6 | 43,5 | 3,9 | 2,5 | 0,5 | 148,2 | 22,6 |
| L | Mainburg | " | 12,6 | 9,9 | 1,3 | 3,2 | 0,5 | 0,7 | 0,1 | 27,7 | 10,1 |
| L | Straubing | " | 6,3 | 6,6 | 0,5 | 1,9 | 0,5 | 0,3 | 0,1 | 16,0 | 14,6 |
| L | Rothenburg o.T. | " | 0,5 | 4,2 | 0,5 | 0,6 | 0,0 | 0,1 | 0,0 | 5,8 | 12,3 |
| F | Berchtesgaden | " | 0,5 | 29,4 | 4,2 | 7,9 | 2,1 | 1,7 | 0,3 | 44,7 | 18,1 |
| F | Garmisch-Partenk. | " | 1,6 | 59,3 | 8,9 | 18,3 | 8,0 | 6,4 | 0,8 | 100,4 | 17,8 |
| F | Miesbach | " | 3,7 | 55,7 | 11,2 | 18,7 | 9,5 | 4,9 | 0,7 | 101,2 | 17,3 |
| N | Bogen | " | 0,9 | 5,9 | 1,3 | 2,1 | 0,1 | 0,2 | 0,0 | 10,1 | 11,7 |
| N | Kötzting | " | 1,5 | 8,0 | 1,6 | 1,7 | 0,1 | 0,3 | 0,0 | 12,6 | 11,6 |
| N | Oberviechtach | " | 0,3 | 3,5 | 0,7 | 0,6 | 0,0 | 0,1 | 0,0 | 5,1 | 13,7 |
| | Bayern insgesamt | | 303,4 | 6 279,9 | 953,2 | 2 462,3 | 324,5 | 306,6 | 47,5 | 10 311,9 | 18,9 |
| | Kreisfreie Städte | | 34,4 | 3 208,3 | 540,1 | 1 316,9 | 178,5 | 184,2 | 28,4 | 5 321,0 | 23,5 |
| | Landkreise | | 269,0 | 3 071,6 | 413,1 | 1 145,4 | 145,9 | 122,4 | 19,1 | 4 990,9 | 15,6 |

1) Nach Abzug der ausgeglichenen Verluste.

Tabelle 11 (Beitrag Wirnshofer): *Veranlagte Einkünfte natürlicher Personen 1965 in Mill. DM*
*Ergebnisse der Einkommensteuerstatistik*

| S | Wohnsitz der Einkommensempfänger | | Land- und Forstwirtschaft | Gewerbebetrieb | selbständiger Arbeit | Einkünfte aus nichtselbständiger Arbeit | Kapitalvermögen | Vermietung und Verpachtung | Sonstige | Gesamtbetrag 1) insgesamt | Gesamtbetrag 1) je Pflichtiger 1 000 DM |
|---|---|---|---|---|---|---|---|---|---|---|---|
| B | München | Krsfr.St. | 2,6 | 1 471,4 | 357,4 | 1 210,7 | 146,1 | 130,5 | 19,1 | 3 248,3 | 29,6 |
| B | Nürnberg | " | 0,6 | 506,0 | 83,7 | 364,2 | 36,0 | 36,2 | 6,1 | 1 000,7 | 27,1 |
| B | Augsburg | " | 0,4 | 200,9 | 33,9 | 139,6 | 12,0 | 11,9 | 2,5 | 389,3 | 25,3 |
| I | Ingolstadt | " | 0,2 | 58,0 | 12,5 | 43,3 | 2,3 | 4,8 | 0,6 | 116,5 | 25,3 |
| I | Bayreuth | " | 0,1 | 56,8 | 12,9 | 43,2 | 3,1 | 4,2 | 0,9 | 116,6 | 23,6 |
| I | Schweinfurt | " | 0,1 | 65,2 | 14,1 | 50,7 | 5,0 | 3,9 | 0,6 | 135,0 | 29,5 |
| U | München | Lkrs. | 2,1 | 157,4 | 45,2 | 166,9 | 18,4 | 13,2 | 2,9 | 388,7 | 30,9 |
| U | Nürnberg | " | 0,1 | 40,4 | 8,8 | 52,2 | 2,2 | 2,5 | 0,6 | 99,4 | 19,9 |
| U | Augsburg | " | 1,2 | 126,8 | 21,3 | 94,7 | 5,8 | 4,8 | 1,2 | 243,9 | 26,6 |
| L | Mainburg | " | 9,8 | 14,4 | 1,9 | 6,2 | 0,8 | 0,9 | 0,2 | 33,3 | 13,4 |
| L | Straubing | " | 7,5 | 10,1 | 0,8 | 6,1 | 0,4 | 0,6 | 0,0 | 24,5 | 16,3 |
| L | Rothenburg o.T. | " | 0,3 | 6,7 | 0,7 | 2,0 | 0,1 | 0,1 | 0,0 | 9,6 | 16,1 |
| F | Berchtesgaden | " | 0,2 | 37,5 | 6,6 | 19,1 | 2,8 | 2,5 | 0,5 | 66,8 | 20,4 |
| F | Garmisch-Partenk. | " | 0,9 | 80,9 | 14,6 | 36,3 | 9,9 | 9,6 | 1,7 | 149,2 | 23,1 |
| F | Miesbach | " | 3,0 | 71,4 | 18,2 | 37,9 | 14,7 | 7,2 | 1,4 | 148,1 | 22,7 |
| N | Bogen | " | 0,5 | 9,7 | 1,9 | 6,5 | 0,2 | 0,4 | 0,1 | 18,5 | 14,3 |
| N | Kötzting | " | 0,8 | 12,3 | 2,4 | 5,9 | 0,1 | 0,4 | 0,1 | 21,5 | 15,0 |
| N | Oberviechtach | " | 0,3 | 5,6 | 1,1 | 2,0 | 0,1 | 0,2 | 0,0 | 8,9 | 16,9 |
| | Bayern insgesamt | | 209,0 | 8 284,7 | 1 505,6 | 5 563,7 | 506,9 | 471,7 | 80,7 | 15 995,0 | 23,2 |
| | Kreisfreie Städte | | 16,4 | 4 004,2 | 819,2 | 2 797,6 | 295,3 | 280,0 | 44,1 | 6 001,7 | 28,0 |
| | Landkreise | | 192,6 | 4 280,5 | 686,4 | 2 766,1 | 211,6 | 191,6 | 36,6 | 7 993,3 | 19,8 |

1) Nach Abzug der ausgeglichenen Verluste.

Tabelle 12 (Beitrag Wirnshofer):

Veranlagte Einkünfte natürlicher Personen 1965 je Einwohner

| S | Wohnsitz der Einkommensempfänger | | Einkünfte aus | | | | | | | Gesamtbetrag[1]) der Einkünfte aus selbständiger Erwerbstätigkeit (ohne Land- und Forstwirtschaft) und Vermögen 2) | | |
|---|---|---|---|---|---|---|---|---|---|---|---|---|
| | | | Gewerbebetrieb und selbständiger Arbeit | | | Vermögen 2) | | | | | | |
| | | | Mill. DM | je Einwohner | | Mill. DM | je Einwohner | | Mill. DM | je Einwohner | | |
| | | | | DM | Bayern = 100 | | DM | Bayern = 100 | | DM | Bayern = 100 | |
| B | München | Krsfr.St. | 1 828,8 | 1 511 | 155 | 295,7 | 244 | 232 | 2 035,0 | 1 681 | 166 |
| B | Nürnberg | " | 589,7 | 1 249 | 128 | 78,3 | 166 | 158 | 635,9 | 1 347 | 133 |
| B | Augsburg | " | 234,8 | 1 114 | 115 | 26,4 | 125 | 119 | 249,3 | 1 183 | 116 |
| I | Ingolstadt | " | 70,5 | 1 038 | 107 | 7,7 | 113 | 108 | 73,0 | 1 075 | 106 |
| I | Bayreuth | " | 69,7 | 1 106 | 114 | 8,2 | 130 | 124 | 73,3 | 1 164 | 115 |
| I | Schweinfurt | " | 79,3 | 1 351 | 139 | 9,5 | 162 | 154 | 84,2 | 1 434 | 141 |
| U | München | Lkrs. | 202,6 | 1 512 | 155 | 34,5 | 257 | 245 | 219,7 | 1 640 | 161 |
| U | Nürnberg | " | 49,2 | 821 | 84 | 5,3 | 88 | 84 | 47,1 | 786 | 77 |
| U | Augsburg | " | 146,1 | 1 279 | 131 | 11,8 | 102 | 97 | 148,0 | 1 278 | 126 |
| L | Mainburg | " | 16,3 | 772 | 79 | 1,6 | 67 | 63 | 17,3 | 819 | 81 |
| L | Straubing | " | 10,9 | 371 | 38 | 1,0 | 35 | 33 | 10,9 | 371 | 37 |
| L | Rothenburg o.T. | " | 7,4 | 387 | 40 | 0,2 | 13 | 12 | 7,3 | 382 | 36 |
| F | Berchtesgaden | " | 44,1 | 1 161 | 119 | 5,8 | 153 | 146 | 47,5 | 1 251 | 123 |
| F | Garmisch-Partenk. | " | 95,5 | 1 539 | 158 | 21,2 | 342 | 326 | 112,0 | 1 805 | 178 |
| F | Miesbach | " | 89,6 | 1 269 | 130 | 23,3 | 330 | 314 | 107,2 | 1 518 | 149 |
| N | Bogen | " | 11,6 | 317 | 33 | 0,7 | 20 | 19 | 11,5 | 314 | 31 |
| N | Kötzting | " | 14,7 | 450 | 46 | 0,7 | 20 | 19 | 14,8 | 454 | 45 |
| N | Oberviechtach | " | 6,7 | 435 | 45 | 0,3 | 17 | 16 | 6,6 | 428 | 42 |
| | Bayern insgesamt | | 9 790,3 | 973 | 100 | 1 059,3 | 105 | 100 | 10 222,3 | 1 016 | 100 |
| | Kreisfreie Städte | | 4 823,4 | 1 366 | 140 | 619,4 | 175 | 167 | 5 187,7 | 1 470 | 145 |
| | Landkreise | | 4 966,9 | 761 | 78 | 439,9 | 67 | 64 | 5 034,6 | 771 | 76 |

1) Nach Absetzung der ausgeglichenen Verluste. – 2) Einschl. "sonstige Einkünfte".

Tabelle 13 (Beitrag Wirnshofer): Zusammengefaßte und um die fehlenden Einkünfte aus land- und forstwirtschaftlichem Betrieb ergänzte Einkünfte nach den Lohn- und Einkommensteuerstatistiken für 1961 in Mill. DM

| S | Wohnsitz der Einkommensempfänger | | Brutto-lohn 1) | Einkünfte aus | | | | | Gesamt-betrag 3) der Einkünfte | Lohn- und Einkommen-steuer |
|---|---|---|---|---|---|---|---|---|---|---|
| | | | | Land- und Forstwirt-schaft 2) | Gewerbe-betrieb | selbstän-diger Arbeit | Vermögen und sonstige | | | |
| B | München | Krsfr.St. | 3 187,0 | 26,8 | 1 147,5 | 228,2 | 184,1 | | 4 709,0 | 654,9 |
| B | Nürnberg | " | 1 289,3 | 11,4 | 462,6 | 60,5 | 47,3 | | 1 847,1 | 239,9 |
| B | Augsburg | " | 576,9 | 6,9 | 180,3 | 25,4 | 16,7 | | 796,4 | 99,8 |
| I | Ingolstadt | " | 129,3 | 2,4 | 39,1 | 7,1 | 4,0 | | 179,2 | 20,6 |
| I | Bayreuth | " | 150,2 | 3,2 | 48,7 | 8,1 | 6,0 | | 213,4 | 23,9 |
| I | Schweinfurt | " | 157,4 | 2,4 | 83,1 | 8,6 | 6,6 | | 255,8 | 43,6 |
| U | München | Lkrs. | 281,2 | 20,3 | 125,4 | 23,8 | 18,2 | | 459,0 | 65,7 |
| U | Nürnberg | " | 126,4 | 10,7 | 26,8 | 3,7 | 2,1 | | 166,7 | 14,3 |
| U | Augsburg | " | 243,7 | 34,5 | 90,8 | 11,6 | 6,9 | | 380,8 | 45,8 |
| L | Mainburg | " | 23,5 | 40,3 | 9,9 | 1,3 | 1,3 | | 75,7 | 4,3 |
| L | Straubing | " | 28,9 | 31,9 | 6,6 | 0,5 | 0,9 | | 68,6 | 3,8 |
| L | Rothenburg o.T. | " | 12,2 | 26,0 | 4,2 | 0,5 | 0,1 | | 42,9 | 1,3 |
| F | Berchtesgaden | " | 64,6 | 6,0 | 29,4 | 4,2 | 4,1 | | 106,9 | 11,3 |
| F | Garmisch-Partenk. | " | 123,9 | 6,4 | 59,3 | 8,9 | 15,2 | | 210,8 | 25,7 |
| F | Miesbach | " | 117,4 | 20,5 | 55,7 | 11,2 | 15,1 | | 216,7 | 25,2 |
| N | Bogen | " | 28,1 | 17,2 | 5,9 | 1,3 | 0,3 | | 52,5 | 2,5 |
| N | Kötzting | " | 30,5 | 11,2 | 8,0 | 1,6 | 0,4 | | 51,3 | 3,0 |
| N | Oberviechtach | " | 11,4 | 6,7 | 3,5 | 0,7 | 0,2 | | 22,3 | 1,3 |
| | Bayern insgesamt | | 18 504,5 | 3 314,4 | 6 279,9 | 953,2 | 678,6 | | 29 365,1 | 3 052,9 |
| | Kreisfreie Städte | | 8 936,3 | 136,9 | 3 208,3 | 540,1 | 391,1 | | 13 042,9 | 1 697,4 |
| | Landkreise | | 9 568,2 | 3 177,5 | 3 071,6 | 413,1 | 287,4 | | 16 322,2 | 1 355,5 |

1) Nach der Lohnsteuerstatistik. – 2) Errechnet aus dem Bruttoinlandsprodukt. – 3) Nach Absetzung der ausgeglichenen Verluste.

Tabelle 14 (Beitrag Wirnshofer): Zusammengefaßte und um die fehlenden Einkünfte aus land- und forstwirtschaftlichem Betrieb ergänzte Einkünfte nach den Lohn- und Einkommensteuerstatistiken für 1965 in Mill. DM

| S | Wohnsitz der Einkommensempfänger | | Brutto-lohn 1) | Einkünfte aus | | | | Gesamt-betrag 3) der Einkünfte | Lohn- und Einkommen-steuer |
|---|---|---|---|---|---|---|---|---|---|
| | | | | Land- und Forstwirt-schaft 2) | Gewerbe-betrieb | selbstän-diger Arbeit | Vermögen und sonstige | | |
| B | München | Krsfr.St. | 4 992,2 | 30,4 | 1 471,4 | 357,4 | 295,7 | 7 057,6 | 1 043,0 |
| B | Nürnberg | " | 1 895,3 | 20,8 | 506,0 | 83,7 | 78,3 | 2 552,0 | 333,4 |
| B | Augsburg | " | 800,8 | 7,3 | 200,9 | 33,9 | 26,4 | 1 057,4 | 132,9 |
| I | Ingolstadt | " | 249,8 | 4,0 | 58,0 | 12,5 | 7,7 | 326,8 | 39,2 |
| I | Bayreuth | " | 223,7 | 3,1 | 56,8 | 12,9 | 8,2 | 300,1 | 34,0 |
| I | Schweinfurt | " | 224,5 | 2,1 | 65,2 | 14,1 | 9,5 | 310,8 | 41,9 |
| U | München | Lkrs. | 497,9 | 20,3 | 157,4 | 45,2 | 34,5 | 737,9 | 110,2 |
| U | Nürnberg | " | 198,5 | 11,1 | 40,4 | 8,8 | 5,3 | 256,7 | 25,2 |
| U | Augsburg | " | 383,0 | 34,5 | 126,8 | 21,3 | 11,8 | 565,5 | 73,8 |
| L | Mainburg | " | 38,4 | 41,0 | 14,4 | 1,9 | 1,8 | 96,7 | 6,5 |
| L | Straubing | " | 43,2 | 25,5 | 10,1 | 0,8 | 1,0 | 79,6 | 5,8 |
| L | Rothenburg o.T. | " | 22,8 | 26,0 | 6,7 | 0,7 | 0,2 | 56,1 | 2,5 |
| F | Berchtesgaden | " | 97,6 | 5,3 | 37,5 | 6,6 | 5,8 | 150,4 | 16,8 |
| F | Garmisch-Partenk. | " | 172,0 | 5,2 | 80,9 | 14,6 | 21,2 | 289,2 | 38,3 |
| F | Miesbach | " | 172,2 | 20,3 | 71,4 | 18,2 | 23,3 | 299,7 | 38,2 |
| N | Bogen | " | 54,0 | 13,6 | 9,7 | 1,9 | 0,7 | 79,1 | 5,0 |
| N | Kötzting | " | 55,8 | 10,8 | 12,3 | 2,4 | 0,7 | 81,4 | 5,9 |
| N | Oberviechtach | " | 22,8 | 5,8 | 5,6 | 1,1 | 0,3 | 35,2 | 2,6 |
| | Bayern insgesamt | | 28 726,4 | 3 369,0 | 8 284,7 | 1 505,6 | 1 059,3 | 42 317,7 | 4 772,8 |
| | Kreisfreie Städte | | 13 348,1 | 160,9 | 4 004,2 | 819,2 | 619,4 | 18 696,7 | 2 561,2 |
| | Landkreise | | 15 378,3 | 3 208,1 | 4 280,5 | 686,4 | 439,9 | 23 621,0 | 2 211,6 |

1) Nach der Lohnsteuerstatistik. – 2) Errechnet aus dem Bruttoinlandsprodukt. – 3) Nach Absetzung der ausgeglichenen Verluste.

Tabelle 15 (Beitrag Wirnshofer): Zusammengefaßter Gesamtbetrag der Einkünfte nach den Lohn- und Einkommensteuerstatistiken je Einwohner für 1961 und 1965

| S | Wohnsitz der Einkommensempfänger | | Einkünfte 1961 | | | | Einkünfte 1965 | | | |
|---|---|---|---|---|---|---|---|---|---|---|
| | | | nicht ergänzt 1) brutto DM | ergänzt 1) brutto DM | ergänzt 1) netto 2) DM | | nicht ergänzt 1) brutto DM | ergänzt 1) brutto DM | ergänzt 1) netto 2) DM | |
| B | München | Krsfr.St. | 4 317 | 4 335 | 3 732 | | 5 807 | 5 830 | 4 969 | |
| B | Nürnberg | " | 4 038 | 4 058 | 3 531 | | 5 363 | 5 407 | 4 700 | |
| B | Augsburg | " | 3 800 | 3 815 | 3 337 | | 4 984 | 5 016 | 4 386 | |
| I | Ingolstadt | " | 3 316 | 3 352 | 2 966 | | 4 759 | 4 812 | 4 235 | |
| I | Bayreuth | " | 3 409 | 3 453 | 3 066 | | 4 721 | 4 764 | 4 224 | |
| I | Schweinfurt | " | 4 456 | 4 495 | 3 729 | | 5 268 | 5 294 | 4 580 | |
| U | München | Lkrs. | 3 924 | 4 075 | 3 491 | | 5 372 | 5 507 | 4 685 | |
| U | Nürnberg | " | 3 004 | 3 200 | 2 925 | | 4 089 | 4 281 | 3 861 | |
| U | Augsburg | " | 3 364 | 3 677 | 3 235 | | 4 595 | 4 883 | 4 246 | |
| L | Mainburg | " | 2 303 | 3 640 | 3 433 | | 3 082 | 4 577 | 4 270 | |
| L | Straubing | " | 1 512 | 2 413 | 2 279 | | 2 087 | 2 706 | 2 509 | |
| L | Rothenburg o.T. | " | 911 | 2 247 | 2 179 | | 1 601 | 2 935 | 2 804 | |
| F | Berchtesgaden | " | 2 684 | 2 829 | 2 530 | | 3 837 | 3 960 | 3 518 | |
| F | Garmisch-Partenk. | " | 3 597 | 3 680 | 3 232 | | 4 592 | 4 662 | 4 044 | |
| F | Miesbach | " | 2 902 | 3 145 | 2 760 | | 3 997 | 4 245 | 3 704 | |
| N | Bogen | " | 1 028 | 1 491 | 1 420 | | 1 801 | 2 159 | 2 022 | |
| N | Kötzting | " | 1 311 | 1 617 | 1 522 | | 2 194 | 2 494 | 2 314 | |
| N | Oberviechtach | " | 1 103 | 1 546 | 1 456 | | 1 941 | 2 285 | 2 116 | |
| | Bayern insgesamt | | 2 767 | 3 083 | 2 763 | | 3 893 | 4 207 | 3 733 | |
| | Kreisfreie Städte | | 3 877 | 3 906 | 3 400 | | 5 255 | 5 296 | 4 571 | |
| | Landkreise | | 2 168 | 2 638 | 2 419 | | 3 156 | 3 618 | 3 279 | |

1) um die fehlenden Einkünfte aus land- und forstwirtschaftlichem Betrieb. – 2) Nach Abzug der Lohn- und Einkommensteuer.

Tabelle 16 (Beitrag Wirnshofer):  Veranlagtes Gesamtvermögen natürlicher Personen 1957 nach der Vermögensteuerhauptveranlagung

| S | Wohnsitz der Veranlagten | | Land- und forstwirtschaftliches Vermögen | | Grundvermögen | | Betriebsvermögen | | Sonstiges Vermögen | | Rohvermögen | | Gesamtvermögen [1] |
|---|---|---|---|---|---|---|---|---|---|---|---|---|---|
| | | | Fälle | Mill.DM | Fälle | Mill.DM | Fälle | Mill.DM | Fälle | Mill.DM | Steuerpfl. | Mill.DM | Mill.DM |
| B | München | Krsfr.St. | 1 283 | 20,57 | 9 577 | 402,21 | 8 274 | 653,31 | 9 023 | 774,37 | 14 594 | 1 848,52 | 1 418,53 |
| B | Nürnberg | " | 463 | 2,65 | 3 580 | 137,32 | 3 391 | 245,36 | 2 829 | 163,49 | 5 071 | 546,70 | 418,13 |
| B | Augsburg | " | 302 | 12,32 | 1 746 | 60,27 | 1 7704 | 164,14 | 1 534 | 87,22 | 2 586 | 323,87 | 248,16 |
| I | Ingolstadt | " | 136 | 0,91 | 431 | 13,36 | 417 | 21,46 | 265 | 13,15 | 581 | 48,82 | 37,49 |
| I | Bayreuth | " | 160 | 0,60 | 645 | 20,57 | 647 | 45,62 | 463 | 22,30 | 949 | 89,03 | 70,37 |
| I | Schweinfurt | " | 227 | 1,11 | 612 | 19,56 | 557 | 86,51 | 455 | 64,77 | 856 | 171,86 | 124,28 |
| U | München | Lkrs. | 249 | 5,90 | 1 026 | 34,70 | 684 | 49,95 | 781 | 57,42 | 1 337 | 147,83 | 110,25 |
| U | Nürnberg | " | 95 | 0,58 | 257 | 6,08 | 210 | 10,62 | 152 | 4,46 | 337 | 21,69 | 16,92 |
| U | Augsburg | " | 450 | 9,08 | 720 | 19,51 | 667 | 54,96 | 515 | 29,78 | 1 090 | 113,27 | 88,25 |
| L | Mainburg | " | 571 | 21,67 | 161 | 2,90 | 246 | 9,26 | 262 | 5,73 | 699 | 39,48 | 28,75 |
| L | Straubing | " | 326 | 24,27 | 91 | 1,31 | 92 | 4,88 | 144 | 4,53 | 395 | 34,99 | 20,57 |
| L | Rothenburg o.T. | " | 195 | 5,10 | 52 | 0,58 | 76 | 2,96 | 108 | 1,11 | 238 | 9,74 | 7,76 |
| F | Berchtesgaden | " | 140 | 1,43 | 391 | 12,14 | 365 | 21,51 | 297 | 20,17 | 595 | 55,24 | 43,12 |
| F | Garmisch-Partenk. | " | 377 | 4,48 | 1 005 | 39,81 | 774 | 37,52 | 774 | 76,01 | 1 411 | 157,78 | 118,73 |
| F | Miesbach | " | 474 | 9,59 | 913 | 30,38 | 779 | 43,08 | 785 | 98,57 | 1 502 | 181,33 | 142,49 |
| N | Bogen | " | 132 | 3,62 | 61 | 0,72 | 81 | 2,34 | 40 | 1,03 | 173 | 7,69 | 5,76 |
| N | Kötzting | " | 97 | 1,92 | 76 | 1,13 | 105 | 4,46 | 62 | 2,12 | 167 | 9,62 | 7,36 |
| N | Oberviechtach | " | 40 | 1,22 | 28 | 0,36 | 49 | 2,19 | 13 | 0,80 | 57 | 4,57 | 3,70 |
| | Bayern insgesamt | | 40 968 | 991,34 | 61 208 | 1 740,40 | 63 928 | 4 476,85 | 48 281 | 3 220,06 | 106 475 | 10 417,58 | 8 007,65 |
| | Kreisfreie Städte | | 6 465 | 84,25 | 30 503 | 1 072,47 | 28 868 | 2 240,41 | 24 903 | 1 676,28 | 45 101 | 5 066,40 | 3 866,27 |
| | Landkreise | | 34 503 | 907,08 | 30 705 | 667,94 | 35 060 | 2 236,44 | 23 376 | 1 543,77 | 61 374 | 5 351,17 | 4 141,39 |

[1] Nach Abzug der Schulden (Betriebsschulden bereits im Betriebsvermögen abgesetzt).

Tabelle 17 (Beitrag Wirnshofer): *Veranlagtes Gesamtvermögen natürlicher Personen 1966 nach der Vermögensteuerhauptveranlagung*

| S | Wohnsitz der Veranlagten | | Land- und forstwirtschaftliches Vermögen | | Grundvermögen | | Betriebsvermögen | | Sonstiges Vermögen | | Rohvermögen Steuerpfl. | Mill.DM | Gesamtvermögen 1) Mill.DM |
|---|---|---|---|---|---|---|---|---|---|---|---|---|---|
| | | | Fälle | Mill.DM | Fälle | Mill.DM | Fälle | Mill.DM | Fälle | Mill. DM | | | |
| B | München | Krsfr.St. | 1 301 | 22,84 | 10 554 | 550,94 | 8 151 | 1 774,74 | 13 958 | 3 177,55 | 16 524 | 5 514,11 | 4 661,17 |
| B | Nürnberg | " | 436 | 3,83 | 3 519 | 179,54 | 3 031 | 610,11 | 3 956 | 681,81 | 4 873 | 1 473,69 | 1 227,20 |
| B | Augsburg | " | 236 | 11,12 | 1 523 | 65,40 | 1 211 | 292,72 | 1 773 | 246,04 | 2 173 | 614,79 | 526,99 |
| I | Ingolstadt | " | 120 | 0,66 | 389 | 15,97 | 341 | 60,03 | 355 | 48,41 | 494 | 125,00 | 104,79 |
| I | Bayreuth | " | 126 | 0,33 | 622 | 25,23 | 514 | 96,03 | 625 | 72,98 | 845 | 194,52 | 164,71 |
| I | Schweinfurt | " | 179 | 0,80 | 575 | 23,85 | 472 | 162,67 | 554 | 210,52 | 735 | 414,81 | 333,42 |
| U | München | Lkrs. | 293 | 6,15 | 1 386 | 70,46 | 863 | 179,16 | 1 437 | 416,38 | 1 740 | 669,92 | 565,91 |
| U | Nürnberg | " | 85 | 0,42 | 258 | 9,26 | 200 | 24,77 | 222 | 30,41 | 313 | 63,43 | 53,11 |
| U | Augsburg | " | 228 | 2,82 | 759 | 32,52 | 611 | 181,20 | 748 | 122,78 | 975 | 338,93 | 294,74 |
| L | Mainburg | " | 144 | 4,87 | 126 | 3,60 | 141 | 17,46 | 170 | 15,01 | 224 | 40,93 | 33,00 |
| L | Straubing | " | 107 | 12,32 | 94 | 2,49 | 73 | 11,75 | 135 | 13,05 | 197 | 39,60 | 30,60 |
| L | Rothenburg o.T. | " | 34 | 0,79 | 33 | 0,50 | 58 | 6,75 | 38 | 1,84 | 72 | 9,89 | 8,83 |
| F | Berchtesgaden | " | 86 | 0,81 | 325 | 14,06 | 300 | 49,19 | 434 | 76,85 | 443 | 140,90 | 120,66 |
| F | Garmisch-Partenk. | " | 253 | 2,88 | 889 | 43,05 | 680 | 93,51 | 1 072 | 228,66 | 1 346 | 367,67 | 318,08 |
| F | Miesbach | " | 214 | 4,20 | 804 | 35,27 | 613 | 80,66 | 946 | 299,01 | 1 188 | 418,53 | 376,13 |
| N | Bogen | " | 26 | 0,52 | 37 | 1,04 | 35 | 3,13 | 45 | 4,15 | 64 | 8,84 | 7,11 |
| N | Kötzting | " | 41 | 0,43 | 54 | 0,77 | 83 | 12,65 | 47 | 4,55 | 100 | 18,41 | 15,12 |
| N | Oberviechtach | " | 27 | 1,10 | 26 | 0,74 | 46 | 7,95 | 21 | 1,27 | 50 | 11,06 | 8,32 |
| | Bayern insgesamt | | 20 426 | 414,46 | 57 756 | 2 233,27 | 53 717 | 11 064,49 | 61 702 | 11 612,15 | 83 967 | 25 290,55 | 21 405,14 |
| | Kreisfreie Städte | | 5 604 | 92,95 | 29 523 | 1 338,73 | 25 283 | 5 516,43 | 34 349 | 6 451,72 | 43 087 | 13 378,35 | 11 308,33 |
| | Landkreise | | 14 822 | 321,50 | 28 233 | 894,54 | 28 434 | 5 548,06 | 27 353 | 5 160,44 | 40 880 | 11 912,20 | 10 096,81 |

1) Nach Abzug der Schulden (Betriebsschulden bereits im Betriebsvermögen abgesetzt).

Tabelle 18 (Beitrag Wirnshofer): *Ergebnisse der Vermögensteuerhauptveranlagung natürlicher Personen für 1957 und 1966*

| S | Wohnsitz der Veranlagten | | Veranlagung für 1957 | | | Veranlagung für 1966 | | | | |
|---|---|---|---|---|---|---|---|---|---|---|
| | | | Gesamtvermögen | | Steuerpflichtige je 1000 Einwohner | Gesamtvermögen | | Steuerpflichtige je 1000 Einwohner | Land- und forstwirtschaftl. sowie Grundvermögen in % des Rohvermögens | Veranl. Vermögen über 1 Mill. DM in % des gesamten veranl. Vermögens |
| | | | je Steuerpflichtiger 1 000 DM | je Einwohner DM | | je Steuerpflichtiger 1 000 DM | je Einwohner DM | | | |
| B | München | Krsfr.St. | 97,2 | 1 443 | 14,8 | 282,0 | 3 785 | 13,4 | 10,4 | 46,9 |
| B | Nürnberg | " | 82,5 | 972 | 11,8 | 251,8 | 2 598 | 10,3 | 12,4 | 40,1 |
| B | Augsburg | " | 96,0 | 1 230 | 12,8 | 242,5 | 2 484 | 10,3 | 12,4 | 43,0 |
| I | Ingolstadt | " | 64,5 | 797 | 12,4 | 212,1 | 1 515 | 7,2 | 13,3 | 22,3 |
| I | Bayreuth | " | 74,2 | 1 178 | 15,8 | 194,9 | 2 611 | 13,4 | 13,1 | 23,8 |
| I | Schweinfurt | " | 145,2 | 2 316 | 15,9 | 453,6 | 5 632 | 12,5 | 5,9 | 66,7 |
| U | München | Lkrs. | 82,5 | 1 119 | 13,5 | 325,2 | 4 048 | 12,4 | 11,4 | 47,4 |
| U | Nürnberg | " | 50,2 | 363 | 7,2 | 169,7 | 851 | 5,0 | 15,3 | 15,6 |
| U | Augsburg | " | 81,0 | 960 | 11,8 | 302,3 | 2 486 | 8,2 | 10,4 | 47,0 |
| L | Mainburg | " | 41,1 | 1 348 | 33,3 | 147,3 | 1 556 | 10,7 | 20,7 | 0,0 |
| L | Straubing | " | 52,1 | 702 | 13,6 | 155,3 | 1 004 | 6,6 | 37,4 | 0,0 |
| L | Rothenburg o.T. | " | 32,6 | 386 | 11,9 | 122,6 | 464 | 3,8 | 13,1 | 0,0 |
| F | Berchtesgaden | " | 72,5 | 1 154 | 16,1 | 272,4 | 3 125 | 11,4 | 10,9 | 40,4 |
| F | Garmisch-Partenk. | " | 84,1 | 2 117 | 25,2 | 236,3 | 5 079 | 21,4 | 12,5 | 36,3 |
| F | Miesbach | " | 94,9 | 2 104 | 22,1 | 316,6 | 5 291 | 16,7 | 9,4 | 50,4 |
| N | Bogen | " | 33,3 | 166 | 4,9 | 111,2 | 193 | 1,7 | 18,8 | 0,0 |
| N | Kötzting | " | 44,0 | 226 | 5,1 | 151,2 | 461 | 3,0 | 6,5 | 0,0 |
| N | Oberviechtach | " | 64,9 | 251 | 3,8 | 166,4 | 529 | 3,1 | 16,7 | 0,0 |
| | **Bayern insgesamt** | | 75,2 | 874 | 11,6 | 254,9 | 2 101 | 8,2 | 10,5 | 40,8 |
| | Kreisfreie Städte | | 85,7 | 1 233 | 14,4 | 262,5 | 3 175 | 12,1 | 10,7 | 42,4 |
| | Landkreise | | 67,5 | 688 | 10,2 | 247,0 | 1 524 | 6,2 | 10,2 | 39,8 |

Tabelle 7/IV (Beitrag Sieber):

*Kreise mit negativer Entwicklung der Gesamteinkünfte, jedoch mit positiver Entwicklung der Gewerbesteuermeßbeträge bzw. der Umsätze je Einwohner sowie Industriebeschäftigte 1936—1970*

| Kreis (S = Kreisfreie Stadt) | Rangordnungsdifferenz zwischen Anfangs- und Endjahr | | | | Industriebeschäftigte je 10 000 Einwohner | | | |
|---|---|---|---|---|---|---|---|---|
| | Gewerbesteuermeßbeträge 1966/37 | Umsätze 1970/35 | Gesamteinkünfte 1968/36 | Industriebeschäftigte 1970/51 | Zahl | | Rangordnungsnummer | |
| | | | | | 1951 | 1970 | 1951 | 1970 |
| Schongau | + 17 | + 22 | − 17 | + 46 | 344 | 1 188 | 123 | 77 |
| Traunstein | + 1 | + 21 | − 19 | + 46 | 657 | 1 321 | 75 | 62 |
| Deggendorf, S | + 26 | + 20 | − 4 | + 8 | 795 | 1 640 | 57 | 49 |
| Passau, S | + 29 | + 14 | − 23 | − 48 | 621 | 806 | 80 | 128 |
| Straubing, S | + 22 | + 16 | − 8 | − 25 | 560 | 935 | 84 | 109 |
| Griesbach | + 47 | + 36 | − 13 | + 4 | 294 | 808 | 131 | 127 |
| Rottenburg | + 5 | + 48 | − 3 | + 24 | 89 | 572 | 183 | 159 |
| Bamberg, S | + 4 | + 13 | − 11 | − 5 | 1 576 | 2 026 | 22 | 27 |
| Ebermannstadt | + 41 | + 27 | − 2 | + 41 | 103 | 689 | 180 | 139 |
| Lichtenfels | + 40 | + 34 | − 6 | − 9 | 1 277 | 1 720 | 32 | 41 |
| Gunzenhausen | + 6 | + 3 | − 12 | + 47 | 243 | 1 050 | 145 | 98 |
| Aschaffenburg | + 0 | + 67 | − 6 | + 9 | 753 | 1 451 | 64 | 55 |
| Brückenau | + 46 | + 16 | − 27 | + 45 | 221 | 991 | 148 | 103 |
| Obernburg | + 56 | + 34 | − 12 | + 11 | 1 303 | 2 318 | 31 | 20 |
| Dillingen, S | + 31 | + 5 | − 16 | + 57 | 495 | 1 791 | 93 | 36 |
| Kaufbeuren | + 2 | + 23 | − 3 | + 1 | 117 | 449 | 175 | 174 |
| Mindelheim | + 1 | + 1 | − 3 | − 33 | 377 | 638 | 114 | 147 |
| Landsberg, S | + 8 | − 1 | − 4 | − 25 | 695 | 1 090 | 70 | 95 |
| Schwandorf, S | + 62 | − 32 | − 10 | + 16 | 361 | 1 010 | 118 | 102 |
| Amberg | + 24 | − 3 | − 16 | − 30 | 503 | 842 | 91 | 121 |
| Selb, S | + 31 | − 3 | − 11 | − 3 | 4 223 | 3 643 | 1 | 4 |
| Dinkelsbühl | + 59 | − 9 | − 8 | + 2 | 397 | 937 | 110 | 108 |
| Neuburg, S | + 37 | − 19 | − 1 | + 11 | 799 | 1 681 | 56 | 45 |
| Mainburg | + 3 | − 71 | − 17 | − 14 | 152 | 350 | 165 | 179 |
| Vilshofen | + 2 | − 9 | − 18 | − 4 | 144 | 450 | 169 | 173 |
| Amberg, S | + 1 | − 1 | − 16 | − 8 | 1 443 | 1 832 | 27 | 35 |
| Sulzbach-Rosenberg | + 2 | −167 | − 18 | − 2 | 1 107 | 1 699 | 42 | 44 |
| Bayreuth, S | + 9 | − 21 | − 15 | − 10 | 1 116 | 1 554 | 41 | 51 |
| Forchheim, S | + 19 | − 17 | − 24 | − 5 | 2 785 | 3 055 | 3 | 8 |
| Ansbach, S | + 16 | − 14 | − 14 | + 23 | 849 | 1 944 | 52 | 29 |
| Uffenheim | + 4 | − 32 | − 35 | − 5 | 283 | 682 | 135 | 140 |
| Karlstadt | + 14 | − 29 | − 11 | − 10 | 359 | 789 | 119 | 129 |
| Laufen | − 10 | + 47 | − 34 | + 11 | 302 | 859 | 130 | 119 |
| Rosenheim | − 8 | + 65 | − 17 | − 36 | 474 | 697 | 101 | 137 |
| Wasserburg | − 13 | + 30 | − 5 | + 8 | 186 | 631 | 157 | 149 |
| Marktredwitz, S | − 4 | + 19 | − 15 | + 2 | 2 376 | 3 155 | 8 | 6 |
| Hofheim | − 3 | + 54 | − 9 | + 17 | 205 | 736 | 150 | 133 |
| Mellrichstadt | − 2 | + 9 | − 1 | − 21 | 498 | 916 | 92 | 113 |
| Ochsenfurt | − 5 | + 14 | − 19 | + 2 | 317 | 817 | 127 | 125 |
| Deggendorf | − 23 | + 14 | − 4 | + 28 | 262 | 919 | 139 | 111 |
| Wolfstein | − 45 | + 6 | − 6 | − 12 | 312 | 664 | 129 | 141 |
| Tirschenreuth | − 39 | + 9 | − 19 | − 21 | 1 251 | 1 470 | 33 | 54 |
| Bamberg | − 68 | + 5 | − 2 | + 6 | 155 | 575 | 164 | 158 |
| Bayreuth | − 19 | + 23 | − 16 | + 6 | 493 | 1 115 | 94 | 88 |
| Naila | − 59 | + 9 | − 7 | − 4 | 1 972 | 2 335 | 15 | 19 |
| Pegnitz | − 16 | + 6 | − 17 | + 17 | 505 | 1 228 | 89 | 72 |
| Rehau | − 33 | + 16 | − 7 | + 5 | 1 769 | 2 676 | 17 | 12 |
| Staffelstein | − 24 | + 43 | − 6 | + 1 | 293 | 741 | 133 | 132 |
| Kitzingen, S | − 27 | + 5 | − 20 | + 7 | 1 429 | 2 301 | 28 | 21 |
| Haßfurt | − 6 | + 1 | − 22 | + 15 | 473 | 1 118 | 102 | 87 |
| Königshofen i.Grabfeld | − 1 | + 32 | − 2 | + 16 | 75 | 466 | 186 | 170 |
| Lindau (Bodensee) | − 46 | + 19 | − 21 | . | . | 1 179 | . | 79 |

Tabelle 7/III (Beitrag Sieber):

*Kreise mit positiver Entwicklung der Gesamteinkünfte, jedoch mit negativer Entwicklung der Gewerbesteuermeßbeträge bzw. der Umsätze je Einwohner sowie Industriebeschäftigte 1936—1970*

| Kreis (S = Kreisfreie Stadt) | Rangordnungsdifferenz zwischen Anfangs- und Endjahr | | | | Industriebeschäftigte je 10 000 Einwohner | | | |
|---|---|---|---|---|---|---|---|---|
| | Gewerbesteuermeßbeträge 1966/37 | Umsätze 1970/35 | Gesamteinkünfte 1968/36 | Industriebeschäftigte 1970/51 | Zahl | | Rangordnungsnummer | |
| | | | | | 1951 | 1970 | 1951 | 1970 |
| Ebersberg | − 11 | − 15 | + 38 | − 19 | 242 | 532 | 146 | 165 |
| Fürstenfeldbruck | − 19 | − 21 | + 38 | − 29 | 187 | 2 285 | 156 | 185 |
| Landsberg | − 14 | − 59 | + 15 | − 16 | 146 | 316 | 167 | 183 |
| Miesbach | − 15 | − 41 | + 10 | − 83 | 661 | 595 | 73 | 156 |
| Dingolfing | − 4 | − 53 | + 3 | + 76 | 377 | 1 784 | 113 | 37 |
| Kelheim | − 42 | − 1 | + 15 | − 31 | 946 | 1 186 | 47 | 78 |
| Kötzting | − 32 | − 12 | + 3 | − 7 | 316 | 725 | 128 | 135 |
| Passau | − 41 | − 0 | + 13 | + 30 | 523 | 1 419 | 87 | 57 |
| Regen | − 5 | − 10 | + 21 | − 11 | 894 | 1 328 | 50 | 61 |
| Regensburg | − 6 | − 13 | + 36 | − 10 | 204 | 563 | 151 | 161 |
| Erlangen, S | − 40 | − 4 | + 22 | − 0 | 2 566 | 3 247 | 5 | 5 |
| Nürnberg, S | − 5 | − 4 | + 6 | − 5 | 2 101 | 2 350 | 13 | 18 |
| Fürth | − 46 | − 28 | + 19 | − 15 | 630 | 1 094 | 77 | 92 |
| Schwabach | − 29 | − 32 | + 20 | − 35 | 551 | 856 | 85 | 120 |
| Aschaffenburg, S | − 0 | − 3 | + 3 | − 7 | 2 512 | 2 556 | 7 | 14 |
| Bad Kissingen, S | − 27 | − 19 | + 10 | − 48 | 370 | 534 | 116 | 164 |
| Ebern | − 19 | − 21 | + 6 | + 56 | 255 | 1 128 | 141 | 85 |
| Gerolzhofen | − 43 | − 58 | + 7 | − 18 | 163 | 340 | 162 | 180 |
| Kaufbeuren, S | − 14 | − 22 | + 8 | − 20 | 1 150 | 1 419 | 38 | 58 |
| Kempten, S | − 4 | − 5 | + 2 | − 28 | 1 185 | 1 311 | 35 | 63 |
| Memmingen, S | − 7 | − 4 | + 1 | − 7 | 1 455 | 1 869 | 26 | 33 |
| Augsburg | − 27 | − 29 | + 30 | − 28 | 733 | 1 093 | 66 | 94 |
| Illertissen | − 33 | − 9 | + 16 | − 0 | 967 | 1 666 | 46 | 46 |
| Memmingen | − 20 | − 47 | + 7 | + 14 | 249 | 763 | 144 | 130 |
| Neu-Ulm | − 32 | − 5 | + 9 | − 15 | 505 | 971 | 90 | 105 |
| Schwabmünchen | − 78 | − 78 | + 4 | + 9 | 661 | 1 286 | 74 | 65 |
| Sonthofen | − 19 | − 10 | + 5 | − 17 | 790 | 1 214 | 58 | 75 |
| Erding | − 34 | + 5 | + 29 | + 17 | 198 | 709 | 153 | 136 |
| Kronach | − 16 | + 10 | + 11 | − 12 | 1 355 | 1 707 | 30 | 42 |
| Freising, S | − 2 | + 31 | + 8 | − 16 | 725 | 1 140 | 67 | 83 |
| Bogen | − 1 | + 5 | + 0 | + 29 | 83 | 603 | 184 | 155 |
| Nürnberg | − 4 | + 25 | + 2 | − 33 | 847 | 1 120 | 53 | 86 |
| Marktheidenfeld | − 22 | + 35 | + 26 | + 19 | 391 | 1 094 | 112 | 93 |
| Miltenberg | − 2 | + 26 | + 1 | − 8 | 768 | 1 248 | 62 | 70 |
| Lindau, S | − 7 | + 13 | + 8 | + 36 | 770 [1] | 2 132 | 61 | 25 |
| Freising | + 47 | − 21 | + 15 | + 58 | 327 | 1 268 | 125 | 67 |
| Mühldorf | + 49 | − 12 | + 13 | + 27 | 407 | 1 160 | 108 | 81 |
| Pfaffenhofen | + 62 | − 10 | + 19 | − 2 | 171 | 554 | 160 | 162 |
| Forchheim | + 12 | − 2 | + 20 | − 6 | 148 | 463 | 166 | 172 |
| Hersbruck | + 30 | − 19 | + 11 | − 12 | 395 | 819 | 111 | 123 |
| Neustadt/Aisch | + 44 | − 1 | + 43 | − 18 | 445 | 834 | 104 | 122 |
| Nördlingen, S | + 30 | − 7 | + 10 | + 9 | 1 458 | 2 461 | 25 | 16 |
| Friedberg | + 6 | − 5 | + 3 | + 60 | 291 | 1 217 | 134 | 74 |
| Neuburg a.d.D. | + 33 | − 10 | + 11 | + 11 | 94 | 465 | 182 | 171 |
| Landau | + 13 | − 26 | + 4 | + 47 | 99 | 729 | 181 | 134 |
| Landshut | + 3 | − 39 | + 26 | − 6 | 107 | 297 | 178 | 184 |
| Neustadt b.Cob., S | + 1 | − 10 | + 33 | . | . | 3 932 | . | 2 |
| Schwabach, S | + 2 | − 7 | + 21 | − 9 | 1 702 | 2 007 | 19 | 28 |
| Marktoberdorf | + 7 | − 23 | + 24 | + 17 | 656 | 1 383 | 76 | 59 |

[1] Einschl. Landkreis Lindau.

Tabelle 7/II (Beitrag Sieber):

*Kreise mit negativer Entwicklung der Gesamteinkünfte, der Gewerbesteuermeßbeträge und der Umsätze je Einwohner sowie Industriebeschäftigte 1936—1970*

| Kreis (S = Kreisfreie Stadt) | Rangordnungsdifferenz zwischen Anfangs- und Endjahr | | | | Industriebeschäftigte je 10 000 Einwohner | | | |
|---|---|---|---|---|---|---|---|---|
| | Gewerbe-steuer-meß-beträge 1966/37 | Umsätze 1970/35 | Gesamt-ein-künfte 1968/36 | Industrie-beschäf-tigte 1970/51 | Zahl | | Rangordnungs-nummer | |
| | | | | | 1951 | 1970 | 1951 | 1970 |
| Bad Reichenhall | - 24 | - 25 | - 20 | - 57 | 327 | 339 | 124 | 181 |
| Rosenheim, S | - 2 | - 0 | - 2 | + 1 | 1 085 | 1 703 | 44 | 43 |
| Altötting | - 45 | - 72 | - 7 | - 6 | 1 240 | 1 720 | 34 | 40 |
| Bad Aibling | - 39 | - 10 | - 15 | - 30 | 826 | 1 133 | 54 | 84 |
| Bad Tölz | - 22 | - 11 | - 1 | - 39 | 353 | 570 | 121 | 160 |
| Berchtesgaden | - 61 | - 6 | - 20 | - 6 | 157 | 470 | 163 | 169 |
| Garmisch-Partenkirchen | - 33 | - 40 | - 5 | - 33 | 195 | 257 | 154 | 187 |
| München | - 32 | - 3 | - 5 | - 4 | 533 | 1 110 | 86 | 90 |
| Schrobenhausen | - 25 | - 10 | - 10 | - 17 | 319 | 653 | 126 | 143 |
| Weilheim | - 19 | - 13 | - 10 | - 67 | 1 163 | 977 | 37 | 104 |
| Landshut, S | - 3 | - 4 | - 2 | + 17 | 940 | 1 900 | 48 | 31 |
| Mallersdorf | - 9 | - 40 | - 26 | - 30 | 280 | 525 | 136 | 166 |
| Pfarrkirchen | - 3 | - 19 | - 33 | + 8 | 186 | 625 | 158 | 150 |
| Straubing | - 2 | - 34 | - 18 | - 2 | 40 | 84 | 189 | 191 |
| Viechtach | - 39 | - 4 | - 10 | + 1 | 366 | 894 | 117 | 116 |
| Vilsbiburg | - 18 | - 16 | - 23 | - 3 | 250 | 641 | 143 | 146 |
| Weiden, S | - 16 | - 36 | - 42 | - 27 | 716 | 1 083 | 69 | 96 |
| Burglengenfeld | - 15 | - 6 | - 0 | - 24 | 1 574 | 1 664 | 23 | 47 |
| Eschenbach | - 10 | - 16 | - 10 | - 12 | 478 | 934 | 98 | 110 |
| Neustadt/Waldn. | - 5 | - 26 | - 15 | - 12 | 1 174 | 1 643 | 36 | 48 |
| Riedenburg | - 3 | - 29 | - 22 | - 8 | 123 | 325 | 174 | 182 |
| Waldmünchen | - 45 | - 32 | - 56 | - 46 | 351 | 475 | 122 | 168 |
| Hof, S | - 34 | - 12 | - 13 | - 22 | 1 958 | 1 765 | 16 | 38 |
| Kulmbach, S | - 9 | - 4 | - 12 | - 5 | 2 705 | 3 005 | 4 | 9 |
| Hof | - 64 | - 51 | - 24 | - 45 | 1 538 | 1 264 | 24 | 69 |
| Kulmbach | - 78 | - 25 | - 56 | - 27 | 622 | 965 | 79 | 106 |
| Münchberg | - 24 | - 3 | - 11 | - 10 | 2 063 | 2 188 | 14 | 24 |
| Wunsiedel | - 43 | - 35 | - 18 | - 16 | 2 182 | 2 078 | 10 | 26 |
| Eichstätt, S | - 33 | - 39 | - 1 | + 3 | 694 | 1 267 | 71 | 68 |
| Eichstätt | - 12 | - 3 | - 7 | - 56 | 490 | 616 | 95 | 151 |
| Rothenburg | - 0 | - 24 | - 12 | - 3 | 68 | 193 | 187 | 190 |
| Weißenburg | - 33 | - 27 | - 22 | - 25 | 478 | 817 | 99 | 124 |
| Schweinfurt, S | - 1 | - 0 | - 11 | + 1 | 3 552 | 5 663 | 2 | 1 |
| Gemünden | - 36 | - 29 | - 19 | - 29 | 509 | 890 | 88 | 117 |
| Hammelburg | - 43 | - 11 | - 22 | + 3 | 192 | 616 | 155 | 152 |
| Kitzingen | - 19 | - 58 | - 32 | - 6 | 129 | 361 | 172 | 178 |
| Schweinfurt | - 58 | - 34 | - 39 | - 4 | 79 | 209 | 185 | 189 |
| Würzburg | - 35 | - 16 | - 13 | - 36 | 202 | 247 | 152 | 188 |
| Augsburg, S | - 4 | - 1 | - 11 | - 2 | 2 297 | 2 771 | 9 | 11 |
| Dillingen | - 38 | - 23 | - 0 | - 4 | 489 | 1 037 | 96 | 100 |
| Füssen | - 38 | - 31 | - 18 | - 47 | 740 | 919 | 65 | 112 |
| Kempten | - 48 | - 47 | - 5 | - 44 | 759 | 944 | 63 | 107 |
| Nördlingen | - 0 | - 40 | - 11 | - 13 | 124 | 283 | 173 | 186 |
| Würzburg, S | - 12 | - 5 | - 4 | - 11 | 771 | 1 247 | 60 | 71 |

Tabelle 7/I (Beitrag Sieber):

*Kreise mit positiver Entwicklung der Gewerbesteuermeßbeträge, der Umsätze und der Gesamteinkünfte je Einwohner sowie Industriebeschäftigte 1936—1970*

| Kreis (S = Kreisfreie Stadt) | Rangordnungsdifferenz zwischen Anfangs- und Endjahr | | | | Industriebeschäftigte je 10 000 Einwohner | | | |
|---|---|---|---|---|---|---|---|---|
| | Gewerbe-steuer-meß-beträge 1966/37 | Umsätze 1970/35 | Gesamt-ein-künfte 1968/36 | Industrie-beschäf-tigte 1970/51 | Zahl | | Rangordnungs-nummer | |
| | | | | | 1951 | 1970 | 1951 | 1970 |
| München, S | + 5 | + 3 | + 1 | − 7 | 977 | 1 541 | 45 | 52 |
| Traunstein, S | + 2 | + 6 | − 3 | − 31 | 294 | 549 | 132 | 163 |
| Aichach | + 1 | + 4 | + 11 | − 13 | 260 | 610 | 140 | 153 |
| Dachau | + 14 | + 44 | + 39 | − 12 | 465 | 902 | 103 | 115 |
| Ingolstadt | + 8 | + 18 | + 21 | + 21 | 183 | 693 | 159 | 138 |
| Starnberg | + 20 | + 10 | + 24 | + 29 | 229 | 883 | 147 | 118 |
| Wolfratshausen | + 18 | + 22 | + 26 | + 1 | 374 | 912 | 115 | 114 |
| Eggenfelden | + 51 | + 53 | + 15 | − 17 | 269 | 606 | 137 | 154 |
| Grafenau | + 5 | + 33 | + 2 | + 17 | 569 | 1 279 | 83 | 66 |
| Wegscheid | + 19 | + 22 | + 4 | + 33 | 484 | 1 319 | 97 | 64 |
| Neumarkt, S | + 18 | + 9 | + 18 | − 2 | 1 591 | 2 223 | 21 | 23 |
| Regensburg, S | + 6 | + 16 | + 4 | + 19 | 678 | 1 517 | 72 | 53 |
| Beilngries | + 13 | + 6 | + 3 | + 24 | 145 | 644 | 168 | 144 |
| Cham | + 20 | + 39 | + 1 | + 12 | 401 | 1 064 | 109 | 97 |
| Nabburg | + 50 | + 14 | + 30 | − 7 | 916 | 1 442 | 49 | 56 |
| Neumarkt | + 9 | + 21 | + 14 | − 6 | 135 | 386 | 170 | 176 |
| Neunburg v.W. | + 114 | + 21 | + 3 | + 30 | 426 | 1 202 | 106 | 76 |
| Oberviechtach | + 19 | + 9 | + 4 | + 1 | 110 | 415 | 176 | 175 |
| Parsberg | + 17 | + 11 | + 7 | + 11 | 53 | 380 | 188 | 177 |
| Roding | + 39 | + 60 | + 14 | + 40 | 129 | 757 | 171 | 131 |
| Vohenstrauß | + 31 | + 2 | + 4 | + 1 | 601 | 1 177 | 81 | 80 |
| Coburg, S | + 11 | + 7 | + 4 | − 12 | 1 641¹⁾ | 1 878 | 20 | 32 |
| Coburg | + 42 | + 40 | + 25 | + 6 | 1 141 | 1 846 | 40 | 34 |
| Höchstadt/Aisch | + 107 | + 130 | + 54 | + 81 | 357 | 1 762 | 120 | 39 |
| Stadtsteinach | + 41 | + 40 | + 15 | − 11 | 625 | 1 112 | 78 | 89 |
| Fürth, S | + 24 | + 17 | + 13 | + 9 | 1 149 | 1 911 | 39 | 30 |
| Rothenburg, S | + 24 | + 1 | + 4 | + 49 | 782 | 2 876 | 59 | 10 |
| Weißenburg, S | + 17 | + 19 | + 3 | + 22 | 1 422 | 3 078 | 29 | 7 |
| Ansbach | + 1 | + 10 | + 1 | + 12 | 106 | 493 | 179 | 167 |
| Erlangen | + 11 | + 40 | + 11 | − 22 | 862 | 1 224 | 51 | 73 |
| Feuchtwangen | + 71 | + 42 | + 21 | + 4 | 220 | 644 | 149 | 145 |
| Hilpoltstein | + 39 | + 32 | + 29 | − 6 | 251 | 634 | 142 | 148 |
| Lauf a.d.P. | + 30 | + 40 | + 11 | − 1 | 2 119 | 2 579 | 12 | 13 |
| Scheinfeld | + 89 | + 87 | + 37 | + 79 | 164 | 1 143 | 161 | 82 |
| Alzenau | + 43 | + 38 | + 27 | − 46 | 821 | 1 014 | 55 | 101 |
| Bad Kissingen | + 16 | + 21 | + 3 | + 20 | 107 | 579 | 177 | 157 |
| Bad Neustadt | + 28 | + 23 | + 10 | + 26 | 1 104 | 2 421 | 43 | 17 |
| Lohr | + 40 | + 70 | + 3 | + 32 | 591 | 1 558 | 82 | 50 |
| Günzburg, S | + 43 | + 26 | + 9 | − 4 | 1 764 | 2 236 | 18 | 22 |
| Neu-Ulm, S | + 14 | + 21 | + 2 | − 9 | 2 555 | 2 509 | 6 | 15 |
| Donauwörth | + 1 | + 10 | + 9 | + 8 | 723 | 1 382 | 68 | 60 |
| Günzburg | + 30 | + 20 | + 44 | − 26 | 476 | 810 | 100 | 126 |
| Krumbach | + 27 | + 15 | + 24 | + 8 | 424 | 1 049 | 107 | 99 |
| Ingolstadt, S | + 46 | + 4 | + 3 | + 8 | 2 136 | 3 668 | 11 | 3 |
| Wertingen | + 10 | + 37 | + 34 | − 4 | 262 | 659 | 138 | 142 |
| Kemnath | + 28 | + 12 | + 19 | + 14 | 442 | 1 095 | 105 | 91 |

1) Einschl. Kreisfr. Stadt Neustadt b.Coburg.

Tabelle 6, S. 7 (Beitrag Sieber):

**Regionaler Entwicklungsvergleich der Gewerbesteuermeßbeträge und der Gesamteinkünfte 1936/37—1966/68**

| Gebiet | Gewerbesteuermeßbeträge (je Einw.) | | | Gesamteinkünfte (je Einwohner) | | | Kreise mit höherrangiger Stellung der | | | | | | Gewerbesteuermeßbeträge 1966 je Einwohner (in DM) | | | | Gesamteinkünfte (in DM je Einwohner) 1968 | | | |
|---|---|---|---|---|---|---|---|---|---|---|---|---|---|---|---|---|---|---|---|---|
| | | | | | | | Gewerbesteuermeßbeträge 1) | | | Gesamteinkünfte 2) | | | nach Rangordnung | | Effektiv ist höher(+) oder niedriger(-) als fiktiv | | nach Rangordnung | | Effektiv ist höher(+) oder niedriger(-) als fiktiv | |
| | Rangordnungs-Nr. | | Differenz 1937/66 | Rangordnungs-Nr. | | Differenz 1936/68 | Steigender Trend (Endjahr) | Rangordnungsdifferenz | | | Steigender Trend (Endjahr) | | 1966 (effektiv) | 1937 (fiktiv) | absolut in DM | in % | 1968 (effektiv) | 1936 (fiktiv) | absolut in DM | in % |
| | 1937 | 1966 | | 1936 | 1968 | | | Anfangsjahr 1937/6 | Endjahr 1966/8 | Anfangsjahr 1936/7 | Endjahr 1968/6 | | | | | | | | | |
| **S c h w a b e n** | | | | | | | | | | | | | | | | | | | | |
| *Kreisfreie Städte* | | | | | | | | | | | | | | | | | | | | |
| Augsburg | 12 | 16 | - 4 | 8 | 19 | - 11 | | | 3 | 4 | | | 77 | 85 | - 8 | - 9,4 | 5 518 | 5 793 | - 275 | - 4,7 |
| Dillingen a.d.D. | 79 | 48 | + 31 | 46 | 62 | - 16 | + | | 14 | 33 | | | 53 | 40 | + 7 | + 32,5 | 4 301 | 4 780 | - 479 | - 10,0 |
| Günzburg | 50 | 7 | + 43 | 36 | 27 | + 9 | + | | 20 | 14 | | | 92 | 51 | + 41 | + 80,4 | 5 226 | 5 032 | + 194 | + 3,9 |
| Kaufbeuren | 19 | 33 | - 14 | 30 | 22 | + 8 | | 11 | | | 11 | | 65 | 73 | - 8 | - 11,0 | 5 316 | 5 182 | + 134 | + 2,6 |
| Kempten (Allgäu) | 11 | 15 | - 4 | 11 | 9 | + 2 | | | | | 6 | | 77 | 86 | - 9 | - 10,5 | 5 735 | 5 673 | + 62 | + 1,1 |
| Memmingen | 13 | 20 | - 7 | 27 | 26 | + 1 | | 14 | 6 | 0 | | | 72 | 78 | - 6 | - 7,7 | 5 253 | 5 226 | + 27 | + 0,5 |
| Neuburg a.d.Donau | 72 | 35 | + 37 | 40 | 41 | - 1 | + | | 6 | 32 | | | 62 | 42 | + 20 | + 47,6 | 4 930 | 4 964 | - 34 | - 0,7 |
| Neu-Ulm | 15 | 1 | + 14 | 6 | 4 | + 2 | + | | 6 | 9 | | | 109 | 77 | + 32 | + 41,6 | 6 424 | 6 147 | + 277 | + 4,5 |
| Nördlingen | 36 | 6 | + 30 | 39 | 29 | + 10 | | 3 | 3 | | | | 95 | 62 | + 33 | + 53,2 | 5 194 | 4 988 | + 206 | + 4,1 |
| Lindau (Bodensee) | 33 | 40 | - 7 | 10 | 2 | + 8 | | | 23 | 23 | 38 | + | 57 | 65 | - 8 | - 12,3 | 6 536 | 5 709 | + 827 | + 14,5 |
| *Landkreise* | | | | | | | | | | | | | | | | | | | | |
| Augsburg | 38 | 65 | - 27 | 50 | 20 | + 30 | | 12 | | | 45 | + | 44 | 58 | - 14 | - 24,1 | 5 514 | 4 647 | + 867 | + 18,7 |
| Dillingen a.d.L. | 84 | 122 | - 38 | 138 | 138 | 0 | | 54 | 16 | | | | 31 | 39 | - 8 | - 20,5 | 3 012 | 3 012 | 0 | 0 |
| Donauwörth | 94 | 93 | + 1 | 113 | 104 | + 9 | | 19 | 11 | | | | 37 | 37 | 0 | 0 | 3 466 | 3 317 | + 149 | + 4,5 |
| Friedberg | 129 | 123 | + 6 | 73 | 70 | + 3 | | | | 56 | 53 | + | 31 | 29 | + 2 | + 6,9 | 4 126 | 4 052 | + 74 | + 1,8 |
| Füssen | 51 | 89 | - 38 | 59 | 77 | - 18 | | 8 | | | 12 | | 38 | 51 | - 13 | - 25,5 | 3 886 | 4 413 | - 527 | - 11,9 |
| Günzburg | 121 | 91 | + 30 | 146 | 102 | + 44 | | 25 | 11 | | | + | 36 | 31 | + 7 | + 22,6 | 3 487 | 2 935 | + 552 | + 18,8 |
| Illertissen | 41 | 74 | - 33 | 84 | 68 | + 16 | | 43 | | 6 | 6 | | 42 | 55 | - 13 | - 23,6 | 4 165 | 3 739 | + 426 | + 11,4 |
| Kaufbeuren | 118 | 116 | + 2 | 124 | 127 | - 3 | | 6 | 11 | | | | 32 | 31 | + 1 | + 3,2 | 3 097 | 3 106 | - 9 | - 0,3 |
| Kempten (Allgäu) | 63 | 111 | - 48 | 101 | 106 | - 5 | | 38 | | | 5 | | 33 | 45 | - 12 | - 26,7 | 3 451 | 3 496 | - 45 | - 3,3 |
| Krumbach (Schwaben) | 96 | 69 | + 27 | 117 | 93 | + 24 | + | 21 | 24 | | | | 43 | 37 | + 6 | + 16,2 | 3 621 | 3 255 | + 366 | + 11,2 |
| Marktoberdorf | 70 | 63 | + 7 | 122 | 98 | + 24 | | 52 | 35 | | | | 45 | 43 | + 2 | + 4,7 | 3 542 | 3 115 | + 427 | + 13,7 |
| Memmingen | 101 | 121 | - 20 | 127 | 120 | + 7 | | 26 | | | 1 | | 31 | 35 | - 4 | - 11,4 | 3 173 | 3 097 | + 76 | + 2,5 |
| Mindelheim | 89 | 88 | + 1 | 105 | 108 | - 3 | | 16 | 20 | | | | 39 | 38 | + 1 | + 2,6 | 3 385 | 3 463 | - 78 | - 2,3 |
| Neuburg a.d.Donau | 169 | 136 | + 33 | 162 | 151 | + 11 | + | | 15 | 7 | | | 27 | 20 | + 7 | + 35,0 | 2 850 | 2 733 | + 117 | + 4,3 |
| Neu-Ulm | 71 | 103 | - 32 | 60 | 71 | - 11 | | 9 | | 3 | 32 | + | 34 | 43 | - 9 | - 20,9 | 4 065 | 3 846 | + 219 | + 5,7 |
| Nördlingen | 180 | 180 | 0 | 177 | 188 | - 11 | | | 8 | | | | 17 | 17 | 0 | 0 | 2 207 | 2 566 | - 359 | - 14,0 |
| Schwabmünchen | 75 | 153 | - 78 | 83 | 79 | + 4 | | 8 | 8 | 3 | 74 | + | 24 | 41 | - 17 | - 41,5 | 3 847 | 3 763 | + 84 | + 2,2 |
| Sonthofen | 30 | 49 | - 19 | 62 | 57 | + 5 | | 32 | | | | | 52 | 66 | - 14 | - 21,2 | 4 485 | 4 301 | + 184 | + 4,3 |
| Wertingen | 62 | 72 | + 10 | 155 | 121 | + 34 | | 73 | 49 | | | | 42 | 40 | + 2 | + 5,0 | 3 163 | 2 806 | + 357 | + 12,7 |
| Lindau (Bodensee) | 59 | 105 | - 46 | 68 | 89 | - 21 | | 9 | | | 16 | + | 34 | 46 | - 12 | - 26,1 | 3 700 | 4 165 | - 465 | - 11,2 |

1) Gegenüber der Rangordnung der Gesamteinkünfte. — 2) Gegenüber...

Geographisches Institut
der Universität Kiel
Neue Universität

Tabelle 6, S. 6 (Beitrag Sieber): Regionaler Entwicklungsvergleich der Gewerbesteuermeßbeträge und der Gesamteinkünfte 1936/37–1966/68

| Gebiet | Gewerbesteuermeßbeträge (je Einw.) | | | Gesamteinkünfte (je Einwohner) | | | | Kreise mit höherrangiger Stellung der Gewerbesteuermeßbeträge [1] | | | Gesamteinkünfte [2] | | | Gewerbesteuermeßbeträge (in DM) je Einwohner 1966 | | | | | Gesamteinkünfte (in DM) je Einwohner 1968 | | | | |
|---|---|---|---|---|---|---|---|---|---|---|---|---|---|---|---|---|---|---|---|---|---|---|---|
| | Rangordnungs-Nr. | | Differenz 1937/66 | Rangordnungs-Nr. | | Differenz 1936/68 | Steigender Trend (Endjahr) | Rangordnungsdifferenz | | Steigender Trend (Endjahr) | Rangordnungsdifferenz | | nach Rangordnung | | Effektiv ist höher(+) oder niedriger(−) als fiktiv | | | nach Rangordnung | | Effektiv ist höher(+) oder niedriger(−) | | |
| | 1937 | 1966 | | 1936 | 1968 | | | Anfangsjahr 1937/6 | Endjahr 1966/8 | | Anfangsjahr 1936/7 | Endjahr 1968/6 | | 1966 (effektiv) | 1937 (fiktiv) | absolut in DM | in % | 1968 (effektiv) | 1936 (fiktiv) | absolut in DM | in % |
| **Unterfranken** | | | | | | | | | | | | | | | | | | | | | | |
| **Kreisfreie Städte** | | | | | | | | | | | | | | | | | | | | | | |
| Aschaffenburg | 5 | 5 | 0 | 14 | 11 | + 3 | | | | | | | 96 | 96 | 0 | 0 | 5 673 | 5 561 | + 112 | + 2,0 |
| Bad Kissingen | 7 | 34 | − 27 | 16 | 6 | + 10 | | | | | | | 63 | 92 | − 29 | − 31,5 | 6 147 | 5 546 | + 601 | + 10,8 |
| Kitzingen | 3 | 24 | − 21 | 17 | 37 | − 20 | | | | | | | 71 | 101 | − 30 | − 29,7 | 5 025 | 5 533 | − 508 | − 9,2 |
| Schweinfurt | 1 | 2 | − 1 | 3 | 14 | − 11 | | | | | | | 102 | 109 | − 7 | − 6,4 | 5 561 | 6 426 | − 865 | − 13,5 |
| Würzburg | 16 | 28 | − 12 | 9 | 13 | − 4 | | | | 7 | | 15 | 67 | 77 | − 10 | − 13,0 | 5 566 | 5 735 | − 149 | − 2,6 |
| **Landkreise** | | | | | | | | | | | | | | | | | | | | | | |
| Alzenau i.UFr. | 147 | 104 | + 43 | 103 | 76 | + 27 | | 9 | 6 | | 44 | 28 | 34 | 25 | + 9 | + 36,0 | 3 932 | 3 471 | + 461 | + 13,3 |
| Aschaffenburg | 108 | 107 | + 1 | 63 | 69 | − 6 | | 9 | | | 45 | 38 | 34 | 33 | + 3 | + 3,0 | 4 137 | 4 300 | − 163 | − 3,8 |
| Bad Kissingen | 181 | 165 | + 16 | 139 | 136 | + 3 | | 14 | 13 | | 42 | 29 | 20 | 17 | + 3 | + 17,6 | 3 030 | 3 000 | + 30 | + 1,0 |
| Bad Neustadt a.d.S. | 88 | 60 | + 18 | 107 | 97 | + 10 | | 2 | 12 | | | | 46 | 39 | + 7 | + 17,9 | 3 543 | 3 407 | + 136 | + 4,0 |
| Brückenau | 128 | 82 | + 46 | 118 | 145 | − 27 | + | 19 | 37 | | | | 40 | 29 | + 11 | + 37,9 | 2 942 | 3 240 | − 298 | − 9,2 |
| Ebern | 155 | 174 | − 19 | 165 | 159 | + 6 | | 10 | 63 | | | 15 | 19 | 23 | − 4 | − 17,4 | 2 736 | 2 712 | + 26 | + 1,0 |
| Gemünden a.Main | 107 | 143 | − 36 | 98 | 117 | − 19 | | | | | 9 | 26 | 25 | 34 | − 9 | − 26,5 | 3 255 | 3 542 | − 267 | − 8,1 |
| Gerolzhofen | 124 | 167 | − 43 | 156 | 149 | + 7 | | 32 | | | | 18 | 20 | 31 | − 11 | − 35,5 | 2 885 | 2 791 | + 94 | + 3,4 |
| Haßmelburg | 123 | 166 | − 43 | 115 | 137 | − 22 | | | | | 8 | 29 | 20 | 31 | − 11 | − 35,5 | 3 025 | 3 277 | − 252 | − 7,7 |
| Haßfurt | 127 | 133 | − 6 | 111 | 133 | − 22 | | | | | 16 | 0 | 27 | 30 | − 3 | − 10,0 | 3 055 | 3 362 | − 307 | − 9,1 |
| Hofheim i.UFr. | 173 | 176 | − 3 | 173 | 182 | − 9 | | 0 | 6 | | | | 18 | 19 | − 1 | − 5,3 | 2 469 | 2 605 | − 136 | − 5,2 |
| Karlstadt | 120 | 106 | + 14 | 119 | 130 | − 11 | + | | 24 | | 1 | | 34 | 31 | + 3 | + 9,7 | 3 072 | 3 210 | − 136 | − 4,3 |
| Kitzingen | 137 | 156 | − 19 | 128 | 160 | − 32 | + | | 4 | | 9 | | 23 | 26 | − 3 | − 11,5 | 2 736 | 3 067 | − 351 | − 11,4 |
| Königshofen i.Gr. | 163 | 164 | − 21 | 181 | 183 | − 2 | | 18 | | | | 1 | 16 | 21 | − 5 | − 23,2 | 2 406 | 2 484 | − 78 | − 3,1 |
| Lohr a. Main | 110 | 70 | + 40 | 76 | 73 | + 3 | | | 3 | | 34 | | 43 | 33 | + 10 | + 30,3 | 4 052 | 3 932 | + 120 | + 3,1 |
| Marktheidenfeld | 78 | 100 | − 22 | 142 | 116 | + 26 | + | 64 | 16 | | | | 35 | 41 | − 6 | − 14,6 | 3 258 | 2 982 | + 276 | + 9,3 |
| Mellrichstadt | 145 | 147 | − 2 | 140 | 141 | − 1 | | | | | 5 | 6 | 25 | 25 | 0 | 0 | 2 995 | 2 995 | 0 | 0 |
| Miltenberg | 85 | 87 | − 2 | 91 | 90 | + 1 | | 6 | 3 | | | | 39 | 39 | 0 | 0 | 3 682 | 3 679 | + 3 | + 0,1 |
| Obernburg a.Main | 115 | 59 | + 56 | 70 | 82 | − 12 | + | | 23 | | 45 | | 46 | 32 | + 14 | + 43,6 | 3 809 | 4 126 | − 317 | − 7,7 |
| Ochsenfurt | 92 | 97 | − 5 | 95 | 114 | − 19 | | 3 | 17 | | | | 37 | 37 | 0 | 0 | 3 285 | 3 558 | − 273 | − 7,7 |
| Schweinfurt | 132 | 190 | − 56 | 65 | 124 | − 39 | | | | | 47 | 66 | 12 | 28 | − 16 | − 57,1 | 3 106 | 3 727 | − 621 | − 16,7 |
| Würzburg | 152 | 187 | − 35 | 79 | 92 | − 13 | | 73 | | | | 95 | 14 | 24 | − 10 | − 41,7 | 3 621 | 3 847 | − 226 | − 5,9 |

[1] Gegenüber der Rangordnung der Gesamteinkünfte. — [2] Gegenüber der Rangordnung der Gewerbesteuermeßbeträge.

Tabelle 6, S. 5 (Beitrag Sieber):
*Regionaler Entwicklungsvergleich der Gewerbesteuermeßbeträge und der Gesamteinkünfte 1936/37–1966/68*

| Gebiet | Gewerbesteuermeßbeträge (je Einw.) | | | Gesamteinkünfte (je Einwohner) | | | | Kreise mit höherrangiger Stellung der Gewerbesteuermeßbeträge [1] | | | Kreise mit höherrangiger Stellung der Gesamteinkünfte [2] | | | Gewerbesteuermeßbeträge (in DM je Einwohner) 1966 | | | | Gesamteinkünfte (in DM je Einwohner) 1966 | | | |
|---|---|---|---|---|---|---|---|---|---|---|---|---|---|---|---|---|---|---|---|---|---|
| | Rangordnungs-Nr. | | Differenz 1937/66 | Rangordnungs-Nr. | | Differenz 1936/68 | Steigender Trend (Endjahr) | Rangordnungsdifferenz | | Steigender Trend (Endjahr) | Rangordnungsdifferenz | | Steigender Trend (Endjahr) | nach Rangordnung | | Effektiv ist höher(+) oder niedriger(–) als fiktiv | | nach Rangordnung | | Effektiv ist höher(+) oder niedriger(–) als fiktiv | |
| | 1937 | 1966 | | 1936 | 1968 | | | Anfangs-End-jahr 1937/6 | End-jahr 1966/8 | | Anfangs-End-jahr 1936/7 | End-jahr 1968/6 | | 1966 (effektiv) | 1937 (fiktiv) | absolut in DM | in % | 1968 (effektiv) | 1936 (fiktiv) | absolut in DM | in % |
| **Mittelfranken** | | | | | | | | | | | | | | | | | | | | | |
| *Kreisfreie Städte* | | | | | | | | | | | | | | | | | | | | | |
| Ansbach | 48 | 32 | +16 | 25 | 39 | –14 | | | 7 | | | 23 | | 65 | 53 | +12 | +22,6 | 4 988 | 5 254 | –266 | –5,1 |
| Eichstätt | 61 | 94 | –33 | 57 | 58 | –1 | | | | | | 4 | 36 | 37 | 46 | –9 | –19,6 | 4 483 | 4 465 | –2 | –0,0 |
| Erlangen | 18 | 58 | –40 | 32 | 10 | +22 | | 14 | | | + | | 48 | 47 | 74 | –27 | –36,5 | 5 709 | 5 167 | +542 | +10,5 |
| Fürth | 32 | 8 | +24 | 21 | 8 | +13 | | | 11 | | | 11 | 0 | 89 | 65 | +24 | +36,9 | 5 793 | 5 387 | +406 | +7,5 |
| Nürnberg | 4 | 9 | –5 | 7 | 1 | +6 | | 3 | | | | | 8 | 88 | 98 | –10 | –10,2 | 6 564 | 5 957 | +607 | +10,2 |
| Rothenburg o.d.Tauber | 68 | 44 | +24 | 53 | 49 | +4 | | | | | + | 15 | | 55 | 43 | +12 | +27,9 | 4 659 | 4 589 | +70 | +1,5 |
| Schwabach | 23 | 21 | +2 | 33 | 12 | +21 | | 10 | 5 | | | | | 72 | 72 | 0 | 0 | 5 653 | 5 091 | +562 | +11,0 |
| Weißenburg i.Bay. | 35 | 18 | +17 | 35 | 32 | +3 | | 0 | 14 | | | | 9 | 74 | 62 | +12 | +19,4 | 5 167 | 5 049 | +118 | +2,3 |
| *Landkreise* | | | | | | | | | | | | | | | | | | | | | |
| Ansbach | 160 | 159 | +1 | 126 | 125 | +1 | | | | | | 34 | 34 | 22 | 22 | 0 | 0 | 3 105 | 3 102 | +3 | +0,1 |
| Dinkelsbühl | 135 | 76 | +59 | 131 | 139 | –8 | + | | 63 | | | 4 | | 41 | 27 | +14 | +51,9 | 3 000 | 3 072 | –72 | –2,3 |
| Eichstätt | 170 | 182 | –12 | 157 | 164 | –7 | | | | | | 13 | 18 | 17 | 19 | –2 | –10,5 | 2 715 | 2 755 | –40 | –1,5 |
| Erlangen | 91 | 80 | +11 | 77 | 66 | +11 | | | | | | 14 | 14 | 40 | 38 | +2 | +5,3 | 4 168 | 3 886 | +282 | +7,3 |
| Feuchtwangen | 172 | 101 | +71 | 163 | 142 | +21 | + | | 41 | | | 9 | | 35 | 19 | +16 | +84,2 | 2 982 | 2 715 | +267 | +9,8 |
| Fürth | 64 | 110 | –46 | 69 | 50 | +19 | | 5 | | | | | 60 | 33 | 45 | –12 | –26,7 | 4 647 | 4 137 | +510 | +12,3 |
| Gunzenhausen | 154 | 148 | +6 | 150 | 162 | –12 | + | | 14 | | | 4 | | 25 | 24 | +1 | +4,2 | 2 733 | 2 862 | –129 | –4,5 |
| Hersbruck | 109 | 79 | +30 | 92 | 81 | +11 | + | | 2 | | | 17 | | 40 | 33 | +7 | +17,6 | 3 817 | 3 621 | +196 | +5,4 |
| Hilpoltstein | 167 | 128 | +39 | 169 | 140 | +29 | | 2 | 12 | | | | | 29 | 20 | +9 | +45,0 | 2 995 | 2 645 | +350 | +13,2 |
| Lauf a.d.Pegnitz | 76 | 46 | +30 | 49 | 38 | +11 | | | | | | 27 | 8 | 55 | 41 | +14 | +34,1 | 4 995 | 4 659 | +336 | +7,2 |
| Neustadt a.d.Aisch | 142 | 98 | +44 | 143 | 100 | +43 | | 1 | 2 | | | | | 35 | 25 | +10 | +40,0 | 3 507 | 2 981 | +526 | +17,6 |
| Nürnberg | 62 | 66 | –4 | 55 | 53 | +2 | | | | | | 7 | 13 | 44 | 45 | –1 | –2,2 | 4 589 | 4 510 | +79 | +1,8 |
| Rothenburg a.d.Tauber | 189 | 189 | 0 | 179 | 191 | –12 | + | | 2 | | | 10 | | 13 | 13 | 0 | 0 | 1 832 | 2 512 | –680 | –27,1 |
| Scheinfeld | 151 | 62 | +89 | 166 | 129 | +37 | | 15 | 67 | | | | 48 | 45 | 24 | +21 | +87,5 | 3 077 | 2 703 | +374 | +13,8 |
| Schwabach | 86 | 115 | –29 | 87 | 67 | +20 | | 1 | | | | | | 32 | 39 | –7 | –17,9 | 4 167 | 3 711 | +456 | +12,3 |
| Uffenheim | 138 | 134 | +4 | 120 | 155 | –35 | | | 21 | | | 18 | | 27 | 26 | +1 | +3,8 | 2 806 | 3 173 | –367 | –11,6 |
| Weißenburg i.Bay. | 104 | 137 | –33 | 106 | 128 | –22 | + | 2 | | | | | 9 | 26 | 34 | –8 | –23,5 | 3 087 | 3 451 | –364 | –10,5 |

1) Gegenüber der Rangordnung der Gesamteinkünfte. – 2) Gegenüber der Rangordnung der Gewerbesteuermeßbeträge.

Tabelle 6, S. 4 (Beitrag Sieber): Regionaler Entwicklungsvergleich der Gewerbesteuermeßbeträge und der Gesamteinkünfte 1936/37—1966/68

| Gebiet | Gewerbesteuermeßbeträge (je Einw.) | | | Gesamteinkünfte (je Einwohner) | | | | Kreise mit höherrangiger Stellung der | | | | | | Gewerbesteuermeßbeträge (in DM je Einwohner) | | | | | Gesamteinkünfte (in DM je Einwohner) 1966 | | | |
|---|---|---|---|---|---|---|---|---|---|---|---|---|---|---|---|---|---|---|---|---|---|---|
| | Rangordnungs-Nr. | | Diffe-renz 1937/66 | Rangord-nungs-Nr. | | Diffe-renz 1936/68 | Steigen-der Trend (End-jahr) | Gewerbesteuermeßbeträge 1) | | | Gesamteinkünfte 2) | | | nach Rang-ordnung | | Effektiv ist höher(+) oder niedriger (−) als fiktiv | | | nach Rang-ordnung | | Effektiv ist höher(+) oder niedriger (−) | |
| | 1937 | 1966 | | 1936 | 1968 | | | Rangordnungsdifferenz | | Steigen-der Trend (End-jahr) | Rangordnungsdifferenz | | Steigen-der Trend (End-jahr) | 1966 (effek-tiv) | 1937 (fik-tiv) | absolut in DM | in % | 1968 (effek-tiv) | 1936 (fik-tiv) | absolut in DM | in % |
| | | | | | | | | Anfangs-jahr 1937/6 | End-jahr 1966/8 | | Anfangs-jahr 1936/7 | End-jahr 1968/6 | | | | | | | | | | |
| **Oberfranken** | | | | | | | | | | | | | | | | | | | | | | |
| *Kreisfreie Städte* | | | | | | | | | | | | | | | | | | | | | | |
| Bamberg | 27 | 23 | + 4 | 22 | 33 | − 11 | | | 10 | | | 5 | | 72 | 69 | + 3 | + 4,3 | 5 091 | 5 316 | − 225 | − 4,2 |
| Bayreuth | 22 | 13 | + 9 | 15 | 30 | − 15 | + | | 20 | | | 7 | | 78 | 72 | + 6 | + 6,3 | 5 182 | 5 561 | − 379 | − 6,8 |
| Coburg | 25 | 14 | + 11 | 20 | 16 | + 4 | + | | 2 | | | 5 | | 78 | 70 | + 8 | + 11,4 | 5 546 | 5 514 | + 32 | + 0,6 |
| Forchheim | 44 | 25 | + 19 | 48 | 72 | − 24 | + | 4 | 47 | | | | | 70 | 55 | + 15 | + 27,3 | 4 056 | 4 661 | − 605 | − 13,0 |
| Hof | 8 | 42 | − 34 | 12 | 25 | − 13 | | 4 | | | | | | 55 | 89 | − 34 | − 38,2 | 5 254 | 5 653 | − 399 | − 7,1 |
| Kulmbach | 2 | 11 | − 9 | 5 | 17 | − 12 | | 3 | 6 | | | | | 86 | 102 | − 16 | − 15,7 | 5 535 | 6 411 | − 876 | − 13,7 |
| Marktredwitz | 37 | 41 | − 4 | 37 | 52 | − 15 | | 0 | 11 | | | | | 55 | 60 | − 5 | − 8,3 | 4 622 | 5 025 | − 403 | − 8,0 |
| Neustadt b. Coburg | 28 | 27 | + 1 | 64 | 31 | + 33 | | 36 | 4 | | | | | 69 | 67 | + 2 | + 3,0 | 5 177 | 4 261 | + 916 | + 21,5 |
| Selb | 60 | 29 | + 31 | 34 | 45 | − 11 | + | | 16 | | 26 | | | 67 | 46 | + 21 | + 45,7 | 4 788 | 5 062 | − 274 | − 5,4 |
| *Landkreise* | | | | | | | | | | | | | | | | | | | | | | |
| Bamberg | 103 | 171 | − 68 | 129 | 131 | − 2 | | | | | 26 | | 40 | 19 | 34 | − 15 | − 44,1 | 3 072 | 3 077 | − 5 | − 0,2 |
| Bayreuth | 125 | 144 | − 19 | 99 | 115 | − 16 | | | | | | | 29 | 25 | 31 | − 6 | − 19,4 | 3 277 | 3 521 | − 244 | − 6,9 |
| Coburg | 106 | 64 | + 42 | 89 | 64 | + 25 | | | | | 17 | | 0 | 45 | 34 | + 11 | + 32,4 | 4 261 | 3 700 | + 561 | + 15,2 |
| Ebermannstadt | 183 | 142 | + 41 | 167 | 169 | − 2 | | 4 | 47 | | | | | 25 | 17 | + 8 | + 47,1 | 2 199 | 2 273 | − 74 | − 3,3 |
| Forchheim | 185 | 173 | + 12 | 183 | 163 | + 20 | | | | | 2 | | 10 | 19 | 16 | + 3 | + 18,8 | 2 715 | 2 406 | + 309 | + 12,8 |
| Höchstadt a.d. Aisch | 182 | 75 | +107 | 161 | 107 | + 54 | + | | 32 | | 21 | | | 41 | 17 | + 24 | +141,2 | 3 407 | 2 735 | + 672 | + 24,6 |
| Hof | 56 | 120 | − 64 | 56 | 80 | − 24 | | | | | 0 | | 40 | 31 | 48 | − 17 | − 35,4 | 3 846 | 4 491 | − 645 | − 14,4 |
| Kronach | 97 | 113 | − 16 | 96 | 85 | + 11 | | | | | 1 | | 28 | 32 | 37 | − 5 | − 13,5 | 3 727 | 3 549 | + 178 | + 5,0 |
| Kulmbach | 83 | 161 | − 78 | 97 | 153 | − 56 | | 14 | | | | | 8 | 22 | 39 | − 17 | − 43,6 | 2 830 | 3 543 | − 713 | − 20,1 |
| Lichtenfels | 66 | 26 | + 40 | 78 | 84 | − 6 | + | 12 | 58 | | | | | 69 | 44 | + 25 | + 56,8 | 3 739 | 3 865 | − 126 | − 3,3 |
| Münchberg | 31 | 55 | − 24 | 52 | 63 | − 11 | | 21 | 8 | | | | | 48 | 66 | − 18 | − 27,3 | 4 300 | 4 622 | − 322 | − 7,0 |
| Naila | 26 | 85 | − 59 | 67 | 74 | − 7 | | 41 | | | | | 11 | 39 | 69 | − 30 | − 45,5 | 3 966 | 4 167 | − 161 | − 4,3 |
| Pegnitz | 134 | 150 | − 16 | 141 | 158 | − 17 | | 7 | 8 | | | | | 24 | 27 | − 3 | − 11,1 | 2 739 | 2 995 | − 256 | − 8,5 |
| Rehau | 57 | 90 | − 33 | 58 | 65 | − 7 | | 1 | | | | | 25 | 38 | 47 | − 9 | − 19,1 | 4 213 | 4 463 | − 270 | − 6,0 |
| Stadtsteinach | 179 | 138 | + 41 | 133 | 118 | + 15 | + | | 30 | | 46 | | 20 | 26 | 17 | + 9 | + 52,9 | 3 240 | 3 055 | + 185 | + 6,1 |
| Staffelstein | 111 | 135 | − 24 | 159 | 165 | − 6 | | 48 | | | | | | 27 | 33 | − 6 | − 18,2 | 2 712 | 2 738 | − 26 | − 0,9 |
| Wunsiedel | 53 | 96 | − 43 | 60 | 78 | − 18 | | 7 | | | | | 18 | 37 | 51 | − 14 | − 27,5 | 3 865 | 4 367 | − 522 | − 11,9 |

1) Gegenüber der Rangordnung der Gesamteinkünfte. — 2) Gegenüber der Rangordnung der Gewerbesteuermeßbeträge.

Tabelle 6, S. 3 (Beitrag Sieber): *Regionaler Entwicklungsvergleich der Gewerbesteuermeßbeträge und der Gesamteinkünfte 1936/37—1966/68*

| Gebiet | Gewerbesteuermeßbeträge (je Einw.) | | | Gesamteinkünfte (je Einwohner) | | | Kreise mit höherrangiger Stellung der Gewerbesteuermeßbeträge 1) Gesamteinkünfte 2) | | | | | | Gewerbesteuermeßbeträge (in DM je Einwohner) 1968 | | | | | Gesamteinkünfte (in DM je Einwohner) 1968 | | | | |
|---|---|---|---|---|---|---|---|---|---|---|---|---|---|---|---|---|---|---|---|---|---|---|
| | Rangord- nungs-Nr. | | Diffe- renz 1937/66 | Rangord- nungs-Nr. | | Diffe- renz 1936/68 | Steigen- der Trend (End- jahr) | Rangordnungsdifferenz | | | | Steigen- der Trend (End- jahr) | nach Rang- ordnung | | 1966 (effek- tiv) | 1937 (fik- tiv) | Effektiv ist höher(+) oder niedriger (-) als fiktiv | | nach Rang- ordnung | | 1968 (effek- tiv) | 1936 (fik- tiv) | Effektiv ist höher(+) oder niedriger (-) als fiktiv |
| | 1937 | 1966 | | 1936 | 1968 | | | Anfangs- Jahr 1937/6 | End- Jahr 1966/8 | Anfangs- jahr 1936/7 | End- jahr 1968/6 | | 1966 (effek- tiv) | 1937 (fik- tiv) | | | absolut in DM | in % | 1968 (effek- tiv) | 1936 (fik- tiv) | | | absolut in DM | in % |
| **O b e r p f a l z** | | | | | | | | | | | | | | | | | | | | | | | |
| *Kreisfreie Städte* | | | | | | | | | | | | | | | | | | | | | | | |
| Amberg | 54 | 53 | + 1 | 44 | 60 | - 16 | | | 7 | 10 | | | 51 | 50 | + 1 | + 2,0 | 4 367 | 4 815 | - 428 | - 8,9 |
| Neumarkt i.d.OPf. | 40 | 22 | + 18 | 54 | 36 | + 18 | | 14 | 14 | | | | 72 | 57 | + 15 | + 26,3 | 5 032 | 4 571 | + 461 | + 10,1 |
| Regensburg | 42 | 36 | + 6 | 28 | 24 | + 4 | | | | | 12 | | 62 | 55 | + 7 | + 12,7 | 5 286 | 5 226 | + 60 | + 1,1 |
| Schwandorf i.Bay. | 93 | 31 | + 62 | 45 | 55 | - 10 | + | | 24 | 48 | | | 66 | 37 | + 29 | + 78,4 | 4 510 | 4 788 | - 278 | - 5,6 |
| Weiden i.d.OPf. | 29 | 45 | - 16 | 1 | 43 | - 42 | | | | 28 | 2 | | 55 | 67 | - 12 | - 17,9 | 4 845 | 6 564 | -1 719 | - 26,2 |
| *Landkreise* | | | | | | | | | | | | | | | | | | | | | | | |
| Amberg | 150 | 126 | + 24 | 136 | 152 | - 16 | + | 3 | 26 | 14 | | | 30 | 24 | + 6 | + 25,0 | 2 836 | 3 030 | - 194 | - 6,4 |
| Beilngries | 177 | 164 | + 13 | 180 | 177 | + 3 | | 86 | 13 | | | | 21 | 18 | + 3 | + 16,7 | 2 556 | 2 490 | + 66 | + 2,7 |
| Burglengenfeld | 24 | 39 | - 15 | 110 | 110 | 0 | | 9 | 71 | | | | 57 | 71 | - 14 | - 19,7 | 3 382 | 3 382 | 0 | 0 |
| Cham | 139 | 119 | + 20 | 148 | 147 | + 1 | | | 28 | | | | 31 | 26 | + 5 | + 19,2 | 2 933 | 2 912 | + 21 | + 0,7 |
| Eschenbach i.d.OPf. | 148 | 158 | - 10 | 125 | 135 | - 10 | | | | 23 | 23 | | 22 | 25 | - 3 | - 12,0 | 3 036 | 3 105 | - 69 | - 2,2 |
| Kemnath | 168 | 140 | + 28 | 151 | 132 | + 19 | | | | 17 | 8 | | 26 | 20 | + 6 | + 30,0 | 3 057 | 2 850 | + 207 | + 7,3 |
| Nabburg | 164 | 114 | + 50 | 176 | 146 | + 30 | | 12 | 32 | | | | 32 | 21 | + 11 | + 52,4 | 2 935 | 2 558 | + 377 | + 14,7 |
| Neumarkt i.d.OPf. | 186 | 179 | + 9 | 189 | 175 | + 14 | | 1 | | | 4 | | 17 | 14 | + 3 | + 21,4 | 2 593 | 2 199 | + 394 | + 17,9 |
| Neunburg vorm Wald | 171 | 57 | +114 | 172 | 169 | + 3 | | 1 | 112 | | | + | 47 | 19 | + 28 | +147,4 | 2 645 | 2 605 | + 40 | + 1,5 |
| Neustadt a.d.Waldn. | 126 | 131 | - 5 | 108 | 123 | - 15 | | 18 | | | | | 28 | 30 | - 2 | - 6,7 | 3 109 | 3 385 | - 276 | - 8,2 |
| Oberviechtach | 191 | 172 | + 19 | 191 | 187 | + 4 | + | 0 | 15 | | | | 19 | 11 | + 8 | + 72,7 | 2 273 | 1 832 | + 441 | + 24,1 |
| Parsberg | 167 | 170 | + 17 | 186 | 179 | + 7 | | | 9 | 1 | | | 19 | 14 | + 5 | + 35,7 | 2 512 | 2 326 | + 186 | + 8,0 |
| Regensburg | 162 | 168 | - 6 | 149 | 113 | + 36 | + | | | 13 | 55 | | 20 | 21 | - 1 | - 4,8 | 3 317 | 2 885 | + 432 | + 15,0 |
| Riedenburg | 166 | 169 | - 3 | 152 | 174 | - 22 | | | 5 | 14 | | | 20 | 20 | 0 | 0 | 2 601 | 2 836 | - 235 | - 8,3 |
| Roding | 184 | 145 | + 39 | 185 | 171 | + 14 | + | 1 | 26 | | | | 25 | 16 | + 9 | + 56,3 | 2 608 | 2 374 | + 234 | + 9,9 |
| Sulzbach-Rosenberg | 80 | 78 | + 2 | 93 | 111 | - 18 | | 13 | 33 | | | | 41 | 40 | + 1 | + 2,5 | 3 362 | 3 621 | - 259 | - 7,3 |
| Tirschenreuth | 90 | 129 | - 39 | 90 | 109 | - 19 | | | | 0 | 20 | | 29 | 38 | - 9 | - 23,7 | 3 384 | 3 682 | - 298 | - 8,1 |
| Vohenstrauß | 161 | 130 | + 31 | 170 | 166 | + 4 | | 9 | 36 | | | | 28 | 22 | + 6 | + 27,3 | 2 703 | 2 637 | + 66 | + 2,5 |
| Waldmünchen | 133 | 178 | - 45 | 130 | 186 | - 56 | + | 3 | 8 | | | | 18 | 27 | - 9 | - 33,3 | 2 326 | 3 072 | - 746 | - 24,3 |

1) Gegenüber der Rangordnung der Gesamteinkünfte. — 2) Gegenüber der Rangordnung der Gewerbesteuermeßbeträge.

Tabelle 6, S. 2 (Beitrag Sieber):

**Regionaler Entwicklungsvergleich der Gewerbesteuermeßbeträge und der Gesamteinkünfte 1936/37–1966/68**

| Gebiet | Gewerbesteuermeßbeträge (je Einw.) | | | Gesamteinkünfte (je Einwohner) | | | | Kreise mit höherrangiger Stellung der | | | | | | | Gewerbesteuermeßbeträge (in DM je Einwohner) 1966 | | | | Gesamteinkünfte (in DM je Einwohner) 1968 | | | |
|---|---|---|---|---|---|---|---|---|---|---|---|---|---|---|---|---|---|---|---|---|---|---|
| | | | | | | | | Gewerbesteuermeßbeträge [1] | | | Gesamteinkünfte [2] | | | | nach Rangordnung | | Effektiv ist höher(+) oder niedriger(-) als fiktiv | | nach Rangordnung | | Effektiv ist höher(+) niedriger(-) | |
| | Rangordnungs-Nr. | | Differenz 1937/66 | Rangordnungs-Nr. | | Differenz 1936/66 | Steigender Trend (Endjahr) | Rangordnungsdifferenz | | | Rangordnungsdifferenz | | | Steigender Trend (Endjahr) | 1966 (effektiv) | 1937 (fiktiv) | absolut in DM | in % | 1968 (effektiv) | 1936 (fiktiv) | absolut in DM | in % |
| | 1937 | 1966 | | 1936 | 1968 | | | Anfangs-End 1937/6 | End 1966/8 | Anfangs- End- 1936/7 1968/6 | | | | | | | | | | | | | |
| **Niederbayern** | | | | | | | | | | | | | | | | | | | | | | |
| *Kreisfreie Städte* | | | | | | | | | | | | | | | | | | | | | | |
| Deggendorf | 43 | 17 | + 26 | 38 | 42 | - 4 | + | | 25 | | 5 | | | 75 | 55 | + 20 | + 36,4 | 4 929 | 4 995 | - 66 | - 1,3 |
| Landshut | 34 | 37 | - 3 | 19 | 21 | - 2 | | | | | 15 | | | 60 | 63 | - 3 | - 4,8 | 5 387 | 5 518 | - 131 | - 2,4 |
| Passau | 39 | 10 | + 29 | 31 | 54 | - 23 | + | | 44 | | 8 | 16 | | 87 | 57 | + 30 | + 52,6 | 4 571 | 5 177 | - 606 | - 11,7 |
| Straubing | 65 | 43 | + 22 | 51 | 59 | - 8 | + | | 16 | | 14 | | | 55 | 44 | + 11 | + 25,0 | 4 413 | 4 646 | - 233 | - 5,0 |
| *Landkreise* | | | | | | | | | | | | | | | | | | | | | | |
| Bogen | 190 | 191 | - 1 | 190 | 190 | 0 | | | | | 0 | 1 | | 11 | 12 | - 1 | - 8,3 | 2 140 | 2 140 | 0 | 0 |
| Deggendorf | 158 | 181 | - 23 | 168 | 172 | - 4 | | 10 | | 9 | | 9 | | 17 | 22 | - 5 | - 22,7 | 2 605 | 2 653 | - 48 | - 1,8 |
| Dingolfing | 156 | 160 | - 4 | 147 | 144 | + 3 | + | | | | | 16 | | 22 | 22 | 0 | 0 | 2 972 | 2 933 | + 39 | + 1,3 |
| Eggenfelden | 176 | 125 | + 51 | 182 | 167 | + 15 | | 6 | 42 | | | | | 31 | 18 | + 13 | + 72,2 | 2 698 | 2 469 | + 229 | + 9,3 |
| Grafenau | 159 | 154 | + 5 | 175 | 173 | + 2 | | 16 | 19 | | | | | 24 | 22 | + 2 | + 9,1 | 2 605 | 2 593 | + 12 | + 0,5 |
| Griesbach i.Rottal | 149 | 102 | + 47 | 144 | 157 | - 13 | + | | 55 | | | | | 35 | 24 | + 11 | + 45,8 | 2 755 | 2 972 | - 217 | - 7,3 |
| Kelheim | 67 | 109 | - 42 | 116 | 101 | + 15 | | 49 | | | | 8 | | 33 | 44 | - 11 | - 25,0 | 3 496 | 3 258 | + 238 | + 7,3 |
| Kötzting | 153 | 185 | - 32 | 188 | 185 | + 3 | | 55 | 0 | | | | | 16 | 24 | - 8 | - 33,3 | 2 374 | 2 207 | + 167 | + 7,6 |
| Landau a.d.Isar | 175 | 162 | + 13 | 154 | 150 | + 4 | | | | 21 | | 12 | | 21 | 19 | + 2 | + 10,5 | 2 862 | 2 809 | + 53 | + 1,9 |
| Landshut | 178 | 175 | + 3 | 174 | 148 | + 26 | + | | 6 | 4 | | 27 | | 19 | 18 | + 1 | + 5,6 | 2 912 | 2 601 | + 311 | + 12,0 |
| Mainburg | 102 | 99 | + 3 | 88 | 105 | - 17 | | | 22 | 14 | | | | 35 | 35 | 0 | 0 | 3 463 | 3 707 | - 244 | - 6,6 |
| Mallersdorf | 130 | 139 | - 9 | 135 | 161 | - 26 | | 5 | | | | | | 26 | 28 | - 2 | - 7,1 | 2 735 | 3 036 | - 301 | - 9,9 |
| Passau | 136 | 177 | - 41 | 167 | 154 | + 13 | | 31 | | | | 23 | | 18 | 27 | - 9 | - 33,3 | 2 809 | 2 698 | + 111 | + 4,1 |
| Pfarrkirchen | 114 | 117 | - 3 | 137 | 170 | - 33 | | 23 | 53 | | | | | 31 | 32 | - 1 | - 3,1 | 2 637 | 3 025 | - 388 | - 12,8 |
| Regen | 146 | 151 | - 5 | 164 | 143 | + 21 | + | 18 | | 4 | | 8 | | 24 | 25 | - 1 | - 4,0 | 2 981 | 2 715 | + 266 | + 9,8 |
| Rottenburg a.d.Laab. | 157 | 152 | + 5 | 153 | 156 | - 3 | | | 4 | | | | | 24 | 23 | + 1 | + 4,3 | 2 791 | 2 830 | - 39 | - 1,4 |
| Straubing | 186 | 188 | - 2 | 160 | 178 | - 18 | | | | 26 | | 10 | | 14 | 15 | - 1 | - 6,7 | 2 523 | 2 736 | - 213 | - 7,8 |
| Viechtach | 144 | 183 | - 39 | 171 | 181 | - 10 | | 27 | | | | 2 | | 17 | 25 | - 8 | - 32,0 | 2 484 | 2 608 | - 124 | - 4,8 |
| Vilsbiburg | 131 | 149 | - 18 | 145 | 168 | - 23 | | 14 | 19 | | | | | 24 | 28 | - 4 | - 14,3 | 2 653 | 2 942 | - 289 | - 9,8 |
| Vilshofen | 165 | 163 | + 2 | 158 | 176 | - 18 | + | | 13 | 7 | | | | 21 | 20 | + 1 | + 5,0 | 2 558 | 2 739 | - 181 | - 6,6 |
| Wegscheid | 174 | 155 | + 19 | 184 | 180 | + 4 | | 10 | 25 | | | | | 23 | 19 | + 4 | + 21,1 | 2 490 | 2 384 | + 106 | + 4,4 |
| Wolfstein | 141 | 186 | - 45 | 178 | 184 | - 6 | | 37 | | | | 2 | + | 15 | 26 | - 11 | - 42,3 | 2 384 | 2 523 | - 139 | - 5,5 |

1) Gegenüber der Rangordnung der Gesamteinkünfte. – 2) Gegenüber der Rangordnung der Gewerbesteuermeßbeträge.

Tabelle 6, S. 1 (Beitrag Sieber):
*Regionaler Entwicklungsvergleich der Gewerbesteuermeßbeträge und der Gesamteinkünfte 1936/37—1966/68*

| Gebiet | Gewerbesteuermeß-beträge (je Einw.) Rangordnungs-Nr. 1937 | Gewerbesteuermeß-beträge (je Einw.) Rangordnungs-Nr. 1966 | Gewerbesteuermeß-beträge (je Einw.) Differenz 1937/66 | Gesamteinkünfte (je Einwohner) Rangordnungs-Nr. 1936 | Gesamteinkünfte (je Einwohner) Rangordnungs-Nr. 1968 | Gesamteinkünfte (je Einwohner) Differenz 1936/68 | Kreise mit höherrangiger Stellung der Gewerbesteuermeßbeträge 1) Steigender Trend (Endjahr) | Kreise mit höherrangiger Stellung der Gewerbesteuermeßbeträge 1) Rangordnungsdifferenz Anfangsjahr 1937/6 | Kreise mit höherrangiger Stellung der Gewerbesteuermeßbeträge 1) Rangordnungsdifferenz Endjahr 1966/8 | Gesamteinkünfte 2) Anfangsjahr 1936/7 | Gesamteinkünfte 2) Endjahr 1968/6 | Gesamteinkünfte 2) Steigender Trend (Endjahr) | Gewerbesteuermeßbeträge (in DM je Einwohner) 1966 nach Rangordnung 1966 (effektiv) | Gewerbesteuermeßbeträge (in DM je Einwohner) 1966 nach Rangordnung 1937 (fiktiv) | Gewerbesteuermeßbeträge (in DM je Einwohner) 1966 Effektiv ist höher(+) oder niedriger(−) als fiktiv absolut in DM | Gewerbesteuermeßbeträge (in DM je Einwohner) 1966 in % | Gesamteinkünfte (in DM je Einwohner) 1968 nach Rangordnung 1968 (effektiv) | Gesamteinkünfte (in DM je Einwohner) 1968 nach Rangordnung 1936 (fiktiv) | Gesamteinkünfte (in DM je Einwohner) 1968 Effektiv ist höher(+) oder niedriger(−) als fiktiv absolut in DM | Gesamteinkünfte (in DM je Einwohner) 1968 in % |
|---|---|---|---|---|---|---|---|---|---|---|---|---|---|---|---|---|---|---|---|---|
| **Oberbayern** | | | | | | | | | | | | | | | | | | | | |
| *Kreisfreie Städte* | | | | | | | | | | | | | | | | | | | | |
| Bad Reichenhall | 14 | 38 | − 24 | 24 | 44 | − 20 | | | | | | | 58 | 78 | − 20 | − 25,6 | 4 815 | 5 286 | − 471 | − 8,9 |
| Freising | 69 | 71 | − 2 | 43 | 35 | + 8 | | 10 | 6 | 26 | 36 | | 43 | 43 | ± 0 | ± 0 | 5 049 | 4 845 | + 204 | + 4,2 |
| Ingolstadt | 49 | 3 | + 46 | 26 | 23 | + 3 | + | | | 23 | 1 | + | 101 | 52 | + 49 | + 94,2 | 5 304 | 5 253 | + 51 | + 1,0 |
| Landsberg a.Lech | 55 | 47 | + 8 | 42 | 46 | − 4 | | | 20 | 13 | 1 | | 54 | 48 | + 6 | + 12,5 | 4 780 | 4 929 | − 149 | − 3,0 |
| München | 9 | 4 | + 5 | 66 | 3 | + 1 | | | | 5 | 1 | | 98 | 88 | + 10 | + 11,4 | 6 426 | 6 424 | + 2 | 0,0 |
| Rosenheim | 10 | 12 | − 2 | 13 | 15 | − 2 | | | | | | | 85 | 87 | − 2 | − 2,3 | 5 561 | 5 586 | − 25 | − 0,4 |
| Traunstein | 21 | 19 | + 2 | 18 | 18 | − 0 | | 3 | 3 | 3 | 1 | | 73 | 72 | + 1 | + 1,4 | 5 524 | 5 524 | 0 | 0 |
| *Landkreise* | | | | | | | | | | | | | | | | | | | | |
| Aichach | 119 | 118 | + 1 | 123 | 112 | + 11 | | 4 | | | 6 | | 31 | 31 | 0 | 0 | 3 354 | 3 109 | + 245 | + 7,9 |
| Altötting | 6 | 51 | − 45 | 81 | 88 | − 7 | | 75 | 37 | | | | 51 | 95 | − 44 | − 46,3 | 3 707 | 3 817 | − 110 | − 2,9 |
| Bad Aibling | 45 | 84 | − 39 | 71 | 86 | − 15 | | 26 | 2 | | | | 39 | 55 | − 16 | − 29,1 | 3 713 | 4 065 | − 352 | − 8,7 |
| Bad Tölz | 46 | 68 | − 22 | 47 | 48 | − 1 | | 1 | | | 20 | | 43 | 55 | − 12 | − 21,8 | 4 661 | 4 665 | − 4 | − 0,1 |
| Berchtesgaden | 47 | 108 | − 61 | 41 | 61 | − 20 | | | | 6 | 47 | | 33 | 54 | − 21 | − 38,9 | 4 370 | 4 930 | − 560 | − 11,4 |
| Dachau | 100 | 86 | + 14 | 66 | 47 | + 39 | + | | | 14 | 39 | + | 39 | 35 | + 4 | + 11,4 | 4 665 | 3 713 | + 952 | + 25,6 |
| Ebersberg | 113 | 124 | − 11 | 94 | 56 | + 38 | | | | 19 | 66 | | 31 | 32 | − 1 | − 3,1 | 4 491 | 3 577 | + 914 | + 25,6 |
| Erding | 112 | 146 | − 34 | 132 | 103 | + 29 | | 20 | | | 43 | | 25 | 32 | − 7 | − 21,9 | 3 471 | 3 057 | + 414 | + 13,5 |
| Freising | 77 | 30 | + 47 | 102 | 87 | + 15 | + | 25 | 57 | 50 | 107 | + | 66 | 41 | + 25 | + 61,0 | 3 711 | 3 487 | + 224 | + 6,4 |
| Fürstenfeldbruck | 122 | 141 | − 19 | 72 | 34 | + 38 | | 6 | | | 22 | | 26 | 31 | − 5 | − 16,1 | 5 062 | 4 056 | + 1 006 | + 24,8 |
| Garmisch-Partenkirch. | 17 | 50 | − 33 | 23 | 28 | − 5 | | | | 36 | 49 | | 51 | 75 | − 24 | − 32,0 | 5 226 | 5 304 | − 78 | − 1,5 |
| Ingolstadt | 140 | 132 | + 8 | 104 | 83 | + 21 | + | | 41 | 9 | 38 | + | 28 | 26 | + 2 | + 7,7 | 3 763 | 3 466 | + 297 | + 8,6 |
| Landsberg a.Lech | 143 | 157 | − 14 | 134 | 119 | + 15 | | | 18 | | | | 23 | 25 | − 2 | − 8,0 | 3 210 | 3 046 | + 164 | + 5,4 |
| Laufen | 117 | 127 | − 10 | 100 | 134 | − 34 | | | 7 | 17 | 16 | | 30 | 31 | − 1 | − 3,2 | 3 046 | 3 507 | − 461 | − 13,1 |
| Miesbach | 52 | 67 | − 15 | 61 | 51 | + 10 | | 9 | | | | | 44 | 51 | − 7 | − 13,7 | 4 646 | 4 370 | + 276 | + 6,3 |
| Mühldorf a.Inn | 105 | 56 | + 49 | 109 | 96 | + 13 | + | 4 | 40 | 18 | 45 | + | 48 | 34 | + 14 | + 41,2 | 3 549 | 3 384 | + 165 | + 4,9 |
| München | 20 | 52 | − 32 | 52 | 7 | + 5 | | | | 2 | | | 51 | 72 | − 21 | − 29,2 | 5 957 | 6 536 | − 579 | − 8,9 |
| Pfaffenhofen a.d.Ilm | 116 | 54 | + 62 | 114 | 95 | + 19 | + | | 41 | 13 | 4 | + | 50 | 32 | + 18 | + 56,3 | 3 558 | 3 285 | + 273 | + 8,3 |
| Rosenheim | 87 | 95 | − 8 | 74 | 91 | − 17 | | | | 16 | | | 37 | 39 | − 2 | − 5,1 | 3 679 | 3 986 | − 307 | − 7,7 |
| Schongau | 98 | 81 | + 17 | 82 | 99 | − 17 | | | 18 | | | | 40 | 35 | + 5 | + 14,3 | 3 521 | 3 809 | − 288 | − 7,6 |
| Schrobenhausen | 58 | 83 | − 25 | 112 | 122 | − 10 | | 54 | 39 | 52 | 56 | | 39 | 47 | − 8 | − 17,0 | 3 115 | 3 354 | − 239 | − 7,1 |
| Starnberg | 81 | 61 | + 20 | 29 | 5 | + 24 | | 1 | 21 | | | | 46 | 40 | + 6 | + 15,0 | 6 411 | 5 194 | + 1 217 | + 23,4 |
| Traunstein | 74 | 73 | + 1 | 75 | 94 | − 19 | | 22 | 14 | | | | 42 | 42 | 0 | 0 | 3 577 | 3 947 | − 370 | − 9,4 |
| Wasserburg a.Inn | 99 | 112 | − 13 | 121 | 126 | − 5 | | | | | | | 32 | 35 | − 3 | − 8,6 | 3 102 | 3 163 | − 61 | − 1,1 |
| Weilheim i.OB | 73 | 92 | − 19 | 65 | 75 | − 10 | | | | 8 | 17 | | 37 | 42 | − 5 | − 11,9 | 3 947 | 4 213 | − 266 | − 6,3 |
| Wolfratshausen | 95 | 77 | + 18 | 66 | 40 | + 26 | | | | 29 | 37 | | 41 | 37 | + 4 | + 10,8 | 4 964 | 4 168 | + 796 | + 19,1 |

1) Gegenüber der Rangordnung der Gesamteinkünfte. — 2) Gegenüber der Rangordnung der Gewerbesteuermeßbeträge.

Tabelle 5, S. 4 (Beitrag Sieber):

*Rangordnung und Werte der Gesamteinkünfte (je Einwohner in DM) 1936—1968*

| Alte Rangordnung 1936 | | | Neue Rangordnung 1968 | | | | |
|---|---|---|---|---|---|---|---|
| Lfd. Nr. | Kreis (S=kreisfreie Stadt) | Wert je Einw. | Lfd. Nr. | Kreis (S=kreisfreie Stadt) | Wert je Einw. | Multi-plika-tor | Rang-Diff. |
| 161 | Höchstadt/Aisch | 212 | 161 | Mallersdorf | 2 735 | 10,5 | − 26 |
| 162 | Neuburg | 209 | 162 | Gunzenhausen | 2 733 | 11,5 | − 12 |
| 163 | Feuchtwangen | 209 | 163 | Forchheim | 2 715 | 16,6 | + 20 |
| 164 | Regen | 209 | 164 | Eichstätt | 2 715 | 12,2 | − 7 |
| 165 | Ebern | 205 | 165 | Staffelstein | 2 712 | 12,5 | − 6 |
| 166 | Scheinfeld | 205 | 166 | Vohenstrauß | 2 703 | 13,5 | + 4 |
| 167 | Passau | 202 | 167 | Eggenfelden | 2 698 | 16,0 | + 15 |
| 168 | Deggendorf | 201 | 168 | Vilsbiburg | 2 653 | 10,6 | − 23 |
| 169 | Hilpoltstein | 200 | 169 | Neunburg v.W. | 2 645 | 13,5 | + 3 |
| 170 | Vohenstrauß | 200 | 170 | Pfarrkirchen | 2 637 | 10,3 | − 33 |
| 171 | Viechtach | 198 | 171 | Roding | 2 608 | 16,7 | + 14 |
| 172 | Neunburg v.W. | 196 | 172 | Deggendorf | 2 605 | 13,0 | − 4 |
| 173 | Hofheim | 195 | 173 | Grafenau | 2 605 | 13,4 | + 2 |
| 174 | Landshut | 195 | 174 | Riedenburg | 2 601 | 11,1 | − 22 |
| 175 | Grafenau | 194 | 175 | Neumarkt | 2 593 | 19,5 | + 14 |
| 176 | Nabburg | 186 | 176 | Vilshofen | 2 558 | 11,6 | − 18 |
| 177 | Nördlingen | 181 | 177 | Beilngries | 2 566 | 14,7 | + 3 |
| 178 | Wolfstein | 181 | 178 | Straubing | 2 523 | 11,6 | − 18 |
| 179 | Rothenburg o.d.T. | 175 | 179 | Parsberg | 2 512 | 17,4 | + 7 |
| 180 | Beilngries | 174 | 180 | Wegscheid | 2 490 | 15,7 | + 4 |
| 181 | Königshofen | 173 | 181 | Viechtach | 2 484 | 12,5 | − 10 |
| 182 | Eggenfelden | 169 | 182 | Hofheim | 2 469 | 12,7 | − 9 |
| 183 | Forchheim | 164 | 183 | Königshofen | 2 406 | 13,9 | − 2 |
| 184 | Wegscheid | 159 | 184 | Wolfstein | 2 384 | 13,2 | − 6 |
| 185 | Roding | 156 | 185 | Kötzting | 2 374 | 17,6 | + 3 |
| 186 | Parsberg | 144 | 186 | Waldmünchen | 2 326 | 8,5 | − 56 |
| 187 | Ebermannstadt | 141 | 187 | Oberviechtach | 2 273 | 17,9 | + 4 |
| 188 | Kötzting | 135 | 188 | Nördlingen | 2 207 | 12,2 | − 11 |
| 189 | Neumarkt | 133 | 189 | Ebermannstadt | 2 199 | 15,6 | − 2 |
| 190 | Bogen | 128 | 190 | Bogen | 2 140 | 16,7 | ± 0 |
| 191 | Oberviechtach | 127 | 191 | Rothenburg o.d.T. | 1 832 | 10,5 | − 12 |

Tabelle 5, S. 3 (Beitrag Sieber):

*Rangordnung und Werte der Gesamteinkünfte (je Einwohner in DM) 1936—1968*

| \multicolumn{3}{Alte Rangordnung 1936} | | \multicolumn{5}{Neue Rangordnung 1968} | | | | |
|---|---|---|---|---|---|---|---|
| Lfd. Nr. | Kreis (S=kreisfreie Stadt) | Wert je Einw. | Lfd. Nr. | Kreis (S=kreisfreie Stadt) | Wert je Einw. | Multi-plikator | Rang-Diff. |
| 106 | Weißenburg | 329 | 106 | Kempten | 3 451 | 9,7 | − 5 |
| 107 | Bad Neustadt a.d.Saale | 322 | 107 | Höchstadt/Aisch + | 3 407 | 16,1 | + 54 |
| 108 | Neustadt a.d.Waldn. | 320 | 108 | Mindelheim | 3 385 | 10,2 | − 3 |
| 109 | Mühldorf | 313 | 109 | Tirschenreuth | 3 384 | 8,8 | − 19 |
| 110 | Burglengenfeld | 311 | 110 | Burglengenfeld | 3 382 | 10,9 | ± 0 |
| 111 | Haßfurt | 309 | 111 | Sulzbach-Rosenberg | 3 362 | 9,0 | − 17 |
| 112 | Schrobenhausen | 305 | 112 | Aichach | 3 354 | 11,6 | + 11 |
| 113 | Donauwörth | 304 | 113 | Regensburg + | 3 317 | 13,9 | + 36 |
| 114 | Pfaffenhofen a.d.Ilm | 303 | 114 | Ochsenfurt | 3 285 | 8,9 | − 19 |
| 115 | Hammelburg | 301 | 115 | Bayreuth | 3 277 | 9,0 | − 16 |
| 116 | Kelheim | 300 | 116 | Marktheidenfeld | 3 258 | 12,9 | + 26 |
| 117 | Krumbach | 299 | 117 | Gemünden | 3 255 | 8,9 | − 19 |
| 118 | Brückenau | 295 | 118 | Stadtsteinach | 3 240 | 12,2 | + 15 |
| 119 | Karlstadt | 295 | 119 | Landsberg | 3 210 | 12,3 | + 15 |
| 120 | Uffenheim | 295 | 120 | Memmingen | 3 173 | 11,5 | + 7 |
| 121 | Wasserburg a.Inn | 293 | 121 | Wertingen + | 3 163 | 13,9 | + 34 |
| 122 | Marktoberdorf | 291 | 122 | Schrobenhausen | 3 115 | 10,2 | − 10 |
| 123 | Aichach | 288 | 123 | Neustadt/Waldnaab | 3 109 | 9,7 | − 15 |
| 124 | Kaufbeuren | 285 | 124 | Schweinfurt − | 3 106 | 7,7 | − 39 |
| 125 | Eschenbach | 283 | 125 | Ansbach | 3 105 | 11,1 | + 1 |
| 126 | Ansbach | 279 | 126 | Wasserburg a.Inn | 3 102 | 10,6 | − 5 |
| 127 | Memmingen | 277 | 127 | Kaufbeuren | 3 097 | 10,9 | − 3 |
| 128 | Kitzingen | 277 | 128 | Weißenburg | 3 087 | 9,4 | − 22 |
| 129 | Bamberg | 277 | 129 | Scheinfeld + | 3 077 | 15,0 | + 37 |
| 130 | Waldmünchen | 274 | 130 | Karlstadt | 3 072 | 10,4 | − 11 |
| 131 | Dinkelsbühl | 273 | 131 | Bamberg | 3 072 | 11,1 | − 2 |
| 132 | Erding | 267 | 132 | Kemnath | 3 057 | 13,0 | + 19 |
| 133 | Stadtsteinach | 265 | 133 | Haßfurt | 3 055 | 9,9 | − 22 |
| 134 | Landsberg | 262 | 134 | Laufen − | 3 046 | 8,5 | − 34 |
| 135 | Mallersdorf | 260 | 135 | Eschenbach | 3 036 | 10,7 | − 10 |
| 136 | Amberg | 256 | 136 | Bad Kissingen | 3 030 | 11,9 | + 3 |
| 137 | Pfarrkirchen | 256 | 137 | Hammelburg | 3 025 | 10,0 | − 22 |
| 138 | Dillingen | 254 | 138 | Dillingen | 3 012 | 11,9 | ± 0 |
| 139 | Bad Kissingen | 254 | 139 | Dinkelsbühl | 3 000 | 11,0 | − 8 |
| 140 | Mellrichstadt | 254 | 140 | Hilpoltstein | 2 995 | 15,0 | + 29 |
| 141 | Pegnitz | 254 | 141 | Mellrichstadt | 2 995 | 11,8 | − 1 |
| 142 | Marktheidenfeld | 252 | 142 | Feuchtwangen | 2 982 | 14,3 | + 21 |
| 143 | Neustadt/Aisch | 252 | 143 | Regen | 2 981 | 14,3 | + 21 |
| 144 | Griesbach | 251 | 144 | Dingolfing | 2 972 | 12,2 | + 3 |
| 145 | Vilsbiburg | 251 | 145 | Brückenau | 2 942 | 10,0 | − 27 |
| 146 | Günzburg | 250 | 146 | Nabburg | 2 935 | 15,8 | + 30 |
| 147 | Dingolfing | 244 | 147 | Cham | 2 933 | 12,3 | + 1 |
| 148 | Cham | 239 | 148 | Landshut | 2 912 | 14,9 | + 26 |
| 149 | Regensburg | 238 | 149 | Gerolzhofen | 2 885 | 12,7 | + 7 |
| 150 | Gunzenhausen | 237 | 150 | Landau a.d.Isar | 2 862 | 12,3 | + 4 |
| 151 | Kemnath | 236 | 151 | Neuburg | 2 850 | 13,6 | + 11 |
| 152 | Riedenburg | 234 | 152 | Amberg | 2 836 | 11,1 | − 16 |
| 153 | Rottenburg | 234 | 153 | Kulmbach − | 2 830 | 7,7 | − 56 |
| 154 | Landau a.d.Isar | 232 | 154 | Passau | 2 809 | 13,9 | + 13 |
| 155 | Wertingen | 228 | 155 | Uffenheim − | 2 806 | 9,5 | − 35 |
| 156 | Gerolzhofen | 227 | 156 | Rottenburg | 2 791 | 11,9 | − 3 |
| 157 | Eichstätt | 222 | 157 | Griesbach | 2 755 | 11,0 | − 13 |
| 158 | Vilshofen | 221 | 158 | Pegnitz | 2 739 | 10,8 | − 17 |
| 159 | Staffelstein | 217 | 159 | Ebern | 2 738 | 13,4 | + 6 |
| 160 | Straubing | 217 | 160 | Kitzingen − | 2 736 | 9,9 | − 32 |

Tabelle 5, S. 2 (Beitrag Sieber):

*Rangordnung und Werte der Gesamteinkünfte (je Einwohner in DM) 1936—1968*

| Alte Rangordnung 1936 | | | Neue Rangordnung 1968 | | | | |
|---|---|---|---|---|---|---|---|
| Lfd. Nr. | Kreis (S=kreisfreie Stadt) | Wert je Einw. | Lfd. Nr. | Kreis (S=kreisfreie Stadt) 1) | Wert je Einw. | Multi- plika- tor | Rang- Diff. |
| 51 | Straubing, S | 592 | 51 | Miesbach | 4 646 | 8,5 | + 10 |
| 52 | Münchberg | 588 | 52 | Marktredwitz, S | 4 622 | 6,5 | - 15 |
| 53 | Rothenburg, S | 587 | 53 | Nürnberg | 4 589 | 7,9 | + 2 |
| 54 | Neumarkt, S | 586 | 54 | Passau, S | 4 571 | 6,0 | - 23 |
| 55 | Nürnberg | 579 | 55 | Schwandorf, S | 4 510 | 7,3 | - 10 |
| 56 | Hof | 579 | 56 | Ebersberg + | 4 491 | 12,1 | + 38 |
| 57 | Eichstätt, S | 574 | 57 | Sonthofen | 4 485 | 8,7 | + 5 |
| 58 | Rehau | 552 | 58 | Eichstätt, S | 4 483 | 7,8 | - 1 |
| 59 | Füssen | 551 | 59 | Straubing, S | 4 413 | 7,5 | - 8 |
| 60 | Wunsiedel | 550 | 60 | Amberg, S | 4 387 | 6,9 | - 16 |
| 61 | Miesbach | 546 | 61 | Berchtesgaden | 4 370 | 6,4 | - 20 |
| 62 | Sonthofen | 518 | 62 | Dillingen, S | 4 301 | 6,9 | - 16 |
| 63 | Aschaffenburg | 514 | 63 | Münchberg | 4 300 | 7,3 | - 11 |
| 64 | Neustadt b.Coburg, S | 511 | 64 | Coburg | 4 261 | 11,0 | + 25 |
| 65 | Weilheim | 504 | 65 | Rehau | 4 213 | 7,6 | - 7 |
| 66 | Wolfratshausen | 479 | 66 | Erlangen | 4 168 | 9,8 | + 11 |
| 67 | Naila | 478 | 67 | Schwabach | 4 167 | 10,5 | + 20 |
| 68 | Lindau | 477 | 68 | Illertissen | 4 165 | 10,4 | + 16 |
| 69 | Fürth | 463 | 69 | Aschaffenburg | 4 137 | 8,0 | - 6 |
| 70 | Obernburg | 460 | 70 | Friedberg | 4 126 | 9,4 | + 3 |
| 71 | Bad Aibling | 441 | 71 | Neu-Ulm | 4 065 | 9,9 | + 9 |
| 72 | Fürstenfeldbruck | 440 | 72 | Forchheim, S | 4 056 | 6,7 | - 24 |
| 73 | Friedberg | 438 | 73 | Lohr | 4 052 | 9,6 | + 3 |
| 74 | Rosenheim | 429 | 74 | Naila | 3 986 | 8,3 | - 7 |
| 75 | Traunstein | 425 | 75 | Weilheim | 3 947 | 7,8 | - 10 |
| 76 | Lohr | 424 | 76 | Alzenau | 3 932 | 11,6 | + 27 |
| 77 | Erlangen | 424 | 77 | Füssen | 3 886 | 7,1 | - 18 |
| 78 | Lichtenfels | 421 | 78 | Wunsiedel | 3 865 | 7,0 | - 18 |
| 79 | Würzburg | 420 | 79 | Schwabmünchen | 3 847 | 9,5 | + 4 |
| 80 | Neu-Ulm | 411 | 80 | Hof | 3 846 | 6,6 | - 24 |
| 81 | Altötting | 410 | 81 | Hersbruck | 3 817 | 10,0 | + 11 |
| 82 | Schongau | 410 | 82 | Obernburg | 3 809 | 8,3 | - 12 |
| 83 | Schwabmünchen | 405 | 83 | Ingolstadt | 3 763 | 11,2 | + 21 |
| 84 | Illertissen | 401 | 84 | Lichtenfels | 3 739 | 8,9 | - 6 |
| 85 | Schweinfurt | 401 | 85 | Kronach | 3 727 | 10,1 | + 11 |
| 86 | Dachau | 398 | 86 | Bad Aibling | 3 713 | 8,4 | - 15 |
| 87 | Schwabach | 397 | 87 | Freising | 3 711 | 10,9 | + 15 |
| 88 | Mainburg | 391 | 88 | Altötting | 3 707 | 9,0 | - 7 |
| 89 | Coburg | 389 | 89 | Lindau | 3 700 | 7,8 | - 21 |
| 90 | Tirschenreuth | 386 | 90 | Miltenberg | 3 682 | 9,6 | + 1 |
| 91 | Miltenberg | 385 | 91 | Rosenheim | 3 679 | 8,6 | - 17 |
| 92 | Hersbruck | 380 | 92 | Würzburg | 3 621 | 8,6 | - 13 |
| 93 | Sulzbach-Rosenberg | 374 | 93 | Krumbach | 3 621 | 12,1 | + 24 |
| 94 | Ebersberg | 370 | 94 | Traunstein | 3 577 | 8,4 | - 19 |
| 95 | Ochsenfurt | 369 | 95 | Pfaffenhofen | 3 558 | 11,7 | + 19 |
| 96 | Kronach | 369 | 96 | Mühldorf | 3 549 | 11,3 | + 13 |
| 97 | Kulmbach | 369 | 97 | Bad Neustadt | 3 543 | 11,0 | + 10 |
| 98 | Gemünden | 366 | 98 | Marktoberdorf | 3 542 | 12,2 | + 24 |
| 99 | Bayreuth | 364 | 99 | Schongau | 3 521 | 8,6 | - 17 |
| 100 | Laufen | 360 | 100 | Neustadt/Aisch + | 3 507 | 13,9 | + 43 |
| 101 | Kempten | 354 | 101 | Kelheim | 3 496 | 11,7 | + 15 |
| 102 | Freising | 342 | 102 | Günzburg + | 3 487 | 13,9 | + 44 |
| 103 | Alzenau | 338 | 103 | Erding | 3 471 | 13,0 | + 29 |
| 104 | Ingolstadt | 335 | 104 | Dillingen | 3 466 | 11,4 | + 9 |
| 105 | Mindelheim | 332 | 105 | Mainburg | 3 463 | 8,9 | - 17 |

Tabelle 5, S. 1 (Beitrag Sieber):

*Rangordnung und Werte der Gesamteinkünfte (je Einwohner in DM) 1936—1968*

```
─────────────  = Aufsteiger von mehr als 10 Punkten
- - - - - - -  = Absteiger  von mehr als 10 Punkten
      +        = Aufsteiger von mehr als 30 Punkten
      -        = Absteiger  von mehr als 30 Punkten
```

| Alte Rangordnung 1936 | | | Neue Rangordnung 1968 | | | | |
|---|---|---|---|---|---|---|---|
| Lfd. Nr. | Kreis (S=kreisfreie Stadt) | Wert je Einw. | Lfd. Nr. | Kreis (S=kreisfreie Stadt) | Wert je Einw. | Multi-plikator | Rang-Diff. |
| 1 | Weiden, S | 1 386 | 1 | Nürnberg, S | 6 564 | 6,4 | + 6 |
| 2 | München | 1 233 | 2 | Lindau, S | 6 536 | 6,7 | + 8 |
| 3 | Schweinfurt, S | 1 213 | 3 | München, S | 6 426 | 5,7 | + 1 |
| 4 | München, S | 1 118 | 4 | Neu-Ulm, S | 6 424 | 6,0 | + 2 |
| 5 | Kulmbach, S | 1 081 | 5 | Starnberg | 6 411 | 8,1 | + 24 |
| 6 | Neu-Ulm, S | 1 073 | 6 | Bad Kissingen, S | 6 147 | 6,8 | + 10 |
| 7 | Nürnberg, S | 1 024 | 7 | München | 5 957 | 4,8 | - 5 |
| 8 | Augsburg, S | 1 015 | 8 | Fürth, S | 5 793 | 6,6 | + 13 |
| 9 | Würzburg, S | 991 | 9 | Kempten, S | 5 735 | 5,9 | + 2 |
| 10 | Lindau, S | 976 | 10 | Erlangen, S | 5 709 | 7,5 | + 22 |
| 11 | Kempten, S | 971 | 11 | Aschaffenburg, S | 5 673 | 5,9 | + 3 |
| 12 | Hof, S | 969 | 12 | Schwabach, S | 5 653 | 7,7 | + 21 |
| 13 | Rosenheim, S | 966 | 13 | Würzburg, S | 5 586 | 5,6 | - 4 |
| 14 | Aschaffenburg, S | 954 | 14 | Schweinfurt, S | 5 561 | 4,6 | - 11 |
| 15 | Bayreuth, S | 912 | 15 | Rosenheim, S | 5 561 | 5,8 | - 2 |
| 16 | Bad Kissingen, S | 910 | 16 | Coburg, S | 5 546 | 6,3 | + 4 |
| 17 | Kitzingen, S | 908 | 17 | Kulmbach, S | 5 533 | 5,1 | - 12 |
| 18 | Traunstein, S | 892 | 18 | Traunstein, S | 5 524 | 6,2 | ± 0 |
| 19 | Landshut, S | 888 | 19 | Augsburg, S | 5 518 | 5,4 | - 11 |
| 20 | Coburg, S | 878 | 20 | Augsburg | 5 514 | 9,3 | + 30 |
| 21 | Fürth, S | 872 | 21 | Landshut, S | 5 387 | 6,1 | - 2 |
| 22 | Bamberg, S | 872 | 22 | Kaufbeuren, S | 5 316 | 6,8 | + 8 |
| 23 | Garmisch-Partenkirchen | 869 | 23 | Ingolstadt, S | 5 304 | 6,6 | + 3 |
| 24 | Bad Reichenhall, S | 865 | 24 | Regensburg, S | 5 286 | 6,6 | + 4 |
| 25 | Ansbach, S | 863 | 25 | Hof, S | 5 254 | 5,4 | - 13 |
| 26 | Ingolstadt, S | 806 | 26 | Memmingen, S | 5 253 | 6,5 | + 1 |
| 27 | Memmingen, S | 802 | 27 | Günzburg, S | 5 226 | 7,3 | + 9 |
| 28 | Regensburg, S | 802 | 28 | Garmisch-Partenkirchen | 5 226 | 6,0 | - 5 |
| 29 | Starnberg | 793 | 29 | Nördlingen, S | 5 194 | 7,3 | + 10 |
| 30 | Kaufbeuren, S | 782 | 30 | Bayreuth, S | 5 182 | 5,7 | - 15 |
| 31 | Passau, S | 760 | 31 | Neustadt b.Coburg, S + | 5 177 | 10,1 | + 33 |
| 32 | Erlangen, S | 759 | 32 | Weißenburg, S | 5 167 | 7,2 | + 3 |
| 33 | Schwabach, S | 735 | 33 | Bamberg, S | 5 091 | 5,8 | - 11 |
| 34 | Selb, S | 730 | 34 | Fürstenfeldbruck + | 5 062 | 11,5 | + 38 |
| 35 | Weißenburg, S | 721 | 35 | Freising, S | 5 049 | 7,8 | + 8 |
| 36 | Günzburg, S | 718 | 36 | Neumarkt, S | 5 032 | 8,6 | + 18 |
| 37 | Marktredwitz, S | 715 | 37 | Kitzingen, S | 5 025 | 5,5 | - 20 |
| 38 | Deggendorf, S | 711 | 38 | Lauf | 4 995 | 8,4 | + 11 |
| 39 | Nördlingen, S | 711 | 39 | Ansbach, S | 4 988 | 5,8 | - 14 |
| 40 | Neuburg, S | 702 | 40 | Wolfratshausen | 4 964 | 10,4 | + 26 |
| 41 | Berchtesgaden | 687 | 41 | Neuburg, S | 4 930 | 7,0 | - 1 |
| 42 | Landsberg, S | 659 | 42 | Deggendorf, S | 4 929 | 6,9 | - 4 |
| 43 | Freising, S | 645 | 43 | Weiden, S − | 4 845 | 3,5 | - 42 |
| 44 | Amberg, S | 640 | 44 | Bad Reichenhall, S | 4 815 | 5,6 | - 20 |
| 45 | Schwandorf, S | 622 | 45 | Selb, S | 4 788 | 6,6 | - 11 |
| 46 | Dillingen, S | 620 | 46 | Landsberg, S | 4 780 | 7,3 | - 4 |
| 47 | Bad Tölz | 614 | 47 | Dachau + | 4 665 | 11,7 | + 39 |
| 48 | Forchheim, S | 609 | 48 | Bad Tölz | 4 661 | 7,6 | - 1 |
| 49 | Lauf | 598 | 49 | Rothenburg, S | 4 659 | 7,9 | + 4 |
| 50 | Augsburg | 593 | 50 | Fürth | 4 647 | 10,0 | + 19 |

Tabelle 4, S. 4 (Beitrag Sieber):

*Rangordnung und Werte der Umsätze (je Einwohner in DM) 1935—1970*

| Alte Rangordnung 1935 | | | Neue Rangordnung 1970 | | | | |
|---|---|---|---|---|---|---|---|
| Lfd. Nr. | Kreis (S = kreisfr.Stadt) | Wert je Einw. | Lfd. Nr. | Kreis (S = kreisfr. Stadt) | Wert je Einw. | Multi-plika-tor | Rang-Diff. |
| 159 | Hammelburg | 543 | 159 | Haßfurt | 6.826 | 12,6 | + 1 |
| 160 | Haßfurt | 543 | 160 | Ebermannstadt | 6.703 | 18,2 | + 27 |
| 161 | Passau | 532 | 161 | Passau | 6.687 | 12,6 | ± 0 |
| 162 | Kötzting | 513 | 162 | Wolfstein | 6.675 | 14,0 | + 6 |
| 163 | Ingolstadt | 496 | 163 | Nördlingen | 6.527 | 8,7 | − 40 |
| 164 | Rothenburg | 492 | 164 | Schwabmünchen | 6.509 | 7,1 | − 78 |
| 165 | Nabburg | 488 | 165 | Kemnath | 6.433 | 14,3 | + 12 |
| 166 | Deggendorf | 483 | 166 | Riedenburg | 6.388 | 10,0 | − 29 |
| 167 | Hilpoltstein | 482 | 167 | Waldmünchen | 6.345 | 9,6 | − 32 |
| 168 | Wolfstein | 476 | 168 | Kissingen | 6.333 | 20,3 | + 21 |
| 169 | Ebern | 473 | 169 | Gemünden | 6.307 | 9,9 | − 31 |
| 170 | Neunburg | 472 | 170 | Hammelburg | 6.098 | 12,2 | − 11 |
| 171 | Königshofen | 469 | 171 | Neumarkt | 5.970 | 20,2 | + 19 |
| 172 | Hofheim | 469 | 172 | Kulmbach | 5.919 | 10,1 | − 25 |
| 173 | Amberg | 468 | 173 | Pegnitz | 5.858 | 14,2 | + 6 |
| 174 | Aschaffenburg | 468 | 174 | Kötzting | 5.824 | 11,4 | − 12 |
| 175 | Würzburg | 461 | 175 | Parsberg | 5.769 | 15,6 | + 11 |
| 176 | Staffelstein | 456 | 176 | Amberg | 5.757 | 12,3 | − 3 |
| 177 | Kemnath | 451 | 177 | Landsberg | 5.561 | 7,2 | − 59 |
| 178 | Höchstadt | 441 | 178 | Kitzingen | 5.523 | 7,2 | − 58 |
| 179 | Pegnitz | 413 | 179 | Straubing | 5.418 | 9,0 | − 34 |
| 180 | Grafenau | 411 | 180 | Bamberg | 5.412 | 14,5 | + 5 |
| 181 | Roding | 410 | 181 | Sulzbach-Rosenberg | 5.355 | 2,0 | −167 |
| 182 | Eichstätt | 407 | 182 | Oberviechtach | 5.353 | 19,0 | + 9 |
| 183 | Burglengenfeld | 401 | 183 | Bogen | 5.197 | 15,1 | + 5 |
| 184 | Forchheim | 384 | 184 | Schweinfurt | 5.175 | 9,1 | − 34 |
| 185 | Bamberg | 374 | 185 | Eichstätt | 5.023 | 12,3 | − 3 |
| 186 | Parsberg | 369 | 186 | Forchheim | 4.986 | 13,0 | − 2 |
| 187 | Ebermannstadt | 368 | 187 | Landshut | 4.758 | 8,2 | − 39 |
| 188 | Bogen | 345 | 188 | Rothenburg | 4.740 | 9,6 | − 24 |
| 189 | Kissingen | 312 | 189 | Burglengenfeld | 4.424 | 11,0 | − 6 |
| 190 | Neumarkt | 296 | 190 | Ebern | 4.187 | 8,9 | − 21 |
| 191 | Oberviechtach | 281 | 191 | Würzburg | 4.182 | 9,1 | − 16 |

Tabelle 4, S. 3 (Beitrag Sieber):

*Rangordnung und Werte der Umsätze (je Einwohner in DM) 1935—1970*

| Alte Rangordnung 1935 ||| Neue Rangordnung 1970 |||||
|---|---|---|---|---|---|---|---|
| Lfd. Nr. | Kreis (S = kreisfr.Stadt) | Wert je Einw. | Lfd. Nr. | Kreis (S = kreisfr.Stadt) | Wert je Einw. | Multi-plika-tor | Rang-Diff. |
| 102 | Coburg | 862 | 102 | Günzburg | 10.912 | 14,5 | + 20 |
| 103 | Schongau | 848 | 103 | Freising | 10.882 | 11,3 | − 21 |
| 104 | Aichach | 840 | 104 | Miesbach − | 10.787 | 8,6 | − 41 |
| 105 | Nürnberg | 839 | 105 | Wunsiedel − | 10.704 | 9,6 | − 35 |
| 106 | Hersbruck | 832 | 106 | Friedberg | 10.677 | 12,4 | − 5 |
| 107 | Tirschenreut | 831 | 107 | Aschaffenburg + | 10.566 | 22,6 | + 67 |
| 108 | Rottenburg | 830 | 108 | Fürth | 10.542 | 10,9 | − 28 |
| 109 | Brückenau | 829 | 109 | Obernburg + | 10.487 | 17,2 | + 34 |
| 110 | Schrobenhausen | 820 | 110 | Vilsbiburg | 10.329 | 11,7 | − 16 |
| 111 | Dachau | 819 | 111 | Erlangen + | 10.315 | 18,2 | + 40 |
| 112 | Karlstadt | 818 | 112 | Stadtsteinach + | 10.276 | 18,4 | + 40 |
| 113 | Wolfsratshausen | 804 | 113 | Landau | 10.183 | 11,2 | − 26 |
| 114 | Dinkelsbühl | 797 | 114 | Marktheidenfeld + | 10.176 | 17,5 | + 35 |
| 115 | Weißenburg | 794 | 115 | Dillingen | 10.154 | 11,4 | − 23 |
| 116 | Rosenheim | 783 | 116 | Feuchtwangen + | 10.101 | 18,5 | + 42 |
| 117 | Cham | 782 | 117 | Alzenau + | 9.748 | 17,8 | + 38 |
| 118 | Landsberg | 774 | 118 | Hofheim + | 9.680 | 20,6 | + 54 |
| 119 | Laufen | 767 | 119 | Mainburg − | 9.613 | 6,3 | − 71 |
| 120 | Kitzingen | 765 | 120 | Schrobenhausen | 9.534 | 11,6 | − 10 |
| 121 | Griesbach | 761 | 121 | Roding + | 9.519 | 23,2 | + 60 |
| 122 | Günzburg | 752 | 122 | Uffenheim | 9.414 | 10,5 | − 32 |
| 123 | Nördlingen | 750 | 123 | Dinkelsbühl | 9.199 | 11,5 | − 9 |
| 124 | Neustadt/Waldn. | 741 | 124 | Memmingen − | 8.969 | 9,0 | − 47 |
| 125 | Wertingen | 736 | 125 | Hersbruck | 8.892 | 10,7 | − 19 |
| 126 | Neu-Ulm | 731 | 126 | Gunzenhausen | 8.727 | 12,3 | + 3 |
| 127 | Pfarrkirchen | 729 | 127 | Mellrichstadt | 8.679 | 13,4 | + 9 |
| 128 | Vilshofen | 723 | 128 | Mallersdorf − | 8.596 | 9,5 | − 40 |
| 129 | Gunzenhausen | 708 | 129 | Schwabach − | 8.556 | 9,8 | − 32 |
| 130 | Eggenfelden | 701 | 130 | Bayreuth | 8.530 | 15,4 | + 23 |
| 131 | Regensburg | 693 | 131 | Neu-Ulm | 8.297 | 11,4 | − 5 |
| 132 | Fürstenfeldbruck | 687 | 132 | Ansbach | 8.288 | 13,5 | + 10 |
| 133 | Neuburg | 676 | 133 | Staffelstein + | 8.083 | 17,7 | + 43 |
| 134 | Lohr | 669 | 134 | Wegscheid | 8.065 | 14,7 | + 22 |
| 135 | Waldmünchen | 661 | 135 | Hilpoltstein + | 8.059 | 16,7 | + 32 |
| 136 | Mellrichstadt | 650 | 136 | Altötting − | 8.019 | 6,4 | − 72 |
| 137 | Riedenburg | 642 | 137 | Vilshofen | 7.947 | 11,0 | − 9 |
| 138 | Gemünden | 639 | 138 | Beilngries | 7.926 | 13,2 | + 6 |
| 139 | Kelheim | 628 | 139 | Königshofen + | 7.863 | 16,8 | + 32 |
| 140 | Scheinfeld | 625 | 140 | Kelheim | 7.850 | 12,5 | − 1 |
| 141 | Eschenbach | 621 | 141 | Karlstadt | 7.843 | 9,6 | − 29 |
| 142 | Ansbach | 612 | 142 | Weißenburg | 7.797 | 9,8 | − 27 |
| 143 | Obernburg | 608 | 143 | Neuburg | 7.750 | 11,5 | − 10 |
| 144 | Beilngries | 601 | 144 | Regensburg | 7.722 | 11,1 | − 13 |
| 145 | Straubing | 600 | 145 | Ingolstadt | 7.637 | 15,4 | + 18 |
| 146 | Regen | 596 | 146 | Pfarrkirchen | 7.630 | 10,5 | − 19 |
| 147 | Kulmbach | 588 | 147 | Grafenau + | 7.547 | 18,4 | + 33 |
| 148 | Landshut | 581 | 148 | Dingolfing − | 7.475 | 8,5 | − 53 |
| 149 | Marktheidenfeld | 580 | 149 | Neunburg | 7.458 | 15,8 | + 21 |
| 150 | Schweinfurt | 570 | 150 | Neustadt/Waldn. | 7.406 | 10,0 | − 26 |
| 151 | Erlangen | 567 | 151 | Gerolzhofen − | 7.336 | 8,3 | − 58 |
| 152 | Stadtsteinach | 559 | 152 | Deggendorf | 7.318 | 15,2 | + 14 |
| 153 | Bayreuth | 554 | 153 | Fürstenfeldbruck | 7.307 | 10,6 | − 21 |
| 154 | Viechtach | 552 | 154 | Nabburg | 7.295 | 14,9 | + 11 |
| 155 | Alzenau | 548 | 155 | Vohenstrauß | 7.251 | 13,3 | + 2 |
| 156 | Wegscheid | 548 | 156 | Regen | 7.002 | 11,7 | − 10 |
| 157 | Vohenstrauß | 547 | 157 | Eschenbach | 6.950 | 11,2 | − 16 |
| 158 | Feuchtwangen | 545 | 158 | Viechtach | 6.878 | 12,5 | − 4 |

Tabelle 4, S. 2 (Beitrag Sieber):

*Rangordnung und Werte der Umsätze (je Einwohner in DM) 1935—1970*

| Alte Rangordnung 1935 | | | Neue Rangordnung 1970 | | | | |
|---|---|---|---|---|---|---|---|
| Lfd. Nr. | Kreis (S= kreisfr.Stadt) | Wert je Einw. | Lfd. Nr. | Kreis (S = kreisfr.Stadt) | Wert je Einw. | Multi- plika- tor | Rang- Diff. |
| 45 | Füssen | 1.560 | 45 | Lauf + | 17.551 | 19,1 | + 40 |
| 46 | Marktoberdorf | 1.548 | 46 | Reichenhall, S | 17.207 | 7,1 | - 25 |
| 47 | Sonthofen | 1.545 | 47 | Ochsenfurt | 17.003 | 13,1 | + 14 |
| 48 | Mainburg | 1.533 | 48 | Höchstadt + | 16.946 | 38,4 | +130 |
| 49 | Neuburg, S | 1.529 | 49 | Rothenburg, S | 16.868 | 11,1 | + 1 |
| 50 | Rothenburg, S | 1.518 | 50 | Krumbach | 16.430 | 13,5 | + 15 |
| 51 | Rehau | 1.497 | 51 | Rosenheim + | 16.419 | 21,0 | + 65 |
| 52 | Deggendorf, S | 1.465 | 52 | Dillingen, S | 15.310 | 11,5 | + 5 |
| 53 | Neustadt b. Cob., S | 1.432 | 53 | Scheinfeld + | 14.949 | 23,9 | + 87 |
| 54 | Kempten | 1.390 | 54 | Traunstein | 14.671 | 14,4 | + 21 |
| 55 | Amberg, S | 1.357 | 55 | Miltenberg | 14.652 | 15,2 | + 26 |
| 56 | Eichstätt, S | 1.335 | 56 | Amberg, S | 14.382 | 10,6 | - 1 |
| 57 | Dillingen, S | 1.328 | 57 | Sonthofen | 14.292 | 9,3 | - 10 |
| 58 | Landsberg, S | 1.320 | 58 | Naila | 14.278 | 12,3 | + 9 |
| 59 | Lichtenfels | 1.317 | 59 | Landsberg, S | 14.278 | 10,8 | - 1 |
| 60 | Bad Tölz | 1.314 | 60 | Rottenburg + | 14.265 | 17,2 | + 48 |
| 61 | Ochsenfurth | 1.294 | 61 | Donauwörth | 14.221 | 12,8 | + 10 |
| 62 | Schwandorf, S | 1.264 | 62 | Coburg + | 13.986 | 16,2 | + 40 |
| 63 | Miesbach | 1.255 | 63 | Neustadt b. Cob., S | 13.977 | 9,8 | - 10 |
| 64 | Altötting | 1.244 | 64 | Lohr + | 13.962 | 20,9 | + 70 |
| 65 | Krumbach | 1.213 | 65 | Mindelheim | 13.930 | 11,6 | + 1 |
| 66 | Mindelheim | 1.206 | 66 | Starnberg | 13.788 | 13,7 | + 10 |
| 67 | Naila | 1.161 | 67 | Dachau + | 13.775 | 16,8 | + 44 |
| 68 | Augsburg | 1.139 | 68 | Neuburg, S | 13.661 | 8,9 | - 19 |
| 69 | Freising, S | 1.120 | 69 | Wasserburg | 13.568 | 15,6 | + 30 |
| 70 | Wunsiedel | 1.115 | 70 | Marktoberdorf | 13.475 | 8,7 | - 24 |
| 71 | Donauwörth | 1.107 | 71 | Bad Tölz | 13.405 | 10,2 | - 11 |
| 72 | Bad Aibling | 1.070 | 72 | Laufen + | 13.389 | 17,5 | + 47 |
| 73 | Berchtesgaden | 1.053 | 73 | Kaufbeuren | 13.383 | 15,2 | + 23 |
| 74 | Mühldorf | 1.047 | 74 | Garm.-Partenkirchen - | 13.253 | 7,0 | - 40 |
| 75 | Traunstein | 1.022 | 75 | Bad Neustadt | 12.791 | 14,7 | + 23 |
| 76 | Starnberg | 1.010 | 76 | Füssen - | 12.721 | 8,2 | - 31 |
| 77 | Memmingen | 994 | 77 | Eggenfelden + | 12.697 | 18,1 | + 53 |
| 78 | Illertissen | 984 | 78 | Cham + | 12.674 | 16,2 | + 39 |
| 79 | Pfaffenhofen | 983 | 79 | Berchtesgaden | 12.626 | 12,0 | - 6 |
| 80 | Fürth | 970 | 80 | Nürnberg | 12.619 | 15,0 | + 25 |
| 81 | Miltenberg | 962 | 81 | Schongau | 12.372 | 14,6 | + 22 |
| 82 | Freising | 960 | 82 | Bad Aibling | 12.319 | 11,5 | - 10 |
| 83 | Weilheim | 951 | 83 | Hof — | 12.318 | 6,3 | - 51 |
| 84 | Ebersberg | 927 | 84 | Erding | 12.148 | 13,5 | + 5 |
| 85 | Lauf | 920 | 85 | Griesbach + | 12.128 | 15,9 | + 36 |
| 86 | Schwabmünchen | 920 | 86 | Mühldorf | 12.050 | 11,5 | - 12 |
| 87 | Landau | 908 | 87 | Illertissen | 12.038 | 12,2 | - 9 |
| 88 | Mallersdorf | 907 | 88 | Wertingen + | 11.995 | 16,3 | + 37 |
| 89 | Erding | 902 | 89 | Pfaffenhofen | 11.903 | 12,1 | - 10 |
| 90 | Uffenheim | 899 | 90 | Kronach | 11.808 | 13,6 | + 10 |
| 91 | Neustadt/Aisch | 897 | 91 | Wolfratshausen | 11.719 | 14,6 | + 22 |
| 92 | Dillingen | 889 | 92 | Neustadt/Aisch | 11.520 | 12,8 | - 1 |
| 93 | Gerolzhofen | 885 | 93 | Brückenau | 11.475 | 13,8 | + 16 |
| 94 | Vilsbiburg | 880 | 94 | Schwandorf, S — | 11.453 | 9,1 | - 32 |
| 95 | Dingolfing | 880 | 95 | Eichstätt, S — | 11.398 | 8,5 | - 39 |
| 96 | Kaufbeuren | 878 | 96 | Weilheim | 11.361 | 11,9 | - 13 |
| 97 | Schwabach | 875 | 97 | Augsburg | 11.294 | 9,9 | - 29 |
| 98 | Bad Neustadt | 873 | 98 | Tirschenreut | 11.220 | 13,5 | + 9 |
| 99 | Wasserburg | 868 | 99 | Ebersberg | 11.030 | 11,9 | - 15 |
| 100 | Kronach | 868 | 100 | Aichach | 11.017 | 13,1 | + 4 |
| 101 | Friedberg | 862 | 101 | Kempten — | 10.935 | 7,9 | - 47 |

Tabelle 4, S. 1 (Beitrag Sieber):

*Rangordnung und Werte der Umsätze (je Einwohner in DM) 1935—1970*

```
─────── = Aufsteiger von mehr als 10 Punkten
─ ─ ─ ─ = Absteiger von mehr als 10 Punkten
   +    = Aufsteiger von mehr als 30 Punkten
   −    = Absteiger von mehr als 30 Punkten
```

| | Alte Rangordnung 1935 | | | Neue Rangordnung 1970 | | | |
|---|---|---|---|---|---|---|---|
| Lfd. Nr. | Kreis (S = kreisfr. Stadt) | Wert je Einw. | Lfd. Nr. | Kreis (S = kreisfr. Stadt) | Wert je Einw. | Multi-plika-tor | Rang-Diff. |
| 1 | Kulmbach, S | 7.026 | 1 | Fürth, S | 67.188 | 26,3 | + 17 |
| 2 | Schweinfurt, S | 4.167 | 2 | Schweinfurt, S | 63.193 | 15,2 | ± 0 |
| 3 | Aschaffenburg, S | 3.770 | 3 | Lindau, S | 44.741 | 17,2 | + 13 |
| 4 | Memmingen, S | 3.548 | 4 | München, S | 43.071 | 13,2 | + 3 |
| 5 | Nürnberg, S | 3.454 | 5 | Kulmbach, S | 39.670 | 5,6 | − 4 |
| 6 | Weiden, S | 3.387 | 6 | Aschaffenburg, S | 35.375 | 9,4 | − 3 |
| 7 | München, S | 3.252 | 7 | Marktredwitz, S | 35.101 | 15,8 | + 19 |
| 8 | Hof, S | 3.085 | 8 | Memmingen, S | 34.816 | 9,8 | − 4 |
| 9 | Kempten, S | 2.799 | 9 | Nürnberg, S | 33.124 | 9,6 | − 4 |
| 10 | Augsburg, S | 2.768 | 10 | Neu-Ulm, S | 32.854 | 16,6 | + 21 |
| 11 | Würzburg, S | 2.740 | 11 | Augsburg, S | 31.839 | 11,5 | − 1 |
| 12 | Rosenheim, S | 2.731 | 12 | Rosenheim, S | 28.992 | 10,6 | ± 0 |
| 13 | Bayreuth, S | 2.647 | 13 | Günzburg, S | 28.770 | 17,0 | + 26 |
| 14 | Sulzbach-Rosenberg | 2.640 | 14 | Kempten, S | 27.692 | 9,9 | − 5 |
| 15 | Landshut, S | 2.629 | 15 | Bamberg, S | 27.596 | 12,7 | + 13 |
| 16 | Lindau, S | 2.599 | 16 | Würzburg, S | 27.223 | 9,9 | − 5 |
| 17 | Kissingen, S | 2.567 | 17 | Kitzingen, S | 26.767 | 11,0 | + 5 |
| 18 | Fürth, S | 2.553 | 18 | Coburg, S | 26.069 | 11,7 | + 7 |
| 19 | Kaufbeuren, S | 2.522 | 19 | Landshut, S | 25.972 | 9,9 | − 4 |
| 20 | Forchheim, S | 2.466 | 20 | Hof, S | 25.754 | 8,3 | − 12 |
| 21 | Reichenhall, S | 2.440 | 21 | Passau, S | 25.082 | 13,2 | + 14 |
| 22 | Kitzingen, S | 2.426 | 22 | Weißenburg, S | 24.046 | 14,2 | + 19 |
| 23 | Nördlingen, S | 2.350 | 23 | Traunstein, S | 23.706 | 11,1 | + 6 |
| 24 | Selb, S | 2.269 | 24 | Lindau | 23.057 | 14,2 | + 19 |
| 25 | Coburg, S | 2.232 | 25 | Lichtenfels + | 22.847 | 17,3 | + 34 |
| 26 | Marktredwitz, S | 2.216 | 26 | Regensburg, S | 22.555 | 13,7 | + 16 |
| 27 | Erlangen, S | 2.183 | 27 | Selb, S | 22.541 | 9,9 | − 3 |
| 28 | Bamberg, S | 2.180 | 28 | Straubing, S | 22.172 | 13,8 | + 16 |
| 29 | Traunstein, S | 2.140 | 29 | Neumarkt, S | 21.979 | 12,5 | + 9 |
| 30 | Ansbach, S | 2.128 | 30 | Nördlingen, S | 21.629 | 9,2 | − 7 |
| 31 | Neu-Ulm, S | 1.982 | 31 | Erlangen, S | 21.564 | 9,9 | − 4 |
| 32 | Hof | 1.967 | 32 | Deggendorf, S | 21.497 | 14,7 | + 20 |
| 33 | Schwabach, S | 1.939 | 33 | Ingolstadt, S | 20.720 | 11,5 | + 4 |
| 34 | Garm.-Partenkirchen | 1.903 | 34 | Bayreuth, S | 20.255 | 7,7 | − 21 |
| 35 | Passau, S | 1.896 | 35 | Rehau | 20.251 | 13,5 | + 16 |
| 36 | Münchberg | 1.850 | 36 | Kissingen, S | 20.189 | 7,9 | − 19 |
| 37 | Ingolstadt, S | 1.799 | 37 | Forchheim, S | 19.813 | 8,0 | − 17 |
| 38 | Neumarkt, S | 1.758 | 38 | Freising, S + | 19.557 | 17,5 | + 31 |
| 39 | Günzburg, S | 1.694 | 39 | Münchberg | 19.035 | 10,3 | − 3 |
| 40 | München | 1.690 | 40 | Schwabach, S | 19.019 | 9,8 | − 7 |
| 41 | Weißenburg, S | 1.689 | 41 | Kaufbeuren, S | 18.851 | 7,5 | − 22 |
| 42 | Regensburg, S | 1.645 | 42 | Weiden, S − | 18.551 | 5,5 | − 36 |
| 43 | Lindau | 1.622 | 43 | München | 18.208 | 10,8 | − 3 |
| 44 | Straubing, S | 1.604 | 44 | Ansbach, S | 17.574 | 8,3 | − 14 |

Tabelle 3, S. 4 (Beitrag Sieber):

*Rangordnung und Werte der Gewerbesteuermeßbeträge*[1])
*(je Einwohner in DM) 1937—1966*

| | Alte Rangordnung 1937 | | | Neue Rangordnung 1966 | | | |
|---|---|---|---|---|---|---|---|
| Lfd. Nr. | K r e i s (S = kreisfr.Stadt) | Wert je Einw. | Lfd. Nr. | K r e i s (S = kreisfr.Stadt) | Wert je Einw. | Multi-plika-tor | Rang-Diff. |
| 160 | Ansbach | 1 | 160 | Dingolfing | 22 | 22,0 | − 4 |
| 161 | Vohenstrauß | 1 | 161 | Kulmbach — | 22 | 5,5 | − 78 |
| 162 | Regensburg | 1 | 162 | Landau | 21 | 21,0 | + 15 |
| 163 | Königshofen | 1 | 163 | Vilshofen | 21 | 21,0 | + 2 |
| 164 | Nabburg | 1 | 164 | Beilngries | 21 | 21,0 | + 13 |
| 165 | Vilshofen | 1 | 165 | Kissingen | 20 | 20,0 | + 16 |
| 166 | Riedenburg | 1 | 166 | Hammelburg — | 20 | 10,0 | − 43 |
| 167 | Hilpoltstein | 1 | 167 | Gerolzhofen | 20 | 10,0 | − 43 |
| 168 | Kemnath | 1 | 168 | Regensburg | 20 | 20,0 | − 6 |
| 169 | Neuburg | 1 | 169 | Riedenburg | 20 | 20,0 | − 3 |
| 170 | Eichstätt | 1 | 170 | Parsberg | 19 | 19,0 | + 17 |
| 171 | Neunburg | 1 | 171 | Bamberg — | 19 | 6,3 | − 68 |
| 172 | Feuchtwangen | 1 | 172 | Oberviechtach | 19 | . | + 19 |
| 173 | Hofheim | 1 | 173 | Forchheim | 19 | 19,0 | + 12 |
| 174 | Wegscheid | 1 | 174 | Ebern | 19 | 19,0 | − 19 |
| 175 | Landau | 1 | 175 | Landshut | 19 | 19,0 | + 3 |
| 176 | Eggenfelden | 1 | 176 | Hofheim | 18 | 18,0 | − 3 |
| 177 | Beilngries | 1 | 177 | Passau — | 18 | 9,0 | − 41 |
| 178 | Landshut | 1 | 178 | Waldmünchen | 18 | 9,0 | − 45 |
| 179 | Stadtsteinach | 1 | 179 | Neumarkt | 17 | 17,0 | + 9 |
| 180 | Nördlingen | 1 | 180 | Nördlingen | 17 | 17,0 | ± 0 |
| 181 | Kissingen | 1 | 181 | Deggendorf | 17 | 17,0 | − 23 |
| 182 | Höchstadt | 1 | 182 | Eichstätt | 17 | 17,0 | − 12 |
| 183 | Ebermannstadt | 1 | 183 | Viechtach — | 17 | 8,5 | − 39 |
| 184 | Roding | 1 | 184 | Königshofen | 16 | 16,0 | − 21 |
| 185 | Forchheim | 1 | 185 | Kötzting | 16 | 16,0 | − 32 |
| 186 | Straubing | 1 | 186 | Wolfstein — | 15 | 7,5 | − 45 |
| 187 | Parsberg | 1 | 187 | Würzburg — | 14 | 14,0 | − 35 |
| 188 | Neumarkt | 1 | 188 | Straubing | 14 | 14,0 | − 2 |
| 189 | Rothenburg | 0 | 189 | Rothenburg | 13 | . | ± 0 |
| 190 | Bogen | 0 | 190 | Schweinfurt — | 12 | 6,0 | − 58 |
| 191 | Oberviechtach | 0 | 191 | Bogen | 11 | . | − 1 |

---

[1]) Einheitliche Gewerbesteuermeßbeträge nach Zerlegung.

Tabelle 3, S. 3 (Beitrag Sieber):

*Rangordnung und Werte der Gewerbesteuermeßbeträge[1]*
*(je Einwohner in DM) 1937—1966*

| Alte Rangordnung 1937 | | | Neue Rangordnung 1966 | | | | |
|---|---|---|---|---|---|---|---|
| Lfd. Nr. | Kreis (S = kreisfr.Stadt) | Wert je Einw. | Lfd. Nr. | Kreis (S = kreisfr.Stadt) | | Wert je Einw. | Multi-plika-tor | Rang-Diff. |
| 103 | Bamberg | 3 | 103 | Neu-Ulm | − | 34 | 8,5 | − 32 |
| 104 | Weißenburg | 3 | 104 | Alzenau | + | 34 | 17,0 | + 43 |
| 105 | Mühldorf | 3 | 105 | Lindau | − | 34 | 6,8 | − 46 |
| 106 | Coburg | 3 | 106 | Karlstadt | | 34 | 17,0 | + 14 |
| 107 | Gemünden | 3 | 107 | Aschaffenburg | | 34 | 11,3 | + 1 |
| 108 | Aschaffenburg | 3 | 108 | Berchtesgaden | − | 33 | 5,5 | − 61 |
| 109 | Hersbruck | 3 | 109 | Kelheim | − | 33 | 8,3 | − 42 |
| 110 | Lohr | 2 | 110 | Fürth | − | 33 | 6,6 | − 46 |
| 111 | Staffelstein | 2 | 111 | Kempten | − | 33 | 6,6 | − 48 |
| 112 | Erding | 2 | 112 | Wasserburg | | 32 | 10,7 | − 13 |
| 113 | Ebersberg | 2 | 113 | Kronach | | 32 | 10,7 | − 16 |
| 114 | Pfarrkirchen | 2 | 114 | Nabburg | + | 32 | 32,0 | + 50 |
| 115 | Obernburg | 2 | 115 | Schwabach | | 32 | 10,7 | − 29 |
| 116 | Pfaffenhofen | 2 | 116 | Kaufbeuren | | 32 | 16,0 | + 2 |
| 117 | Laufen | 2 | 117 | Pfarrkirchen | | 31 | 15,5 | − 3 |
| 118 | Kaufbeuren | 2 | 118 | Aichach | | 31 | 15,5 | + 1 |
| 119 | Aichach | 2 | 119 | Cham | | 31 | 15,5 | + 20 |
| 120 | Karlstadt | 2 | 120 | Hof | − | 31 | 6,2 | − 64 |
| 121 | Günzburg | 2 | 121 | Memmingen | | 31 | 10,3 | − 20 |
| 122 | Fürstenfeldbruck | 2 | 122 | Dillingen | − | 31 | 7,8 | − 38 |
| 123 | Hammelburg | 2 | 123 | Friedberg | | 31 | 16,5 | + 6 |
| 124 | Gerolzhofen | 2 | 124 | Ebersberg | | 31 | 15,5 | − 11 |
| 125 | Bayreuth | 2 | 125 | Eggenfelden | + | 31 | 31,0 | + 51 |
| 126 | Neustadt/Wald. | 2 | 126 | Amberg | | 30 | 15,0 | + 24 |
| 127 | Haßfurt | 2 | 127 | Laufen | | 30 | 15,0 | − 10 |
| 128 | Brückenau | 2 | 128 | Hilpoltstein | + | 29 | 29,0 | + 39 |
| 129 | Friedberg | 2 | 129 | Tirschenreuth | − | 29 | 9,7 | − 39 |
| 130 | Mallersdorf | 2 | 130 | Vohenstrauß | + | 28 | 28,0 | + 31 |
| 131 | Vilsbiburg | 2 | 131 | Neustadt/Waldn. | | 28 | 14,0 | − 5 |
| 132 | Schweinfurt | 2 | 132 | Ingolstadt | | 28 | 14,0 | + 8 |
| 133 | Waldmünchen | 2 | 133 | Haßfurt | | 27 | 13,5 | − 6 |
| 134 | Pegnitz | 2 | 134 | Uffenheim | | 27 | 13,5 | + 4 |
| 135 | Dinkelsbühl | 2 | 135 | Staffelstein | | 27 | 13,5 | − 24 |
| 136 | Passau | 2 | 136 | Neuburg | + | 27 | 27,0 | + 33 |
| 137 | Kitzingen | 2 | 137 | Weißenburg | | 26 | 8,7 | − 33 |
| 138 | Uffenheim | 2 | 138 | Stadtsteinach | + | 26 | 26,0 | + 41 |
| 139 | Cham | 2 | 139 | Mallersdorf | | 26 | 13,0 | − 9 |
| 140 | Ingolstadt | 2 | 140 | Kemnath | | 26 | 26,0 | + 28 |
| 141 | Wolfstein | 2 | 141 | Fürstenfeldbruck | | 26 | 13,0 | − 19 |
| 142 | Neustadt/Aisch | 2 | 142 | Ebermannstadt | + | 25 | 25,0 | + 41 |
| 143 | Landsberg | 2 | 143 | Gemünden | | 25 | 8,3 | − 36 |
| 144 | Viechtach | 2 | 144 | Bayreuth | | 25 | 12,5 | − 19 |
| 145 | Mellrichstadt | 2 | 145 | Roding | + | 25 | 25,0 | + 39 |
| 146 | Regen | 2 | 146 | Erding | − | 25 | 12,5 | − 34 |
| 147 | Alzenau | 2 | 147 | Mellrichstadt | | 25 | 12,5 | − 2 |
| 148 | Eschenbach | 2 | 148 | Gunzenhausen | | 25 | 25,0 | + 6 |
| 149 | Griesbach | 2 | 149 | Vilsbiburg | | 24 | 12,0 | − 18 |
| 150 | Amberg | 2 | 150 | Pegnitz | | 24 | 12,0 | − 16 |
| 151 | Scheinfeld | 2 | 151 | Regen | | 24 | 12,0 | − 5 |
| 152 | Würzburg | 1 | 152 | Rottenburg | | 24 | 24,0 | + 5 |
| 153 | Kötzting | 1 | 153 | Schwabmünchen | − | 24 | 6,0 | − 78 |
| 154 | Gunzenhausen | 1 | 154 | Grafenau | | 24 | 24,0 | + 5 |
| 155 | Ebern | 1 | 155 | Wegscheid | | 23 | 23,0 | + 19 |
| 156 | Dingolfing | 1 | 156 | Kitzingen | | 23 | 11,5 | − 19 |
| 157 | Rottenburg | 1 | 157 | Landsberg | | 23 | 11,5 | − 14 |
| 158 | Deggendorf | 1 | 158 | Eschenbach | | 22 | 11,0 | − 10 |
| 159 | Grafenau | 1 | 159 | Ansbach | | 22 | 22,0 | + 1 |

Tabelle 3, S. 2 (Beitrag Sieber):

*Rangordnung und Werte der Gewerbesteuermeßbeträge*[1])
*(je Einwohner in DM) 1937—1966*

| Alte Rangordnung 1937 | | | Neue Rangordnung 1966 | | | | |
|---|---|---|---|---|---|---|---|
| Lfd. Nr. | Kreis (S = kreisfr.Stadt) | Wert je Einw. | Lfd. Nr. | Kreis (S = kreisfr.Stadt) | | Wert je Einw. | Multiplikator | Rang-Diff. |
| 46 | Bad Tölz | 6 | 46 | Lauf | | 55 | 13,8 | + 30 |
| 47 | Berchtesgaden | 6 | 47 | Landsberg, S | | 54 | 10,8 | + 8 |
| 48 | Ansbach, S | 6 | 48 | Dillingen, S | + | 53 | 13,3 | + 31 |
| 49 | Ingolstadt, S | 6 | 49 | Sonthofen | | 52 | 6,5 | - 19 |
| 50 | Günzburg, S | 6 | 50 | Garm.-Partenk. | — | 51 | 5,1 | - 33 |
| 51 | Füssen | 6 | 51 | Altötting | — | 51 | 3,9 | - 45 |
| 52 | Miesbach | 6 | 52 | München | — | 51 | 5,7 | - 32 |
| 53 | Wunsiedel | 6 | 53 | Amberg, S | | 51 | 10,2 | + 1 |
| 54 | Amberg, S | 5 | 54 | Pfaffenhofen | + | 50 | 25,0 | + 62 |
| 55 | Landsberg, S | 5 | 55 | Münchberg | | 48 | 6,0 | - 24 |
| 56 | Hof | 5 | 56 | Mühldorf | + | 48 | 16,0 | + 49 |
| 57 | Rehau | 5 | 57 | Neunburg | + | 47 | 47,0 | + 114 |
| 58 | Schrobenhausen | 5 | 58 | Erlangen, S | — | 47 | 4,7 | - 40 |
| 59 | Lindau | 5 | 59 | Obernburg | + | 46 | 23,0 | + 56 |
| 60 | Selb, S | 5 | 60 | Bad Neustadt | | 46 | 15,3 | + 28 |
| 61 | Eichstätt, S | 5 | 61 | Starnberg | | 46 | 11,5 | + 20 |
| 62 | Nürnberg | 5 | 62 | Scheinfeld | + | 45 | 22,5 | + 89 |
| 63 | Kempten | 5 | 63 | Marktoberdorf | | 45 | 11,3 | + 7 |
| 64 | Fürth | 5 | 64 | Coburg | + | 45 | 15,0 | + 42 |
| 65 | Straubing, S | 5 | 65 | Augsburg | | 44 | 6,3 | - 27 |
| 66 | Lichtenfels | 5 | 66 | Nürnberg | | 44 | 8,8 | - 4 |
| 67 | Kelheim | 4 | 67 | Miesbach | | 44 | 7,3 | - 15 |
| 68 | Rothenburg, S | 4 | 68 | Bad Tölz | | 43 | 7,2 | - 22 |
| 69 | Freising, S | 4 | 69 | Krumbach | | 43 | 14,3 | + 27 |
| 70 | Marktoberdorf | 4 | 70 | Lohr | + | 43 | 21,5 | + 40 |
| 71 | Neu-Ulm | 4 | 71 | Freising, S | | 43 | 10,8 | - 2 |
| 72 | Neuburg, S | 4 | 72 | Wertingen | | 42 | 10,5 | + 10 |
| 73 | Weilheim | 4 | 73 | Traunstein | | 42 | 10,5 | + 1 |
| 74 | Traunstein | 4 | 74 | Illertissen | — | 42 | 6,0 | - 33 |
| 75 | Schwabmünchen | 4 | 75 | Höchstadt | + | 41 | 41,0 | + 107 |
| 76 | Lauf | 4 | 76 | Dinkelsbühl | + | 41 | 20,5 | + 59 |
| 77 | Freising | 4 | 77 | Wolfratshausen | | 41 | 13,7 | + 18 |
| 78 | Marktheidenfeld | 4 | 78 | Sulzbach-Rosenberg | | 41 | 10,3 | + 2 |
| 79 | Dillingen, S | 4 | 79 | Hersbruck | | 40 | 13,3 | + 30 |
| 80 | Sulzbach-Rosenberg | 4 | 80 | Erlangen | | 40 | 13,3 | + 11 |
| 81 | Starnberg | 4 | 81 | Schongau | | 40 | 13,3 | + 17 |
| 82 | Wertingen | 4 | 82 | Brückenau | + | 40 | 20,0 | + 46 |
| 83 | Kulmbach | 4 | 83 | Schrobenhausen | | 39 | 7,8 | - 25 |
| 84 | Dillingen | 4 | 84 | Bad Aibling | — | 39 | 5,6 | - 39 |
| 85 | Miltenberg | 4 | 85 | Naila | — | 39 | 4,9 | - 59 |
| 86 | Schwabach | 3 | 86 | Dachau | | 39 | 13,0 | + 14 |
| 87 | Rosenheim | 3 | 87 | Miltenberg | | 39 | 9,8 | - 2 |
| 88 | Bad Neustadt | 3 | 88 | Mindelheim | | 39 | 13,0 | + 1 |
| 89 | Mindelheim | 3 | 89 | Füssen | — | 38 | 6,3 | - 38 |
| 90 | Tirschenreuth | 3 | 90 | Rehau | — | 38 | 7,6 | - 33 |
| 91 | Erlangen | 3 | 91 | Günzburg | | 38 | 9,0 | + 30 |
| 92 | Ochsenfurt | 3 | 92 | Weilheim | | 37 | 9,3 | - 19 |
| 93 | Schwandorf, S | 3 | 93 | Donauwörth | | 37 | 12,3 | + 1 |
| 94 | Donauwörth | 3 | 94 | Eichstätt, S | — | 37 | 7,4 | - 33 |
| 95 | Wolfratshausen | 3 | 95 | Rosenheim | | 37 | 12,3 | - 8 |
| 96 | Krumbach | 3 | 96 | Wunsiedel | — | 37 | 6,2 | - 43 |
| 97 | Kronach | 3 | 97 | Ochsenfurt | | 37 | 12,3 | - 5 |
| 98 | Schongau | 3 | 98 | Neustadt/Aisch | + | 35 | 17,5 | + 44 |
| 99 | Wasserburg | 3 | 99 | Mainburg | | 35 | 11,7 | + 3 |
| 100 | Dachau | 3 | 100 | Marktheidenfeld | | 35 | 8,8 | - 22 |
| 101 | Memmingen | 3 | 101 | Feuchtwangen | + | 35 | 35,0 | + 71 |
| 102 | Mainburg | 3 | 102 | Griesbach | + | 35 | 17,5 | + 47 |

Tabelle 3, S. 1 (Beitrag Sieber):

*Rangordnung und Werte der Gewerbesteuermeßbeträge[1])*
*(je Einwohner in DM) 1937—1966*

———— = Aufsteiger von mehr als 10 Punkten
- - - - = Absteiger von mehr als 10 Punkten
+ = Aufsteiger von mehr als 30 Punkten
− = Absteiger von mehr als 30 Punkten

| Alte Rangordnung 1937 | | | Neue Rangordnung 1966 | | | | |
|---|---|---|---|---|---|---|---|
| Lfd. Nr. | Kreis (S = kreisfr. Stadt) | Wert je Einw. | Lfd. Nr. | Kreis (S = kreisfr. Stadt) | | Wert je Einw. | Multiplikator | Rang-Diff. |
| 1 | Schweinfurt, S | 25 | 1 | Neu-Ulm, S | | 109 | 10,9 | + 14 |
| 2 | Kulmbach, S | 20 | 2 | Schweinfurt, S | | 102 | 4,1 | − 1 |
| 3 | Kitzingen, S | 14 | 3 | Ingolstadt, S | + | 101 | 16,8 | + 46 |
| 4 | Nürnberg, S | 14 | 4 | München, S | | 98 | 8,2 | + 5 |
| 5 | Aschaffenburg, S | 14 | 5 | Aschaffenburg, S | | 96 | 6,9 | ± 0 |
| 6 | Altötting | 13 | 6 | Nördlingen, S | | 95 | 13,6 | + 30 |
| 7 | Kissingen, S | 13 | 7 | Günzburg, S | + | 92 | 15,3 | + 43 |
| 8 | Hof, S | 13 | 8 | Fürth, S | | 89 | 11,1 | + 24 |
| 9 | München, S | 12 | 9 | Nürnberg, S | | 88 | 6,3 | − 5 |
| 10 | Rosenheim, S | 12 | 10 | Passau, S | | 87 | 12,4 | + 29 |
| 11 | Kempten, S | 11 | 11 | Kulmbach, S | | 86 | 4,3 | − 9 |
| 12 | Augsburg, S | 11 | 12 | Rosenheim, S | | 85 | 7,1 | − 2 |
| 13 | Memmingen, S | 11 | 13 | Bayreuth, S | | 78 | 8,7 | + 9 |
| 14 | Reichenhall, S | 11 | 14 | Coburg, S | | 78 | 9,8 | + 11 |
| 15 | Neu-Ulm, S | 10 | 15 | Kempten, S | | 77 | 7,0 | − 4 |
| 16 | Würzburg, S | 10 | 16 | Augsburg, S | | 77 | 7,0 | − 4 |
| 17 | Garm.-Partenk. | 10 | 17 | Deggendorf, S | | 75 | 10,7 | + 26 |
| 18 | Erlangen, S | 10 | 18 | Weißenburg, S | | 74 | 10,6 | + 17 |
| 19 | Kaufbeuren, S | 10 | 19 | Traunstein, S | | 73 | 8,1 | + 2 |
| 20 | München | 9 | 20 | Memmingen, S | | 72 | 6,5 | − 7 |
| 21 | Traunstein, S | 9 | 21 | Schwabach, S | | 72 | 8,0 | + 2 |
| 22 | Bayreuth, S | 9 | 22 | Neumarkt, S | | 72 | 10,3 | + 18 |
| 23 | Schwabach, S | 9 | 23 | Bamberg, S | | 72 | 9,0 | + 4 |
| 24 | Burglengenfeld | 9 | 24 | Kitzingen, S | | 71 | 5,1 | − 21 |
| 25 | Coburg, S | 8 | 25 | Forchheim, S | | 70 | 10,0 | + 19 |
| 26 | Naila | 8 | 26 | Lichtenfels | + | 69 | 13,8 | + 40 |
| 27 | Bamberg, S | 8 | 27 | Neustadt b. Cob., S | | 69 | 8,6 | + 1 |
| 28 | Neustadt b. Cob., S | 8 | 28 | Würzburg, S | | 67 | 6,7 | − 12 |
| 29 | Weiden, S | 8 | 29 | Selb, S | + | 67 | 13,4 | + 31 |
| 30 | Sonthofen | 8 | 30 | Freising | + | 66 | 16,5 | + 47 |
| 31 | Münchberg | 8 | 31 | Schwandorf, S | + | 66 | 22,0 | + 62 |
| 32 | Fürth, S | 8 | 32 | Ansbach, S | | 65 | 10,8 | + 16 |
| 33 | Lindau, S | 8 | 33 | Kaufbeuren, S | | 65 | 6,5 | − 14 |
| 34 | Landshut, S | 7 | 34 | Kissingen, S | | 63 | 4,8 | − 27 |
| 35 | Weißenburg, S | 7 | 35 | Neuburg, S | + | 62 | 15,5 | + 37 |
| 36 | Nördlingen, S | 7 | 36 | Regensburg, S | | 62 | 8,9 | + 6 |
| 37 | Marktredwitz, S | 7 | 37 | Landshut, S | | 60 | 8,6 | − 3 |
| 38 | Augsburg | 7 | 38 | Reichenhall, S | | 58 | 5,3 | − 24 |
| 39 | Passau, S | 7 | 39 | Burglengenfeld | | 57 | 6,3 | − 15 |
| 40 | Neumarkt, S | 7 | 40 | Lindau, S | | 57 | 7,1 | − 7 |
| 41 | Illertissen | 7 | 41 | Marktredwitz, S | | 55 | 7,9 | − 4 |
| 42 | Regensburg, S | 7 | 42 | Hof, S | − | 55 | 4,2 | − 34 |
| 43 | Deggendorf, S | 7 | 43 | Straubing, S | | 55 | 11,0 | + 22 |
| 44 | Forchheim, S | 7 | 44 | Rothenburg, S | | 55 | 13,8 | + 24 |
| 45 | Bad Aibling | 7 | 45 | Weiden, S | | 55 | 6,9 | − 16 |

Tabelle 2, S. 8 (Beitrag Sieber): Wirtschaftliche Indikatoren der Kreise Bayerns in ‰ (Bayern = 1000) 1935–1970

| Gebiet | Umsätze | | | | Gewerbesteuermeßbeträge[1] | | | | Veranlagte Einkünfte | | | | Bruttolöhne | | | | Gesamteinkünfte | | | |
|---|---|---|---|---|---|---|---|---|---|---|---|---|---|---|---|---|---|---|---|---|
|  | 1935 | 1954 | 1966 | 1970 | 1937 | 1958 | 1966 | | 1936 | 1954 | 1965 | 1968 | 1936 | 1955 | 1965 | 1968 | 1936 | 1954/55 | 1965 | 1968 |
| **Kreisfreie Städte** | | | | | | | | | | | | | | | | | | | | |
| Oberbayern | 251 | 239 | 294 | 304 | 251 | 231 | 261 | | 256 | 166 | 223 | 224 | 243 | 191 | 195 | 197 | 239 | 178 | 201 | 199 |
| Niederbayern | 17 | 17 | 18 | 17 | 15 | 15 | 18 | | 16 | 14 | 15 | 15 | 18 | 17 | 14 | 14 | 16 | 16 | 15 | 15 |
| Oberpfalz | 28 | 30 | 26 | 25 | 27 | 30 | 28 | | 33 | 26 | 27 | 27 | 33 | 32 | 29 | 28 | 35 | 31 | 28 | 27 |
| Oberfranken | 56 | 56 | 44 | 43 | 54 | 53 | 45 | | 50 | 43 | 40 | 35 | 49 | 48 | 39 | 36 | 50 | 47 | 41 | 36 |
| Mittelfranken | 169 | 153 | 131 | 130 | 176 | 138 | 115 | | 135 | 99 | 107 | 97 | 149 | 118 | 100 | 103 | 144 | 110 | 101 | 99 |
| Unterfranken | 62 | 52 | 50 | 48 | 73 | 56 | 43 | | 59 | 39 | 37 | 34 | 52 | 36 | 33 | 30 | 55 | 35 | 35 | 33 |
| Schwaben | 72 | 78 | 69 | 67 | 75 | 74 | 65 | | 68 | 58 | 54 | 55 | 73 | 60 | 53 | 53 | 71 | 56 | 55 | 55 |
| Zusammen | 655 | 625 | 632 | 634 | 671 | 599 | 575 | | 617 | 445 | 503 | 487 | 617 | 502 | 463 | 461 | 612 | 475 | 476 | 464 |
| **Landkreise** | | | | | | | | | | | | | | | | | | | | |
| Oberbayern | 92 | 97 | 107 | 112 | 109 | 116 | 128 | | 137 | 164 | 172 | 184 | 112 | 135 | 147 | 157 | 119 | 144 | 153 | 164 |
| Niederbayern | 41 | 45 | 40 | 35 | 25 | 35 | 37 | | 42 | 70 | 46 | 46 | 34 | 44 | 51 | 50 | 38 | 55 | 52 | 53 |
| Oberpfalz | 30 | 32 | 27 | 28 | 23 | 35 | 40 | | 24 | 40 | 35 | 35 | 33 | 49 | 52 | 51 | 31 | 44 | 45 | 45 |
| Oberfranken | 47 | 54 | 49 | 47 | 49 | 54 | 50 | | 41 | 63 | 54 | 53 | 56 | 69 | 68 | 62 | 53 | 69 | 65 | 61 |
| Mittelfranken | 32 | 40 | 38 | 37 | 26 | 41 | 47 | | 34 | 59 | 54 | 56 | 40 | 57 | 59 | 59 | 39 | 59 | 56 | 57 |
| Unterfranken | 38 | 40 | 41 | 44 | 33 | 49 | 50 | | 43 | 64 | 54 | 56 | 56 | 68 | 72 | 72 | 51 | 68 | 69 | 69 |
| Schwaben | 65 | 67 | 66 | 63 | 64 | 71 | 73 | | 62 | 95 | 82 | 83 | 52 | 76 | 88 | 88 | 57 | 86 | 84 | 87 |
| Zusammen | 345 | 375 | 368 | 366 | 329 | 401 | 425 | | 383 | 555 | 497 | 513 | 383 | 498 | 537 | 539 | 388 | 525 | 524 | 536 |
| **Kreisfreie Städte und Landkreise** | | | | | | | | | | | | | | | | | | | | |
| Oberbayern | 343 | 336 | 401 | 416 | 360 | 347 | 389 | | 393 | 330 | 395 | 408 | 355 | 326 | 342 | 354 | 358 | 322 | 354 | 363 |
| Niederbayern | 58 | 62 | 58 | 52 | 40 | 50 | 55 | | 58 | 84 | 61 | 61 | 52 | 61 | 65 | 64 | 56 | 71 | 67 | 68 |
| Oberpfalz | 58 | 62 | 53 | 53 | 50 | 65 | 68 | | 57 | 66 | 62 | 62 | 66 | 81 | 81 | 79 | 66 | 75 | 73 | 72 |
| Oberfranken | 103 | 110 | 93 | 90 | 103 | 107 | 95 | | 91 | 106 | 94 | 88 | 105 | 117 | 107 | 98 | 103 | 116 | 106 | 97 |
| Mittelfranken | 201 | 193 | 169 | 167 | 202 | 179 | 162 | | 169 | 158 | 161 | 153 | 189 | 175 | 159 | 162 | 183 | 169 | 157 | 156 |
| Unterfranken | 100 | 92 | 91 | 92 | 106 | 107 | 93 | | 102 | 103 | 91 | 90 | 108 | 104 | 105 | 102 | 106 | 103 | 104 | 102 |
| Schwaben | 137 | 145 | 135 | 130 | 139 | 145 | 138 | | 130 | 153 | 136 | 138 | 125 | 136 | 141 | 141 | 128 | 144 | 139 | 142 |
| Bayern insgesamt | 1000 | 1000 | 1000 | 1000 | 1000 | 1000 | 1000 | | 1000 | 1000 | 1000 | 1000 | 1000 | 1000 | 1000 | 1000 | 1000 | 1000 | 1000 | 1000 |

[1] nach Zerlegung.

Tabelle 2, S. 7 (Beitrag Sieber): Wirtschaftliche Indikatoren der Kreise Bayerns in ‰ (Bayern = 1000) 1935–1970

| Gebiet | Umsätze | | | | Gewerbesteuermeßbeträge[1] | | | | Veranlagte Einkünfte | | | | Bruttolöhne | | | | Gesamteinkünfte | | | |
|---|---|---|---|---|---|---|---|---|---|---|---|---|---|---|---|---|---|---|---|---|
| | 1935 | 1954 | 1966 | 1970 | 1937 | 1958 | 1966 | | 1936 | 1954 | 1965 | 1968 | 1936 | 1955 | 1965 | 1968 | 1936 | 1954/55 | 1965 | 1968 |
| S c h w a b e n | | | | | | | | | | | | | | | | | | | | |
| Kreisfreie Städte | | | | | | | | | | | | | | | | | | | | |
| Augsburg | 46 | 43 | 37 | 34 | 49 | 42 | 31 | | 41 | 28 | 25 | 24 | 49 | 35 | 27 | 27 | 45 | 32 | 27 | 25 |
| Dillingen a.d.Donau | 1 | 1 | | 1 | 1 | 1 | 1 | | 1 | 1 | 1 | 1 | 1 | 1 | 1 | 1 | 1 | 1 | 1 | 1 |
| Günzburg | 1 | 2 | 1 | 2 | 1 | 2 | 2 | | 1 | 2 | 2 | 2 | 1 | 1 | 1 | 1 | 1 | 1 | 2 | 2 |
| Kaufbeuren | 3 | 5 | 4 | 4 | 3 | 6 | 5 | | 3 | 6 | 5 | 5 | 2 | 3 | 4 | 4 | 2 | 4 | 4 | 5 |
| Kempten (Allgäu) | 7 | 8 | 7 | 6 | 8 | 7 | 7 | | 7 | 6 | 5 | 6 | 6 | 6 | 6 | 6 | 7 | 6 | 6 | 6 |
| Memmingen | 5 | 7 | 6 | 6 | 4 | 5 | 5 | | 4 | 5 | 5 | 4 | 3 | 4 | 4 | 4 | 3 | 4 | 4 | 4 |
| Neuburg a.d.Donau | 1 | 1 | 1 | 1 | 1 | 1 | 2 | | 2 | 2 | 2 | 2 | 2 | 2 | 2 | 2 | 2 | 2 | 2 | 2 |
| Neu-Ulm | 2 | 4 | 5 | 5 | 3 | 5 | 6 | | 4 | 3 | 4 | 4 | 4 | 3 | 4 | 4 | 4 | 3 | 4 | 4 |
| Nördlingen | 2 | 2 | 1 | 2 | 2 | 3 | 3 | | 2 | 2 | 2 | 2 | 1 | 2 | 1 | 1 | 2 | 2 | 2 | 2 |
| Lindau (Bodensee) | 4 | 5 | 6 | 6 | 3 | 2 | | | 3 | 3 | 3 | 5 | 4 | 3 | 3 | 3 | 4 | 3 | 3 | 4 |
| Augsburg | 5 | 5 | 8 | 7 | 9 | 10 | 10 | | 7 | 10 | 16 | 17 | 7 | 11 | 13 | 14 | 7 | 11 | 14 | 15 |
| Dillingen a.d.Donau | 3 | 3 | 4 | 3 | 3 | 4 | 3 | | 3 | 5 | 3 | 3 | 2 | 4 | 4 | 4 | 3 | 5 | 4 | 4 |
| Donauwörth | 4 | 5 | 4 | 4 | 3 | 3 | 3 | | 3 | 4 | 4 | 4 | 3 | 3 | 5 | 5 | 3 | 3 | 4 | 4 |
| Friedberg | 2 | 2 | 2 | 2 | 1 | 2 | 2 | | 2 | 3 | 3 | 3 | 3 | 4 | 4 | 4 | 2 | 3 | 4 | 4 |
| Füssen | 4 | 4 | 4 | 3 | 3 | 3 | 3 | | 3 | 4 | 3 | 3 | 3 | 3 | 3 | 3 | 3 | 3 | 3 | 3 |
| Günzburg | 2 | 3 | 4 | 3 | 2 | 3 | 4 | | 2 | 4 | 4 | 4 | 2 | 2 | 5 | 4 | 2 | 3 | 4 | 4 |
| Illertissen | 3 | 2 | 2 | 3 | 4 | 5 | 4 | | 2 | 4 | 4 | 4 | 2 | 3 | 3 | 3 | 2 | 3 | 3 | 3 |
| Kaufbeuren | 2 | 2 | 3 | 3 | 1 | 2 | 2 | | 2 | 3 | 3 | 3 | 1 | 2 | 3 | 3 | 2 | 3 | 3 | 3 |
| Kempten (Allgäu) | 5 | 4 | 4 | 3 | 5 | 5 | 5 | | 5 | 5 | 4 | 4 | 4 | 3 | 5 | 5 | 4 | 3 | 5 | 5 |
| Krumbach (Schwaben) | 3 | 3 | 3 | 3 | 3 | 2 | 3 | | 2 | 3 | 3 | 3 | 2 | 2 | 3 | 3 | 2 | 3 | 3 | 3 |
| Marktoberdorf | 4 | 4 | 4 | 3 | 3 | 4 | 4 | | 3 | 6 | 3 | 3 | 1 | 3 | 3 | 3 | 2 | 3 | 3 | 3 |
| Memmingen | 3 | 3 | 2 | 2 | 2 | 3 | 3 | | 3 | 5 | 4 | 3 | 2 | 3 | 3 | 4 | 2 | 3 | 3 | 4 |
| Mindelheim | 4 | 4 | 4 | 4 | 3 | 4 | 4 | | 4 | 6 | 4 | 4 | 3 | 3 | 4 | 3 | 3 | 4 | 4 | 4 |
| Neuburg a.d.Donau | 2 | 2 | 2 | 2 | 3 | 2 | 3 | | 2 | 4 | 2 | 2 | 2 | 2 | 3 | 3 | 2 | 3 | 3 | 3 |
| Neu-Ulm | 2 | 3 | 3 | 3 | 3 | 3 | 4 | | 2 | 5 | 4 | 5 | 3 | 5 | 6 | 6 | 3 | 5 | 5 | 5 |
| Nördlingen | 2 | 2 | 1 | 2 | 3 | 1 | 1 | | 2 | 2 | 2 | 1 | 1 | 2 | 2 | 2 | 1 | 2 | 2 | 2 |
| Schwabmünchen | 2 | 2 | 6 | 5 | 3 | 6 | 4 | | 6 | 8 | 8 | 8 | 5 | 4 | 5 | 5 | 3 | 4 | 5 | 5 |
| Sonthofen | 7 | 6 | 6 | 5 | 9 | 6 | 7 | | 8 | 8 | 8 | 8 | 6 | 6 | 7 | 7 | 6 | 7 | 7 | 7 |
| Wertingen | 2 | 2 | 2 | 2 | 2 | 4 | 3 | | 3 | 3 | 2 | 2 | 1 | 2 | 2 | 2 | 3 | 2 | 2 | 2 |
| Lindau (Bodensee) | 5 | 5 | 6 | 5 | 4 | 2 | 3 | | 4 | 5 | 4 | 3 | 3 | 4 | 4 | 4 | 4 | 4 | 4 | 4 |

1) nach Zerlegung.

Tabelle 2, S. 6 (Beitrag Sieber): Wirtschaftliche Indikatoren der Kreise Bayerns in ‰ (Bayern = 1000) 1935—1970

| Gebiet | Umsätze | | | | Gewerbesteuermeßbeträge[1] | | | Veranlagte Einkünfte | | | Bruttolöhne | | | Gesamteinkünfte | | |
|---|---|---|---|---|---|---|---|---|---|---|---|---|---|---|---|---|
| | 1935 | 1954 | 1966 | 1970 | 1937 | 1958 | 1966 | 1936 | 1954 | 1965 | 1968 | 1936 | 1955 | 1965 | 1968 | 1936 | 1954/55 | 1965 | 1968 |

| Gebiet | 1935 | 1954 | 1966 | 1970 | 1937 | 1958 | 1966 | 1936 | 1954 | 1965 | 1968 | 1936 | 1955 | 1965 | 1968 | 1936 | 1954/55 | 1965 | 1968 |
|---|---|---|---|---|---|---|---|---|---|---|---|---|---|---|---|---|---|---|---|
| **Unterfranken** | | | | | | | | | | | | | | | | | | | |
| *Kreisfreie Städte* | | | | | | | | | | | | | | | | | | | |
| Aschaffenburg | 14 | 11 | 11 | 10 | 14 | 12 | 10 | 11 | 9 | 8 | 7 | 9 | 8 | 7 | 6 | 10 | 8 | 8 | 7 |
| Bad Kissingen | 2 | 2 | 2 | 1 | 3 | 2 | 2 | 3 | 2 | 2 | 2 | 2 | 2 | 2 | 1 | 2 | 2 | 2 | 2 |
| Kitzingen | 3 | 3 | 3 | 2 | 4 | 3 | 3 | 4 | 3 | 3 | 2 | 2 | 2 | 2 | 2 | 3 | 2 | 2 | 2 |
| Schweinfurt | 17 | 18 | 17 | 19 | 26 | 25 | 12 | 13 | 10 | 8 | 7 | 14 | 9 | 8 | 7 | 14 | 9 | 8 | 7 |
| Würzburg | 26 | 18 | 17 | 16 | 26 | 16 | 16 | 28 | 15 | 16 | 16 | 25 | 15 | 14 | 14 | 26 | 14 | 15 | 15 |
| *Landkreise* | | | | | | | | | | | | | | | | | | | |
| Alzenau i. UFr. | 2 | 2 | 2 | 3 | 1 | 2 | 3 | 2 | 3 | 4 | 4 | 3 | 4 | 5 | 5 | 3 | 4 | 5 | 5 |
| Aschaffenburg | 2 | 3 | 4 | 5 | 3 | 4 | 5 | 3 | 4 | 6 | 6 | 7 | 8 | 8 | 8 | 6 | 7 | 6 | 7 |
| Bad Kissingen | 1 | 1 | 1 | 1 | 1 | 1 | 2 | 1 | 2 | 3 | 2 | 2 | 3 | 3 | 3 | 2 | 3 | 3 | 3 |
| Bad Neustadt a.d.Saale | 2 | 2 | 2 | 2 | 2 | 4 | 3 | 2 | 3 | 3 | 3 | 2 | 3 | 3 | 3 | 2 | 3 | 3 | 3 |
| Brückenau | 1 | 1 | 1 | 1 | 1 | 1 | 1 | 1 | 2 | 1 | 1 | 1 | 1 | 1 | 1 | 1 | 1 | 1 | 1 |
| Ebern | 1 | 1 | 1 | 1 | 1 | 1 | 1 | 1 | 2 | 2 | 2 | 2 | 2 | 2 | 2 | 2 | 2 | 2 | 2 |
| Gemünden a. Main | 1 | 1 | 1 | 1 | 1 | 1 | 1 | 1 | 2 | 2 | 2 | 2 | 2 | 2 | 2 | 2 | 2 | 2 | 2 |
| Gerolzhofen | 3 | 2 | 1 | 2 | 2 | 2 | 2 | 2 | 4 | 3 | 3 | 2 | 2 | 2 | 3 | 2 | 3 | 2 | 3 |
| Hammelburg | 1 | 1 | 1 | 1 | 1 | 1 | 1 | 1 | 2 | 2 | 2 | 2 | 2 | 2 | 2 | 2 | 2 | 2 | 2 |
| Haßfurt | 2 | 2 | 2 | 2 | 0 | 2 | 2 | 2 | 3 | 3 | 3 | 3 | 3 | 3 | 3 | 3 | 3 | 3 | 3 |
| Hofheim i. UFr. | 1 | 1 | 1 | 1 | 1 | 1 | 1 | 1 | 1 | 1 | 1 | 1 | 1 | 1 | 1 | 1 | 1 | 1 | 1 |
| Karlstadt | 2 | 2 | 2 | 2 | 2 | 2 | 3 | 2 | 3 | 2 | 2 | 2 | 3 | 3 | 3 | 2 | 3 | 3 | 3 |
| Kitzingen | 2 | 2 | 1 | 1 | 1 | 3 | 2 | 3 | 4 | 3 | 2 | 3 | 3 | 3 | 2 | 3 | 3 | 3 | 3 |
| Königshofen i. Grabfeld | 1 | 1 | 1 | 1 | 0 | 1 | 1 | 1 | 3 | 1 | 1 | 1 | 1 | 1 | 1 | 1 | 1 | 1 | 1 |
| Lohr a. Main | 2 | 2 | 2 | 3 | 2 | 3 | 3 | 2 | 3 | 3 | 3 | 3 | 3 | 3 | 3 | 3 | 3 | 3 | 3 |
| Marktheidenfeld | 2 | 2 | 2 | 2 | 2 | 3 | 3 | 2 | 3 | 3 | 3 | 2 | 3 | 3 | 3 | 2 | 3 | 3 | 3 |
| Mellrichstadt | 1 | 1 | 1 | 1 | 0 | 1 | 1 | 1 | 2 | 2 | 2 | 1 | 2 | 2 | 2 | 1 | 2 | 2 | 2 |
| Miltenberg | 2 | 3 | 3 | 3 | 2 | 3 | 3 | 2 | 4 | 3 | 3 | 2 | 3 | 3 | 3 | 3 | 3 | 3 | 3 |
| Oberburg a. Main | 2 | 3 | 4 | 4 | 2 | 7 | 6 | 3 | 4 | 5 | 5 | 5 | 6 | 7 | 6 | 4 | 5 | 6 | 5 |
| Ochsenfurt | 3 | 3 | 3 | 3 | 2 | 3 | 2 | 3 | 4 | 3 | 2 | 2 | 3 | 3 | 3 | 3 | 3 | 3 | 3 |
| Schweinfurt | 2 | 2 | 2 | 2 | 2 | 2 | 2 | 3 | 5 | 5 | 4 | 5 | 6 | 6 | 6 | 4 | 5 | 5 | 5 |
| Würzburg | 2 | 2 | 2 | 2 | 2 | 2 | 2 | 3 | 4 | 5 | 5 | 6 | 6 | 7 | 7 | 5 | 6 | 6 | 7 |

[1] Nach Zerlegung.

Tabelle 2, S. 5 (Beitrag Sieber): *Wirtschaftliche Indikatoren der Kreise Bayerns in ‰ (Bayern = 1000) 1935—1970*

| Gebiet | Umsätze | | | | Gewerbesteuermeßbeträge[1] | | | | Veranlagte Einkünfte | | | | Bruttolöhne | | | | Gesamteinkünfte | | | |
|---|---|---|---|---|---|---|---|---|---|---|---|---|---|---|---|---|---|---|---|---|
| | 1935 | 1954 | 1966 | 1970 | 1937 | 1958 | 1966 | | 1936 | 1954 | 1965 | 1968 | 1936 | 1955 | 1965 | 1968 | 1936 | 1954/55 | 1965 | 1968 |
| **Mittelfranken** | | | | | | | | | | | | | | | | | | | | |
| *Kreisfreie Städte* | | | | | | | | | | | | | | | | | | | | |
| Ansbach | 5 | 4 | 3 | 3 | 4 | 3 | 4 | | 5 | 4 | 4 | 3 | 6 | 5 | 4 | 4 | 5 | 5 | 4 | 3 |
| Eichstätt | 1 | 1 | 1 | 1 | 1 | 1 | 1 | | 2 | 1 | 1 | 1 | 1 | 1 | 1 | 1 | 1 | 1 | 1 | 1 |
| Erlangen | 7 | 29 | 7 | 9 | 8 | 11 | 7 | | 6 | 8 | 11 | 11 | 7 | 12 | 12 | 12 | 7 | 10 | 10 | 10 |
| Fürth | 19 | 21 | 35 | 32 | 15 | 18 | 17 | | 15 | 16 | 20 | 12 | 18 | 16 | 12 | 12 | 18 | 16 | 15 | 12 |
| Nürnberg | 133 | 93 | 80 | 79 | 142 | 98 | 80 | | 100 | 63 | 64 | 64 | 112 | 78 | 65 | 69 | 107 | 72 | 65 | 67 |
| Rothenburg ob der Tauber | 1 | 1 | 1 | 1 | 1 | 1 | 1 | | 2 | 1 | 1 | 1 | 1 | 1 | 1 | 1 | 1 | 1 | 1 | 1 |
| Schwabach | 2 | 2 | 2 | 3 | 3 | 4 | 3 | | 3 | 4 | 4 | 3 | 2 | 3 | 3 | 3 | 3 | 3 | 3 | 3 |
| Weißenburg i. Bay. | 1 | 2 | 2 | 2 | 2 | 2 | 2 | | 2 | 2 | 2 | 2 | 2 | 2 | 2 | 1 | 2 | 2 | 2 | 2 |
| *Landkreise* | | | | | | | | | | | | | | | | | | | | |
| Ansbach | 2 | 2 | 2 | 2 | 1 | 2 | 2 | | 2 | 3 | 3 | 3 | 3 | 4 | 4 | 4 | 3 | 4 | 4 | 4 |
| Dinkelsbühl | 2 | 2 | 2 | 2 | 2 | 2 | 3 | | 2 | 2 | 2 | 2 | 2 | 2 | 2 | 2 | 2 | 3 | 2 | 2 |
| Eichstätt | 1 | 1 | 1 | 1 | 1 | 1 | 1 | | 1 | 2 | 2 | 2 | 2 | 2 | 2 | 2 | 1 | 2 | 2 | 2 |
| Erlangen | 1 | 2 | 2 | 2 | 1 | 3 | 3 | | 1 | 2 | 3 | 3 | 2 | 3 | 4 | 4 | 2 | 3 | 3 | 3 |
| Feuchtwangen | 1 | 2 | 2 | 2 | 1 | 2 | 2 | | 1 | 2 | 2 | 2 | 2 | 2 | 2 | 2 | 1 | 2 | 2 | 2 |
| Fürth | 3 | 4 | 4 | 4 | 4 | 4 | 5 | | 3 | 6 | 7 | 9 | 4 | 7 | 8 | 8 | 4 | 7 | 7 | 6 |
| Gunzenhausen | 2 | 2 | 2 | 2 | 1 | 2 | 2 | | 2 | 3 | 3 | 2 | 2 | 3 | 3 | 2 | 2 | 3 | 3 | 2 |
| Hersbruck | 2 | 2 | 2 | 2 | 1 | 2 | 3 | | 2 | 3 | 3 | 3 | 2 | 3 | 3 | 3 | 2 | 3 | 3 | 3 |
| Hilpoltstein | 1 | 1 | 2 | 1 | 1 | 2 | 2 | | 1 | 2 | 2 | 2 | 1 | 2 | 2 | 2 | 1 | 2 | 2 | 2 |
| Lauf a.d.Pegnitz | 3 | 5 | 5 | 5 | 3 | 7 | 6 | | 4 | 6 | 8 | 6 | 5 | 7 | 6 | 6 | 5 | 7 | 7 | 6 |
| Neustadt a.d.Aisch | 2 | 3 | 3 | 2 | 1 | 3 | 3 | | 2 | 4 | 3 | 3 | 2 | 3 | 3 | 3 | 2 | 4 | 3 | 3 |
| Nürnberg | 2 | 3 | 4 | 4 | 4 | 3 | 5 | | 3 | 4 | 6 | 7 | 4 | 6 | 7 | 7 | 4 | 5 | 6 | 7 |
| Rothenburg ob der Tauber | 1 | 1 | 0 | 0 | 0 | 0 | 0 | | 1 | 2 | 2 | 1 | 1 | 1 | 1 | 1 | 1 | 1 | 1 | 1 |
| Scheinfeld | 1 | 1 | 1 | 1 | 1 | 1 | 2 | | 1 | 2 | 2 | 2 | 2 | 2 | 2 | 2 | 2 | 2 | 2 | 2 |
| Schwabach | 3 | 4 | 3 | 3 | 3 | 5 | 4 | | 3 | 6 | 6 | 7 | 4 | 6 | 6 | 7 | 4 | 6 | 6 | 6 |
| Uffenheim | 3 | 3 | 2 | 2 | 1 | 2 | 2 | | 3 | 4 | 2 | 2 | 2 | 3 | 2 | 2 | 2 | 3 | 2 | 2 |
| Weißenburg i. Bay. | 2 | 2 | 2 | 2 | 2 | 1 | 2 | | 2 | 3 | 3 | 2 | 2 | 3 | 3 | 3 | 2 | 3 | 3 | 3 |

1) Nach Zerlegung.

Tabelle 2, S. 4 (Beitrag Sieber): Wirtschaftliche Indikatoren der Kreise Bayerns in ‰ (Bayern = 1000) 1935–1970

| Gebiet | Umsätze | | | | Gewerbesteuermeßbeträge[1] | | | Veranlagte Einkünfte | | | | Bruttolöhne | | | | Gesamteinkünfte | | | |
|---|---|---|---|---|---|---|---|---|---|---|---|---|---|---|---|---|---|---|---|
| | 1935 | 1954 | 1966 | 1970 | 1937 | 1958 | 1966 | 1936 | 1954 | 1965 | 1968 | 1936 | 1955 | 1965 | 1968 | 1936 | 1954/55 | 1965 | 1968 |
| **Oberfranken** | | | | | | | | | | | | | | | | | | | |
| *Kreisfreie Städte* | | | | | | | | | | | | | | | | | | | |
| Bamberg | 11 | 12 | 10 | 10 | 11 | 12 | 10 | 11 | 10 | 9 | 8 | 13 | 11 | 8 | 8 | 12 | 11 | 9 | 8 |
| Bayreuth | 10 | 10 | 7 | 7 | 9 | 10 | 10 | 10 | 7 | 7 | 7 | 9 | 8 | 8 | 7 | 9 | 8 | 8 | 7 |
| Coburg | 6 | 7 | 6 | 6 | 6 | 8 | 6 | 7 | 7 | 7 | 5 | 6 | 7 | 5 | 5 | 7 | 7 | 6 | 5 |
| Forchheim | 2 | 3 | 3 | 2 | 14 | 3 | 3 | 2 | 2 | 2 | 2 | 3 | 3 | 2 | 2 | 2 | 3 | 2 | 2 |
| Hof | 13 | 10 | 7 | 7 | 14 | 8 | 6 | 11 | 8 | 6 | 6 | 10 | 9 | 7 | 6 | 11 | 8 | 7 | 6 |
| Kulmbach | 8 | 7 | 5 | 5 | 6 | 5 | 4 | 4 | 3 | 3 | 3 | 3 | 3 | 3 | 3 | 3 | 3 | 3 | 3 |
| Marktredwitz | 2 | 3 | 3 | 3 | 2 | 2 | 2 | 3 | 2 | 2 | 1 | 3 | 3 | 2 | 2 | 2 | 2 | 2 | 2 |
| Neustadt b. Coburg | 1 | 1 | 1 | 1 | 2 | 2 | 2 | 1 | 2 | 2 | 1 | 1 | 2 | 2 | 2 | 3 | 2 | 2 | 1 |
| Selb | 3 | 3 | 2 | 2 | 2 | 3 | 2 | 2 | 2 | 2 | 2 | 3 | 2 | 2 | 2 | 3 | 2 | 2 | 2 |
| *Landkreise* | | | | | | | | | | | | | | | | | | | |
| Bamberg | 2 | 3 | 3 | 3 | 4 | 3 | 3 | 2 | 4 | 4 | 5 | 5 | 6 | 7 | 7 | 4 | 6 | 6 | 6 |
| Bayreuth | 2 | 2 | 2 | 2 | 2 | 2 | 2 | 3 | 4 | 3 | 3 | 4 | 4 | 4 | 4 | 3 | 4 | 4 | 4 |
| Coburg | 3 | 5 | 6 | 5 | 3 | 6 | 6 | 3 | 6 | 7 | 6 | 4 | 7 | 7 | 7 | 4 | 7 | 7 | 7 |
| Ebermannstadt | 1 | 1 | 1 | 1 | 0 | 1 | 1 | 1 | 2 | 1 | 1 | 1 | 1 | 1 | 1 | 1 | 2 | 2 | 1 |
| Forchheim | 1 | 2 | 2 | 2 | 1 | 2 | 2 | 2 | 4 | 4 | 2 | 1 | 3 | 3 | 3 | 3 | 3 | 3 | 3 |
| Höchstadt a.d.Aisch | 1 | 1 | 1 | 1 | 1 | 1 | 1 | 2 | 3 | 4 | 4 | 2 | 4 | 4 | 4 | 2 | 3 | 4 | 4 |
| Hof | 5 | 4 | 4 | 4 | 3 | 3 | 4 | 4 | 3 | 3 | 2 | 4 | 4 | 3 | 3 | 4 | 4 | 3 | 3 |
| Kronach | 5 | 6 | 5 | 5 | 5 | 6 | 5 | 4 | 7 | 6 | 6 | 6 | 7 | 5 | 7 | 6 | 7 | 5 | 7 |
| Kulmbach | 2 | 2 | 3 | 3 | 5 | 2 | 2 | 2 | 3 | 2 | 2 | 3 | 3 | 3 | 2 | 3 | 2 | 3 | 2 |
| Lichtenfels | 5 | 7 | 7 | 6 | 4 | 7 | 7 | 2 | 6 | 4 | 5 | 4 | 5 | 5 | 4 | 3 | 5 | 5 | 4 |
| Münchberg | 6 | 6 | 4 | 4 | 6 | 5 | 4 | 5 | 3 | 4 | 4 | 5 | 5 | 4 | 4 | 5 | 5 | 4 | 4 |
| Naila | 3 | 3 | 3 | 3 | 6 | 4 | 3 | 3 | 3 | 3 | 3 | 3 | 3 | 3 | 3 | 3 | 3 | 3 | 3 |
| Pegnitz | 1 | 2 | 1 | 1 | 1 | 1 | 2 | 2 | 2 | 2 | 2 | 2 | 3 | 3 | 3 | 2 | 3 | 3 | 3 |
| Rehau | 3 | 3 | 3 | 3 | 3 | 3 | 2 | 3 | 3 | 2 | 2 | 3 | 4 | 3 | 3 | 3 | 3 | 3 | 3 |
| Stadtsteinach | 1 | 1 | 1 | 1 | 0 | 2 | 1 | 1 | 1 | 1 | 1 | 1 | 1 | 2 | 1 | 1 | 2 | 2 | 1 |
| Staffelstein | 1 | 1 | 1 | 1 | 1 | 2 | 1 | 2 | 2 | 2 | 1 | 1 | 2 | 2 | 2 | 1 | 2 | 2 | 2 |
| Wunsiedel | 5 | 5 | 4 | 3 | 6 | 5 | 4 | 5 | 6 | 4 | 4 | 7 | 6 | 6 | 5 | 6 | 7 | 5 | 5 |

[1] Nach Zerlegung.

Tabelle 2, S. 3 (Beitrag Sieber): *Wirtschaftliche Indikatoren der Kreise Bayerns in ‰ (Bayern = 1000) 1935—1970*

| Gebiet | Umsätze | | | | Gewerbesteuermeßbeträge[1] | | | Veranlagte Einkünfte | | | | Bruttolöhne | | | | Gesamteinkünfte | | | |
|---|---|---|---|---|---|---|---|---|---|---|---|---|---|---|---|---|---|---|---|
| | 1935 | 1954 | 1966 | 1970 | 1937 | 1958 | 1966 | 1936 | 1954 | 1965 | 1968 | 1936 | 1955 | 1965 | 1968 | 1936 | 1954/55 | 1965 | 1968 |
| **Oberpfalz** | | | | | | | | | | | | | | | | | | | |
| *Kreisfreie Städte* | | | | | | | | | | | | | | | | | | | |
| Amberg | 4 | 5 | 3 | 3 | 4 | 5 | 4 | | 4 | 4 | 4 | 5 | 5 | 5 | 4 | 5 | 5 | 4 | 4 |
| Neumarkt i.d.OPf. | 2 | 2 | 2 | 2 | 2 | 2 | 2 | | 2 | 3 | 3 | 1 | | | 2 | 1 | 2 | 2 | 2 |
| Regensburg | 13 | 16 | 15 | 15 | 15 | 14 | 15 | 13 | 15 | 15 | 15 | 19 | 18 | 15 | 15 | 18 | 17 | 15 | 14 |
| Schwandorf i.Bay. | 1 | 2 | 1 | 1 | 1 | 3 | 2 | 1 | 1 | 1 | 1 | 2 | 2 | 2 | 2 | 2 | 2 | 2 | 2 |
| Weiden i.d.OPf. | 8 | 5 | 5 | 4 | 5 | 6 | 5 | 14 | 4 | 4 | 4 | 6 | 5 | 5 | 5 | 9 | 5 | 5 | 5 |
| *Landkreise* | | | | | | | | | | | | | | | | | | | |
| Amberg | 1 | 2 | 2 | 2 | 1 | 3 | 3 | 1 | 3 | 3 | 2 | 2 | 3 | 4 | 4 | 2 | 3 | 3 | 3 |
| Beilngries | 1 | 1 | 1 | 1 | 1 | 1 | 1 | 1 | 1 | 1 | 1 | 1 | 1 | 1 | 1 | 1 | 1 | 1 | 1 |
| Burglengenfeld | 1 | 1 | 1 | 1 | 6 | 5 | 6 | 1 | 2 | 2 | 2 | 3 | 5 | 5 | 4 | 4 | 4 | 4 | 4 |
| Cham | 2 | 2 | 3 | 3 | 1 | 1 | 2 | 1 | 2 | 2 | 2 | 2 | 2 | 3 | 3 | 2 | 2 | 3 | 3 |
| Eschenbach i.d.OPf. | 1 | 1 | 1 | 1 | 1 | 1 | 1 | 2 | 2 | 2 | 2 | 2 | 3 | 2 | 2 | 2 | 2 | 2 | 2 |
| Kemnath | 1 | 1 | 1 | 1 | 0 | 1 | 1 | 1 | 1 | 1 | 1 | 1 | 2 | 2 | 2 | 2 | 2 | 2 | 2 |
| Nabburg | 1 | 2 | 1 | 2 | 0 | 2 | 2 | 1 | 2 | 2 | 2 | 2 | 2 | 2 | 2 | 2 | 2 | 2 | 2 |
| Neumarkt i.d.OPf. | 1 | 1 | 1 | 1 | 0 | 1 | 1 | 1 | 2 | 2 | 2 | 2 | 2 | 2 | 3 | 1 | 2 | 2 | 2 |
| Neunburg vorm Wald | 1 | 1 | 1 | 1 | 0 | 1 | 1 | 1 | 1 | 1 | 1 | 1 | 1 | 1 | 1 | 1 | 1 | 1 | 1 |
| Neustadt a.d. Waldnaab | 3 | 3 | 3 | 3 | 2 | 4 | 3 | 2 | 3 | 3 | 4 | 3 | 5 | 5 | 4 | 3 | 4 | 4 | 4 |
| Oberviechtach | 0 | 0 | 0 | 0 | 0 | 0 | 1 | 0 | 1 | 1 | 1 | 0 | 1 | 1 | 1 | 0 | 1 | 1 | 1 |
| Parsberg | 1 | 1 | 1 | 1 | 2 | 3 | 1 | 1 | 3 | 3 | 2 | 2 | 2 | 2 | 2 | 2 | 2 | 2 | 2 |
| Regensburg | 4 | 3 | 3 | 4 | 2 | 3 | 4 | 3 | 5 | 5 | 6 | 4 | 5 | 7 | 8 | 4 | 5 | 6 | 7 |
| Riedenburg | 1 | 1 | 1 | 1 | 0 | 1 | 1 | 1 | 2 | 1 | 1 | 1 | 1 | 1 | 1 | 1 | 1 | 1 | 1 |
| Roding | 1 | 1 | 1 | 2 | 0 | 1 | 2 | 1 | 2 | 2 | 2 | 2 | 2 | 2 | 2 | 1 | 2 | 2 | 2 |
| Sulzbach-Rosenberg | 5 | 5 | 4 | 4 | 2 | 4 | 3 | 3 | 2 | 3 | 3 | 2 | 4 | 3 | 3 | 2 | 3 | 3 | 3 |
| Tirschenreuth | 3 | 4 | 4 | 3 | 4 | 4 | 3 | 3 | 4 | 3 | 3 | 5 | 6 | 5 | 4 | 4 | 5 | 4 | 4 |
| Vohenstrauß | 1 | 1 | 1 | 1 | 1 | 1 | 1 | 2 | 2 | 2 | 1 | 1 | 2 | 2 | 2 | 1 | 2 | 1 | 1 |
| Waldmünchen | 1 | 1 | 1 | 1 | 1 | 0 | 1 | 1 | 1 | 1 | 1 | 1 | 1 | 1 | 1 | 1 | 1 | 1 | 1 |

[1] Nach Zerlegung.

Geographisches Institut der Universität Kiel
Neue Universität

Tabelle 2, S. 2 (Beitrag Sieber):   Wirtschaftliche Indikatoren der Kreise Bayerns in ‰ (Bayern = 1000) 1935–1970

| Gebiet | Umsätze | | | | Gewerbesteuermeßbeträge[1] | | | Veranlagte Einkünfte | | | | Bruttolöhne | | | | Gesamteinkünfte | | | |
|---|---|---|---|---|---|---|---|---|---|---|---|---|---|---|---|---|---|---|---|
|  | 1935 | 1954 | 1966 | 1970 | 1937 | 1958 | 1966 | 1936 | 1954 | 1965 | 1968 | 1936 | 1955 | 1965 | 1968 | 1936 | 1954/55 | 1965 | 1968 |
| **Niederbayern** | | | | | | | | | | | | | | | | | | | |
| *Kreisfreie Städte* | | | | | | | | | | | | | | | | | | | |
| Deggendorf | 1 | 2 | 1 | 2 | 2 | 1 | 3 | 2 | 2 | 2 | 2 | 2 | 2 | 2 | 2 | 2 | 2 | 2 | 2 |
| Landshut | 8 | 7 | 2 | 7 | 6 | 6 | 5 | 6 | 5 | 6 | 6 | 7 | 7 | 6 | 6 | 7 | 6 | 6 | 6 |
| Passau | 4 | 4 | 3 | 4 | 4 | 5 | 5 | 4 | 3 | 3 | 3 | 5 | 4 | 3 | 3 | 5 | 4 | 3 | 3 |
| Straubing | 4 | 4 | 5 | 4 | 3 | 3 | 4 | 4 | 4 | 3 | 4 | 4 | 4 | 3 | 3 | 4 | 4 | 3 | 4 |
| *Landkreise* | | | | | | | | | | | | | | | | | | | |
| Bogen | 1 | 1 | 1 | 1 | 0 | 1 | 1 | 1 | 2 | 2 | 1 | 1 | 1 | 2 | 2 | 1 | 2 | 2 | 2 |
| Deggendorf | 2 | 2 | 2 | 2 | 1 | 1 | 2 | 1 | 3 | 3 | 2 | 2 | 3 | 3 | 3 | 2 | 3 | 3 | 3 |
| Dingolfing | 2 | 2 | 3 | 2 | 1 | 2 | 1 | 2 | 3 | 2 | 2 | 1 | 2 | 2 | 2 | 2 | 2 | 2 | 2 |
| Eggenfelden | 3 | 3 | 3 | 3 | 1 | 2 | 1 | 2 | 6 | 3 | 3 | 2 | 2 | 3 | 3 | 2 | 3 | 3 | 3 |
| Grafenau | 1 | 1 | 2 | 2 | 1 | 1 | 1 | 1 | 2 | 2 | 2 | 1 | 2 | 2 | 2 | 1 | 2 | 2 | 2 |
| Griesbach i. Rottal | 2 | 3 | 3 | 3 | 1 | 1 | 2 | 2 | 4 | 3 | 3 | 2 | 2 | 2 | 3 | 2 | 3 | 2 | 3 |
| Kelheim | 2 | 4 | 4 | 2 | 4 | 3 | 4 | 3 | 4 | 4 | 4 | 3 | 4 | 4 | 4 | 3 | 4 | 4 | 4 |
| Kötzting | 1 | 1 | 1 | 1 | 1 | 1 | 1 | 2 | 1 | 1 | 1 | 1 | 1 | 2 | 2 | 1 | 2 | 2 | 2 |
| Landau a.d. Isar | 2 | 2 | 2 | 2 | 1 | 2 | 2 | 2 | 4 | 2 | 2 | 2 | 2 | 2 | 2 | 2 | 2 | 2 | 2 |
| Landshut | 3 | 2 | 2 | 2 | 1 | 1 | 2 | 2 | 5 | 3 | 3 | 2 | 2 | 3 | 3 | 2 | 3 | 3 | 3 |
| Mainburg | 2 | 2 | 2 | 2 | 2 | 1 | 2 | 2 | 3 | 2 | 2 | 2 | 2 | 2 | 2 | 2 | 2 | 2 | 2 |
| Mallersdorf | 2 | 3 | 3 | 2 | 2 | 2 | 2 | 3 | 5 | 3 | 3 | 2 | 4 | 4 | 4 | 2 | 4 | 3 | 4 |
| Passau | 3 | 3 | 4 | 4 | 2 | 3 | 3 | 2 | 3 | 3 | 3 | 3 | 3 | 3 | 3 | 3 | 4 | 3 | 3 |
| Pfarrkirchen | 2 | 2 | 2 | 2 | 1 | 1 | 1 | 2 | 3 | 2 | 2 | 1 | 1 | 1 | 1 | 1 | 2 | 2 | 2 |
| Regen | 1 | 1 | 1 | 1 | 0 | 1 | 1 | 1 | 2 | 1 | 1 | 1 | 1 | 1 | 1 | 1 | 1 | 1 | 1 |
| Rottenburg a.d. Laaber | 1 | 1 | 1 | 1 | 1 | 1 | 1 | 1 | 2 | 1 | 1 | 1 | 1 | 1 | 1 | 1 | 1 | 1 | 1 |
| Straubing | 1 | 1 | 1 | 1 | 0 | 1 | 1 | 2 | 2 | 2 | 2 | 1 | 2 | 2 | 2 | 2 | 2 | 2 | 2 |
| Viechtach | 1 | 3 | 1 | 2 | 2 | 1 | 2 | 2 | 2 | 2 | 2 | 1 | 1 | 2 | 2 | 1 | 2 | 2 | 2 |
| Vilsbiburg | 3 | 3 | 2 | 2 | 1 | 2 | 2 | 2 | 2 | 2 | 2 | 2 | 2 | 2 | 2 | 2 | 3 | 2 | 2 |
| Vilshofen | 3 | 1 | 2 | 2 | 2 | 1 | 2 | 2 | 2 | 2 | 3 | 2 | 2 | 3 | 3 | 2 | 3 | 3 | 3 |
| Wegscheid | 1 | 1 | 1 | 1 | 0 | 1 | 1 | 1 | 1 | 1 | 1 | 2 | 1 | 1 | 1 | 1 | 1 | 1 | 1 |
| Wolfstein | 1 | 2 | 1 | 1 | 1 | 1 | 1 | 2 | 2 | 2 | 2 | 2 | 2 | 2 | 2 | 2 | 2 | 2 | 2 |

[1] Nach Zerlegung.

Tabelle 2, S. 1 (Beitrag Sieber): Wirtschaftliche Indikatoren der Kreise Bayerns in ‰ (Bayern = 1000) 1935—1970

| Gebiet | Umsätze | | | | Gewerbesteuermeßbeträge[1] | | | Veranlagte Einkünfte | | | | Bruttolöhne | | | | Gesamteinkünfte | | | |
|---|---|---|---|---|---|---|---|---|---|---|---|---|---|---|---|---|---|---|---|
| | 1935 | 1954 | 1966 | 1970 | 1937 | 1958 | 1966 | 1936 | 1954 | 1965 | 1968 | 1936 | 1955 | 1965 | 1968 | 1936 | 1954/55 | 1965 | 1968 |
| **O b e r b a y e r n** | | | | | | | | | | | | | | | | | | | |
| *Kreisfreie Städte* | | | | | | | | | | | | | | | | | | | |
| Bad Reichenhall | 2 | 2 | 1 | 1 | 3 | 2 | 2 | 3 | 2 | 2 | 2 | 2 | 2 | 2 | 1 | 2 | 2 | 2 | 2 |
| Freising | 2 | 2 | 2 | 3 | 2 | 2 | 2 | 3 | 3 | 3 | 3 | 3 | 3 | 3 | 3 | 3 | 3 | 3 | 3 |
| Ingolstadt | 5 | 10 | 8 | 7 | 5 | 7 | 14 | 5 | 5 | 7 | 7 | 7 | 7 | 9 | 9 | 6 | 6 | 8 | 8 |
| Landsberg a.Lech | 1 | 1 | 1 | 1 | 1 | 2 | 2 | 2 | 2 | 1 | 1 | 1 | 2 | 2 | 2 | 2 | 2 | 2 | 2 |
| München | 234 | 217 | 275 | 285 | 232 | 211 | 234 | 235 | 148 | 204 | 205 | 223 | 171 | 173 | 176 | 219 | 159 | 180 | 178 |
| Rosenheim | 5 | 2 | 5 | 5 | 6 | 5 | 5 | 5 | 4 | 4 | 4 | 5 | 4 | 4 | 4 | 5 | 4 | 4 | 4 |
| Traunstein | 2 | 2 | 2 | 2 | 2 | 2 | 2 | 3 | 2 | 2 | 2 | 2 | 2 | 2 | 2 | 2 | 2 | 2 | 2 |
| *Landkreise* | | | | | | | | | | | | | | | | | | | |
| Aichach | 2 | 3 | 3 | 3 | 2 | 2 | 2 | 3 | 5 | 3 | 3 | 2 | 3 | 3 | 3 | 2 | 3 | 3 | 3 |
| Altötting | 5 | 4 | 4 | 4 | 15 | 16 | 8 | 4 | 8 | 5 | 6 | 5 | 7 | 7 | 6 | 5 | 7 | 7 | 7 |
| Bad Aibling | 3 | 3 | 3 | 3 | 5 | 3 | 3 | 3 | 3 | 4 | 4 | 4 | 4 | 4 | 4 | 4 | 4 | 4 | 4 |
| Bad Tölz | 3 | 3 | 3 | 3 | 5 | 3 | 3 | 5 | 5 | 4 | 5 | 3 | 3 | 3 | 3 | 4 | 4 | 4 | 4 |
| Berchtesgaden | 2 | 3 | 3 | 3 | 4 | 2 | 3 | 5 | 6 | 4 | 4 | 4 | 3 | 3 | 3 | 4 | 4 | 4 | 4 |
| Dachau | 3 | 4 | 5 | 6 | 3 | 7 | 6 | 3 | 6 | 7 | 8 | 4 | 6 | 8 | 8 | 4 | 6 | 7 | 8 |
| Ebersberg | 3 | 3 | 4 | 4 | 3 | 3 | 4 | 3 | 3 | 7 | 8 | 4 | 5 | 6 | 7 | 3 | 5 | 6 | 7 |
| Erding | 4 | 4 | 5 | 5 | 3 | 3 | 3 | 4 | 4 | 4 | 4 | 3 | 5 | 6 | 5 | 3 | 6 | 5 | 6 |
| Freising | 3 | 3 | 5 | 5 | 2 | 4 | 7 | 3 | 7 | 4 | 5 | 3 | 5 | 6 | 5 | 3 | 5 | 5 | 5 |
| Fürstenfeldbruck | 3 | 3 | 4 | 5 | 2 | 4 | 5 | 4 | 7 | 10 | 13 | 4 | 9 | 11 | 14 | 4 | 8 | 10 | 13 |
| Garmisch-Partenkirchen | 6 | 5 | 5 | 5 | 8 | 6 | 6 | 12 | 8 | 9 | 9 | 6 | 7 | 7 | 7 | 7 | 7 | 7 | 7 |
| Ingolstadt | 1 | 2 | 2 | 2 | 1 | 2 | 3 | 2 | 3 | 3 | 4 | 2 | 3 | 5 | 5 | 3 | 4 | 4 | 5 |
| Landsberg a. Lech | 2 | 2 | 2 | 2 | 3 | 1 | 2 | 3 | 4 | 3 | 3 | 2 | 3 | 3 | 3 | 2 | 3 | 3 | 3 |
| Laufen | 3 | 3 | 3 | 4 | 4 | 3 | 3 | 3 | 4 | 4 | 3 | 3 | 3 | 3 | 3 | 3 | 4 | 4 | 4 |
| Miesbach | 3 | 5 | 5 | 4 | 3 | 6 | 6 | 6 | 6 | 9 | 9 | 5 | 7 | 6 | 6 | 5 | 8 | 7 | 7 |
| Mühldorf a. Inn | 4 | 5 | 5 | 4 | 3 | 5 | 6 | 4 | 7 | 5 | 5 | 3 | 4 | 5 | 5 | 3 | 5 | 5 | 5 |
| München | 11 | 6 | 12 | 14 | 17 | 10 | 13 | 26 | 15 | 25 | 31 | 22 | 15 | 16 | 18 | 23 | 14 | 16 | 19 |
| Pfaffenhofen a.d.Ilm | 4 | 3 | 4 | 3 | 2 | 4 | 5 | 4 | 6 | 5 | 5 | 4 | 3 | 3 | 4 | 3 | 4 | 4 | 4 |
| Rosenheim | 4 | 6 | 6 | 8 | 3 | 5 | 6 | 6 | 8 | 8 | 8 | 6 | 7 | 7 | 7 | 7 | 7 | 7 | 7 |
| Schongau | 2 | 2 | 2 | 3 | 2 | 4 | 3 | 2 | 4 | 5 | 3 | 2 | 3 | 3 | 3 | 2 | 2 | 3 | 3 |
| Schrobenhausen | 2 | 4 | 2 | 3 | 3 | 4 | 3 | 2 | 3 | 2 | 3 | 2 | 3 | 3 | 2 | 2 | 4 | 3 | 2 |
| Starnberg | 3 | 4 | 6 | 6 | 3 | 5 | 7 | 10 | 12 | 19 | 18 | 5 | 6 | 9 | 10 | 6 | 9 | 12 | 12 |
| Traunstein | 5 | 7 | 7 | 7 | 5 | 7 | 8 | 6 | 9 | 7 | 7 | 5 | 6 | 7 | 8 | 5 | 7 | 7 | 8 |
| Wasserburg a. Inn | 3 | 3 | 3 | 4 | 3 | 3 | 3 | 3 | 5 | 3 | 3 | 3 | 3 | 3 | 3 | 4 | 4 | 3 | 4 |
| Weilheim i.OB | 4 | 5 | 4 | 4 | 4 | 5 | 5 | 6 | 7 | 7 | 6 | 6 | 7 | 6 | 6 | 6 | 7 | 7 | 6 |
| Wolfratshausen | 2 | 2 | 3 | 4 | 2 | 3 | 4 | 3 | 6 | 8 | 8 | 3 | 4 | 6 | 6 | 3 | 4 | 6 | 7 |

[1] Nach Zerlegung.

Geographisches Institut der Universität Kiel
Neue Universität

Tabelle 1 (Beitrag Sieber):

*Die Bevölkerung, die Industriebeschäftigten und das Bruttoinlandsprodukt in Bayern
in den letzten 30 Jahren*
(Gebietsstand 1970)

1. Bevölkerung in % des Bundesgebiets

| Gebiet | 1939 | 1950 | 1961 | 1965 | 1970 | Zunahme in % |
|---|---|---|---|---|---|---|
| Oberbayern    | 4,5  | 4,8  | 4,9  | 5,1  | 5,4  | 67,6 |
| Niederbayern  | 1,8  | 2,1  | 1,7  | 1,7  | 1,7  | 28,7 |
| Oberpfalz     | 1,6  | 1,8  | 1,6  | 1,6  | 1,6  | 39,3 |
| Oberfranken   | 1,9  | 2,2  | 2,0  | 1,9  | 1,8  | 38,1 |
| Mittelfranken | 2,5  | 2,5  | 2,4  | 2,4  | 2,4  | 37,8 |
| Unterfranken  | 2,0  | 2,1  | 1,9  | 1,9  | 1,9  | 39,9 |
| Schwaben      | 2,2  | 2,6  | 2,4  | 2,4  | 2,5  | 57,0 |
| Bayern        | 16,5 | 18,1 | 16,9 | 17,0 | 17,3 | 47,9 |

2. Industriebeschäftigte in % des Bundesgebiets

| Gebiet | 1936 | 1950 | 1958 | 1966 | 1970 | |
|---|---|---|---|---|---|---|
| Oberbayern    | 2,3  | 2,9  | 3,4  | 4,2  | 4,5  | 282,8 |
| Niederbayern  | 0,5  | 0,7  | 0,7  | 1,0  | 1,0  | 307,2 |
| Oberpfalz     | 0,9  | 1,0  | 1,0  | 1,3  | 1,3  | 165,9 |
| Oberfranken   | 2,0  | 2,6  | 2,3  | 2,2  | 2,2  | 109,9 |
| Mittelfranken | 2,4  | 2,5  | 2,8  | 2,9  | 2,9  | 134,7 |
| Unterfranken  | 1,1  | 1,3  | 1,5  | 1,7  | 1,8  | 237,2 |
| Schwaben      | 1,7  | 2,1  | 2,1  | 2,3  | 2,4  | 165,5 |
| Bayern        | 10,9 | 13,1 | 13,8 | 15,6 | 16,1 | 186,6 |

3. Bruttoinlandsprodukt in % des Bundesgebiets

| Gebiet | 1936[1] | 1950[1] | 1957 | 1966 | 1970 | |
|---|---|---|---|---|---|---|
| Oberbayern    | 4,9  | 5,3  | 5,0  | 5,8  | 6,3  | 1 654,7 |
| Niederbayern  | 1,5  | 1,4  | 1,1  | 1,1  | 1,1  | 923,1 |
| Oberpfalz     | 1,4  | 1,3  | 1,1  | 1,2  | 1,2  | 1 010,1 |
| Oberfranken   | 2,1  | 2,0  | 1,6  | 1,7  | 1,6  | 950,7 |
| Mittelfranken | 2,9  | 2,6  | 2,4  | 2,5  | 2,5  | 1 077,6 |
| Unterfranken  | 1,9  | 1,8  | 1,5  | 1,5  | 1,5  | 993,1 |
| Schwaben      | 2,2  | 2,4  | 2,1  | 2,2  | 2,3  | 1 297,4 |
| Bayern        | 17,0 | 16,7 | 14,8 | 16,0 | 16,4 | 1 228,6 |

[1] Geschätzt (ohne Berlin und Saarland)